U0905464

珍藏本
纪念版

汉译世界学术名著丛书

面对死亡的人

上卷

卧像的时代

〔法〕菲利普·阿里耶斯 著

吴泓缈 冯悦 译

2017年·北京

Philippe Ariès

L'HOMME DEVANT LA MORT

I. Le temps des gisants

Éditions du Seuil，1977

中译本根据法国色伊出版社 1977 年版译出

汉译世界学术名著丛书
（120年纪念版·珍藏本）
出版说明

2017年2月11日，商务印书馆迎来120岁的生日。120年前，商务印书馆前贤怀揣文化救国的理想，抱持“昌明教育，开启民智”的使命，立足本土，放眼寰宇，以出版为津梁，沟通中西，为中国、为世界提供最富智慧的思想文化成果。无论世事白云苍狗，潮流左右激荡，甚至战火硝烟弥漫，始终践行学术报国之志，无改初心。

迻译世界各国学术名著，即其一端。早在20世纪初年便出版《原富》《天演论》等影响至今的代表性著作，1950年代后更致力于外国哲学和社会科学经典的译介，及至1980年代，辑为“汉译世界学术名著丛书”，汇涓为流，蔚为大观。丛书自1981年开始出版，历时三十余年，迄今已推出七百种，是我国现代出版史上规模最大、最为重要的学术翻译工程。

丛书所选之书，立场观点不囿于一派，学科领域不限于一门，皆为文明开启以来，各时代、各国家、各民族的思想与文化精粹，代表着人类已经到达过的精神境界。丛书系统译介世界学术经典，引领时代思想，为本土原创学术的发展提供丰富的文化滋养，为推动中国现代学术和现代化进程做出了突出的贡献。

为纪念商务印书馆成立120周年，我们整体推出“汉译世界学术名著丛书”120年纪念版的珍藏本，寄望既利于文化积累，又便于研读查考，同时向长期支持丛书出版的译者、编者和读者致以敬意。

两甲子后的今天，商务印书馆又站在了一个新的历史时间节点上。我们不仅要铭记先辈的身影和足迹，更须让我们的步伐充满新的时代精神。这是商务人代代相传的事业，更是与国家和民族的命运始终紧密相连的事业。我们责无旁贷，必须做好我们这代人的传承与创造，让我们的努力和成果不仅凝聚成民族文化的记忆，还能成为后来人可以接续的事业。唯此，才能不负前贤，无愧来者。

商务印书馆编辑部

2017年10月

目　　录

第二部分　自身之死

前　言

这不是一篇序。真该属于本书的序1975年刚过便已发表，发表在《死亡史随笔》一书的前边。在那本书里，我解释了自己为何要选择这个课题，出发点是什么，然后又如何一个世纪一个世纪地上溯下沿，以及此类长期性的研究在方法上所遭遇的种种困难。这一切我不打算在此重述，有兴趣的读者不妨去读读《死亡史随笔》。

那篇先期发表的序，被我命名为"一本未完成之书的故事"，讲的就是现在这本书。当时我还很难知道此书何时写完，因此便决定不再拖了，先结集出版一些初步的研究成果。没想我得到了一次好机会，加快了研究步伐，提前完成了任务。1976年1月，多亏友人O. 拉努姆(O. Ranum)的介绍，我进入了伍德罗·威尔逊国际学者中心(Woodrow Wilson International Center for Scholars)，进行为期半年的研究。在这段时间内，我把全部精力和时间都投入到这一课题上，最终完成了这本已写了十五年的书。

大家知道，在美国有那么几个"德兼美修道院*"式的好去处，进院的学者可以完全摆脱尘世俗务而像当年僧侣们醉心于宗教那

* 拉伯雷在《巨人传》中描写的乌托邦理想学校，据说在东方契丹附近。——译者

样沉浸在自己的研究课题里。

伍德罗·威尔逊国际学者中心就是这样一所世俗的德兼美修道院。它坐落在一座壮观的红砖城堡中，新都铎建筑风格令人恍若回到了古代，对于一个研究死亡历史的学者而言，它本身就是一座别具一格、名副其实的寝陵，一座史密森学会奠基人的寝陵！青青的葡萄藤半遮着我宽敞办公室的窗户，窗户面向国家广场，面向那一大片覆盖华盛顿中心的绿地毯。在这里，中心主任J.比林顿(J. Billington)、客房仙子弗兰·亨特(Fran Hunter)、行政人员、秘书、图书管理员，所有人都无微不至，为“同事们”的潜心修行尽心尽力。

人间之情，减轻了隐修之苦，此乃美国人的秘密法宝，维持此情的既有严肃的友谊，也有与过路学者的偶遇。这接待的质量，其稀有的价值，唯有多少有过出外游学经历的人才能领略。

离开华盛顿时，我要写的只剩下结论部分，那也是因为我有意想搁上一搁，再就是加上注释与参考文献，以及心中的谢意。

对我的研究感兴趣的朋友与同事们为撰写本书提供了大量的帮助，他们向我提供资料、网址和建筑物的地址，碑铭和文本，参考文献和报刊剪辑……在此我深表谢意。

我要致谢的女士有：N.德·布朗沙迪埃，M.鲍科尔，N.卡斯唐，L.考罗蒂，M.扎普斯卡，A.弗勒里，H.哈贝曼，C.哈纳维，J.-B.霍尔特，D.施娜佩，S.斯特拉兹维斯卡，M.沃尔夫－泰鲁瓦纳。

我要致谢的男士有：J.阿德马勒，G.阿代曼，S.博耐，P.-H.毕特勒,Y.卡斯唐,B.卡兹,A.沙斯泰尔,P.朔努,M.考拉尔,M.高尔多涅,J.扎普斯卡,P.戴尔,J.-L.菲里叶,P.弗拉芒,J.格雷尼松,J.戈德朔,A.格卢义,M.吉尔曼,P.吉拉尔,G.-H.吉,O.哈纳维,C.叶林斯基,Ph.茹塔尔,M.拉诺阿,P.拉斯莱,I.拉万,F.勒布翰,G.列拜尔,O.米歇尔,R.曼德鲁,M.莫拉,L.伯思发,O.拉努姆,D.-E.斯塔纳尔,B.沃格莱尔,M.伏维尔。

安妮·弗朗索瓦曾为我仔细阅读手稿。

有几位作者对我很有启发或者为我提供了有价值的信息,他们的名字也应列在这份名单上:F.库蒙,E.马勒,E.莫兰,E.帕诺夫斯基,A.特南逖。

显而易见,道路十分漫长,但一路的援助之手数不胜数。墨海苦旅此刻终于到达了港湾。但愿读者再也感觉不到沿途的波折与踌躇。

第一部分

人 皆 会 死

第一章

被驯服的死亡

我们分析的起点是中世纪前期的死亡形象，比如说罗兰之死。不过死亡形象远早于罗兰：那是最古老的历史——大概是史前史——中长夜漫漫、无时间记载的死亡。罗兰身后，这一形象留传下来：在拉封丹寓言中那位樵夫身上，托尔斯泰小说中那些农民身上，乃至二十世纪的一位英国老妇人身上，我们又遇见了这一形象。但中世纪早期比较特别：教会中的博学之士要传承和恢复上古先哲文化，可骑士贵族却把大众口头文学中的形象强加给他们。罗兰之死被视为圣徒之死，但并非那种神秘莫测的离奇之死，例如高郎翰（Galaad）或梅艾涅（Méhaigné）国王之死。中世纪的圣徒是教会文人从世俗骑士文化中借来的观念，这个文化本身源自民间[1]。

一种古老文明面对死亡所特有的态度，它源远流长，起始于人类之初，熄灭于我们眼下。而此一时代和此种文学的意义就在于用实实在在的文本清晰地再现了这种态度。我们想要讲述的是一部演变史，在本书的整个过程中，为了理解历史的每一点变化，我们都必须回过头来参照这一传统态度。

预感死之将至

让我们先来天真地问一句：在《罗兰之歌》中，在圆桌骑士的传奇中，在关于特里斯丹（Tristan）的诗歌中，骑士们如何死去……

他们绝不会糊里糊涂地死去：仙逝之时总有习惯性的仪式，赞叹性的描述。普通正常的死并不阴森恐怖，虽说也有人会因伤猝死，因激动过度而亡。

其主要特点便是留出了一段预警的时间。“啊，和蔼慈祥的老爷，这么早您就想到了死？”“是的，”郭凡[2]答道，“要知道我活不过两天了。”无论是大夫，陪伴者，还是神父——后者若没到场是因为没人通知——，都没有他本人清楚。唯有临终之人方知道大限来临的确切时刻[3]。

国王班不幸从马上跌下。他失去了一切，带着妻儿逃离自己的领地和城堡。他停下来观看远方正在燃烧的城堡，“那曾是他的全部安慰”。他痛不欲生：“国王班如此想着，用双手蒙住双眼，巨大的悲哀攫住了他，撕扯他的心，他流不出泪、透不过气来，脸色苍白，重重地从坐骑上摔下去……”那时的人常常失去知觉，即便那些从不畏死的蛮勇战士，也会动不动就昏过去。男人一激动就昏过去这种情况一直延续到巴洛克时期。只是到了十七世纪后男人或曰雄性才有必要控制自己的感情。到了浪漫时期，昏厥成了女人的专利，并为她们所滥用。如今，昏厥不再有其他含义，只是一种临床症状罢了。

国王班苏醒过来，发现鲜血从自己的口、鼻、耳中流出，“他看着天，尽力地说…… 啊，上帝，救救我，我看见、我知道我的大限到了。我看见而且我知道。”

奥利维(Olivier)和屠宾(Turpin)感受到死亡的阴影，几乎说出了一模一样的话。“罗兰感到死神占领全身，从头部延伸到心脏。”他“感到命数已尽”。

被有毒的武器刺伤后，特里斯丹“感到生命渐渐逝去，他明白自己就要死了[4]”。

虔诚的僧侣与骑士们的行事方式并无二致。据拉乌尔·格拉贝(Raoul Glaber)所言，备受人尊重的埃尔韦在圣马丁－德－图尔隐居了4年，尔后感到自己升天在即，于是涌来大量朝圣者，盼望目睹奇迹。另一位懂点医术的僧侣迫不得已，催促前来接受他医治的教友们抓紧时间：“他确知自己死期已近[5]。”图卢兹的奥古斯丁博物馆里保存了一份1151年的文件[6]，文件讲述了纳尔波尼的圣保罗教堂的圣器管理人如何看出自己时日不多：*Mortem sibi instare cernerat tanquam obitus sui perscius*(看见死神来到身旁，他预感到死之将至)。当着众僧侣的面，他做遗嘱，做忏悔，然后去教堂领圣体，并当场咽气谢世。

某些预感非常神奇：特别是其中的一种，决不会有误，那就是幽灵的出现，哪怕它出现在梦中。国王班的遗孀[7]自丈夫去世、儿子神秘失踪后皈依宗教。许多年后，一天晚上她梦见了儿子和侄子们，据说他们都死在一个美丽的花园里：“她明白主终于满足了她的愿望，她即将魂归天国。”

拉乌尔·格拉贝[8]讲述说，一位名叫戈菲叶的僧侣在教堂祈祷时见到了幻象。他看见一群庄严肃穆、身穿白袍、佩戴深红绶带的人，领头的是一位手持十字架的红衣主教。主教走近祭台，开始做法事。主教向戈菲叶教友解释说，他们是在与撒拉逊人战斗中身亡的教士，此刻他们将前往天国。该教士把所见幻象告诉了寺院住持，住持乃“得道高僧”，他对前者说：“教友，愿您在主那里得到安慰，不过，您见到了常人见不到的景象，为此您将付出肉身的代价，您将分享您见到的那些人的命运。”在某些地方，某些时候，死人就在活人身边。然而，唯有临死之人才能看见死魂。因此，教士知道自己的寿数已尽：“于是僧侣们被召集起来，按办丧事的惯例给他送终，第三天傍晚，夜幕降临时，他魂归天国。”

说实话，我们在此对自然现象和超自然预兆所做的区分很可能是张冠李戴：自然与超自然之间在古时并没有明确的界线。值得注意的是，中世纪常提到的那些预报死亡的兆头都是些我们今天所说的自然征兆：日常生活中一些司空见惯、无须大惊小怪的现象。

只是后来到了近当代，某些观察家对此不再怎么相信，他们强调预感的神秘虚幻特征，从此这类预感被当作民间迷信。

这种持有保留的态度最早出现在十七世纪初，见于吉尔贝·格里莫的一篇文章[9]，他并没有否认幽灵出现的真实性，但却解释了此类现象令人恐惧的原因：“老百姓对这类现象坚信不疑，于是倍感害怕，正像我们在克吕尼修道院院长的文章中见到的那样，幽灵出现是死亡临头的先兆”。并非所有人都这么认为，更不用说那些有学识的人了：这只是民间信仰。

对文人与传统社会进行二分之后，对死之预感便被定性为民间迷信，甚至那些认为此类预感特有诗意、值得尊重的作家们也不例外。在这一方面，最能说明问题的便是夏多布里昂在《基督教真谛》中的一段话，他将其视为一种极美好的民俗："死亡如此富有诗意是因为它触及不朽之物，如此神秘莫测是因为它静谧无声，它应该拥有千百种预报方式。"不过他又补充说："此乃对大众而言。"知识阶级不会再天真地承认见过死亡的先兆。十九世纪初，文化人对此不再真信，虽然他们也开始认为这类现象十分美妙且魅力无穷。对夏多布里昂来说，"这千百种预报方式"都是怪力乱神之说："有时钟声自动敲响，预报死亡，有时寿数将尽之人听见卧室楼板咚、咚、咚连响三下。"

事实上，对浪漫主义观察者来说，预感死亡在日常生活中具有根深蒂固且非常积极的性质，前代的神灵传说遗产掩盖了这一性质，遗产中的自然与超自然难以界分。死亡预兆完全是一种自然现象，哪怕其间出现什么灵异之事亦无分别。

意大利 1490 年有篇文章指出，坦白地承认死之将至是一件自然而然的事，其根源与神灵之说和笃信基督教无关。事情发生在文艺复兴时期的一座商城中，当地的道德氛围离英雄史诗中的已相去甚远。在斯波莱托（Spoleto）生活着一位既漂亮又爱俏的少女，十分迷恋她那个年龄所特有的种种乐趣。可是病魔击倒了她。她是否意识不到等待她的命运、依然会挣扎求生呢？换一种态度会让今天的我们觉得残忍，不忍心，于是亲人、医生和神父一齐想法维持她的幻觉。可十五世纪的少女很快就明白自己的大限到了（*cum cerneret, infelix juvencula, de proxima sibi imminere mortem*）。看见死亡步步逼近，她奋起反抗，不过其形式不是拒绝死亡（死为何物她亦不知）而是向上帝挑战。她让人给她穿上最美丽的嫁衣，像出嫁的新娘一样，她要把自己嫁给魔鬼[10]。

像纳尔波尼的圣器保管人一样，斯波莱托的少女也看见了。

预感的作用有时会超出预警，死前的一切将根据临终之人的预计如期发生。在十八世纪初，这样的故事随处可闻："她（海尔太太）来得蹊跷，去得也蹊跷。她自己让人为自己准备后事，黑幔蒙屋，提前做弥撒，念安魂经（在第四章中我们将发现这种虔诚的态度十分常见）。她事必躬亲，一如常人。没有她的先见之明，她丈夫将不知要多操多少心。在做好了一切必要安排后，她在自己标出的那一天那一刻与世长辞[11]。"

并非所有人都有这种先见之明，但每个人至少能感到死期的迫近，这一认识大概还变成了谚语的形式，代代相传。拉封丹寓言中的农夫便反复申明："吾感到死之将至。"

当然，也有人一点也不想见到这些预兆和警报：

> 哦，残忍的女神，您相逼何太急?!（拉封丹）

妄图拒绝和违背生老病死这一天道循环，自然会受到伦理学家和讽刺诗人的奚落和嘲笑。照拉封丹的说法，这类人在十七、十八世纪似乎越来越常见，而且老人居多。

> 离死愈近愈恋生。

十七世纪的社会对这些（才只 50 岁的）老人不够厚道，毫不客气地讥笑他们对生命的留恋。这留恋对今天的我们来说应该是不难理解的：

> 死亡有理，
> 去吧，老头，莫废话。

躲避死亡的警告，会成为他人的笑料：即使疯疯癫癫的堂吉诃德——事实上他并没有拉封丹寓言中的老头们那么疯癫——将毕生消磨在梦幻之中，在梦幻中他也没在逃避死亡。恰恰相反，临终预兆让他恢复了清醒，他深明事理地说："侄女，我觉得离死不远了[12]。"

死前预兆，这个年代久远的信仰长期留存在民间意识中。备受死之困扰且又钟爱民间神话的托尔斯泰，在乡下车站，在临终床上，天才地重新找到了这一信仰，他呻吟道："农民，农民们如何死去？[13]"那还不清楚吗！农民们死的时候与罗兰、与斯波莱托鬼魂附身的少女、与纳尔波尼的僧侣们一样：他们知道。

在《三死》[14]中，一位客栈的老马车夫奄奄一息地躺在客栈厨房的火炉边。在隔壁的客房里，一位富商的妻子也濒临死亡。为了避免吓坏女病人，将至之死亡先是被遮掩起来，继而又受到浪漫笔触的大肆渲染。然而，厨房里的老马夫一眼就看穿了一切：一位善良的妇女好心问他感觉如何，他答道："这还用说，死期到了。"也没人试图欺瞒他。

在让·吉童撰写的普热先生传记中，普热的母亲，一位法国老农妇也是如此。"74年，她得了胆囊炎。四天后她说：'去帮我请神父。'神父来了，想给她做临终弥撒。'时辰没到，神父先生，时辰

到时我会通知你。’两天后她又说：‘去请神父，让他把临终圣油带来。’”

同一位普热先生的叔叔：96 岁，“又聋又瞎，一天到晚总在祷告。一天早晨，他说：‘我不知怎么了，感到从未有过的难受，快去给我叫神父来。’神父来了，给他做了所有的法事，一小时后他就谢世了[15]。”让·吉童评述说：“我们看到古时候普热一家是如何从我们这个世界走向另一个世界的，他们虔诚朴实，**细心观察征兆**（着重号为我所加），首先是观察自身的征兆。他们并不急于去死，但一旦死亡来临，他们从容不迫，应召赴约，实乃真基督徒也。”不过，非基督徒们死去时也一样朴实。

暴　　卒

既然对死亡作了预报，那么死亡就不会骤然发生（暴卒）。没有预兆的死亡不再表现为一种可怕的必然性，而是你愿意与否都只能等待、领受。这样它就破坏了人人都坚信的宇宙秩序，成为偶然手中的荒诞工具——偶然有时会伪装成上帝的愤怒。因此，暴卒曾被看作是不光彩的，有损名誉的。

巴推斯（Gaheris）吃了桂乃芬（Guenièvre）王后款待的水果后一命呜呼：有人在水果中下了毒，王后全不知情。巴推斯死后得到厚葬，“一位像他这么高贵的人，丧事必须办得体面。”但却不准怀念他。“死得如此**有失尊严**，亚瑟王和宫中所有的人都深感悲哀，他们相互之间尽量避免提及此事。”我们若是知道当时葬礼有多么讲排场，在今天就不难测度出这一沉默背后的含义。在一个把死亡当老熟人的世界里，暴卒是件不光彩的丑事，它令人恶心，怪异恐怖，人们不敢谈论它。

如今，死亡被逐出了日常生活，一个荒诞不经、突如其来的事故反而会令我们感动，特殊机会我们更倾向于解除惯常的禁令。在中世纪，令人蒙羞的死不仅是那种荒诞的横死，如巴推斯之死，它同样也是那种既无见证人又无仪式的不为人知的死，如旅途丧生，水中溺死，无名尸体倒毙田边，邻居无故惨遭雷劈。死者是否无辜这不重要：横死就是他受诅咒的印记。这是一个非常古老的信仰。维吉尔让一些蒙冤的无辜亡灵生活在地狱中最惨的区域，而我们现代人则希望替他们平反昭雪。他们的命运一如悲泣的儿童，因为他们从未享受过生活的甜蜜。不错，基督教一直想要克服这种把横死当耻辱的信仰，但它行事的方式却有些遮遮掩掩，谨小慎微。十八世纪，芒德的司仪主教纪尧姆·迪朗（Guillaume Durand）就表露出这种困窘。他认为暴死“没有显见的原因，只能是来自上帝的裁判”。因此暴死者不应被看作受诅咒的人。我们应按基督徒的礼仪安葬之，以解心中之惑：“在哪里见到死者就把他埋在哪里，因为他可能因我们而死[16]。”事实上，“无论何时归去，好人的灵魂自会得救。”然而，这只是原则上的肯定，纪尧姆·迪朗还是打算向主流舆论让步：“假如某人在正当的娱乐活动中突然死去，例如在玩球时突然死去，他可以被葬在墓地，因为他并不想伤害别人。”可以将其葬入墓地：这只是一种宽容。某些教规学家对此还做了种种限制：“因为他是在凡间的娱乐中过去的，所以有人认为葬他时不应唱圣歌，不举行给一般死者举办的其他仪式。”

如果说，如何对待在正当娱乐中突然死去的好人，大家还可以

商量，那么对于横死之人就没有什么好说的了。横死的可憎必然会玷污死者，死者无法为自己讨回清白。凡是在通奸、盗窃，或异教的寻欢作乐也就是说在除骑士比武（并不是所有教规文件都对骑士比武这么宽容[17]）之外所有其他乐子中突然断气之人，都被纪尧姆·迪朗归于横死之列。谋杀案中的被害人会受到民众的非难，尽管这不妨碍他们按基督徒方式下葬，但有时须付一笔罚金：被人杀害者受罚。一位名叫托马森（Thomassin）的教规学家在1710年写道，在十三世纪，匈牙利的本堂大神父有个惯例：“对所有被毒死、刺死，或诸如此类在凶杀中丧生的人征收1马克的银子，否则不让入土。”他又补充说，直到1279年在布达（Bude）开过一次枢机主教会议后，匈牙利的神父们才得到严令：“该惯例不能用在因下述意外而丧生之人的身上：坠落、火灾、坍塌等类事故，只要他们在死前有过忏悔的表示，就应按教规给他们行葬礼。”作为十八世纪的人，托马森对这类他看来荒唐透顶的习俗评述如下：“应认为此次枢机主教会议仅满足于阻止勒索的扩大化，因为他们觉得在当时还不可能完全根除这种勒索行为。”这一民间偏见一直延续到十七世纪初：亨利四世被拉瓦莱克用匕首刺死，对这种不光彩的死因，连给他做祭文的教士们也认为有必要进行辩解。

最可耻的死是被判极刑处死；直到十四世纪，教会一直拒绝宽恕死刑犯，哪怕到了另一个世界他们也应受到诅咒。在教会的支持下，乞丐终于从俗权那里获得了一项帮助死囚的特权：犯人上断头台时总有一位乞丐陪伴。

对暴卒的疑心令死者蒙羞，不过，在一个以骑士和军人为楷模的社会中，这种疑心不会影响到在战争中牺牲的贵族。首先，在与其他贵族的单打独斗中倒下的骑士还剩有一点时间，能在死前做完或尽快做完各种临终仪式。最后还有罗兰之死，骑士之死，无论是教会还是民间都将其看作圣徒之死。然而，一种不同的精神出现在十三世纪教会司仪们的头脑中，该精神与骑士模式相去甚远，可以说是一种关于和平秩序的新理想。他们把某些骑士之死也归于古老信仰中的可疑之列。对他们而言，战死不再是好死的榜样，或者说它要作为榜样必须具备几个条件，纪尧姆·迪朗写道："对捍卫公理和为正义而战的战士，阵亡后应毫无阻碍地给予墓地和进行悼念。"其限定极为严格，倘若不是当时立即出现了许多新兴国家，参加世俗战争的战士直到 1914 年世界大战——多亏了教会的长期同谋——都在享受芒德的迪朗专门留给十字军战士的特权，上述限定定会引发重大后果。

正是因为教士们厌恶横死，所以纪尧姆·迪朗才置理性和道义的日渐深入人心于不顾，始终援引尸体血水会污染圣地的原始信仰："被弑者不会被搬进教堂，大家怕他们的血会玷污圣殿地面的石板。"因此，可以在教堂中为他们做弥撒和念悼文，但遗体不能到场。

圣徒之死不同凡俗

多个世纪以来，从神父到笃信人道主义的信徒，整个基督教文献都在提倡灵魂得救，而上述预报的死亡显然不属此列：中世纪早期常见的理想之死并不是标准的基督徒之死。自从基督复活战胜了死亡，死在现世虽说是真实的，但肉体的死灭却变成了通往永生之路。因此基督徒决定欢迎死亡的到来，把死亡看作新生。

Media vita, in morte sumus(虽然活着,我们只是行尸走肉),这是诺泰(Notter)在七世纪写下的一句话。随后他又补充道:Amarae morti ne tradas nos(千万不要死得悲苦),悲苦之死是罪孽之死,而不是罪人的肉身圆寂。中世纪世俗文学对这些虔诚的情感当然不太陌生,在关于圆桌骑士的诗歌里,在国王梅艾涅的心中,我们能找到这种情感。敷过圣杯的血以后,国王恢复了"视力和体力",乃至健康的灵魂。"老国王坐起来,袒肩露胸直到肚脐,双手向天祈求:和蔼可亲的我父基督,现在(领了圣体得到宽恕的)我祈求您的光临,只有在此刻死去我才会感到无比欢欣;我已化为玫瑰和百合(据古观念,圣人尸解不经过腐烂)。他抱住高郎翰,把他紧紧箍在胸前,就在这一刻,天主证明他听见了祈祷,因为灵魂离开了国王的躯体"。

同样,高郎翰[18]看见圣杯显灵的那天,"他战栗不止,向天举起双手:主啊,我感谢您,谢谢您接受我的欲求!此刻我看见了万物生灭的因由。我祈求您现在就让我脱离尘世,魂归天国。他谦恭地领受了圣体(*corpus domini*)…… 然后与薄希华吻别,并对波汉说:波汉,见到我父朗斯洛老爷时请代我问安。说完后他跪倒在银祭台前,灵魂很快就升天而去。"

临死之际,神秘客内心充满了"升天"的喜悦,一种超凡入圣的死。英雄史诗和传奇中的世俗之死与此迥然不同。

仰卧而去:通俗的死亡仪式

临死之人感到死之将至,便会采取相应措施。在一个像圆桌骑士传奇那样的神奇世界里，死亡实在是一件很简单的事。朗斯洛被打败，迷失在荒林里，他发现自己“甚至失去了体能”，以为快要死了，便卸下武器，静躺在地上，双手交叉脸向东，开始祷告。国王亚瑟平躺着，双手交叉：人们以为他已经死去，可是他还有足够的力气死命搂住司酒官，“他搂得如此之紧，无意间把司酒官勒得心脏停止了跳动”！对死亡的描写没有情感的渲染：故事背景中的强烈感情与描写死亡的简洁词句形成鲜明的对照。绮瑟（Iseult）来到特里斯丹身旁，发现他已死去，便贴着他躺下，脸向东方。主教屠宾等待死亡：“在他的胸前，正中间，交叉摆着一双非常俊美的白手[19]”。这是习俗中仰卧而去的姿势：纪尧姆·迪朗认为，临死之人应该仰卧，脸永远朝上。很长时间以来，墓中的死者总是脸向东方，朝向耶路撒冷。“埋葬死者时，应让他头东脚西[20]。”

摆正了身体姿势，临终之人便可以进行其他礼仪活动了。他简单地回顾自己的一生，一生化为一幅幅重要画面，他默默地、黯然地想起他所爱过的人和物。罗兰“开始回忆一件件往事”。首先是“这位勇士征服的许多土地”，然后是可爱的法兰西，他的族人，抚养他的君王查理大帝。文中从未提到他思念未婚妻娥德（Aude），然而娥德一听说他惨死便悲痛欲绝倒地而亡，也从未提到他思念自己的亲生父母。较之中世纪骑士的最后思念，我们当代大战中的战士咽气前总在呼唤自己的母亲。面对死的门槛，罗兰最后想到的是他拥有的财富，他征服的土地，他像活人一样念念不舍，他思念同伴，怀念战友，想念他为之服务并养育他的君主。“他不能遏止伤心叹息。”大教主屠宾思念的也是自己的君王：“死多么令人恐慌，我再也见不到伟大的帝王。”在圆桌骑士传奇中，女人和孩子占有更多的位置，但父母亲总是被人遗忘。“想起妻儿国王班心如刀绞，结果他双眼模糊，血管崩裂，心碎而亡”。

这种关于中世纪惋惜生命的简洁白描，让我们理解了民间传统面对死亡时那种微妙难言的情感。这种情感立即被哲人文化变相地表达出来：例如中世纪精神中的唾弃现世（*contemptus mundi*），文艺复兴时期苏格拉底式的超然脱俗，斯多葛派的麻木不仁。

毫无疑问，临终之人对自己生命、财富和所爱之人难以割舍。但是，相对那个时代的悲怆之情而言，他的抱憾之情始终不会超出一定分寸。即使到了后来各个时期，例如浮夸之风盛行的巴洛克时期，情况依然未变。

因此，留恋生命与坦然上路联系在一起，与对死亡的习以为常联系在一起，多少个时代过去了，它们之间的关系依然如故。

阿喀琉斯（Achille）也不惧怕死亡，但他的影子却在地狱里喃喃地说：“我，养牛仆人，最想为一位可怜的农庄主服务，该人除照管死人之外别无要事……”

死亡犹如近身的常客，所以大家对贫困生活也十分依恋。在十五世纪，一位为亡灵跳舞的农民就说：“忧患、苦痛伴终生。”

常人总是盼死亡，
我见死神急躲藏。
宁肯栖身葡萄园，
任凭风疾雨又狂。

然而，抱憾之情并不会导致反抗的行为。比如说拉封丹笔下的砍柴人：

> 他召唤死神，死神立至。

不过这只是请死神帮他把木柴扛上肩，可怜的人儿：

> 天天召死神，
> 呼他来救助。

可死神来了又赶他走。

> 啊，死神，别靠近！啊，死神，请走开！

要么“一了百了”，要么“好死不如赖活着”，这两种说法与其说是相互矛盾的还不如说是互补的，是同一种情感的两个面：二者缺一不可。在文人所鼓吹的欣然就死中，多少有一些美化和勉强的成分，对生活的留恋便剔除了这一缺陷。

拉封丹笔下的农人很想避开死亡，他是一个老顽童，甚至打算和死亡捉迷藏。一旦他明白大限真的来临，要滑头也不管用的时候，他立即摇身一变，不再扮演执着生命——要活下去理当如此——的人，一下子从依恋生命过渡到渴慕死亡，痛快地进入了临终之人的传统角色：像那些他曾经送终的老人们那样，他把孩子们召集到床前，向他们做最后的嘱托，向他们做临终的道别。

他说：我要去见祖先了，亲爱的孩子们，
永别了，答应我你们要相亲相爱。
他挨个地拉拉孩子们的手，溘然长逝。

他像《罗兰之歌》中的骑士一样死去，或像索尔仁尼琴(Soljénitsyne)书中写的那些俄国内地农民一样死去：“现在，就在医院候诊室里来回走动的同时，他想起了那些老人：俄罗斯人、鞑靼人、乌德穆尔特人(Oudmourtes)，他们死在自己的角落里，死在科尔玛(Korma)河上。他们没有充好汉，没有给人找麻烦，也没有吹嘘自己不会死，一个个都平静地(着重号为作者所加)走向死亡。他们没有拖延最后清账的时间，不慌不忙地提前做好准备，指定母马归谁，小马归谁，罩衫归谁，靴子归谁；他们一身轻松安详离去，就好像换个枞木屋住住一样[21]。”

中世纪骑士之死也平淡无奇。男爵勇猛善战，力大如天神，而且战功累累，但死的时候也没有什么惊天动地之事：与凡人一般无二。

在表述过对生的怀念后，中世纪的将死之人接着便会完成他们的临终仪式：他向同伴们告罪道别，把他们托付给上帝。奥利维请求罗兰宽恕自己无意间对他的伤害：“我在此地和上帝面前都将您原谅。说完此话，他们二人相互躬身。”

葛文(Gauvain)没认出伊万(Yvain)，于是攻击他并一剑致命，伊万原谅了他：“亲爱的爵爷，上苍假手于您惩罚了我的罪孽，我真心宽恕您。”

结果葛文也在单打独斗中为朗斯洛所伤，死前他请求亚瑟王说："好舅舅，我就要死了，请替我向他（朗斯洛）致意，我死后请他务必再来我坟前一趟[22]。"

接着临终之人便会把活着的亲朋好友托付给上帝。奥利维祈求道："愿上帝保佑查理和可爱的法兰西，特别要保佑我的战友罗兰。"国王班也把妻子海伦托付给上帝："愿我主扶助这个孤苦无依之人。"是啊，悲莫过于无人扶持，苦莫过于孤寡之人。"主啊，请您记住我的爱子，年纪轻轻就成了孤儿，唯有您才能照料那些丧父之子。"

在亚瑟王的史诗中还出现了一个因素，后来成为遗嘱的主要内容之一：选择墓地。对罗兰及其战友来说，身葬何处无关紧要；而葛文却对国王说："求您把我葬在圣埃田纳－德－卡玛劳斯教堂，葬在我兄弟们的身边[……]求您让人在刀刃上写上[……]。"

"亲爱的老爷，"从不说谎的贞女临死前求道，"请不要把我的尸体埋在此地。"于是人们把她安放在一条无桨无帆的船上。

与人世道别之后，临终者把灵魂交于上帝。《罗兰之歌》对此有大段的描述。临终祷告分为两个部分，第一部分是认罪："上帝，从出生之日到此刻我倒下之时，我犯了多少大大小小的罪孽，求您宽恕我的罪孽"（罗兰）。"大主教（屠宾）做认罪祷告。他两眼望天，双手合十向上抬起，祈求上帝赐他天堂。""[奥利维]大声做认罪祷告，他双手合十举向天空，祈求上帝赐他天堂。"这是忏悔者的祷告，贵族的祷告，屠宾代表上帝对他们一一予以宽恕："高声做认罪祷告吧。"

临终祷告的第二部分是送魂经（*commendacio animae*）。这是早期基督教一种极为古老的祷告，它经历了多个世纪，后来，到十八世纪还一直被人称为“临终祈祷”的所有祷告都归到了它的名下。它的雏形在罗兰口中便已形成：“言出必行的上帝啊，你从死人堆里救醒拉撒路，从群狮口中救出但以理，请拯救我的灵魂脱离一切险境，并宽恕我一生的罪孽。”国王班向上帝祷告，说出的言语有如祭拜祷文：“亲爱的主啊，我赞美您，多谢您让我像您一样，在贫困交加中结束生命。主啊，您曾用您的血来救赎我，请别遗弃您放入我体内的灵魂，救救我吧。”

《圆桌骑士传奇》对幸存者和选墓地的描述比《罗兰之歌》要详细。反之，对祷文的记录却不多见。书中满足于以下的提示：他向一位教士忏悔罪孽，接受圣体。不过，其中少了两样东西却格外令人惊奇：神职人员专管的临终敷油，书中从未提及；也没有任何专门献给圣母玛利亚的赞语。《圣母颂》（*Ave Maria*）当时还没有全文（不过，拉乌尔·格拉贝所认识的一位圣日耳曼王室教堂的教士认为，圣母玛利亚是司职旅行安全的主保圣人）。

得知死之将至，于是脸朝东仰卧，双手合十放在胸前，自此刻起所完成的行为都具有丧事仪式的特征。在此处我们见识到的是口述材料，它将演变成中世纪的遗嘱，教会把后者看作必行的圣事之一：表明信仰，忏悔罪孽，恳请生者的宽恕，对他们表达关爱，请求上帝接受自己的灵魂，选定墓地。照此看来，遗嘱必须书面表达，上述祈祷和姿势亦是必不可少的环节，然而，史诗作家们却以为这些都是出自临终人的本能。

做完了最后的祷告，剩下的就是等死了，死神的确不再有理由拖延。不过有人认为，人的意志有可能从死神那里夺回一点时间。

例如，特里斯丹坚持着要等待绮瑟赶来。结果希望成空，他便不再拖延："我的生命挺不下去了。他连呼三遍：绮瑟我的爱妻。到第四遍时就咽气了。"奥利维刚做完祷告，"心脏就停止了跳动，整个身体软倒在地上，伯爵死了，他没有耽搁[23]。"假若死神拖拖拉拉，临终之人就静静等待，不再与人间交流："他念完临终经，做罢临终祷告，便再也不出声了。"

公众性

死亡有两个必然特征，一是它的家常简朴性，二是它的公众性：后者一直延续到十九世纪末。人死之时必有众多亲友围绕在旁。蒙特斯潘侯爵夫人* 与其说是怕死还不如说是怕死得孤独。圣－西蒙转述道："她躺在那里，窗帘全部拉开，房里点满蜡烛，身旁围绕着守夜者。每次醒来，她都要看到大家在聊天、玩耍或吃饭，她不准她们打瞌睡。"不过，到了 1707 年 5 月 27 日，她感到自己就要去了（预兆），她便不再害怕，开始做她该做的事情：她召来所有佣人，包括"最低级的"佣人，请求他们宽恕，忏悔自己的过失，像往日一样，她主持了死亡仪式。

十八世纪末参加过维克（Vicq d'Azyr）所组织的调查的保健医生，以及医学院的保健医生，都开始抱怨进入临终者房间的人太多。但这并没有起多大作用，因为十九世纪初给病人送临终圣体

* Montespan，路易十四的情妇。——译者

时，每个人，甚至与这家人素不相识的人都可以进到濒死者的家里和房里。十九世纪三十年代的一天，虔诚的菲罗莱夫人在伊舍尔(Ischl)街上散步，她听见钟声，得知人们去给一位年轻教士取圣体，她以前便听说他病了，但没敢去看他，因为他们并不相识。但是，圣体“很自然地把我引进他家(着重号为我所加)。当教士们经过时，我像大家一样跪倒在大门下，然后我进到屋里，观看他接受圣体和临终敷油的仪式[24]”。

人死之时总是有人在场，所以帕斯卡尔那句名言格外震撼人心：众人在侧，死者独行。如今此话已没有多大意义，因为我们完全可能孤零零地死在医院的病床上。

史之留痕：二十世纪的英国

这种公开辞别众生谢世而去的纯朴方式在我们这个时代显得有些出格，但也没有完全销声匿迹。不是在遥远的即所谓的神圣俄罗斯，而是在二十世纪中叶的英国文学中我找见了它，这令人惊奇。在一本关于丧事心理学的书中，莉莉·平卡斯(Lily Pincus)一开头便讲述了她丈夫和婆婆如何去世。菲利茨患了癌症，已到晚期。他很快就知道了真相。他拒绝手术和各种难熬的治疗，因此一直住家里。妻子写道：“于是我有了一次神奇的体验，接受了死亡，生命变得更加自在。”

他大约六十多岁了。“当最后一夜来临时(预兆)，他想确定我也意识到就在此夜，我告诉他我知道。他微笑着说：那就好。几个小时后，他平静安详地离开了人世。和我一起守护他的夜班护士正好离开了房间……我单独与菲利茨一起度过了这最后的安详宁静的时刻，对这一刻我永远充满感激之情。”

说实话，对“善终”的描述表达了一种深情，一种浪漫情怀，十九世纪前的人是很少这样表达的。

反之，菲利茨母亲的死法更符合传统模式。这位维多利亚时代的老夫人，浅薄，守旧，有点轻佻，单独一个人什么也不会干，但她得了胃癌，可怕的疾病，让她感到屈辱，无颜见人，因为她失去了对自己身体的控制，可她仍然要做一位体面的夫人。她对自己的处境似乎并不太清醒。儿子非常担心，不知一帆风顺了一辈子的母亲如何面对死亡。他错了，这位什么也不会的老太太把自己的丧事安排得井井有条。

“70 岁生日那天，她病情发作，昏迷了几个小时。醒来后，她叫人扶她起来坐在床上，这时她两眼发亮，带着极为和蔼的微笑要求见家里所有人。她与每个人单独道别，仿佛将出远门那样，让人向亲友以及所有关照过她的人转达谢意。她还特别提到那些曾让她无比开心的孩子们。召见大约进行了一小时，后来唯有我和菲利茨一直陪伴着她，最后，她也深情地与我们道别，并对我们说：现在让我安睡吧。”

然而，真正进入二十世纪后，临终者不再能担保人们会让他静静睡去。半小时后，医生来了，他询问病情，对家人不赶紧采取措施感到愤怒，菲利茨夫妻向他解释说老太太已经做过临终告别，老太太叫人不要打扰她，可医生充耳不闻。气冲冲的医生赶紧进到房里，手上拿着针管，俯身为她注射。其时，似乎已经失去知觉的她“睁开眼，带着与我们惜别时同样和蔼的微笑搂住医生的脖子，低声说：‘谢谢大夫。’医生顿时热泪盈眶，不用打针了。他走的时候已经成为病人的盟友和朋友，然后病人继续沉入睡眠，不再醒来[25]。”

十九、二十世纪的俄罗斯

大众对死亡习以为常还表现在我们见过的一句成语中，语出圣经。忆及自己的青少年时代[26]，西蒙(P.-H. Simon)引用了贝尔索(Bellessort)的一句箴言——或贝尔索认为它是箴言："我觉得至今还能听见这句话，那是博须埃在为路易十四做太子傅时念的一句话：‘在《列王传》中，所罗门王曾夸奖过其智慧的那位女人说：人终有一死。’博须埃无声地把自己沉重的手放在书桌上，然后评点说：这个女人思想独特。"这段话告诉我们，"人终有一死"这句话在其时代的含义和分量，博须埃了然于心。反之，贝尔索以及他的这位学生尽管博学而且好学，还是会觉得未免有点故弄玄虚。这种不理解虽然已是昨日之事，但我们仍能从中看出两种对待死亡的态度。在特里斯丹的诗中，罗阿特(Rohalt)来安慰痛失丈夫的白花王后(Blanchefleur)，他对她说："有生怎会没有死？愿上帝收容死者保佑活人吧[27]！"

在关于阿拉科(Alarcos)伯爵的西班牙《谣曲》(*romancero*)后部，伯爵夫人被丈夫不公正地判了死罪，临终前，她做祷告留遗言。在表达弃世之憾("我可怜的孩子们，从此失去了母爱")前她反复重申一句话："死去我不悲，因为我必须赴死[28]。"

还是在《谣曲》中，受了致命伤的迪朗达尔(Durandal)喊道：

"我在这一仗中身亡，虽说死得有点早，但我欣然直面（言下之意：人终有一死）。然而，[对人生]我也不是全无遗憾……"

托尔斯泰1887年出版的《伊万·伊里奇之死》更贴近我们这个时代，在书中他发掘出一句古老的俄罗斯民谚，并用它来对抗上层阶级已经接受的较为现代的观念。

伊万·伊里奇病得厉害，他偶尔会想到自己可能就要去了，但他的医生、妻子和家人都心照不宣地向他隐瞒病情的严重性，把他当孩子。"唯有杰拉希姆（Guerassime）不会骗他。"杰拉希姆是个乡下来的年轻仆人，身上还保留着乡下人的纯朴习俗。"他所有的行为都说明他是唯一明白事理（伊万将死）的人，唯一认为没有必要隐瞒真情的人。不过，对形销骨立、极度衰弱的主人，他充满了怜悯心。"他一点儿也不怕向主人表示怜悯，他不顾重病者必有的脏臭，尽心护理。一天，被他的至诚所打动，伊万坚持要他去歇息一会儿，去别处换换气。但杰拉希姆却像罗阿特回答白花王后那样回答他："人都有一死。为什么不能吃点苦呢？"托尔斯泰评论道："这样说表示他没有将此当作苦活，要知道他做这一切是为了一位临终之人，并希望自己临终时也能得到同样的待遇[29]。"

俄罗斯算得上是一个民俗收藏馆，在巴别尔（Babel）1920年发表的一篇很美的短篇小说中，这句谚语又复活了。那是在敖德萨地区的一个犹太村庄里，时值狂欢节，村民们同时庆祝六对新人结婚。一片喜庆的气氛：大家大吃大喝并翩翩起舞。加扎（Gaza），一位喜欢偷人的寡妇，舞散了一头长发，她心神皆醉，用棍子在墙上敲打着拍子："加扎摆弄着棍子低声吟道：人都有一死。"另一天，加扎为私产集体化的事情去执委会书记家：书记是位原则性很强的人。她大概想腐化他，却发现那是白费心机。临走前，她用成语的形式问他为何总这么严肃："你为什么怕死……谁见过一位庄稼汉拒绝死亡[30]？"

在犹太女人加扎的野性法典中，"人都有一死"或者是一句赞语，赞颂酒宴上和舞蹈中令人心醉神迷的生活乐趣；或者是一种对明日的淡然处之，今朝有酒今朝醉。反之，在同一法典中，怕死指的是一种预测、组织精神，一种理性意志的世界观：现代性。

他们对死亡形象如此熟悉，于是死亡形象在民间语言中便成为纯朴生活的象征。

帕斯卡尔写道："思考死亡而未死者，要比未思考死亡便死去者痛苦得多。"有两个法子让我们不思考死亡：我们的法子，技术文明的法子，拒绝死亡，忌讳谈论死；传统文明的法子，它不是拒绝，而是让你没可能深入地去思考死亡，死亡离我们太近，与日常生活联系太紧。

死者入眠

因此，人们并不像让凯莱维奇（Jankélévitch）所说的那样，把生死距离感知为一种"彻底的新陈代谢"。它也不是一次强违规，乔治·巴塔耶（Gorge Bataille）视其近似于性行为违规。人们并不认为死是一种绝对的否定，一种深渊相隔记忆尽失的决裂。也没感到生存的焦虑和眩晕，至少，上述二者在死的种种原型中没有位置。反之，也没有人相信生命的延续，即所谓凡世生命在彼岸的简单继续。值得一提的是，罗兰与奥利维临死前依依惜别，但却没有任何关于在天上重聚的暗示；悼念罢亡灵，便将其遗忘。死是仙游他乡，死是谢世走人。哲学家让凯莱维奇比所有史学家都更好地抓住了这一点，不过这一特点与他自己的信念却大相径庭：死者滑入另一个世界，他说，“该世界与凡间的区别就在于其显现程度极低。”

的确，奥利维与罗兰互道珍重，就像他们都要进入长眠，绵绵无绝期的长眠那样。人们以为死者入睡了。这是一个经久不变的古老信仰。早在荷马史诗中，冥国死魂便是“生命之火熄灭了的民众”，是“累了、不再有知觉的人类幽灵”，他们“永睡不醒”。维吉尔的地狱是“幽灵的国度”，是“夜蒙蒙、众魂皆昏睡之域”。那里就像是基督教的天堂，光呈紫红色，也就是黄昏之光，其间安息着最幸福的亡灵[31]。

据奥维德，在祭魂节（*Feralia*，祭奠亡灵的节日），罗马人向哑巴女神塔西它（Tacita）献上一条缝住嘴的鱼，影射亡灵界的静谧无声，沉寂的冥界（*locus ille silentiis aptus*）[32]。这一天人们去上坟祭祀，因为死人会在某个时候某个地点走进睡眠，一如梦中影影绰绰的身影，来打扰活人。

不过，异教的疲累亡灵似乎要比早期基督教的安眠者更为活跃。不错，安眠者也会在活人中游荡，据说除非临死我们看不见它们。但是，古老的基督教更强调死者一睡知觉尽失，甚至不再有意识，这当然是因为沉睡只是等待，等待幸福的苏醒，等待肉体的复活之日[33]。

圣保罗告诉科林斯的信徒们说，死去的基督复活了，并出现在两百多教友眼前：他们有的还在世，有的已然睡去（“*quidam au-*

tem dormierunt”)。

第一位殉教者,圣埃蒂安,被石块砸死。《使徒行传》上说:“安眠于主的怀抱(*obdormivit in Domino*)。”很久以后,在他躺下的地方,人们常常会读到这样几句类似于法国墓志铭的题词:他长眠于此,黄土下安息:*hic pausat*, *hic requiescit*, *hic dormit*, *requiescit in isto tumulo*。圣女拉德宫德要求死后葬在“大教堂,因为很多姐妹都葬在那里,无论好歹得以安息[34]”(*in basilica ubi etiam multae sorores nostrae conditae sunt*, *in requie sive perfecta sive imperfecta*)。由此可见,安息的好坏事先并无保障:“无论好歹”。

在加洛林王朝,罗马礼拜仪式取代了中世纪法国教会的礼拜仪式,他们诵读《安眠经》(*nomina pausantium*),请大家念《睡魂安宁经》(*pro spiritibus pausantium*)。中世纪专为教士所做的临终敷油礼也被称之为“归寂入眠圣事”(*dormientium exitium*)。

死者入眠,对这一信仰的最好解释莫过于关于以弗所*七睡人的传说。传说流传很广,在图尔的格雷古瓦(Gregoire de Tours)、保罗·迪亚克(Paul Diacre)和十三世纪的瓦拉策的雅克(Jacques de Voragine)的书中都有记载:七个殉教者,在罗马皇帝戴克里先的宗教迫害中丧生,尸体被封存入一个洞穴。据民间传说,他们在此休息了377年,不过,熟悉编年史的瓦拉策的雅克却提醒我们:细算一下,他们的睡眠时间不会超过193年！总而言之,在迪奥多西时代,否认死者再生的邪说颇有影响。为了驳斥异

* Éphèse,现在土耳其境内。——译者

教徒，上帝要救活七位殉教者，也就是让他们苏醒过来："七位圣徒站起身来，相互问候，以为自己才睡了一夜"（奥利维和罗兰在长眠前曾相互问候，他们此刻也相互问候）。

他们没有意识到自己一觉睡了好几个世纪，七人中的一位走出洞穴进到城里，才发现以弗所变得完全认不出来了！皇帝、主教和教士们听说这个奇迹，便和群众一起来到他们存身的洞穴，要眼见耳闻这七位长睡之人。在神的启示下，七人之一向大家讲出了他们复活的缘由："请相信我们，在伟大的复活日之前上帝让我们复活，那是为了你们……因为我们的确复活了，与活人无异。然而，一如母亲肚子里的婴儿活着却感觉不到任何需要一样，我们曾经活过，休息并长眠过，再也不会有任何感觉！说完此话，七人的头垂向地面，又睡了过去，根据上帝的旨意，他们的魂魄离去了[35]。"

有办法更好地描写死者入睡的状态吗？

我们将发现（第五章）这一形象抗住了教会学者几个世纪的压制：在礼拜仪式和葬礼中我们都能见到它。遗嘱中也有它的身影。1559 年，巴黎的一位神父还用安息之所（*placidam ac quietam mansionem*）来对抗阴间黑暗（*umbra mortis*）[36]。直到今天，为死者祈祷还被说成是让死者灵魂安息。安息的形象是彼岸所具有的最古老、最顽固、最大众化的形象。尽管有了其他的表现形式，该形象至今没有消亡。

繁花似锦的花园

死者入睡，一般都睡在繁花似锦的花园里。屠宾在贵族们的尸体前祈求上帝："愿上帝在圣洁的鲜花中接纳我们所有人的灵魂"；罗兰也做了同样的祈祷："愿上帝把他们安放在鲜花中"。这后一句诗表达了死后的两种形象：安眠或无知觉的沉睡，睡在圣洁的鲜花或花团簇拥的花园中。较之维吉尔之福地中的"溪水潺潺""绿草茵茵"，《可兰经》上许诺给信徒们的花园，屠宾和罗兰的天堂（至少天堂这一形象，别的形象姑且不论）并没有多大区别。

反之，在荷马史诗的冥界中，既没有花园也没鲜花。其间（至少在《奥德赛》第十一歌中）也不见酷刑。后来出现在《伊尼特》中的酷刑则预示了基督教的地狱。荷马的地下世界与维吉尔的区别要大于后者与基督教彼岸之古老形象的区别。在这一点上，但丁和中世纪都没有弄错。

在《信经》或罗马老教规中，地狱乃死者们的传统归宿，更像等待之地而非受刑之地。《旧约》中有罪无罪之人皆在其间等待，等待耶稣死后来解救或唤醒他们。只是在后来，最后审判的观念才占了上风，地狱对整个文化而言变成了撒旦的王国和拘禁罪人永无出头之日的地方，这在以前仅仅是个别现象[37]。

公元四世纪中叶有一本希腊－埃及经文，《塞拉比祈祷书》，其中有一句为死者的祈祷："让他的灵魂安息在宁静和绿荫中。"

在《保罗与特克拉行传》（*Acta Pauli et Theclae*）中，"善良人安息的天堂"被描写为"令人心旷神怡的清凉界"[38]。清凉即 refrigerium，此处用清凉或清爽（refrigere）。而不是安息（requiescere）或安宁（requies）。公元二世纪末马赛有一句铭文这样写道：赐我们清凉吧，万能的上帝（*Refrigeret nos qui omnia potes*）！

在拉丁文的《圣经》中，《智慧书》称天堂为清凉界（refrigerium）："*Justus，si morte preoccupatus fuerit，in refrigerio erit*"（义人死后进天堂，4，7－14）。在古罗马弥撒规范中，悼念亡灵时使用的也是该词的这一含义："*in locum refrigerii，lucis pacis*"，一座宁静光明的清凉园。法文译文舍弃了这一意象，因为译者们认为我们北欧人从清凉中感受不到东方人或地中海人所体验到的那种凉爽和舒畅！我承认，在当今城市化社会中，人们更喜欢阳光而不是阴凉。早在圣路易时代，庇卡底的一位虔诚的修隐士就把凡世的"阴暗"、"寒冷"与天堂的"光明"、"温暖"相对照。像东方人一样，冷热、阴阳的联系，让具有奥依语文化背景的中世纪人想到夏日的和煦和与天堂的幸福。

净化后的基督教不喜欢这些过于具体的象征形象，觉得它们是迷信，于是天堂便不再被表现为清凉园。然而，这类表象在美国黑人那儿仍然存在：有关黑人题材的电影把天上表现成绿茵茵的牧场或白雪皑皑的田野。

Refrigerium 这个词还有另一层意思。它指早期基督徒在殉教者墓前的祭奠餐和他们放在墓前的祭品。因此，圣女莫妮克"按非洲习俗把粥、面包和酒带往圣徒墓地"。这一表达虔诚的方式显然受到了民间习俗的影响，后来被圣安博罗阿兹所禁止，并被圣体圣事仪式所取代。这一形式在源自拜占庭的基督教中仍有保留，在我们的民俗中也有遗迹。同一个词，既表示永福之人的居所，又表示献在他们墓前的祭奠餐，这的确有点怪。

拉丁文的《圣经》中赋予永福人的形象便是罗马人吃饱喝足后睡倒在桌前的形象："告诉你们，无数人从东、西方涌来与亚伯拉罕、以撒和雅各相聚在天国"（*Dico autem vobis quod multi ab oriente et occidente venient et recumbent cum Abraham et Isaac et Jacob in regno coelorum*）。指天堂的词与三个概念相关：清凉花园，祭奠餐，末世宴。

但是，中世纪宗教艺术对这些象征并不太感兴趣。从十二世纪起，宗教艺术偏爱王座或亚伯拉罕的胸脯。王座肯定是来自东方的意象，不过它被移植进了封建王宫。在罗兰的天堂里，死者皆"入座"。亚伯拉罕的胸脯则更为常见，常被用来装饰面向墓地的教堂外墙。埋在墓地里的死者终有一天会像孩子一样坐到亚伯拉罕的膝上。另外，有一些作家，如奥顿的洪诺留（Honorius d'Autun），认为围绕圣陵（*ad sanctos*）的墓地是教会的怀抱，人把尸身托付之，就像托付给亚伯拉罕的怀抱一样，直到永远。

花园的形象虽不多见，但也非绝无仅有；它重现在文艺复兴时期的油画中，画中的人儿成双成对，漫步在美果园的林荫下。

不过，流传最广、最为经久不衰的天堂形象还是丧葬艺术中的逝者卧像："安卧者"（*requiescens*）[38]。

听天由命

研究十七世纪末的司法文件，我们发现那时的人对死普遍表现出冷漠、屈从，死是家常便饭，死是公众性的，这后两点我们已经根据其他材料分析过。尼古拉·卡斯唐(Nicole Castan)根据图卢兹最高法院死罪案例所写的东西既适用于中世纪也适用于二十世纪的俄罗斯农村,她说:"十七世纪的人[与我们相比]十分麻木,在痛苦[折磨]和死亡面前表现出惊人的忍耐力:可能因为笔录是官样文章吧,从未见过一名罪犯表达出对生命的特别依恋,或声嘶力竭害怕死去。"是缺少表达方式吗?非也:"请注意,在表达金钱和财富的魅力方面,他们做得很好。"尽管迷恋物质生活,罪犯"一般表现出来的与其说是对现世的执着,还不如说是对彼岸的恐惧"。

"人不得不认命,这便是临终者给人的感觉[39]。"

尼古拉·卡斯唐曾考察过十七世纪朗格多克地区的酷刑,把她的观察与十九世纪末美国南部的一次死刑——在《海外》一书中,保尔·布尔热讲述了他 1890 年在美国旅行时偶尔见到的一次死刑执行——相对照,十分令人心悸。一位年轻黑人被判绞刑。他曾是原北军上校、后在格鲁吉亚安家的斯格特先生的仆人,多亏了斯格特先生,P. 布尔热得以入监探视。进监狱后他看见囚犯在吃饭:"我眼中只有这个行将就刑的强盗,我曾见他为保命坚韧勇敢不辞辛苦,可现在却在津津有味地吃着送行饭里的煎鱼。"然后狱卒给他换"刑衣",一件新衬衫:"在触到新布时,他的皮肤微微颤抖。这种敏感反应让人更深地体会到这个 26 岁的男孩在临终准备中所表现出来的勇气。"他的老主人斯格特先生要求单独与他呆一会儿,以便帮助他面对死亡,斯格特先生要替他尽忏悔神父或十七世纪乞丐僧侣的责任。他们跪下,一起念《颂主经》,P. 布尔热是这样评论这一场景的:"他吃得有滋有味,勇气可嘉[布尔热不

明白自古以来在对死的问题上人们习惯于听天由命]。这种身体上表现出来的甚至带有野兽味的勇敢突然间染上了理想的色彩，变得崇高起来。”布尔热不明白他以为对立的两种态度并没有分别：他期待反抗，或呼天抢地，可他看到的却是淡漠：“我想起他那惊人的淡漠，这个混血儿就是如此淡漠地离开了人生，他肯定不愿放弃生命，因为他是那么性感和强健。我还私下里琢磨：顺从必然是哲学修养的最高境界，这样一个村夫一下子就达到了这种境界，这的确有点滑稽。”

在绞架前，死囚塞木尔把自己留着的雪茄弄掉在地上。“这是该男子表现出来的唯一的举止失措，他要控制自己，而且马上做到了[但这真是世纪末西方人所想的视死如归吗?]。他赤脚登上木梯，丝毫也不颤抖。面对极刑的耻辱，他表现得如此坚定、质朴，完全保住了自己的尊严，以至于下面粗野的观众都安静下来。”行刑前，他的脸被蒙上黑布，这时，一直在扮演忏悔神父的斯格特上校又带他念了几句祷告，只听那始终口齿不清的混血儿重复道：“主啊，在您的王国里请不要忘记我。”稍停一会儿，他十分坚强地说：“我准备好了，再见，上校……再见了，各位……”这是最后的道别[40]。

对这一场景的最佳表述大概就是我们方才引用过的尼古拉·卡斯唐的一句话：“此乃命也，这便是临终者[被处死者]给人的感觉。”

被驯服的死亡

从荷马到托尔斯泰，我们所见到的关于死亡的整体上的态度在表述上相当一致，但这并不意味着我们承认它是一个不受历史嬗变影响的稳定常态结构。这一年代久远的基本底色，负荷了过多的其他因素。不过，两千多年来演化之力却没能让它折服。在一个日新月异的世界里，这种对待死亡的传统态度很像是一种延续着的半死不活的病态。

如今，在我们的习俗中它几近消亡，所以我们很难去想象它并理解它。对近在咫尺的死亡司空见惯，习以为常，而且不太在意，这种传统态度与我们现今的死亡观形成鲜明对照：今天的我们是那么地怕死，我们甚至不敢说“死”这个字。

因此，我们把这种类似家中常客的死亡叫做被驯服的死亡，并不是因为我们认为它以前是野性的，后来才被驯化；恰恰相反，我们是想说它现在才变得野性难驯了，以前并非如此。早期的死亡是驯化的死亡[41]。

第 二 章

圣陵旁，教堂中

在前一章，我们见识到一种面对死亡的态度，它几乎一成不变地延续了几千年，它反映了人对命运、对自然法则的一种幼稚自发的屈从。这种面对死神（*de morte*）的态度还衍生出了一种与之相对称的面对死者（*de mortuis*）的态度，即对丧事及其有关事物表现出多见不怪的冷漠。此种面对死人的态度构成了一个确定历史时期的特征：它显然出现于公元五世纪，因为此前风气迥然不同；它消亡于十八世纪末，在我们今天的习俗中没留下任何痕迹。它延续时间长，起止时间明确，即发生在漫漫无绝期的驯化之死的时间内。

这种态度的出现是因为那时墓地开始进入城市和村庄，活人与死人比邻而居，抬头不见低头见。当人们不再容忍这种阴阳混淆的做法时，上述态度也就该寿终正寝了。

圣人的庇佑

虽说死神是熟客，古人还是害怕与死人为邻，总想让死人离自己远一点。他们祭扫墓地，其部分原因是害怕死魂归来，上坟和祭奠亡灵的目的也是请亡灵不要“回来”打扰活人。已下葬和火化的死人是不洁的：过于近之活人便可能被玷污。两者的居所应该分开，避免一切接触，献祭之日除外。这曾是一个绝对的法规。《十二铜表法》规定：“任何死者不得在城里下葬或火化。”狄奥多西(Théodose)法典中沿用了这一规定，要求把所有遗骸迁出君士坦丁堡：“所有遗骸，无论是骨灰盒中的、墓中的还是地上的，都必须迁出城外。”

据法律顾问保尔的注释：“凡尸体皆不得留在城内，以免玷污城区的圣洁(*sacra*)。” *Ne funestentur*：被死尸玷污，活人对此的不容在该说法中得到了很好的反映。拉丁词 funestus 经过弱化后演变成法语词 funeste(致人死命、带来不幸、令人沮丧)，它起初并不指随便哪种玷污，而是特指死尸引发的亵渎。该词源自 funus，意为丧葬、死尸或凶杀[1]。

这就是为什么古代墓地总在城外、路边的原因，一如罗马的阿皮亚大道沿线：私有领地上的私家墓地，由某些组织掌管的集体墓地。后者很可能为早期基督徒社团提供了一个合法的模式[2]。

早先，基督徒们也遵从当时的习俗，对死者的看法与大众相同。基督徒与俗人都被埋在统一的公墓里，后来他们才在俗人墓地的旁边分开来建自己的墓地，但始终是在城外。

像古人一样，圣约翰·克里索斯托(Jean Chrysostome)也讨厌接触死人。他在一次传教中提醒注意传统习俗：“请不要在城里建墓。若有人在你吃、睡的地方放一具尸体，你会怎样？你当然不会把死尸放在自己吃、睡的地方，但如果放在基督徒身旁……上帝的圣殿教堂里如果充满了恶臭，人们怎会常去[3]？”

在563年布拉加(Braga)主教会议的教规中,我们仍能见到这种风气的遗迹。教规禁止在纪念殉教圣徒的大教堂里埋葬任何人:“任何人都不得被葬在殉教圣徒的教堂范围内,这是每个城市拥有的不可侵犯的特权,我们不能拒绝给予教堂这一特权[4]。”

然而,先是在非洲,后是在罗马,这一厌恶靠近死人的情绪在早期基督徒那里很快就让位于另一种姿态。这一变化令人瞩目:它说明在对待死人的问题上基督徒的新取向与传统风俗背道而驰,尽管二者都接受驯化的死亡。从此,在很长一段时间内,直到十八世纪,活人不再怕死人,他们和平共处,相安在同一围墙后。

上古的厌恶情绪为何会如此快地转变成新的民俗?那是因为对肉身复活的信仰,该信仰与崇拜早期殉教者及其圣陵有关。

事情本来可以有另一种变化:某些早期基督徒为了表明他们与世俗迷信的决裂,以及他们回归上帝的欢欣,对葬身何处并不在意。他们认为对坟茔的世俗崇拜与肉身复活的基本教义不符。圣伊尼亚克希望自己的肉身被野兽吃得一干二净[5]。埃及沙漠里的修隐士请求人们不要掩埋他们的尸体,把尸体扔给狗和狼,或拜托给某个将来偶尔发现它的善心人。一位修隐士叙述道:“我看见一眼窑洞,进去前,我按教友的习惯敲了敲门。”没人应声,他走了进去,看见里边坐着一位静默无声的修士。“我伸手握住他的胳膊,胳膊立即在我的手中化为灰,我摸摸他的身体,才知道他已经去世……于是我站起来为他祈祷,用我的大衣盖住他的身体,挖坑将他掩埋,然后走了出来[6]。”

数个世纪以后,儒安维尔(Joinville)和圣路易十字军东征回来,路过兰佩杜萨岛,也遇见了类似的情况:他们进入了一个荒弃的隐士住处。“走到花园尽头，我和国王在第一个拱门下看见一个用石灰粉白的祈祷室和一个用红土画的十字。走进第二个拱门，我们发现两具尸体，肉身已全部腐烂，肋骨还完整地排列着，手骨合十摆在胸前；像墓葬中的尸体一样，他们向东而卧[7]。”

丧事从简，的确，继承了沙漠修隐士衣钵的东方僧侣从未把自己的遗骸当回事。不过，修隐士对臭皮囊所表现出来的不屑一顾并未全面影响到整个西方基督教民众。后者更倾向于整合肉身复活之新信仰与祭坟的传统。对维持怕死人的古习而言，这种整合显然无益；它反而会使大家多见不怪，多见不怪到了十八世纪几乎变成了无动于衷。

通过调和地球上各种古老信仰，产生了大众化的基督教来世说。因此，许多人坚信，末日来临之时，唯有那些入土为安，且没有受过亵渎的人才会复活：“未入墓者不会复活。”在基督徒的语言中，害怕不能复活类似于祖先们害怕死后得不到安葬[8]。

德尔图良（Tertullien）认为，唯有殉教烈士因捐躯才得到了“那把进入天堂的独一无二的钥匙”：“其他任何人在魂离肉身时都不可能自动成为我主身边的选民……[9]”就像以弗所洞中的沉睡者一样，死者在等待最后审判日。他们丧失了躯体，丧失了感觉和记忆，他们不知有苦，亦不知有乐。唯有到末日，有权享受永福的“圣徒们”才能走出“下界”（德尔图良）住进天堂。别的人将在长眠中化为乌有：坏人不能复活。他诅咒恶人，威胁恶人将受到最严厉的惩罚，永无复活之望：“在最后审判日，他不会复活[10]。”

民间观点认为，对墓地的亵渎会妨碍死者在末日苏醒，因之影响到他的永生。“请任何时候都不要亵渎此墓，愿它长存直至世界末日，待到上帝审判生者与死者之时，让我能毫无阻碍地（sine impedimento）获得新生[11]。”

更为睿智的教会作家曾反复强调说，上帝万能，既创造人又修复被毁的肉身，但他们在最初的几个世纪里没能说服大众：民间舆论十分注重生命的统一性和延续性，老百姓不区分灵与肉，也不区分光荣的肉身与下流的肉体。因此，很可能像董·勒克莱克（Dom Leclercq）在《基督教考古辞典》*Ad sanctos*（围绕圣陵）词条中所暗示的那样，死者葬在殉教烈士墓旁起因于怕人亵渎坟墓，于是后来成为普遍习惯：在圣徒（即信徒）中，唯有殉教烈士肯定能够直接进入天堂，所以他能庇护其他尸身，令亵渎者不敢靠近。

不过，傍圣陵（*ad sanctos*），亦即葬在殉教烈士墓旁，还有另一个原因。在最初几个世纪，人们十分害怕墓地遭到亵渎，但可以肯定这一恐惧在中世纪早期就不那么强烈了。事实上经济上的驱动力不复存在：棺木里不再有任何贵重物品，丝毫提不起盗墓贼的兴趣。也没有更多的精神上的因素。只要尸体被安置在教堂圣地，受到尊崇圣徒的庇护，其他可能影响到尸身的变故就不那么重要了。事实上，如果说受到侵犯的话，天知道尸体会受到多少次侵犯，也就是说教士们满不在乎地将其移来搬去，但这毕竟不叫亵渎，因为尸体依然留在教堂内。

葬入圣地的主要原因是确保能得到殉教烈士的庇护，后者不但庇护死者的尸身，还要担保死者灵魂不灭，直至苏醒之日，最后审判之日。

公墓成镇，墙内安葬

教会作家们深信，信徒的遗体若与殉教烈士为邻，定会受益匪浅。都灵的格言解释说：“肉身活着时，殉教英烈监护我们，肉身入寂后，殉教英烈照管肉身。在现世，他们防止我们坠入罪孽；在彼岸，他们确保我们免受地狱之苦（*inferni horror*）。于是乎，我们的祖先要求信徒之墓靠近殉教英烈的遗骸：地狱鬼怪惧怕英灵，惩罚也避开我们，基督的灵光护佑英灵，黑暗也退避三舍，远离我们[12]。”

墓志铭也常使用同样的词汇。下面是一位付执事的碑文：“有德之人安息于此，遗骨与圣陵为邻：天佑他永不受鬼怪疯狂残暴的侵扰。”另一篇是公元515年维也纳一位富裕基督徒的碑文：“唯有在英灵的庇护下才能找到永恒的安宁；大圣徒万桑，其同伴及同辈圣徒在照看此地，他们驱散黑暗，让圣灵之光（*lumen de lumine vero*）普照[13]。”

在西班牙，圣珀兰让人把儿子赛勒苏斯的尸体移葬到哀高腊（Aecola）殉教烈士们的墓侧：“我们把他运到宫浦鹿桐城（Complutum），让他死后与圣徒为邻，圣徒的血气将赋予他美德，美德之火净化我们的灵魂。”由此我们发现，圣徒们给予的不单是庇护，即庇护死者躲开地狱小鬼的纠缠，他们还可以向躺在身边的死者传递一点美德，于死后为他们赎罪。

从六到八世纪，无数碑文中都重复这类句子：“有德之人，圣墓为邻，在宁静中长眠，在殉教英烈园（*martyribus sociatus*）中安息”，下葬之处依傍圣陵，或在圣陵间。有的碑文说得更具体：“在圣马丹脚下”。还有一些比较一般的说法，语调更为平淡一些：在圣地，即有圣陵的地方（*in loco sancto*，*huic sancto loco sepultus*[14]）。

因此，殉教烈士墓会引来其他墓葬。烈士们多半被葬在城外公墓里，所以古老的世俗墓葬区就为基督徒提供了最古老的朝圣地。

人们一般认为这一习俗起源于非洲：实际上，考古学家们正是在非洲发现了最早的遗迹，后来这一习俗才从非洲传到西班牙和罗马。

在那些最近发掘出来的废墟中，即那些没有被现代城市覆盖、完全露出本相的古遗址中，就是最外行的参观者也会发现墓地总是与郊区教堂紧挨在一起。

人们先是在郊外墓地有圣墓处建造一些小型的先烈祠（*martyria*）或纪念堂（*memoriae*），其后又在这些小祭室旁或小祭室上建造圣庙（*basilique*[*]）。在陵园献祭台原址上，人们经常会看见一座大圣庙叠加在一个小祭室之上。圆形或多角形的小祭室位于中心，大圣庙拥有一个或多个大殿，殿前还有一个宽大的回廊（*atrium*）。为了接待众多的朝圣者——慕圣徒之名而涌来的香客——，大圣庙显然是必要的。“殉教圣徒”葬在古老陵园之中，圣

---

* Basilique 一词一般也译为“教堂”，但此“教堂”非彼“教堂”（église），它总是依托于某一墓地，为纪念某先圣或某先祖，甚至成为某一王室的家祠，例如著名的圣德尼Basilique。我们在本文的开头部分先将其译成“圣庙”或“陵庙”，以示区别。——译者

庙当然建在此地。另外，圣徒遗骨所吸引来的不仅仅有朝圣者，还有众多将此地作为最后归宿的死者。于是，一个新的有圣徒居住的陵园便出现在教俗杂居的古公墓之上或之旁，圣庙则成为其中心。

在对非洲的罗马古城的发掘中，我们见到了这种奇特的情景：圣庙的墙外，尤其是后殿周围，靠近殉教者寝陵的地方，到处都堆着乱七八糟的石棺。坟墓埋进庙堂，跑进大殿，至少侵占了耳堂，这便是我们在提帕萨、希波和迦太基见到的情形。安普利亚斯的卡达卢尼亚的考古场同样令人吃惊，那儿的基督徒公墓和圣庙覆盖了早先被遗弃的希腊古城废墟：为了找到那波利古城遗址，考古学家们不得不揭开基督徒公墓的土层。古城遗址在掀翻的基督徒石棺之下显露出来。

同样的情景也出现在我们高卢－罗马时代的城市中，不过单凭肉眼现在已经看不出来。最近的堆积层，十九、二十世纪市郊的堆积层，已经淹埋了它最后的痕迹，所以我们必须穿过层层叠叠的历史堆积层，对它进行重组。不过，在十八世纪末绘制和雕刻的“风景画”中，这类场景还清晰可见。于是我们认出了马赛城外的圣维克多庙及其陵园，认出了巴黎城郊的圣马赛尔庙，波尔多城郊的圣瑟兰庙，图卢兹城郊的圣塞尔南庙，普瓦蒂埃的圣伊莱尔庙，兰斯的圣勒弥庙。

圣庙的周围都是墓，甚至里边也是墓，是用来接待朝圣者的，它们的管理团体由修士或普通人组成，在大多数情况下，这些圣庙后来都演变成大修道院的所在地，里边聚集了大量的修女或修士。在非洲罗马古城，比如说安普利亚斯的卡塔卢尼亚城，贫困的基督徒似乎都住在城郊圣庙的周围，尽管主教主持的教堂（*episcopium*）位于城墙里边。在高卢，修道院同样是市郊的中心，例如图卢兹的圣塞尔南修道院，图尔的圣马尔丹修道院，虽说不久后它们也与城区连成了一片，被新修的城墙圈了进去。活人与死人比邻而居，相安无事。

长期以来，陵园圣庙一直有别于主教教堂和大教堂。教堂位于城墙内，有时还建在城墙上，里边绝不会有墓。圣庙则相反，殿内埋满了死人，有些死人不是为了贴近早期的殉教先烈而来此下葬，而是因为那里已经埋有别的死者。早期圣人为近期圣徒所取代，信徒们开始崇拜后者，更愿把墓址定在后者的圣体旁。

移到受迫害之地的圣骨殖有时也具有圣墓（*martyrium*）效用。例如希尔德贝尔特一世*亲自从西班牙带回了一块萨拉戈萨的圣万桑的头盖骨，一个托莱多的十字架，他让人修了一座修道院保护圣骨殖，并打算死后葬身此地；他要把圣万桑修道院当作他王室的墓地，就像圣德尼大教堂之于卡佩王室一样。为修道院开光祝圣的巴黎大主教圣日耳曼也葬于此：国王和圣主教都想被葬在圣万桑的骨殖旁。圣日耳曼的遗骨不在教堂内，而是在外廊（*in porticu*），在一座与教堂毗邻的小庙堂里。

圣日耳曼的寝陵随后也成为大众瞻仰的对象。755 年，他的遗骸被移到圣殿主祭台下，于是教堂便以圣日耳曼为名，亦即我们的圣日耳曼德普雷修道院，圣日耳曼取代了圣万桑。同样的现象也发生在巴黎，圣马赛尔主教取代了早期教皇之一圣克雷芒；在波

* Childebert，克洛维第三子。——译者

尔多,以早期殉教先烈艾田纳为名的教堂则更名为圣瑟兰(主教)教堂。

自议事司铎团在主教座堂成立后,像主教们一样,议事司铎都在郊外修道院下葬。因此,中世纪初,高卢－罗马型的基督教城市中有两个基督徒生活中心,城区的大教堂和陵园的圣庙:大教堂乃主教布道施政之所,有众多教士;陵园圣地乃圣徒安寝之处,有成群结队的朝圣者。二者之间并非没有竞争。

自古以来,死人埋在郊外,城内不准建坟,可这一内外分别在某个时期销声匿迹。陵园圣庙周围的新区不断发展,有了很大的变化:虽说死人久居此地,但这并不妨碍活人在旁边安家落户。结果,我们发现,活人已经不像远古时那么害怕死人。死人被埋进城内、市中心,意味着人们完全放弃了古老的禁忌,并代之以一种全新的态度:无所谓或习以为常。从此,在很长一段时间内,人们不再惧怕死人。

阿拉斯城有一个例子[15],有助于我们想象禁忌是如何被取消的。阿拉斯城的主教圣瓦斯特(Vaast)死于540年。据当时规定:“凡死者不得葬于城内”,他选择把自己葬在坎松(Crinchon)河岸上做礼拜的小木屋里。可是在搬移他的尸体时,尸体突然变重,怎么也抬不动,似乎拒绝被移动。总司铎急忙赶来验证这一超自然现象,并立即祈求圣徒说,让大家“把你抬到我们(教区的教士)早先为你预备好的地方去”。尸体随即变轻,抬尸人没费力就把他抬到了“他曾任主教的教堂里,在他主持过弥撒的祭坛右边有一个适合他这位上帝仆人的墓穴”。这事虽然不可思议,但其背后的含义却不难理解：这是一具令人景仰的尸身，是教堂的光荣，可以为教堂带来好处，大教堂的教士们拒绝把它白送给一个于己无关的团体。不过，用这种办法便能推翻传统禁忌，说明该禁忌已经十分脆弱。

圣日耳曼主教差一点得到同样的礼遇。巴黎教区的教士获准敬奉给他一个老城区的教堂。教堂里已经供奉着他的一块骨殖，圣埃罗阿还为这块圣骨预备了一个非常漂亮的骨灰盒。不过他们觉得这还不够，打算将来某一天把圣遗骸全部移来，葬在主教圣室近旁。这一天始终没有来到，圣日耳曼去世后被葬在塞纳河左岸的修道院中，以后再也没有动过。阿拉斯城的教士们迁墓成功，可巴黎教士们却无功而返，这说明世俗权力对后者支持不够：新兴的加洛林王朝不像墨洛温王朝那样关注巴黎，关注老城及其崇拜信仰。

圣徒的遗体被请入教堂墙内（*in ambitus murorum*），于是别的人也来此下葬，朝圣者纷纷前来瞻仰。从此后，主教座堂与陵庙之间在墓葬上的区别不复存在。曾经与郊外贫民混杂而居的死人就这样进入了市区的历史中心：自此，有教堂的地方就有墓葬，有教堂的地方旁边就一定有墓地。教堂与墓地相互渗透的关系就这样被永久地确定下来。

这种现象的影响并不局限于主教城区的新教堂，它还扩展到乡下教堂。

不难测度，墨洛温人或野蛮人的墓地总是在野外，远离村庄和居民区。直到今天我们在西沃村（Civaux）还能见到大面积排列成行的单、双人独石棺。

然而，从七世纪起发生了变化，类似于上述把死人埋进城的变化。野外的墓地被弃置，没于荒草，被人遗忘，唯有在特殊时期（鼠疫流行期）人们才会启用它。在这种情形下，人们晚些时候会在野墓遗址上建一个小祭堂，比如说供奉圣米歇尔的小祭堂。正是在这个时期，教堂周围开始出现墓地。今天，人们在教堂墙内外常会掘出一些石棺，它们与乡间野外的石棺一模一样：这些石棺要么是从墨洛温人的公墓中回收来被重新使用的，要么是教徒按同一式样专为教堂墓地制作的。

西沃村的考古发掘清晰地向我们显示了新老墓地的交替：人们在教堂周围清理出一个巨大的墓地，它离墨洛温人的野外公墓仅有几百米远。

借助十八世纪的文件，我们在下巴涅区的沙特奈（Chatenay-sous-Bagneux）也发现了教堂与墓地的这种关系，否则在现今民居的遮盖下我们是不可能看出这种关系的[16]。直到中世纪末，人们才完全抛弃了墨洛温王朝和高卢－罗马时期的公墓。到 1729 年，这些公墓就几近于消失了："墓地全部变成农田，唯余下大公墓这个地名"。地名长存，遗址犹在，但却极少有人在此下葬（除非瘟疫肆虐期），其原因之一就是墓地失去了丧葬的功用，其原因我们稍后研究。野外的墓地随后被教堂或教堂占地所取代：人们在教堂最古老的地方即圣坛之下发现了 15 具用石膏制作的石棺："标准的墨洛温模式"。R. 多维尼（R. Dauvergne）认为它们取自大公墓，大概于十二、十三世纪被重新用在教堂墓葬中：在墓中人们也的确找到了那个时期的陪葬品。不过，对它们的回收利用也可能发生在更早的时期。

由此可见，大约在八至十二世纪之间，在沙特奈，人们更愿意被葬在教堂或教堂近旁，而不是被葬在孤魂野鬼的野外墓地中。

在维克桑的吉里村（Guiry-en-Vexin），人们在城堡路周边地里挖出了约300座的石棺和坟墓：陪葬品表明此公墓属于五至七世纪。在同一个区镇的田野里最近又发现一个七世纪的墓地：47座墓，外加10个集体墓坑，内有250具骸骨。

吉里村和沙特奈的情形大致相似，教堂墓地取代了野外墓地。在教堂中，有人找到了好几座建在一起且具有墨洛温时代特征的石墓[17]。另一个例证来自沙蒂约奈的米诺村（Minot-en-Châtillonnais），F.佐纳邦（Zonabend）研究过这个例子，本书第十一章“拜谒公墓”的尾部对它也有分析。

我们很难确定墓地转移的准确时间，各地情况不太一样，但却有个一般规律：起初，农村把死人葬在远离居所的旷野，八世纪后，死人开始被葬在教堂里或教堂周围。

当然，阴宅定在何处，在此起决定作用的与其说是殉教先烈或城镇圣主教，还不如说是当地领主。在某些早期的集体皈依基督教的区域，比如说加洛林时代的日耳曼区，弃置民间传统墓地，葬在教堂里或教堂旁，是一个必须执行的命令：“命令：信基督教的撒克逊人之遗体必须葬入教会公墓，而非世俗坟场（*ad cimeteria ecclesiae et non ad tumulos paganorum*）[18]”。

在后期罗马帝国，高卢－罗马大领主有时让人将自己葬在自己的领地上。维也纳地区的一位大领主515年便让人刻下了如此碑文：“在离开脆弱人生之时，彭特高士斯不想［在公共墓地里］

求得一块坟地；他把遗体托付给属于自己名下的这片土地”。不过，围绕圣陵的墓葬习俗已经变得非常普遍，即使死者不去就圣徒，圣徒也会来到死者身边。于是，彭特高士斯请来了几块殉教士圣骨放在自己墓中；这种习俗，在墨洛温、加洛林时代的其他纪念堂里也能得到证实。他宣告：“唯有在殉教烈士的庇佑下才能到达永恒的安宁；尊敬的圣万桑，所有与他相伴或相同的圣灵（圣徒越多保护越力），都在照看着这座阴宅（*domus*）”。Domus 之意：陵墓也是一座庙堂，一块圣地，人们可以来此祭奠死者，大家后来将其称作小祭堂[19]。

仍然是在九世纪，有领主对在其领地（*in agris suis*）下葬之人收取费用，奥尔良主教约纳斯对此表示谴责[20]。大领主的私家墓地（*ager tumulaire*）变成了教会的公共场所（*locum publicum et ecclesiasticum*），家庙成为教区的乡下教堂，有的教堂中甚至设立了教务会和附属修道院。普罗旺斯地区的圣马科西明地下小祭堂便来源于此：那几座据传是属于玛丽－玛德莱娜的坟茔，其实是一个家族的坟墓。在离圣马科西明小祭堂几公里远的地方，还有一座盖约勒纪念堂，它本是一座小家庙。

乡村教堂的源头一般都是这类私家墓地。封建领主的庄园中总有一位神父，神父做法事的祈祷室往往是领主家的悼念堂（*memoria*）。

在维克桑的吉里村，十六世纪的一份证书援引极古老的文献告诉我们，吉里的领主们“以克洛维一世为榜样，皈依了基督教…… 他们开始建造小教堂或小祭堂供奉上帝，并选圣使徒安德烈做教堂主保圣人；我们知道，818 年，一个名叫加百里·德·吉里的人在此下葬”。这个教堂自然而然地成为了其建造者及其继承人的墓地。此类情况十分常见,所以教会条令承认这些世俗建庙人的特权:在宗教葬礼中他们享有与教士、信徒同等的待遇,后边我们还将遇见这一现象。小家庙不可能都变成教区教堂,但它始终是祭拜的对象:人们为庙中的圣遗骨做弥撒。修道院院长梅勒伯德(Mellebaude)的地下悼念堂便是如此。不错,它不在领地上,而是在普瓦蒂埃城门外的老坟地里。它的创始人 P. 德·拉克罗瓦以为自己在此处找到了一个纪念殉教先烈的建筑。他肯定弄错了,因为那实际上是一位七世纪末的修道院院长的坟墓。但这错误很容易理解,因为该陵墓建得太像一个殉教先烈纪念堂了。行将入土者在自己的墓里放进圣骨殖,他把自己的地下墓室设计成墓窟(*spelunca*)的模样,一个安葬圣徒遗体的墓窟。最终,他将自己的陵墓改造成小礼拜堂,敬奉十字架上的基督,礼拜堂里有祭台,用来做弥撒。

修道院院长的纪念堂就这样稀里糊涂地成了先烈祠(*martyrium*),然后,像其他教堂先后的经历一样,它成为近圣陵的葬地。“信徒们在该地挖墓穴,然后盖上石板,石板用古建筑石料切成。他们把巨大的石棺放进墓穴,石棺至今犹存。为了给自己和家人在地窖里弄块地盘(约在九至十世纪?),信徒们毫不犹豫地打通墙壁或拆除台阶[21]。”

圣陵脚下建墓,郊外圣庙区人口激增,坟墓日渐侵入城镇并与民宅为邻:一个接一个的演变阶段,最终拉近了原本是阴阳相隔的活人与死人的距离。

墓地:“教会的怀抱”

习俗变迁,教义和权利也随之变革:一种新的、鲜明的死者神圣观取代了过去关于死人的古老观念。中世纪的作家们很快就感觉到他们时代的丧葬习俗与古人的背道而驰。长期以来,人们始终认为俗人没有专用的葬地。亨伯特·德·勃艮第[22]断言,人与畜生的区别就在于人总是想法安葬死者,但是俗人却到处乱埋死人:“家里、花园里、田间或随便其他什么地方”。十二世纪初勒芒的一位议事司铎则喻之为“野地孤坟”(*quaedam solitaria loca*)。古代作家,另外还有十七世纪的索瓦尔(Sauval),都倾向于把城外大路边一排排的俗人墓地与野地孤坟混为一谈。例如,索瓦尔承认:“在巴黎听命于罗马人的整个时期(……),不幸死去之人都被葬在大路边。”要知道,在那个时代,大路可不是什么好去处,那是士兵、游民、浪人经常出没的险地;“此公墓[即很久很久以前的圣洁者公墓]存在以前,一家之主有权把自己和家人葬在地窖或花园里,通道或小路上”,大概就是为了避开“大路”吧[23]。

认为古人在自家地里葬死人的想法一直保留到十八世纪,有人提倡自家私葬,就是在模仿这个所谓的古老习俗。在中世纪,这种葬法是要受到谴责的。

亨伯特·德·勃艮第反对俗人到处乱葬,赞美基督徒只在“肃穆圣洁、令人起敬的公共墓地[24]”下葬。人们谴责异教徒不承认墓地是一个具有宗教性质的公共场所(*locum publicum et ecclesiasticum*)。伏多瓦教派和胡斯教派的信徒们却以为:“葬何地和以什么方式下葬，葬地是神圣的还是世俗的，根本就无关紧要[25]”。教徒尸体聚在圣徒遗骨周围，教堂建在圣遗骨上，这成为基督教文化的一个特征。一位十六世纪的作家承认“墓地不仅是坟墓和存放尸体之所在，它更是圣地或神圣化了的地方，为使死者灵魂安息而默祷的地方”：圣洁肃穆之地，参谒者众多的公共场所，与不洁和孤独无缘。

死亡与神圣这一古老的对立与其说是被抹杀了，还不如说是被推翻了：一个基督徒的尸体本身就创造出一片空间，倘若不是神圣的空间，至少，根据十三世纪芒德的迪朗的区分，也是宗教的空间。犹太人和罗马人都深信死者不洁，而基督教徒们却完全没有这种感觉，这让十八世纪的一位教会作家大为吃惊。他不得不到法令中去寻找依据：“［罗马人的］这种想法是完全可以原谅的，因为摩西律法让人极为害怕接触死尸遭到玷污。”“自上帝之子的躯体和四肢被钉在十字架上之后，十字架上的死亡就被神圣化了，这是因为他将复活，给我们带来希望，他把他那充满生命活力的精神——不朽的泉源——注入我们凡体，于是，为他献身的烈士之墓也成为圣洁生命的泉源。于是，人们把烈士葬入教堂，或者为保护圣遗体建造圣庙[26]。”圣奥古斯丁对这种无比虔诚的态度有些不以为然，他肯定是看出了它与非洲丧葬巫术的渊源。他强调这样一个事实：尊敬死人主要是为了慰藉活人，只有祈祷才具有真正的救赎功用。但这一谨慎态度很快就被中世纪的信徒们给忘记了：像圣于连一样，大家都认为在殉教士墓旁祈祷特别灵验：“靠近殉教士的墓室下葬对死者益处极大，把安息之人委托给身边的殉教士，祈祷的效果会倍增[27]。”

奥顿的洪诺留的著作，《光明书》* 多少带点困惑和保留地回到了圣奥古斯丁的原则，不过该书更讲分寸。书写于十一世纪末或十二世纪初，直到中世纪末人们一直在阅读它并实践它。“没有被埋在教会的墓地里，对善男信女来说毫无损害，因为整个世界都是上帝的殿堂，都因基督之血而变得圣洁。不管他们的尸体流落何方，善男信女永远都在教会的怀抱里。”这样说自然是出于对神父们的尊敬，不过作者也认可民众的信仰和习俗，并尽力为之申辩：“然而，某些地方因圣墓而变得圣洁，埋在那里十分有益。葬在圣徒身边的善男信女为圣徒祈祷，来上坟的死者亲属们也会见墓思人，为他们祈祷，所有这些祈祷都会有助于仍在受苦的亡灵[28]。”我们注意到，死者的祈祷与活人的祷告作用相当，圣墓就在近旁，这两种祈祷不仅有益而且必要。

奥顿的洪诺留认为，恶人即使被葬在圣徒旁也得不到庇护。相反，“恶人在此捞不到半点好处。恶人睡在圣贤边，善恶水火不容，只会更加倒霉。据记载，很多恶人的尸骨都被魔鬼掘出，抛尸荒野。”后面这句话影射格列高利一世讲述的神奇现象，后人们对此事津津乐道。恶人的尸体玷污教堂和墓地，一如古时候尸体会弄脏城区净土一样。因此，墓地是死者的神圣阴宅，就像奥顿的洪诺留说的那样，是教会的怀抱（*ecclesiae gremium*）。这怀抱温暖着死者的灵肉，让他们永生，恰如洗礼，最终让他们获得新生。

* *Elucidarium*，对圣经的注释。——译者

被诅咒的葬法

相对古代而言，至少相对大众的习惯想法而言，局面又一次被颠倒过来。人人都不喜欢野地孤坟。在自家地上（*in agris suis*）下葬的古习俗可能仍在苟延残喘：我们知道这习俗在九世纪曾受到奥尔良主教约纳斯的抨击。1128 年，圣布里厄主教还下令不准在十字路口的十字架下葬死人。随地埋葬令人生疑，所以越来越少见。唯有被诅咒的人才会被抛尸荒野，或者像人们后来说的那样，遗尸路旁。

临死我会知会你，
葬异地我难安睡，
请把我埋在田野里。

就像那些无人认领的罹难之人或被领主处死并不准收尸的人一样，被革除教籍的人死后没人掩埋，为了不污染周围的环境，人们往腐烂尸体上扔石头（*imblocati*）[29]。

腓特烈大帝的私生子曼弗莱德（Manfred）与教皇为敌，被开除教籍，1266 年在贝内文托战役中丧生。据但丁说他就葬在当地："埋在贝内文托附近的一座桥头上，坟上有一大堆石块"，每个士兵都往他的尸体上扔了块石头[30]。西西里是教会的封地，等同于圣地，教皇克莱芒四世不能容忍这个被诅咒的尸体留在西西里王国的土地上。因此，根据但丁告诉我们的传统，人们挖出曼弗莱德的遗骨，“根据教皇指令趁夜摸黑将其运至境外威尔德路旁，此刻他的遗骸正在经受风吹雨打。”

遭诅咒之人的弃尸场所，被阿兰·夏蒂埃称之为“faulx âtre”，亦即暴尸地：

恶人受诅咒，
被弃暴尸地。
腐肉五六堆，
零乱无人理。

这恐怖的弃尸场面有时颇有绞刑架的味道。人被吊死后仍挂在那里示众，长达数月乃至数年之久。

例如，1411年11月12日，科利乃·德·皮泽（Colinet de Puiseux）被砍头碎尸，他的四肢被分别挂在巴黎的四个正门上，他的尸身或剩余部分“被装袋挂在绞架上[31]”。直到1413年9月16日，近乎两年之后，“叛徒科利乃·德·皮泽的尸身和四肢才被分别从绞架和城门上取下来。即便如此，他的尸身还是不能得到装殓，而应被火化或用来喂狗。但阿尔马涅克人却自行其是”。依巴黎市民看来，将尸体烧掉或让其在绞架下腐烂，喂狗喂鹰，才是正理。

1804年有一篇美文，给我们描述了绞刑架。文章的年代有点晚，但我以为文中所提到的情况从中世纪以来就几乎没有什么改变。那就是J.珀托奇的《在萨拉戈萨找到的手稿》[32]。经历了神奇的夜间奇遇后，小说主人公在绞架下醒来。“扎塔两兄弟的尸体

［被吊死的两个强盗］不在绞架上。他们躺在我身旁［不是自己掉下来的就是被解下来的，人们任由其尸体在绞架下腐烂……］。我躺在断绳子和绞轮［刑具?］碎片上，躺在残肢和令人恶心的粘着腐肉的破衣碎布上。"绞架之上，挂着"令人作呕的尸体，在风中咯吱咯吱地摇来晃去，可怕的秃鹫撕扯着他们的肉体，啄下一片片碎肉"。他们与维庸诗中的被绞死者何其相像！

绞架的周围有一道围栏。围起来的绞架区也是一个垃圾场：死刑犯的骸骨上盖满了秽物。阿兰·夏蒂埃的"野坟地"很可能就在绞架周围。总之，在谈到蒙福孔（Montfaucon*）时，路易·谢瓦利耶（Louis Chevalier[33]）把不祥的绞架、垃圾场与有害健康的污染工业并排列在一起。

然而，原则上讲，罪犯的尸体可以葬入圣地；教会也同意这样做，因为死囚已经以命抵罪，上帝不会一罪二罚。但一直到托钵修会和教友会时期，这一倡议始终停留在理论上。中世纪的和刚刚跨入现代的人不赞成人死罪灭，免予追究。他们向法院起诉死者，如果有人自杀身亡，他的尸体便不能进入墓地：据 G. 勒布拉[34]讲，就在本世纪初，布列塔尼还保留有一块专门埋葬自杀者的墓地，墓地围墙无门，棺材只能从墙上抬过去。

人们尽量把死囚犯的尸体扔在那儿让它腐烂，或者将它火化扬灰。有时候和骨灰一起撒掉的还有烧掉的刑具和案卷。阿格里帕·多比涅（Agrippa d'Aubigné）在提到那些受火刑的新教徒时说："他们的骨灰随风而去，被撒在了空中和水中。"当那些麻风病

* 巴黎历史地名，曾设有绞刑架（13—18 世纪）。——译者

人得知绮瑟因通奸罪被国王马克判处活活烧死时，便要求国王把绮瑟交给他们，他们会让她死得更难受："陛下，把你的妻子扔进烈火，当然是罪有应得，但那样一来她也走得太快了。大火会立即烧死她，大风将吹散她的骨灰。"

像惩罚罪行一样，报复行为也不会因对方死亡而停止。高讷瓦杀了背叛他主人特里斯丹的贼子噶讷隆。他"（像处理野兽一样）将其肢解，然后砍下头来带走"。剩下的碎尸扔给野狗。叛徒的头被他用头发系在"树枝棚屋"的门口，他想睡在里面的特里斯丹和绮瑟醒来后看见这个头一定会非常高兴。

在此类情境中，中世纪的人拒绝让社会的或自己的敌人葬在圣陵旁，但神学家们对这类死者却较为宽容，甚至支持他们进入陵园。反之，中世纪的人有时会为自己的亲属入陵园求情，但由于死者不合教规（生前未立遗嘱、被逐出教会等等），被教会拒绝（十三至十四世纪）。在这种时候，可能的话，死者家属往往会替死者赎罪，求得教会谅解：有时候这需要很长时间。例如，一个被逐出教会的高级教士去世，被装殓进一个铅棺材，棺材暂存在一座城堡里，他整整等了80年才得到入葬圣地的权利。倘若教会判决无法取消，死者家属有时还会强行进入教民公墓（*locus publicus et ecclesiasticus*）。据说，实在不能入土的话，有的人还会把棺木搁在墓地的树上（奇怪的景象！）；对于私自偷偷下葬者，守护神或天使们决不会视而不见，任由他们强占地盘玷污圣地：守护神或天使们或者在夜间亲自将其挖掘出来，驱逐出境，或者制造出一些荒诞现象，提醒教会有人违规。另外还有空白请愿书，可请求宗教裁判所授权掘墓，将尸体扔到墓地或教堂之外。

葬入圣墓陵园（*apud memorias martyrum*）一定有许多好处，以上所列举的种种情况都是要剥夺罪人和受害者享受这些好处的权利，这样做的名义要么是报私仇，要么是领主或教会的审判。另外，教会也尽量把圣地留给那些遵从教规的死者。

教规：教堂内严禁下葬
习俗：教堂即墓地

教会作家和教会法规鼓励人们把死者葬在活人常来瞻仰的圣地旁，并断言活人与死人保持近邻关系十分有益，他们与古俗相决裂，要知道古人认为这种近邻关系是不吉祥的。死者唤起的神圣感于是变了味。死人成为天天见的熟客，那么所谓的神圣还能保留多大分量呢？

如果说，就围绕圣陵下葬而言，法规与习俗意见一致，那么反过来，一旦涉及葬在教堂内还是教堂旁这个问题时，分歧就产生了。

好几个世纪以来，主教会议在发布的教谕中一直坚持教堂内和教堂周围圣地的区别。他们要求人们务必把死者葬在教堂墙外，并反复重申死者不得葬入教堂，唯有对于个别特殊情况，例如教士、主教、僧侣和某个获得特许的世俗人，才可以法外施恩：可是例外很快就演变成常例。

563 年，布拉加主教会议禁止在教堂内葬死人，坟墓只能建在教堂墙外[35]。在习惯势力的压力下，例外也不是没有，但直到十三世纪，法律文献始终在强调这一规定。

在中世纪的主教会议文献中，我们常能见到对上述禁令千篇一律的重复："教堂内不许葬死人"（美因茨，813 年）。"根据教皇指令和神迹提示［即格列高利一世所述之神迹：未得到教会宽恕的坏人尸体被神奇地搬出教堂圣地］，我们宣布，从今往后（*deinceps*），严禁在教堂内安葬俗人"（特里布尔，895 年）。"禁止……在教堂内埋葬任何人"（南特伪主教会议，900 年）。

芒德司仪主教迪朗生活在十三世纪，即教堂便是公墓的时期：他想尽力保住祭坛，因为人人都渴望葬在此处。其一是因为祭坛里有圣遗骨，其次是因为他的禁令没人理会："除圣神父外，任何人的尸体都不准埋在祭台旁，因为祭台是预备我主所赐之圣血、肉的圣台[36]。"芒德的迪朗只不过是重申了南特伪主教会议的禁令，不准把尸体埋在"祭坛边，因为那是准备圣体圣血的地方（*conficiuntur*）"。上述禁令也有例外：即主教、修道院院长、神父和得到他们或主持教士允许的虔诚的在俗信徒不在此列（美因茨主教会议，813 年）。何为虔诚的在俗信徒？在前面谈乡村教堂时我们已经遇见过他们，教堂里有他们的寝陵："庄园领主，捐建教堂的功德主及其妻室，教堂因他们而增加荣耀"。捐建教堂的功德主首先是历代君王，其地位不低于被耶稣敷圣油的教士，他们后来也被看作是殉教士和圣徒：他们的肉身是圣洁的，不仅不会玷污教堂，反而是祭台上基督血、肉之良伴。

经过漫长的中世纪，针对那种老想恢复老规矩老思想的痼习，几次反改革运动的主教会议也做出了相应的反应；他们重申以下原则：今后教堂内不准葬死人（*in ecclesiis vero nulli deinceps sepeliantur*）。他们揭露令人寒心的丑闻：葬入教堂者并不全是虔

诚信徒和有德高人，出身豪门、有钱有势者往往会得到法外施恩。“此乃圣灵照耀之地，决不能用钱来换取。”不过主教们心里明白，埋在教堂里是一种荣誉，那时的人既重钱又重名，所以他们千方百计地想挤进教堂不足为奇。

鲁昂主教会议(1581)把有权申请葬入教堂的信徒分为三类：

1. “献身上帝的人，男人为主”，以及个别德行极高的修女，“因为他们的身体是基督和圣灵的殿堂”；

2. “身居显职、获得殊荣的教职人员(高级教士)和在俗人士(伟人)，因为他们是上帝的使者、圣灵的工具”；

3. “此外(前两类是理所当然的，这一类要经过挑选)，那些在为上帝、为公共事业服务时，因其高尚，因其德行或功德而扬名的人。”

除此三类人外其他人都进墓地。

兰斯主教会议(1683)也作了同样的分类，但其定义所依据的特征更为传统一些：

1. 两类人有权被埋进教堂，即中世纪已经认可的教士和教堂功德主；

2. “那些在为上帝和教会服务过程中行为高尚、为人表率、功德圆满的人”，根据古习俗，这部分人唯有得到主教首肯才能埋进教堂[37]。

其他人入墓地，“昔日，就是最显赫的人也不会看不起墓地”。

这些文件下面还有大段的陈述，仅从字面上来看，人们会以为葬在教堂的情况并不多见，纯属例外。然而，从六到十七世纪，在一千多年的时间内，教会几乎一字不变地反复强调这项规定，这说明大家并没有怎么遵守它。1581 年，主教们规定：从今后任何人不得葬入教堂：从今后（*deinceps*）。但早在 895 年主教们就已经说过：教堂内今后不许葬人。显然，从那时起这个规则就没人遵守过。八世纪末，奥尔良主教狄奥杜夫（Théodulf）便揭露了这一弊端之积重难返："将死人埋入教堂是这个国家的老习俗。"

人们不禁要问，到底是否真有人遵守这项规矩。从风行依圣墓而葬开始，坟墓就侵入教堂，最先被侵占的是陵庙。公元四、五世纪，罗马时代的非洲教堂侧殿——至少是部分侧殿——的地面上铺满了镶马赛克的石棺盖，上面还有死者的肖像和墓志铭[38]。在迦太基，达穆斯－埃勒卡利达（Damous el Karita），圣庙地面用石棺盖镶成。在阿尔勒城的阿利斯康（Alyscamps），圣奥诺拉教堂建立在连片的石棺上，教堂的墙不打地基，直接砌在石棺上。教会一边三令五申，人们一边继续往教堂里埋死人：教会的禁令没能阻止该习俗在西方基督教国家蔓延开来。

实际上，至少直到十八世纪末，人们一直在不停地往教堂里埋死人。在十七世纪，教堂的地下是一座座坟墓，教堂的地面是一块块墓碑，一如罗马时代的非洲陵庙。一般说来，在那些十八、十九世纪进行过全面翻修的法国教堂内的地面上，我们再也见不到那一块块并列平铺成方格的墓碑。不过，在有些偏僻和贫穷的小村镇里，在有些教会或世俗的翻修热情不太高的地方（如马恩河畔夏龙），我们还能见到这种情景。在法国或奥地利的那些地方，意大利天主教或荷兰加尔文教十七、十八世纪的一次次清洗没有见效。

在哈勒姆（Harlem），圣巴翁教堂完好地保存了自己十七世纪的石板地面，地面全由墓碑铺成。它向我们展示在别处已经消失或毁坏的东西，场面令人震撼：教堂里就是一块墓地，地面上是一块块墓碑，信徒们在墓上行走。这些大墓碑没有糊上水泥，每一块石碑正中有一个小孔，那是掘墓人放撬棒的地方。就像今天的墓地示意图一样，上述墓碑一般都有编号（十七世纪的阿拉伯数字，晚于宗教改革）：这种分割空间的想法应该是很近的事，体现了对地下面积的合理安排，此类构思在以前不可能存在。但它同时也说明教堂内寸土寸金，人们尽量将其全部合理地用于丧葬。此外，某些石碑上还刻有交织的花字母、日期和徽章，其中有一些颇能说明问题，比如说鞋匠的工具；有的石碑上则刻着令人毛骨悚然的符号：枯骨、骷髅，沙漏；完全用奢华的纹章图案装饰的石碑比较少见。

荷兰的加尔文教区至今还保留着古教堂的原样：墓碑铺成的地面。不过，宗教改革家们都不喜欢教堂葬死人的习俗，这其中颇有迷信神职人员和教皇至上的味道。毫无疑问，该习俗根深蒂固，难以根除。

荷兰油画就曾经像描绘家常图像一样描绘过一幅丧葬场景。E. 德 · 维特（E. de Witte）向我们展示了 1655 年的一场葬礼[39]：送殡队伍进入教堂，走向祭坛。这时掘墓人及其帮工正在清理墓穴。他们揭开盖在墓穴上的雕刻好了的石板。石板下不是一个“墓室”，即十七世纪法国人口中说那种用砖石砌成的地下墓室，而是一个土坑。这墓穴已经挖好一段时间了，但还没有被重新盖上。我们知道，有些墓穴可以这样放上好多天，上面盖几块木板和一点点土。挖起来的土被堆在一边，里面露出一些原来葬在此地的骸骨、头盖骨和其他残留物。这是十七世纪中期新教教堂里常见的场景！

因此，从基督教早期直到十八世纪，人们一直习惯在教堂里下葬，教堂就是教民公墓。如果说在主教会议上，从司法原则上讲，主教们对此坚决反对，但在私下，同样是这些虔诚的高级神职人员却会首先忘记上述原则而自行其是。

保加利亚人在九世纪曾给教皇尼古拉二世写信，向他请教是不是允许基督徒葬入教堂。教皇回信援引格列高利一世的话说，未犯死罪（*gravia peccata*）的人可以葬在教堂。他列举的理由便是洪诺留的《光明书》中给出的理由（而不是靠近殉教士圣墓灵魂能得救的理由）：每次来到教堂，死者亲属便会见墓思人，并为死者向上帝祈祷。十八世纪的一位作家（托马森）评述说："根据两位教皇（格列高利和尼古拉）的文字，意大利的老百姓只要信奉基督教，并且死在追寻救赎的路上，埋在教堂里对他们有益无害"，教会禁令被置之脑后。

在教堂"下葬既庄严肃穆又安全可靠"，在中世纪末，葛文森（Gerson）支持用现世钱财（*temporalia*）来购买这一权力。逝者在此表现出"富有远见的虔诚……和善心[40]"。

教会禁令的唯一作用是，坚持原则，要得到教堂下葬权必须花钱。

没有人用丧事、圣事或法事来做买卖。但若要对某个常规破一次例，付一笔钱还是可行的：这大概就是埋葬权的来由。钱由神父来收，先是被看作捐款，后来又被当成应尽的义务，并字眼含糊地美其名曰"良习"（*laudabiles consuetudines*）。至少，十七、十八世纪的教规学者们如此解释。在《新旧教规》（1725）一书中，教规学家托马森将论述安葬权的那一章取名为"千禧年后的墓穴捐款及其可能引发的圣地买卖罪”。他写道：“如果信徒们都愿意在公墓下葬，在那里等待众生的复活，教会就不必三令五申地禁止索取任何丧葬费用。以为选了更好的阴宅就可以得到与众不同的荣耀，那不过是荒唐可笑的想法，结果很可能适得其反。”这是启蒙时期的一个明智神父的看法，与中世纪民间意识相去甚远。他接着说：“若想得到一个比公共墓地更好的位置（即教堂里的位置），似乎有必要交一点费用。”“在公共墓地下葬是不用花钱的，有钱人为了炫耀渴望葬进教堂，而教会也批准其请求，他们就必须捐些香火钱来偿还教会的恩典[40]。”

从公墓到教堂，一个免费一个收费，这表明二者的区别仅与名声和面子有关。实际上，就中世纪和现代社会初期的一般想法而言，葬在教堂内或者葬在教堂旁并没有多大区别。以圣墓或主祭坛为中心，墓葬一直延伸到公墓尽头，这中间没有隔阂，教堂的墙并非界线，这中间只有等级，荣誉和虔诚的等级，唯一重要的似乎是离教会精神轴心的距离。埋在教堂里（*tumulatio in ecclesiam*）或者埋在先烈祠旁（*sepelitio apud martyrum memorias*），这两种说法表达了同一个意思。

因此，人们不太重视这条教规（常见之事）并不奇怪，令人奇怪的是一条从未被遵守的教规却被教会权力机构冥顽不化地唠叨了上千年。主教会议的公告谕令在保护一种与习俗相抵触的圣洁理念，它想让当时的社会继续传承下述传统观念：教堂圣洁，死人污秽，把二者放在一起会玷污教堂；可当时的社会已不再理解这种对死人的厌恶：死人入教堂既不会亵渎也不会玷污教堂。

在个人行为中，信徒甚至教士们都不怎么理会这种隐含在教规中的圣洁观。他们天真地以为，教规归教规，圣洁之地能够接纳活人就能容忍死人。直到十六、十七世纪宗教改革之时，神圣与凡俗在思想上的分界还十分模糊：凡俗中充满了超自然神力，神圣中渗透了自然法则。

堂院与藏骸所

用来指教堂和墓地的词，其意义都有些模棱两可，从中我们可以窥见二者之间的密切关系。

故欲建墓地先建教堂。在 870 年的一份文件中，日耳曼之王路易*回忆说，其父母捐建了一座教堂，“以便为死者提供一座陵园[41]”。修建图尔圣母院的目的也是为了让穷人有葬身之地。巴黎的商博公墓坐落在圣洁者教区，公墓极大，教区教堂极小，教区管辖范围甚至没有越出公墓围墙。Ecclesia（教堂）和 cimeterium（公墓）这两个词几乎同义，杜康日（Ducange）**曾把公墓称之为“埋死人的教堂[42]”。

如果说建教堂是为了做墓地，那么把墓地改造成教堂却不太容易，其原因来自众所周知的教规：“对尚未开光封圣便已经葬有死者的教堂，不再开光封圣[43]”。如果坟墓太多，特里布尔主教会议（895）甚至提议搬走已经安好的神坛。因此，墨洛温王朝的大公墓皆被遗弃：没有教堂，众生都就近转移到有教堂的地方去了。

* 查理大帝之孙。——译者

** 杜康日，法国十九世纪上半叶一个不太有名的剧作家。——译者教堂作为墓地的功能从墙内开始，然后向外辐射，最终延伸到整个教堂属地的空间上（*passus ecclesiastici*，*in circuti ecclesiae*）。因此，教堂一词指的不仅是那个建筑物，还指那一片空间。所以，埃诺（Hainaut）地区的习俗把教堂定义为“拥有教堂、钟楼和墓地的区域[44]”。从严格意义上讲，墓地的本意仅指教堂庭院：*atrium id est cimiterium*（《格拉蒂安教令集》注释）。堂院（*aître*）与藏骸所（*charnier*）是民间称呼墓地的两个最古的词，墓地（cimetière）这个词在很长一段时间内则更应该是教士的专用术语，拉丁化的希腊词。屠宾催促罗兰吹响号角，让国王带军队来为他们复仇，为他们哭丧，把他们“葬入……教堂庭院[45]”。一位编年史学家转述说：“强行葬入城中教堂和庭院”。如圣马克路教堂过去被人们称为圣马克路堂院。从十七世纪开始，该词在法语中被墓地（cimetière）所取代，但在英、德、荷语中则得到了保留（churchyard，kirckhof，kerkhof[46]）。

教堂庭院，人们乐意下葬的地方，原本指教堂后殿外那块半圆形区域：*in exhedris ecclesiae*。最早入葬此地的都是受人尊敬之人，其时人们还不敢把他们葬入祭坛：*in cancello*。图尔的圣马丹和巴黎的圣日耳曼的遗体在被迁到圣殿主祭坛下之前，就长眠在堂院的小祭堂里。

另一个被人看重的地方是教堂“前庭”，天井或门前的围栏空地。头一个差一点葬入教堂的世俗伟人君士坦丁大帝就葬于此。“*paradisum*”是屋檐下的天井（*impluvium sub stillicidio*），也就是说雨水浇灌的地方，从教堂屋顶和墙上淌下的雨水自然极为圣洁：*quod et impluvium dicebatur area ante ecclesiam quae dice-*

batur paradisus。用法语说便是在檐漏下:

他让人备一口棺材,
死后装殓他的尸体,
埋在檐下的水沟里[47]。

在法国西南部,人们常在教堂正墙西部看见骑马的君士坦丁大帝,他在“前庭”之上,所以大家也称“前庭”是“教堂右部罗马君士坦丁的下边”。

除上述令人垂涎的地段之外,人们也在教堂周围的空地(*in atrio*)里葬死者,这块地方后来变成了真正意义上的墓地。我们还注意到最早用来指墓地的词既没有长眠安息的宗教含义,也没有任何关于墓葬的意思,它不过是教堂空地罢了。

堂院的第二个同义词是藏骸所(*charnier*)。这两个词在《罗兰之歌》里都使用过。查理曼大帝带军队赶到罗兰及其战友们牺牲的地方,收殓他们的尸体:“把他们全部抬往同一座坟(un carner)。”“用尖镐挖开一座座坟(charniers)。”“然后将那些尸体(1450年弗尔米尼战役*的死者)放进大坟(grands charniers)埋入土中[48]。”

藏骸所这个词在中世纪末似乎取代了堂院一词,并得到广泛的应用:与圣徒名字组合在一起的堂院变成了专用地名:圣母堂

* 弗尔米尼(Formigny)战役(1450),法国军队战胜英国军队,收复诺曼底地区。——译者

院、圣马克路堂院。

菲尔蒂耶(Furetière)*认为,该词源自拉丁文 carnarium,“后者在普拉图斯(Plautus)**的笔下具有同样的含义”。Caro 从古典拉丁文变成了教会用语,它可以有多个意思:道成了肉身(le verbe s'est fait chair)***,奸淫罪,肉体是软弱的。俗语中某些指肉类的词也是从它派生出来的(如意大利文的 carne),不过,在中世纪通用的拉丁文中,carona 演变成为 charogne(腐尸)。

该词在拉伯雷的书中指存放五花肉的储藏室,在普拉图斯的书中亦然。十九世纪 R.-J. 贝尔纳在日沃丹(Gevaudan)地区****还见过这种储藏室,“它常常靠近主人的卧室[49]”。今天,这个词则意为猎人背在肩上装猎物的袋子。不过,在古法语中它还被用来指死人的安息地,亦即教会所用之拉丁语中的 carnarium 或 carnetum。我们方才提到《罗兰之歌》中这个词时绝没有任何诋毁它的意思。无疑,由于高雅用语中缺少一个特指墓地的名词——有这样一个希腊语名词但却过于文雅——,于是一般用语采用了上边那个在大众口中原本粗俗的名词,这就像我们今天用“又臭又硬的东西”(vieille carne)来泛指那些在雅语中没有名称的东西一样。同样的演变也发生在法语名词 tête(头)身上:它的原型本是中世纪拉丁语的 testa(瓦罐)!

此处要探讨的并不是一个词如何取代另一个词,而是要说明

* 菲尔蒂耶(1619—1688),法国作家,《百科大辞典》(1690)的编撰者。——译者

** 普拉图斯(约前 254—前 184),古罗马剧作家。——译者

*** 见《圣经·约翰福音》1:14。——译者

**** 法国地区,位于中央高原南部。——译者

人们如何造新词来表达一个新概念，即墓地这个新概念。这一涌现是非常有意义的。在罗马人那里，le tumulus（墓丘），le sepulcrum（坟地），le monumentum（家祠）以及后来的 la tumba（陵墓），所有这些词的含义都超出了坟墓一词所占据的空间。我们几乎可以说当时没有墓地，有的只是一个挨一个的坟茔。

相反，在中世纪的思维方式中，唯有墓地一词才有意义。中世纪初的坟茔是佚名的土丘，不再有任何含意。大家关注的只是圈出来用于公共墓葬的那片公共场地，需要给它一个名称。

藏骸所这个词在广义上可以用来指墓地，但在中世纪末它主要指墓地的一部分，一个十分特殊因此可以用来取代整体的部分：骨殖存放地，它还指那种用来存放并陈列骸骨的长廊。这一演变与教堂围墙的形式有关：围墙包围着堂院。

人们在屋檐下（*sub stillicidio*）下葬，也在教堂院子里（*in porticu*）下葬：在背靠教堂院墙的挡雨披檐下，（堂院）长廊下，一个接一个地嵌在墙上的圆拱形壁龛下，到处都是下葬的福地。沿墙的一个个廊柱围绕着庭院，颇有修道院回廊（它本身就是安葬僧侣或司铎的墓地）的味道。古老的墓地很像修道院的回廊：教堂沿边有一个或数个带拱顶的廊柱，勾画出一个封闭的庭院。

大约在十四世纪，为了给新去世的人腾位子，人们有一个习惯：从老坟地里挖走那些多半已经干枯的骨殖，将其堆放在柱廊顶或拱顶夹缝中（如果有夹缝的话）。骸骨有时被收藏起来（1812年，在现址巴黎法兰西学院，人们拆毁一座废弃教堂时在拱顶上发现了大量的骸骨），但在大部分情况下它们被放在可见的地方[50]。

人们把这类长廊及其上的骨殖存放处称作藏骸所：“教堂围墙

内堆放骸骨的地方[51]”。据纪尧姆·勒布勒东(Guillaume le Breton)在《查理六世治下的巴黎》一书中的描写，“圣洁者公墓是一个非常大的墓地，它四周围着一些叫做藏骸所的屋子，屋子乃堆放骸骨的地方[52]。”

让·尼科1606年出版的《法语宝典》中对藏骸所是这样定义的：“堆放死人遗骸的地方，尸骨存放处(*ossuaria*)。”另外，根据米什莱(Richelet)*的说法：ossium conditorium乃“骸骨仓”，“墓地里一个［他没说是整个墓地］摆放死人遗骨的地方(亦称为圣洁者藏骸所)”。

根据以上文本，藏骸所既指廊柱上的骨殖存放处也指长廊本身。在圣洁者公墓，柱廊上端每个拱孔所构成的蔽阴处都被称为藏骸所。每个藏骸所就好比一个小祭堂，墙上刻有修建者的名字：“感谢上帝恩惠，该藏骸所献给教堂，1395年建。愿上帝保佑死者。”“此藏骸所乃存放死者遗骨之处，阿尔芒·哀斯塔伯勒捐余资修建。”十七世纪的索瓦尔也说：“尼古拉·福拉美尔与其妻佩尔奈乐的合葬墓就在靠近圣德尼街那边的门旁，藏骸所之下，乃该公墓(圣洁者公墓)一大景观。”十六、十七世纪，还有人立遗嘱要求葬在“藏骸所之下[53]”。

这一语义演变在十七世纪终于到了最后阶段，如果说骸骨堆(ossuaire)这个词在辞典里还没有消失，在日常口语中人们已经不再用它；藏骸所这个词也仅用来指环绕教堂及其内院的长廊，它很快变成了古词语。正是在这个时候，墓地(cimetière)这个出自教

* 《词与物大辞典》(1680)的编写者。——译者

会拉丁语、在十六世纪就已经开始应用的词终于成为口语中不可或缺的词语。

以上语义演变至少反映了法语的演变过程。英语口语使用 cemetery（墓地）这个词可能还要更晚一些。只是到了十九世纪，口语中的 chuchyard（教堂庭院）或 graveyard（坟场）才被 cemetery 所取代，不过它指的却是另一种形式的墓地：rural cemetery（乡村墓地）[54]。

此处的名称是符合实际的：中世纪的墓地既是教堂庭院又是藏骸所。

堂院（aître）：长方形小院，一条边与教堂墙壁相交。因其面积狭小，它既不同于现代公墓，也不同于古代那占地颇广、边界有时不甚分明的坟场。当中世纪墓地取代高卢－罗曼型或墨洛温王朝的墓地时，它只占据其中的一小块面积：墓地变小，缩到教堂围墙内[55]。我们今天很难想象（在当时也一定令人吃惊），五百多年以来巴黎那么多死人竟然就挤在这样一个小小的四方庭院里，比现在的圣洁者花园广场大不了一点，位于四条街中间：圣德尼街、五金街、洗衣街（Lingerie，至今还在）和铁匠街。这就是圣洁者教堂及其墓地以前的局促范围——不过此处墓地的占地面积却出奇地要大于教堂。

藏骸所（charnier）：在堂院或小院四周，是带顶盖的长廊、小祭堂和堆放骸骨的地方。据科罗哉（Corrozet），圣洁者公墓的“教堂墙下有 80 个拱孔和藏骸所”，就是说它们排列在教堂四周[56]。圣洁者公墓虽说已经消失，但藏骸所在布列塔尼、鲁昂、布卢瓦、福尔山－拉莫里等地都还能见到。藏骸所遮盖的地方是骨殖存放室，在此下葬几乎与在教堂下葬一样令人垂涎。十八世纪，圣洁者公墓靠院子那边有两个加大的藏骸所，即吞日山祭堂和韦尔洛阿祭堂，此地的入葬费为 28 里弗尔。在（院子窄边上的）小祭堂入土，费用还要贵一些，因为尸体在那里保存较久，所以很多人都想去那里占一席之地：每起一个墓付 25 里弗尔，不起墓则只需付 20 里弗尔。在（院子宽边上的）大型藏骸所，起墓要 18 里弗尔，不起墓 15 里弗尔。在院子其他地方，除了集体墓葬坑之外，付 3 到 5 里弗尔（棺材费自然包括在内）即可。我们见过 1697 年在圣路易·安尼尔教堂的一次下葬清单：请掘墓人花费 12 里弗尔，再加上向神父支付的 6 里弗尔的教区下葬权，费用便在 12 至 18 里弗尔之间，与在圣洁者公墓大型藏骸所下葬的价格相当。

集体墓葬坑

长廊顶上的无顶小屋里装满了头盖骨和枯骨，从墓地可以看见它们露天堆积在那里。

藏骸所之间的空地上——一般都生满了野草，没有几棵树，老百姓和神父常常会为草地的使用权或偶尔为果实发生争吵——有几块稀稀拉拉的墓碑，十分醒目，还有一些悼念性建筑：十字架、祭坛、布道坛和坟场塔，除此之外院内大部分地方都是光秃秃的。葬在教堂内或藏骸所下的费用太贵，所以穷人在这里下葬。人们在此挖一个大坑，30 尺深，5 米宽，6 米长，一个大坑可以装 1200 至 1500 具尸体，小一点的也可以容纳六七百具尸体。一般来说，总会有一两个坑是敞开的，敞开数年或数月，等坑里装满尸体后再封上，然后在旁边长时间没动土的地面上再挖一个坑。坑上盖的土十分薄，据说狼在寒冷的冬天里无需太费事就能刨出尸体来（在十八世纪，为业余解剖者提供尸体的既不是狼也不是小偷）。对集体墓葬坑的使用大概不会早于十五世纪，当然（此乃假设），十三世纪人口激增，城市膨胀，鼠疫肆虐，城市荒废，集体墓葬也属常情。从拉乌尔·格拉贝时代开始，每逢饥荒就会有集体墓坑："死人太多，无法分开来一个个埋葬，敬畏上帝的善心人就会在各地建一些藏骸所，每处堆放 500 具以上的尸体。"巴黎的布尔若瓦（Bourgeois de Paris）1418 年 10 月曾说："一下子死了那么多人，人们只好在巴黎的各个公墓里挖许多大坑，每个坑里放 30 到 40 人，像堆猪肉一样，然后在上面盖一点点土。"他后边还提到一些可容纳 600 人的大墓坑："人们不得不再挖一些大坑，圣洁者公墓 5 个，三圣公墓和别的公墓 4 个[57]。"

索瓦尔也认为三圣公墓始建于 1348 年黑死病猖獗之时："1348 年，巴黎人口众多，墓地尸满为患。菲利普四世不得不责成巴黎市长在城外寻找新墓地，于是后者在三圣教堂附近的圣德尼街找到了一个大花园，并开始与修士交涉[58]。"

1544 年、1545 年、1548 年、1553 年瘟疫流行之后，巴黎市政当局力图在圣德尼街以外找"几个偏远的墓地，以便安葬那些死于瘟疫或因贫穷无法安葬而习惯遗尸街头的人"。"三圣慈善堂公墓今后将专门用来埋葬在本城圣主院中去世的人。因此该墓地将扩大，为安葬上述善堂中养育的贫儿提供便利。在墓地原址上，以塞纳河为界，我们将在马克莱勒岛上辟出一块足够大的地方来。[……]

但是，为了城区的利益，一年以后（1555），我们有必要想到会有人图省事把运来的尸体扔进河里而不是埋进土里。对此我们必须进行管制[59]。”

最后，文献中提到的这些为应付瘟疫而挖的集体墓坑不再只用于人员大量死亡的时期。至少，从十五世纪起，直到十八世纪末，集体墓葬成为贫穷死者的共同埋葬方式。1763 年，巴黎市政的一位检查委员对巴黎墓地进行考察，在报告中他这样描述圣洁者公墓：“我们发现，在所谓树林圣母塔的北边，大约 20 尺远的地方，有一个集体墓坑，掘墓人告诉我们说该墓坑挖于去年一月，墓坑大约 15 尺宽，18 尺长，20 尺深（6 米左右），用各式各样的木板随随便便地盖着；该墓坑可装六七百具尸体，目前里面已经填满了 500 具。他还告诉我们说五月份将再挖一个坑，但却无法告诉我们准确的开挖地段，因为他完全不知道先前那些墓坑被盖上的时间顺序。其结果便是有时挖坑会挖出还没全烂的尸体，于是只好停下来，放进几具新尸体便把它盖上，或者立即盖上换个地方再挖。”

除了中世纪的老坟地外，在别的地方也能见到这种集体墓坑。圣苏勒比斯教堂财务会 1746 年在巴涅街建了一个新公墓，还是在上述那次考察中，另一位检查委员在那里找到了一个大墓坑，长宽各 15 尺，深 18 尺，“上边罩着铁丝网，可以容纳 500 具尸体。”

看来，十三、十四世纪在城里尽快掩埋死于鼠疫的人的习惯，被人们保留下来，凡是无力支付费用以便葬入教堂和藏骸所的人，都得照此办理[60]。

人们称三圣公墓为“化肉机”，其实这名字也适用于其他墓地，上述的集体墓坑就是明证。科罗哉说："那墓地里的尸骨如此之多，简直令人难以置信"，那是因为该公墓不同凡响："该处的土腐蚀力极大，一具尸体在里边 9 天就能烂光。"据说阿里斯康·达尔勒公墓的土也这么厉害，一定是神力使然。有些临终者或主教无由葬入三圣公墓，甚至会让人在他们棺材里放一把该地的土。这土大概具有神效。堆在藏骸所的骸骨便出自上述墓坑。这等于说一具尸体要经历两次操作，肉体被埋进土，去肉的骨头被放进藏骸所。我们知道在某些文化里有两次安葬的习惯，比如说在马达加斯加，但其宗教含义却全然不同。

再举一个法国南部的特殊例子，它有别于与藏骸所相关的普遍习俗。卡塔卢尼亚的一些小罗马教堂的外墙上开有一些孔洞，洞里存放尸骨，洞口上封有一篇碑文。这些孔洞我们今天还能见到。显然，这些孔洞应该是用于第二次安葬的，也就是说用来葬骨头的，因为一具完整的尸体无法被塞进这么小的孔洞，唯有拆散骨架。此类墓穴里装的都是重要人物，但不知他们骨头上的肉是烂掉的还是被开水烫掉的？大概是在那些特别遵守不准在教堂下葬之规的地方这一做法得到了发展：墓葬要尽量靠近教堂的墙，当然最好葬在墙壁里。不过，法国的非地中海地区把骨头堆在一起的习俗却来自别的想法。这是一种逐渐传播开来的大众化现象，从中世纪中叶到十四、十五世纪再到城市扩展末期，狭小的教堂庭院空间已无法面对人口激增的需求，无法吸纳周期性瘟疫带来的大量死亡。人们挖走骸骨腾出地方，骸骨则被移到方便堆放之处，亦即顶楼上和拱顶腰眼处。

在布列塔尼地区的墓地里，此习俗一直延续到十九世纪末。

阿纳托尔·勒布拉(Anatole Le Braz)告诉我们,墓中的骸骨每过5年就会被起出移往藏骸所,给新丧之人腾地方。潘韦诺小镇的掘墓人曾经把“整个墓地的地皮翻耕过6遍”,也就是说“每个墓穴先后埋过6个死人”。像十六、十七世纪的前辈们一样,该掘墓人与教产管理处签的劳务协议也被保存在公证档案里:鲁昂圣马克路公墓的掘墓人1527年10月27日“整理墓地,并把死人骨殖搬进长廊[61]”,于是他挣了3里弗尔。

阿纳托尔·勒布拉又说:“像他这样对墓地情况了如指掌的人并不多见,掩埋后墓中的变化他一清二楚。对他的眼睛来说,那一层湿土就像是透明的水一样。”有一天,教区神父要他葬一个教民,并要他“把墓穴挖在5年前埋葬大个子罗伯兹的地方”。可掘墓人太了解他的墓地及其居民了:“您瞧,那地方尸体保存时间较长,我了解我的罗伯兹,他现在肚子里才刚刚开始生蛆。”

骸骨堆

藏骸所最令人吃惊的特点便是骨堆的展览。

长久以来,大概直到十七世纪左右,骸骨露出地面后便混在石头和碎石堆里。圣德尼圣器室(1338)里曾有过一幅今天已经见不到的彩绘玻璃画,上面描绘了圣路易的善行:埋葬死人。不过画上表现的不是埋尸体而是捡骸骨:圣路易把头盖骨、胫骨捡进袋子,替他撑袋子的同伴们都捂住鼻、嘴。在卡尔帕乔的画中,坟地里枯骨遍地,甚至还有一些半截插在土里的残碎躯体。

在庞大固埃*时代，到处是骷髅和枯骨，被“圣洁者公墓的乞丐们用来取暖烤屁股”。它们引发出哈姆雷特式的沉思。画家和雕刻家则将其表现在教堂内或教堂旁的松土中。

然而，从十五世纪起，可能还更早一些，城里人开始排列整理这些不断从土中起出来的骸骨堆。骨堆被艺术地摆在藏骸所走廊上的陈列柜里，教堂的门楣上或教堂旁边为此而建的小祭堂里。

这样的骸骨堆今天还有几座：一个在法国与卢森堡的边境，其余的在布列塔尼。它们并没有特别的布列塔尼名称，被人称为“嘎哪尔”(garnal)，亦即《罗兰之歌》中的“卡尼尔”(carnier)，也就是藏骸处(charnier)。它们实际上是中世纪末、近代初留传下来的藏骸所的古怪的晚期形式：“在栅栏铁条后，与棺材板混在一起的骸骨被堆叠成一座座骨堆：有时它们会越出栅栏，于是人们在外窗台上就能触摸到那一排排长绿毛的骷髅头，骷髅头眼睛的空洞注视着来往的路人”(A.勒布拉)。

据说大约在1800年，一天夜里“一位喝多了的年轻人从藏骸所拿了一个骷髅头回家：酒醒后他吓坏了”。这是未加工的故事。后来该故事孕育出下面这段传说：一位喝醉了的青年在坟地见到一个女鬼在跳舞，他想诱拐她，于是偷走了她的小白帽。回家后他把帽子放进衣柜，可第二天“在放小白帽的地方发现了一颗骷髅头，头上还生着细软的长发，这显然是一位姑娘的头”。年轻人征询教区神父意见，赶紧把姑娘“送回她的来处：苹果园藏骸所[62]”。

布列塔尼的丧葬习俗提供了一把钥匙，有助于我们理解从中

* 拉伯雷《巨人传》中的人物。——译者

世纪中期到十八世纪乃至其后在布列塔尼、那不勒斯和罗马展示骸骨的意义。十九世纪的法律禁止把尸骨移往展示柜。然而，布列塔尼西部的行政当局容忍这种做法，所以该习俗在那里一直延续到1914年第一次世界大战。不过在新感情即墓葬个性化之现代时尚的影响下，布列塔尼家庭倾向于选择一种类似于骨灰盒的小“头盖骨盒”，而不是传统的无名藏骸所。此类盒子的正面开有一个通常是心形的小孔，让人可以看见头盖骨，其实圣龛也是如此，它上面就留有一个用来瞻仰圣徒的视孔[63]。此类头骨盒不仅见于布列塔尼西部，同一时期也出现在马维尔城(默兹)的藏骸所。

布列塔尼有一首圣歌，召唤信徒们前来瞻仰藏骸所中的骨堆(A.勒布拉)：

> 来藏骸所吧，基督徒们，
> 来看看我们教友的遗骸……
> 瞧他们支离破碎……
> 境况凄凉令人悲……
> 听他们的教诲，认真听听……

要看。藏骸所是展览台，做来就是给人看的。

藏骸所原本大概是一个应急的存骨处，因为人们最初挖枯骨是为了腾位子，挖出骨殖来需要地方堆放，当时大概没人存心要展示它们。但后来从十四世纪开始，人们对死后之事越来越上心，于是便有人想到利用这些枯骨了：人们把骷髅和枯骨摆放在教堂庭院周围，有意使其成为与吃喝玩乐之凡间生活相对照的一种布景。

敞开的大墓地

堂院－藏骸所一直延续到十八世纪末。不过还有另一种类型的墓地。中世纪的一位丧葬学家A.贝尔纳发现，十二世纪开始出现一些面积更大的墓地。从那时起，人们不再堆叠石棺，甚至开始放弃石棺。这也是坟场塔出现的时期。

也就是说，一边是被藏骸所围住的窄小堂院，另一边是面积宽广的大墓地，就连加布里埃尔·勒布拉也如是说："古墓地有时占地极广"（着重号为我们所加）[64]。

大墓地总是建在教堂旁边的教会地产上，在十七世纪盖涅尔（Gaignières）* 收集的城市图集中我们可以见到它们（埃夫勒圣母院，博韦的圣艾田纳教堂，鲁昂的圣阿芒修道院[65]）。

加尔普唐河（Gartempe）上的圣萨文教堂位于昂蒂尼（Antigny）的一座小村庄，教堂附近有个很大的广场，广场下藏着一个古老的墓地。人们从墓地中起出了许多十二、十三世纪的石棺，墓地中央有一个十字架祭坛：它就是中世纪大墓地的一个样例。

这些地方的平面图不再像藏骸处的平面图那样呈几何形或长方形：其形状既不工整也不规则，带点椭圆的味道。没有突显的长廊，也没有藏骸所。墓地周围有时有一道矮墙，沿墙有树，作为篱笆，墙中间开个大门或大口子，让运尸车通过。矮墙圈定的露天空

---

* 罗热·盖涅尔（1642—1715），博学者兼收藏家，曾收集大量有关教会的历史文件，这些文件现保存在法国国家图书馆。——译者

间极为广阔:假若盖涅尔收集的图上没有说明文字的话,我们很难看出这是一大片墓地。不过,看仔细一点,我们会发现其间有几个十字架和几个小小的长方形图案。长方形表示我们上文提到过的集体大墓坑。整片地域光秃秃的,唯有几个十字架作装饰。有的地方只有一个十字架,一个耸立在基座上的巨大十字架:“和散那”* 十字架。有的墓地有5个十字架,圣洁者公墓里则有15个。此类十字架在所有墓地里都能见到,但它们的数量不会太多,孤零零地隔很远一个,与现今墓地里拥挤在一起的一排排十字架的景观截然不同。无论是在(意大利)帕维亚修道院的大回廊还是在沃韦尔(Vauvert)地区议事司铎的内院,“进院时都能见到左边的墓地,墓地里有不少石制和木制的十字架”。

这些十字架来自捐赠。它们有些用于礼拜仪式,例如“和散那”大十字架,布列塔尼地区象征耶稣受难的十字架。另有一些十字架是小号的,数量不太多,它们或者用来标明坟墓的位置,或者用来作为家族标记:周围葬的是同一家族的人。

避难所与居住地 广场和公共场所

就像G.勒布拉指出的那样,中世纪的墓地并不仅仅是埋死人的地方。Cimeterium(墓地)这个词也用来指不再埋死人、有时甚

---

* 耶稣光荣地进入耶路撒冷城时,欢迎他的群众高呼“和散那(赞美上帝)”并在路上铺细树枝,“和散那”后成为圣枝礼拜日(纪念耶稣进耶路撒冷城的礼拜日)的颂歌和十字架的名称。该十字架竖在墓地或教堂附近,参加圣枝礼拜日纪念仪式的信徒们在该十字架下列队出发。——译者

至从未埋过死人的地方[66]。它们以及那些继续埋死人的墓地，都还有一个重要用途：墓地加教堂，社交生活中心。民众聚会场地。从中世纪到十七世纪，该词一直有公共场所和死者阴宅这两个含义，前一个含义在今天已完全消失。十七世纪后，该词的两个含义只剩下一个。

这一双重的功用说明了庇护权的来由，它与傍圣墓下葬的道理一模一样。死者把身体托付给圣主，圣主保佑其灵魂；活人拜在圣主脚下，圣主保得他一时平安。俗权止步于教堂墙外，俗权不进入教堂庭院。进了这堵墙，无论是死人还是活人都能享受上帝赐予的平安：*omnino sunt*（*cimeteria*）*in pace Domini*。

这是墓地一词的第一个非墓地义：教堂周围的避难地。这也是杜康日的定义："教堂周边的庇护所"。在法语中该词承袭了教会拉丁语中原有的含义。米什莱在字典中虽然没有像杜康日那样明确说明墓地即庇护所，但在注释中也承认这一点："墓地一直被广泛地当作庇护地。"一位当代史学家发现，布列塔尼地区的"墓地很快就有了避难所的意思[67]"。

编写圣徒传记的作者们记录了一件趣事，可以拿来说明墓地的庇护作用："在英国，一次械斗中，敌方打进了村庄，他们开始争先恐后地洗劫村民们为防万一而收藏在教堂和墓地里的物资。存放在墓地的衣物、包裹甚至箱子都挂在树上。强盗们爬上树，没想到庇护教堂的圣徒显灵，树枝自动折断，强盗们和挂在树上的东西一起掉下来，把等在树下的强盗同伙们都砸死了[68]。"前文我们说过，被逐出教会之人的棺材也吊在树上。被绞死的人当然也"挂"在树上：那时树的用处真多！

不难理解，在那个时代，庇护所有时比埋葬地更重要。建墓地不埋死人甚至不准埋死人，这对我们来说未免有些荒唐，可对他们而言却理所当然。就这一点而言，墓地四周必有围墙，旁边一般会有一个小祭堂或祈祷室，它是一块避难的福地，让你获得豁免的福地（*sub priori immunitatis*）。杜康日便提到过这样一个墓地，它只保护活人而不埋葬死人：为活人避难而非为死人下葬的地方（*ad refugium tantum vivorum, non ad sepulturam mortuorum*）。不过，勒东城的主教并不禁止修士们在此下葬，教区的教务得依靠他们，但他也不想让当地居民失去避难所[69]。

于是墓地有时变成了居住地，但无论这里是否还在继续埋死人，墓地始终都是人们聚会的公共场所。

来墓地避难的人有的在墓地安家，并拒绝离去。有的人住在藏骸所上边的屋子里，有的人还自己盖了房，并打算一直住下去，可教区管事却希望他们早日离开。教士们并不认为住在墓地有何不妥，他们只是想更好地管理墓地。

1080 年的诺曼底主教会议决定在战后把避难的人都清除出墓地（*de atrio exire cognantur* [70]），不过又规定原先就住在那里的居民可以不走。

就这样，藏骸所上建住房，住房侵占墓地，有的房里住着教士，有的房子租给平民。因此，cimeterium（墓地）一词又有了靠近教堂之居民区的含义：“*locus seu vicus*（居民区，村落）*forte prope ecclesiam constitutus*”（杜康日）。有时候，住房渐渐增多，侵占整个墓地，死人反而没地方埋了：不过，建了住房，这块地方依然是墓地，墓地居民要求继续享受避难权，教会则认为他们无理取闹。由此衍生出的一些地名，至今犹存：圣约翰老墓地广场。

当地领主（*domini villarum*）是否有权向墓地居民收取税金、年贡，并让他们服劳役呢（*census*，*customas et alia servitia*）？十三世纪初的一个宗教裁判所根据习俗对此作了判决。在塞莱斯塔（Sélestat）地区，十三世纪有明文规定墓地居民免去一切苛捐杂税[71]。

死人下葬的场面，死尸不满不封土的张着口的集体墓穴，这一切住在墓地里的人已经司空见惯，所以他们一点儿也不怕。

对坟中的骷髅白骨和死尸气味满不在乎的不仅仅是以墓地为家的居民。公墓还是聚会场所、公共广场和槌球场，无论是为了精神事由还是为了世俗事由，全镇居民谁都可以到这儿来聚会、散步、谈恋爱、玩游戏。中世纪的作家们清楚地意识到了墓地的这一公众性质：他们把当时的公墓称作公共场地（*locus publicus*），把俗家坟茔叫做野地孤坟（*loci solitarii*）。

贝尔纳是一位研究中世纪丧葬权限的史学家，用他的话讲，墓地是“城市乡村中最吵闹、最忙碌、最杂乱、最有商业气息的地方”。教堂是“众生之家[72]”，墓地是一块对大众开放的空间，因为在那个年代除了街道之外没有其他公共场所，当时的房子很小，而且住得极为拥挤。

教堂无法容纳的常规集体活动皆在堂院进行，例如当众讲道、大型祭祀、分发圣体等。

1429 年，“理查教士在圣洁者公墓布道一周，每天上午从 5 点钟开始，10 到 11 点结束，听众多达五六千人”。小小的墓地里挤了五六千人！“他站在四米左右的高台上，台子面向大车厂，背对藏骸所，被建在群众跳亡灵舞的地方[73]”。

有些教堂，如盖兰德教堂，维埃纳大教堂，其教堂正墙的外面都保留着一个石讲台，讲台对面就是今日不复存在的墓地。十八世纪下半叶的调查表明，圣洁者公墓的掘墓人住在一座一直被人称为布道室的小屋里。据地图，圣洁者教堂的周围有一道环形长廊，长廊把教堂与真正意义上的墓地隔开，“看守人住所”最初似乎建在长廊的拐角处。这所房子后来被加大，改做办公室：圣日耳曼办公室。于是，看守人的住处就这样被迁移到墓地中央紧靠布道台的地方。

圣枝礼拜日，信徒们在墓地列队：这就是和散那大十字架别名的出处，十字架在这一天成为临时祭坛，旁边有时还摆有一个石头谱架，用来支撑唱耶稣受难曲时所需的福音书。在某个十字架的基石上，刻有耶稣进入耶路撒冷的场面。

在乡下，圣枝礼拜日到今天还是一个亡灵节：人们用圣洁的树枝装饰坟墓。这一习俗产生的原因是不是因为圣枝礼拜日人们在教堂前院列队，而前院又是埋死人的地方呢？脚下的死人让人怜悯，所以中世纪的活人邀请死人参与复活节礼拜仪式。天天见死人，活人也习以为常，麻木了。唯有在渴望获救之宗教感情的高峰期，墓地居民们才会心有所动地想起脚下的死者[74]。

朝圣的日子里，墓地是朝圣者队伍的出发站。“为感谢上帝让法国获得弗尔米尼战役的胜利，一万二千儿童在圣洁者公墓集合列队，手举大蜡烛前往圣母院谢恩[75]。”

各种军、民队伍也在这里集结，在神圣联盟期间，即1588年，“晚9点，不同军区的11个联队的许多校尉们在圣洁者公墓集合”。

墓地居民中有时会出现一些怪人，比如说把自己关在屋里不再见天光的女隐士：“[1442年]10月11日星期四，德尼·戴姆兰主教让一位名叫月娜·拉维丽叶尔的女隐士住进圣洁者公墓里的一座新建小屋里，并为此举行了重大仪式，前来观礼者极多，当着她和众人的面，教会作了一次漂亮的宣讲。”另一个女隐士于1418年在此幽闭，关于她的碑文留存至今：

修女阿梨·拉布果特在此长眠，
生前修隐，无比虔诚，
献身上帝，守身如玉。
自愿独居，为帝服役，
漫漫岁月，四十六年，
生荣死哀，谦恭弱女。

隐居室四面是墙，面向教堂和墓地。在(下比利牛斯山)圣萨文，教堂的墓地供整个比利牛斯山谷的居民使用，对着教堂还开有一扇窗子：传说是留给贱民的通道。我想更应该是隐居室与教堂之间进行沟通的窗口吧？

虔诚的修隐女偶尔也会与被迫禁闭者为邻：被法庭判决终身禁闭的坏女人或女罪犯。例如，1485年，圣洁者公墓的“一座专用小房里”就关着一位弑夫的女人，进了这里她才得以免去死刑。由于没有足够的监狱，轻罪犯可能被关进修道院或收容所，那么重罪犯就可以被关进隐居室。

司法机构是纯宗教活动和世俗生活之间的过渡。司法机构既是神圣的也是世俗的，它是权力的本质表现——更甚于我们现代国家，同时也是大众参与社会生活的方式——该作用在今天已经消失。虽说它是世俗的，但却是户外活动，所以司法活动常在教堂特别是公墓进行。

在加洛林王朝，伯爵、行政官、副本堂神父都在此处进行审判（*placita*），法庭设在和散那大十字架下。十五世纪，圣女贞德就是在鲁昂的圣伍安墓地被（一座教会法庭）判罪的。

当宗教裁判所的审问取代了神意裁判和决斗定罪后，审问和用刑都在法庭内进行。不过，判决书必须当众宣读，为此设有专用石台，石台若不在墓地角上，便在与墓地仅隔一墙的场子角上。甚至私法契约不仅要当着证人或签字人的面经过公证人——或神父——公证，还必须通知所有人。中世纪的文明是台面上的文明，司法行为是一出戏，在教会园子里上演：在加洛林王朝，人们在教堂的祭坛旁进行豁免，在教堂庭院里赶集，进行交易、捐赠和买卖。这类活动大部分都与丧葬无关，不过其中有一种却能象征性地发动死者以便获得某种戏剧性效果：根据习俗（埃诺地区就有这种习俗），一位寡妇如果举行一种仪式，把自己的腰带、钥匙和钱包放在亡夫的坟头上，就可以解除她对族人欠下的债务。还是在公墓里，十二至十三世纪，人们仿照丧葬仪式为没有忏悔就死去的麻风病人举行宗教葬礼。

在现代，过去在墓地里订立的私人契约改在公证处进行，司法指令则在市政府各厅室签发。不过，这些契约与指令还是会在公墓里当众宣读，因为社区的居民们在做完弥撒后一般都会在那里

聚会。他们在那里商讨，在那里选举行会理事、财务主管和官长。到了十九世纪，墓地的大部分活动移入了市政府，因为那里是市议会的所在地。布列塔尼公墓还保留着某些上述传递信息的功能，最主要的就是宣读私法契约，A.勒布拉收集的一个故事中有段文字说明了这一点："弥撒结束后，市府秘书登上公墓台阶(象征耶稣受难的十字架的基座)训话，向聚在现场的人们宣读新法规。人们还以公证人的名义公布在本周内要进行的各项交易。"演说者"登上十字架基座"。实际上，十字架底座"在某些地方就活像是一个(用来布道的)讲台，几乎总是起到公共讲坛的作用。世俗演讲人(过去则是布道者)站在那上面对民众说话"。于是，"登上十字架基座变成了讲演的同义语[76]"。

为大众服务的设施安在社区全体居民经常光顾的公共场所，这毫不奇怪。十二世纪末有份资料谈的就是在墓地建烤炉[77]。七个世纪后的布列塔尼传说还常提到墓地里的烤面包炉：您瞧在兰里瓦垒公墓的烤炉中有一些石头形状的面包，那是因为在墓地看守烤炉的老爷拒绝施舍给一个穷人一小块面包，于是面包转眼间变成了石头[78]。

面包炉旁是死人坑，死尸上仅有一层薄土，尸骨轮换着被挖走；面包炉旁是藏骸所，里边横七竖八地堆着枯骨；这的确骇人听闻令人反胃：可对从中世纪直到现代的民众们来说，这完全无所谓。

庇护权的行使把墓地变成公众聚会的场所，它同时还让墓地变成了商贸集市。商人在墓地无需纳税，宗教、司法或市府在墓地的各种活动还给商人们吸引来了大批顾客。朝圣的日子就是赶集

的日子。

某些教会文件对墓地居民在墓地开店表示认可，杜康日曾引用其中一份文件来说明他对 cimiterium（墓地）一词所下的定义："热诶公墓的人在墓地卖酒和啤酒。"小店和商贩沿藏骸所一字儿排开。十五世纪的主教会议（1405 年的南特会议，1423 年的昂热会议[79]）曾试图禁止在墓地进行非宗教活动和司法活动：他们不准世俗法官（而不是宗教法庭）在墓地进行审判和宣读判决。他们禁止把墓地当作交易场所或集市，禁止在此买卖面包、家禽、鱼类及其他产品，只是展出也不行。只有一种产品例外，那就是蜂蜡，因为它是做大蜡烛的高级材料，蜂王产出的珍品，正如复活节礼拜仪式上所唱的那样："请勿打搅正在产卵的蜂王"（*apis mater eduxit*）。他们不准工人和收割期的短工们聚在此处等人聘用。

禁止在墓地经商与禁止在教堂下葬一样，主教会议都是出于同样的考虑：避免圣地染上铜臭，保护圣殿不被尸体污染。十六世纪，在某些地区，上述禁令成功地将司法活动和商业活动从教会辖区内剔除出去。但这些活动的场所还是紧挨着墓地，仿佛它们极不情愿离开墓地。圣日耳曼集市大厅与圣苏勒比斯公墓接壤，香坡市场（巴黎菜市场）与圣洁者公墓毗邻。

就整体而言，主教会议的禁令没有生效。只要某个社区的民众觉得有必要定期聚会一下，商讨处理社区的事务，体验感受社区的集体生活，他们就会来到教堂或墓地；事实上，没有任何理论依据、司法条文或道德规范可以阻止教堂和墓地变成群众集会的地方。

市政府是议会进行公开辩论的场所，但法律却把广大选民挡在市政府大门外，这座新的公众建筑失去了教堂和墓地原有的那种大众化特征。这并不是世俗化所引发的结果。实证主义要把市政府变成俗家庙宇绝不是在说胡话：好多个世纪以来，教堂一直在极好地扮演这个角色。导致上述结果的其实是官僚主义在行政管理和公众生活方面的进步，是社区集体意识的消亡。昔日，社群通过节日来表达他们的集体意识，通过游戏来释放年轻人过剩的精力，进行这些活动的地方也就是他们举行宗教、司法、行政和商业聚会的地方：墓地。

墓地是散步、约会、玩乐的地方，被当作“槌球场”。在阿纳托尔·勒布拉笔下的布列塔尼，它还另有一功：“做完晚祷后，小伙子与他‘渴慕的’姑娘在墓地的榆树或紫杉下约会，到了朝圣节，他就邀请她散步或跳舞[80]。”

几个世纪以来，主教会议的禁令被重复了多次依然无效，于是我们知道墓地一直是游戏娱乐的场所，而游戏娱乐必然带来商业的繁荣。

1231 年，鲁昂主教会议严禁“在墓地或教堂跳舞（*choreas*），违者革除教籍”。1405 年又几乎原封不动地重申这一禁令：任何人不准在墓地跳舞，在墓地进行任何娱乐活动，凡哑剧、杂技演员、面具表演者、民间乐师、走方郎中等皆不得在此操业骗钱[81]。十七、十八世纪的圣洁者公墓就像是一条商业长廊：和巴黎旧城法院长廊一样，到处都是逛街的人，书店、化妆品店、旧衣店，应有尽有。法院和教堂都是公共场所，都能引来商贩和顾客。墓地里的四个藏骸所中有两个的名称便得自于在那里做生意的商家：旧衣店藏骸所，代笔人（代写书信的）藏骸所。“近三米宽的拱顶下……排列着两行小店，有代写书信的，卖旧衣的，买书的和卖女红的。”贝尔托(Berthaud)引用了下面两句诗：

逛街到长廊，
百货样样全[82]。

“在一片热闹的叫卖声中，有人前来葬死人，挖开一个墓坑，搬出还没有烂尽的尸体，即使在大冬天，那坟地的味道也令人作呕。”1657 年的这段文字说明并非人人都想亲近墓地。闲人们却偏爱这一道小商小贩的风景线：“我把他领到圣洁者公墓藏骸所，给他介绍那地方的名笔杆，让他听人念信，了解这些先生的文笔有多美。我让他仔细观察一位女仆，小女子让人虚报价格暗中黑主人的钱”(贝尔托)。

“在藏骸所里或柱子周边，你会找到一些文盲们皆识的代笔人。”

去那儿散步的也不都是正人君子。据纪尧姆·勒布勒东言，早在 1186 年，圣洁者公墓就成了著名的卖淫区(*meritricabatur in illo*)。因此美男子菲利普四世让人加固只余下墙根的围墙。在拉伯雷时代，圣洁者公墓的名声也不太好：“活在巴黎是福，死在巴黎受罪”，因为“又脏又臭的乞丐和酒鬼”日夜不断地光顾墓地。

十三世纪时他们还在那里：“可怜虫们在那里度日，乱扔垃圾，传染病流行，脏臭不堪。”“夜里小流氓来此安营扎寨，白天骗子们——即当时戏称的实诚人——在此扎营[83]。”

那时的警察和探长们能力有限，控制不了上述危险阶层。叫花子们在教堂、墓地等公共场所藏身，靠那里的饭馆和店铺谋生。

墓地是一个大广场，是集市，是叫卖和贴告示的地方，是宣布法令和判决的地方，群众在这里聚会，居民在这里散步与游戏，妓女在这里拉客，骗子在这里捞钱。既然是广场，它就是标准的公共场所，集体生活的中心；既然是广场，它就带有了中世纪和现代初期城区的两种形式：大集市的形式和四方院的形式。

继 A. 贝尔纳与 G. 勒布拉之后，我们发现，大概正是因为市场进入了墓地，所以有些墓地从十三、十四世纪后开始扩大。墓地变得像是中世纪城市中心的十字路口，中间竖着一个高大的十字架：交叉路中的和散那十字架。

西班牙大广场，孚日广场和巴黎法院长廊，它们都是四周围有商家长廊的长方形或四方形广场，他们是不是在模仿修道院环廊和藏骸所长廊呢？十六至十八世纪，大大小小的城镇的居民都喜欢在围起来的地面上组织他们的公众生活，公墓就是其中之一，例如圣洁者公墓。圣洁者公墓被毁之后，取代它的是一个四方形场院，王宫（Palais-Royal）场院，用来散步和游玩。到了十九世纪，王宫长廊被林荫大道所取代，这说明城里人变了，人际关系也变了。他们不再喜欢围起来的四方地，更愿意在旁边布满露天咖啡座的笔直的开放的林荫大道上漫步。十九世纪有些街道上面有顶盖，这可能就是从过去嗜好中遗留下来的东西。

十七世纪，在一些半城半乡的小镇上，公墓延伸处变成广场，如白梨广场，群厅广场。自十六世纪末，各地发生了一些不尽一致的演变，教堂开始与墓地分离，于是广场终于脱离了墓地，在本书第六章“回潮”中我们将见到这一变化。变化的另一个结果发生在传统习惯不太强大的地方，如巴黎圣洁者公墓，公墓的世俗功用减弱了。于是公众活动从墓地转移到旁边的广场。不过，在二者分开前的很长一段时间内，墓地一直是公众的大广场。

教堂取代圣人　哪座教堂？

上述大多数关于墓地及其性质的说法都适用于教堂。无论是教堂还是墓地都是活人与死人的家园。它们之所以成为家园最开始是因为人们笃信圣遗骨及其灵棺。后来，自十二世纪始，教堂与墓地挨在一起，但敬仰的对象发生了变化。基督教初期的信仰情感把死人吸引到圣英烈墓周围，但这同一情感到中世纪晚期却推动他们把墓址选在教堂里或教堂旁。总之此刻人们所追求的不再是对某位先圣的纪念，而是教堂本身，教堂是做弥撒的地方，最佳的葬地不是英烈墓而是祭坛，是分发耶稣圣体的祭台。

葬在教堂取代了葬在圣墓旁。

这一转变十分令人惊奇，因为它发生时人们又掀起了新一轮的圣徒崇拜。J.勒高夫(J. Le Goff)* 在历史中识辨出两次崇拜先圣的高潮[84]。一次发生在中世纪早期，出现了歌颂圣徒事迹的故事；另一次始自十三世纪，出现了以多姿多彩的民间艺术表现的圣灵传说和《圣徒金传》**。前一次正是众人皆要靠近圣墓下葬之时，后一次对丧葬习俗没有直接影响，世人对死者的态度也没有改

* J.勒高夫(1924—2014)，中世纪史专家，专攻中世纪思想演变史。——译者

** 《圣徒金传》(*Légende dorée*)，瓦拉策的雅克于十三世纪编撰，叙述众圣徒生平事迹。——译者

变。仔细阅读当时的遗嘱，由民间艺术所树立起来的圣徒威望在中世纪末期不容置疑。这种崇拜仅仅引发了一种现象：去墓地朝圣。

在上述情况下，立遗嘱人如果有生之年没机会去朝圣，那么为了灵魂的安宁他便会请人代自己去朝圣，他定下朝圣的地点和路费：习惯上这笔费用等朝圣者回来后支付，朝圣者必须出示一份由朝圣地的教堂出具的证明。巴黎最高法院一位检察官 1411 年留下一份遗嘱，预先提防："我本打算让妻子陪我去滨海布洛涅圣母院、孟乎尔圣母院朝圣，去卢萨士朝拜圣达缅和圣戈姆。有人传话说夫人许愿要去加利斯的圣雅各教堂进香，她从未向我提起，我也从未表示同意，请你们选派一位值得信赖的信使去朝圣，并带一份证明信回来。"A. 勒布拉列举了一些发生在十九世纪布列塔尼的代替死者还愿的朝圣事迹[85]。

人们依然去圣墓祈祷并崇拜圣遗骨，但却不再热衷于葬在墓旁。对圣徒的这第二次民间崇拜与头一次一样，并没有对宗教情感产生深远影响。大概当时教会对此已经有所反应：此类行为令人疑惑，教会不太放心。伊莎贝拉王后*的一位秘书在多座教堂做过议事司铎，1403 年，他立下遗嘱，交代在他客死异乡时如何处理他的肉身。去世时所在教堂不同，选择也相应有所不同。他首先想被埋在祭坛中，不成的话就埋在面对圣母像的殿堂里。假若他去世的教堂供奉的不是圣母而是另一位圣徒，那么这位改革先驱就放弃埋在主祭台、祭坛或圣灵堂旁的要求，而是希望被埋在耶

* 法国国王查理六世的王后。——译者

稣受难十字架前的殿堂里。下面是他确定的次序：祭坛、圣母像、耶稣受难十字架，皆被放在圣墓之前[86]。不那么挑剔的人也不再去寻求其他圣徒保护自己的尸身，圣母、圣守护主除外。因此，图卢兹法院的一位推事1648年说："我把灵魂献给上帝，把身体留给奥古斯都教堂［而不是留给大地］，留给亲人的陵园。"

对待死人的态度及其表现几乎没有受到崇拜对象转移的影响：只是教堂取代了圣徒。今天选择教堂一如昨天选择圣人。对于宗教情感史来说这一区别是巨大的，对于死亡情感史来说这一区别微不足道。

于是问题变了样，促使人们选择教堂、教堂中的某块地域或墓地的因素是什么呢？众多遗嘱为我们解答了这一问题：写遗嘱的目的之一就是确定墓址。不过，立遗嘱者也不会忽略当时的其他一些习规。

起初，陵庙便是供奉圣遗骨或圣徒之墓的修道院教堂。圣徒的形象渐渐被修道院所遮掩：习俗要求人们在修隐院墓葬。当罗兰许愿希望查理曼大帝找到他和战友的尸体时，他唯一明确地提到的就是这一点。

不容忽视的物质因素也在起作用，因为不久后死者就必须在遗嘱中写明他捐多少钱财给他所选的修道院。因此主教们才声称要剥夺修道院垄断安葬的权利，把这一权力留给他们陵园教堂的公墓——公墓本在教堂墙外，后来才并入一个教区或一个主教教堂。"死者的葬礼应该在主教所在地进行。"如果主教管辖的墓地离得太远，那么死者就在一个有议事司铎、修士或修女的社区下葬，以便有教士为其超度亡灵。除非以上两种条件都不具备，895

年召开的特里布尔主教会议才允许死者就地安葬，葬在已成为堂区教堂的小礼拜堂里，死者在那儿付入土税。唯有没有被强制在墓地下葬的人才能葬在乡村教堂里。比利牛斯山的居民至今还记得过去整个山谷的死人都在一个墓地下葬，即（波城附近的）圣萨文（Saint-Savin）公墓。

自由选择墓地，这是每个人的权利。对于已出嫁的女子来说，这权利就成了问题。据《格拉蒂安教令集》，“夫唱妻随，生死不离”。可乌尔班二世（Urbain II）在一份手谕中却表达了相反的意思：丈夫去世，妻子解脱。

如果死者生前没留下遗愿，把他葬在何处也颇费思量。教规要求把他葬在已故亲人旁边（*in majorum suorum sepulcris jacet*）。已婚女子的情况最能说明问题：她要么与丈夫合葬，要么葬在丈夫指定的地方，要么葬在娘家人身旁。

教会担心某些家族因先人葬在某处便继续要求在那里下葬，仿佛那块地盘成了他们的家墓。因此，有人建议在指定的堂区教堂下葬。兴克玛*便说：

“任何基督徒都没有非葬某地不可的权利，就好像那是他先人传下来的一样（*hereditario jure*）；他们应该葬在堂区教堂中那块由神职人员（主教）指定的地方[87]。”教堂唯恐收不到下葬税，于是习俗也变得模糊不清。据习俗，教堂总是要收取部分“合理费用”的，如果某个教徒选择在别的教堂下葬，那么即使是打上一场旷日持久的官司，这费用也还是要收的。另外，至少从十二世纪始，要

* Hincmar，806—880，法国神学家。——译者

去其他教堂下葬的尸体也可以在本区教堂稍作停留。如果死者葬他处，死亡簿上记的便是本区教堂掘墓人的名字(十二至十三世纪)。到底是按家族下葬还是按教区下葬，教会没有明确规定。

与规定一样，实际情况也表现得模棱两可。最开始，《罗兰之歌》中的骑士和圆桌骑士们都没有关心过家族的坟地：无论是罗兰还是奥尼维都从未表示过要与家人葬在一起，在断气前他们甚至没有想到过自己的先人。圆桌骑士们则希望被葬在卡拉莫斯修道院，葬在战友们的墓旁。

从十五世纪开始，大多数立遗嘱者都表达了在教堂或墓地里与亲人相会的意愿，他们希望葬在亡夫、亡妻、有时是早夭的孩子们身旁。有的葬在教堂："葬入圣欧斯塔什教堂，我魂归上苍的爱妻和孩子们都埋在那里"(1411)；有一对夫妻在遗嘱中要求把墓排列在一起，葬在他们堂区的圣梅代里克教堂里(1663)；有的葬在公墓：一位商人的未亡人希望"葬在她堂区的圣热尔韦教堂墓地中，她亡夫的墓旁"(1604)；一位河畔圣约翰教堂(Jean-en-Grève)的教友要求"葬进圣洁者公墓，即他亡妻和孩子们下葬的地方"(1609)；圣马夏尔堂区的一位修鞋师傅"希望死后葬在圣洁者公墓，葬在他亡妻和孩子们的墓旁"(1654)[88]。

教堂或墓地，既有亲人的又有配偶的："葬在圣塞尔南修道院教堂(图卢兹)，我祖父母、父母、兄弟姐妹和两位妻子安眠的地方"(1600)；"葬在圣艾田纳－迪蒙教堂，她的亡夫、孩子及亲人们安眠的地方"(1644)。只提家人不提配偶的：奥尔良公爵的一位智囊，圣尼古拉－德尚教区的教民，"葬在圣洁者公墓，他先辈和父兄墓旁";"葬在[圣塞弗兰]教堂他先辈们的墓旁"(1690);"葬在圣日耳曼-勒韦耶教堂庭院,我两个姐妹的墓旁"(1787)[89]。后边的这些立遗嘱人大概是单身汉。不过,有的寡妇宁要家人不要亡夫:"葬在她堂区的圣雅克-德拉布士礼教堂,她的亡母墓旁"(1661);"[墓址]选在巴黎的圣洁者公墓,靠近她父母坟地的地方"(1407)。

葬家人墓旁还是配偶墓旁?1657年的一份由某人亲笔写的遗嘱便显示出这种迟疑不决的态度:"我的坟墓将定在妻子想要下葬的地方。"死者的墓地将由活人来定,万一到时候情况有变,"就请把我葬在我先辈和双亲身边[90]。"

选择哪个教堂大多与家人有关,目的是要葬在亲人、特别是配偶和孩子们的墓旁。从十五世纪起这成为一种惯例,它充分地反映了一种对死后的感情寄托;大概临死之际这种感情会变得格外清晰:如果说在琐碎的日常生活中家庭的作用十分有限,那么在危难时刻,在有着什么特别东西威胁到荣誉或生命之时,家庭团结的重要性最终会显示出来,并一直维持到死后。家族亲情最终凌驾于战友之情之上,圆桌骑士之所以要求被埋在一起,那也是因为他们的亲人就是同生共死的战友。反之,家庭亲情与同行之情并不矛盾,许多夫妻和孩子都安息在同一个行业的教友会的祭堂中。

立遗嘱人不愿与家人葬在一起的事也不是没有,有家室的人渴望与配偶和孩子们葬在一起,可单身汉不会有此奢望。于是他会选一位常接济他的、有点像他养父的叔叔,如1659年的一位地毯商就希望葬在"他叔叔德·拉维涅先生的墓下"。他挑中了一位朋友,这也是让·雷涅(Jean Regnier)的梦想:

雅各布教会公墓，
乃我葬身处，
奥塞尔的雅各布墓
安眠着众多好友[91]。

说实话，挚友等于表兄，是远亲，有点古人“称兄道弟”的意味。在1413年巴黎法院院长的遗嘱中就显示了这一点：他把墓址选在一座小祭堂，因为那里是“他亡父和其他许多朋友的歇灵之处”。从十五世纪到十七世纪，许多信徒修建建筑物，其目的都是为自己和夫人的灵魂、“同时也为所有朋友的灵魂[92]”能够获救。

1574年，有位公证人要求葬在“他表兄兼好友弗朗索瓦·巴斯托诺［此人亦是公证人］的灵柩旁”。友谊在当时不仅是生活中的相互关心，像今日成人之间那样，它还是一种自始至终存在于少年间的近乎忠心不改的牢固联系，其联系之强，有时连死亡也无可奈何。在各种阶层，哪怕是最低贱的阶层中都能见到这种友谊。那个常在河畔圣约翰教堂座椅上打哈欠的女人1642年成为皮埃蒙特团一位战士的未亡人，她要求将自己的遗体葬在“圣约翰教堂附近的小公墓中［位子不错］，贴近她的闺中好友雅克·拉贝之妻的坟墓[93]”。

除了亲人、挚友之外，人们还可以选择精神之友：忏悔师。遗赠给忏悔师一笔遗产，他们还不满足，还要在忏悔师的庇荫下长眠。1651年，一位巴黎医生在自书的遗嘱中就是这样说的：其遗体将安葬在圣梅达尔教堂，“靠近卡尔多先生的告解室”。十七世纪的忏悔师在此替代了中世纪早期的圣人：没死就被当作圣人崇拜。

最后，当仆人的也可以申请死后埋主人墓旁："尽量靠近皮耶尔·穆塞老爷及夫人的坟墓，他们生前是巴黎有产者，是他的主子，愿上帝宽恕他们"（十六世纪）。"葬在布列塔尼女圣十字教堂，靠近她主人的亡女之墓"（1644）。主人往往是其仆人的遗嘱执行人，后者的下葬由前者安排[94]。

还有的时候，人们会选择精神家园即堂区，而不是人世的友谊、血缘或传统关系，这种情况在十二、十三世纪居多。此乃特伦托主教会议的结果，该会议试图恢复堂区在中世纪尤其是在十四、十五世纪失去的一种功能："我恳求并希望我的遗体被葬在我堂区的主上河畔圣约翰教堂。"

聪明的立遗嘱人会把中意的教堂与堂区结合起来："务必请把她的遗体葬在位于她所属堂区中心的巴黎圣梅代里克教堂，葬在她亡夫、可敬的梯波先生墓旁。"这是一位寡妇，丈夫死后她变成"圣艾田纳-安德烈祭堂里的信女之一"。不过，她对圣约翰教堂应该是情有独钟，在遗嘱中她又叮嘱道："我立遗愿要求下葬前把遗体抬进河畔圣约翰教堂，在那里做全套法事，圣约翰教堂和圣梅代里克教堂的本堂神父、助理司铎、议事司铎、小堂神父以及普通教士都参加送葬与下葬。"也就是说两个教堂的所有教士都包括在内（1606）[95]。

不过，反改革派对堂区的重建并没有消灭世人与教士团体（雅各布会、加尔默罗会）的传统联系，至少到十八世纪下半叶还没有，下面我们将在图卢兹的文档中看到这一点。

教堂的何处？

无论是出于家庭原因还是信教原因，一旦选好教堂，就必须确定具体的下葬方位：无论是在教堂还是在公墓，人们都会询问具体下葬的地方。

有的人会任由遗嘱执行人来定点，但大多数人会花很多功夫来描写一些容易辨认的标记，以便帮助人们确定他点出的那块地。立遗嘱人描述的一般都是家人坟墓的精确位置，他要埋在亲人身边。在大多数情况下，亲人的墓并不好找。在墓碑上刻字作记号的习惯直到十八世纪以后才流行开来：把尸体叠摞在一起并经常迁移的习俗也不允许上述做法得到普及，所以刻字墓碑十分少见。当时也没有墓葬登记册。中世纪的修士在亡灵册上登记本修道院过世施主的诞辰，并附有语焉不详的墓址：利摩日的议事司铎 G. A. 的生日，被葬在“环廊中，墙脚下，靠近一根柱子[96]。”立遗嘱人必须给出准确的坐标，因为那地方别人可能从未注意：雅各布会修道院，他的亡妻、姐姐和他父亲之妻长眠的小祭堂，“从中殿走向祭坛，小祭堂在右边”(1407)。她要葬在布卢瓦的圣方济各派小兄弟会教堂里，“葬在她曾把书记官指给表妹看的地方”(十六世纪)；“葬在两个柱子之间，一个柱子紧靠天使报喜祭台，下一个柱子挨着皮耶尔·德·菲耶的板凳”(1608)；“葬在他们巴黎大教堂的殿堂里，靠右边……我给弟弟指过的那个地方”；“葬在圣德尼教堂，面对圣母塑像”；“葬在巴黎教长礼拜日上午列队祝圣时所站地的附近”(1612 年 8 月 10 日)；“葬在圣尼古拉－德尚教堂…… 第五

根立柱下”（1669）；“葬在莫拜尔广场加尔默罗会神父教堂中他祖上的墓旁，他祖上的寝陵是圣约瑟夫小祭堂中的一座大墓［有‘大墓’必有碑文，但这还不足以保证人们一定会找到它］，大墓连着堂内祭坛护栏之下的台阶，且横向右方[97]”（1661）。

即使神父和堂区地产管理人没有异议，立遗嘱人也不是总能不偏分厘地正好拿到他指定的那块地段：那里可能还埋有死人，尚未烂透。所以人们一般会说在那附近，而不确指某块地：“葬在学生谷教堂，他亡妻的灵柩近旁”（1401）；“葬圣洁者公墓，他父母下葬的地方或周边地段”（1407）；“尽量靠近某某之墓……”（十六世纪）；“尽可能贴近他父母的墓坑，墓坑在教堂墙脚下，进门的左边”（1404）[98]；在立遗嘱人和代写遗嘱的教士笔下，我们还能见到下面的说法：某人之墓的附近，小祭堂的附近——亦即英语的 beneath（在……之下）。这种靠近某处的要求最为常见，但也不是没有例外，有的人就非要指定确切地点不可：“葬那个地点上”（1657），“葬在母亲大人下葬的同一个地方”（1652）。

有一位立遗嘱人费了老大的劲才用几何原理确定了墓址：“把基督受难十字架与圣母像连成一线，再把圣塞巴斯蒂昂祭坛和圣多明我祭坛连成一线，两条线的交叉处便是我的墓址”（1416）[99]。

最令人垂涎也是最贵的地方就是主祭台附近用来做弥撒的祭坛，教士在那里默诵忏悔经（*confiteor*）。此乃在教堂（*apud ecclesiam*）下葬的真正原因：弥撒的祝圣远胜于圣徒的庇佑。“他要求葬在利摩日主教区属于则肋司定会的拉泰纳教堂，葬在祭坛中贴近［意为紧贴］靠墙那边的大祭台”（1400）。查理六世的一位御医：葬在教堂主祭台前边的祭坛中（*in choro dictae ecclesie ante magnum altare*)(1410)。“葬在布卢瓦的圣方济各派小兄弟会教堂的祭坛中,贴近主祭台”(十六世纪)。“葬在巴黎城主宫医院的祭坛中”(1662)。行政法院的一位审查官:“遗体送往布莱教堂并在该处祭坛下葬”(1669)。

有时候,堂区的弥撒可以不在主祭台进行,于是有人立遗嘱要求葬在“圣梅里教堂做堂区弥撒的那间祭室里”(1413)。十七世纪,主祭台就是做圣体圣事的祭台;“克罗德·多布莱*先生在此长眠,生前是骑士”,死于1609年5月31日,享年八十有三,“生前对耶稣圣体万分景仰,最终的心愿便是葬在圣体圣事大祭台旁,愿前来瞻仰和参拜这神圣崇高祭台的信徒的祈祷帮助他获得上帝的宽恕,并在荣光中复活[100]”。

祭坛之外,最受欢迎的地方便是圣母堂或圣母像。王室侍从,纪尧姆·德·波尔德(Guillaume des Bordes),丧生于尼科堡(Nicopolis)战役,其遗孀家人将墓建在“位于布鲁吉尔的圣迪迭教区总堂的圣母堂里”(1416)。埋在圣母堂前而不是圣母堂中也成:那个前任丈夫是巴黎市民的寡妇“现在是国王御用外科医生的妻子”,“她希望自己的遗体被埋在她所属堂区的圣雅克-德拉布士礼教堂,面向圣母堂,即她母亲的埋魂之处”(选母亲而不选丈夫的一个例子)(1661)。另一份遗嘱则说:“葬在圣塞尔南修道院教堂的圣母堂附近”(1600)。

还有人选择葬在圣母像前,比如说这位葡萄园主:“葬在蒙特勒伊的那座教堂里,面对圣母像,即他亡妻下葬之处”(1628)。或

* Claude d'Aubray,当时的巴黎市长。——译者

者“在上述那座教堂里正对着圣母像的地方”。国王的一位秘书：“我要求并渴望我的遗体葬在我所属堂区的河畔圣约翰教堂，我曾是该堂区的第二任财产管理委员，德·埃特雷侯爵(d'Estrées)是第一任［升得可真快！］，把我葬在圣母像前，即我亡妻妲梦小姐长眠的地方”(1661)。

公墓里也有圣母像，比如说圣洁者公墓：“墓地的一个坟头上有座小塔，塔上有一幅石刻圣母像，雕刻得极为精致，塔是一位男人让人建在他墓上的，生前他曾吹嘘连狗也不敢在他墓上撒尿。”在十六世纪的圣洁者公墓里，人们在“美丽的圣母像前”、“圣母像旁”选墓穴。1621年，他们都要“葬在圣洁者公墓圣母玛利亚祭坛前”，“葬在圣洁者公墓中心的圣母堂前[101]”。

其他圣徒被选的机会极少，人们有时候会把他们当作行业的守护神来崇拜，并为之建庙堂：一位园丁的妻子“葬在圣热尔韦教堂里面对圣俄特罗珀祭堂的地方”(1604)；巴黎市府的一位诉讼代理人则葬在圣约瑟祭堂里，当时人们正好开始把圣约瑟当作善终之神来膜拜。也有人为同样的理由选择耶稣复活堂。

除了祭坛、圣母堂或圣母像外，从十五世纪开始，直到十七世纪，人们还看中了耶稣受难十字架。1402年有位神父明确地提出要葬在十字架和圣母像(*ante crucifixum et ymaginem beate Marie*)之间。有时运气好，十字架就在祭坛中，那便“葬在祭坛中的十字架下”(1690)。耶稣受难十字架一般都挂在殿堂和祭坛之间。1660年一位巴黎市民“希望他的遗体葬在他所属堂区的圣日耳曼王室教堂，十字架脚下”。十字架还可以处在堂区财委会的板凳之上。信徒亦即过去的那些堂区财管委员选择它来走完自己生命的最后阶段。一位面包商和他的妻子要求“葬在马德莱娜教堂的堂区财管会的前边”(1560)；“葬在我所属堂区的圣梅德里克教堂的功德主上座的前边，亦即我父母的坟前[102]”(1649)。

前边说过，墓地里有些十字架是做标记用的。遗嘱中常用它们做参照来确定墓址：“在圣热尔韦教堂墓地的十字架和榆树之间”，一位巴黎商人及其妻子如此要求到(1602)。

最终，还有一个常常入选的地方，那就是一家人在教堂里坐的那张长板凳。有人要求把遗体葬在他活着时参加弥撒的地方，“葬在教堂下部他板凳的旁边，他的板凳紧贴着圣水器那边的一根支撑塔楼的柱子”(1622)；夏特莱的一位执达吏及其妻子要求“葬在他们堂区的圣尼古拉－德尚教堂，他们板凳的前方”(1669)。有家人 1607 年与该教堂管理处还签订了一份协议，该家人将“在他们的板凳前建一座墓，以便安葬他们夫妻和他们的孩子们”；另一位要求“葬在他堂区的河畔圣约翰教堂，他的板凳旁[103]”(1628—1670)。

有意思的是，在南特敕令的体制下，巴黎新教教徒对他们生前做礼拜仪式的地方也很看重：郎布依埃的尼古拉二世之妻，安娜·盖尼奥(Anne Gaignot)，卒于 1684 年，她要求葬在靠夏朗东庙那边的老公墓里，已故双亲的身边，“面对她在庙中占据的座位[104]”。

遗嘱中还指定过其他一些地点，但那纯属例外，没有多大意义：“洗礼盆下”(1404)，圣水器旁(*prope piscinam*)(1660)[105]。

从十五世纪到十七世纪，人们在选墓址的过程中衷心不忘的主要是弥撒仪式和十字架上的耶稣，此现象如此普遍令人惊奇。

人们在遗嘱中选定墓址，但事后还必须得到教区和教堂管理处的同意。说到底这几乎总是一个付多少钱的问题，但有些比较聪明的人在遗嘱中还会给出一个替代地点，这个替代点对我们理解葬教堂与葬公墓在人们心理上的区别十分有益："葬在圣欧斯塔什教堂；如果堂区管理委员们不同意，就葬在圣洁者公墓的穷人墓坑里"(1641)；"葬小兄弟会教堂……恳求圣梅德里克教堂的本堂神父、他最尊敬的领路人答应他的请求"(1648)；"尽量就便把立遗嘱人葬在他将来辞世的那座堂区教堂，否则请葬进公墓"(1590)；"葬主宫医院教堂……倘若不行的话则葬在我侄女玛格利特・琵卡夫人指定的教堂和公墓里"(1662)；"葬在嘉布遣会修士教堂……请求他们恩准"(1669)；"葬在图尔的齐颂圣母堂(图卢兹)，如果该堂院长不同意，则葬入该堂区的公墓"(1678)。

进不了教堂，人们才会决定葬入公墓。不过还是有人在遗嘱中自愿选择公墓，以示谦卑。克罗德・德・雷托阿*，骑士侍从，苏锡领主，"自认罪孽深重，无颜葬入教堂，只求进入本堂区的公墓"(1652)。葬入公墓，此话有时意为葬在墓地中的上等之地，亦即藏骸处："罗尔・德・马奥希望自己的遗体被葬在他堂区靠近圣约翰教堂藏骸室的墓地里"(1660)；"圣科姆堂区的藏骸所下"(1667)。此话有时还意为集体墓坑：1406 年，夏特莱的一位律师要求"葬在穷人大墓坑里"；1539 年，热纳维耶芙・德・卡特利夫尔，要求像父亲一样，"葬在圣洁者公墓的贫民墓坑里[106]"。在后面

* Claude de l'Estoile，此人曾为黎塞留捉刀代笔。——译者

（第三部分）我们将看到贵人葬墓地这类稀罕事在十八世纪下半叶变得比较常见，变化的一个标志：人们开始放弃葬入教堂[107]。

何人葬入教堂？何人葬入墓地？图卢兹的例子

据上所见，人们向往的葬地是教堂。菲雷蒂埃（Furetière）在其辞典的“墓地”这一词条下也是这样说的：“过去的人只在墓地下葬不在教堂下葬。今天葬入墓地的几乎全是平民。”

那么谁是平民？让我们来看看墓地是如何分配的。教区登记簿记录了每个墓葬的地点，甚至包括那些葬在教区外的墓葬，有了这些登记簿我们就能知道墓地的分配方式。

我挑选了图卢兹三个教区的登记簿，时间是十七世纪末、十七与十八世纪相交之际：一个是圣司提反（Saint-Etienne）教区，陵庙在中世纪古城区中心，该教区的达官贵人多于其他教区；其次是达尔巴德教区，那完全是一个手工业工人和工匠的居住区，其中也有一些法院小吏；最后一个没有圣司提反教区那么贵族化，也没有达尔巴德教区那么平民化，它是独占一隅的多拉德修道院教区[108]。

借助登记簿我们就能把教堂里的墓与墓地之墓区分开来。让我们先来看看葬在教区外边的教友们的情况。这个问题只对教堂墓葬有意义，因为公墓不收其他教区的外人。

表一说明在教区外下葬的人数很多。在查阅了巴黎同时期的大量遗嘱后，我对图卢兹这方面的人数超过巴黎并不感到奇怪。在巴黎，除非是为了和亡故的亲人葬在一起，去教区外下葬不会受到鼓励。

表一　区外教堂下葬情况

（百分比表示每个教堂在所有教堂墓葬总数中所占的百分比）

以%计算	多拉德 1699	达尔巴德 1705	圣司提反 1692
方济各会	33.5	17	11
雅各布会	33.5		12
加尔默罗会	4	13	15.5
教区教堂	11.5	62	27.5
大奥古斯丁派			12

教区之间存在着很大的区别：达尔巴德教区 62%的人去世后葬在本区（教堂或隐修院内院），而多拉德教区却只有 11%。在最平民化的教区里，一半以上的去世者都在教区教堂里下葬。在另两个富裕一些的教区里，人们很容易为其他圣地之盛名所吸引。葬入教堂是社会地位上升的一种标志，此类事开始时都在自己教区内进行。

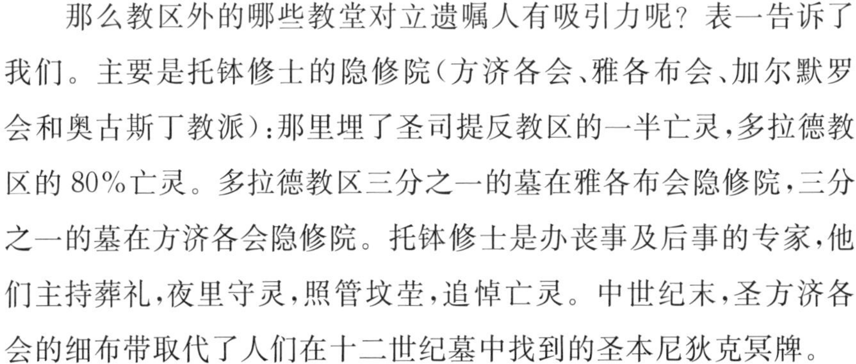

那么教区外的哪些教堂对立遗嘱人有吸引力呢？表一告诉了我们。主要是托钵修士的隐修院（方济各会、雅各布会、加尔默罗会和奥古斯丁教派）：那里埋了圣司提反教区的一半亡灵，多拉德教区的 80%亡灵。多拉德教区三分之一的墓在雅各布会隐修院，三分之一的墓在方济各会隐修院。托钵修士是办丧事及后事的专家，他们主持葬礼，夜里守灵，照管坟茔，追悼亡灵。中世纪末，圣方济各会的细布带取代了人们在十二世纪墓中找到的圣本尼狄克冥牌。

让我们现在来比较一下每个教区葬在教堂和公墓中的人数。

公墓里葬的都是本教区的人。不过有的教区有好几种规格的公墓。

在达尔巴德，教堂与公墓结合在一起，关于此点前文已有分析。反之，在陵庙和多拉德教区，情况更为复杂一些，这一方面是因为这两个教堂是教士和议事司铎的修身之所，另一方面也是因为它们历史悠久，所属关系多次变更，以及它们周边环境的原因。

圣司提反教区最古老的公墓是隐修院公墓。直到十二世纪人们还称其为“隐修院公墓”，一般人则将其简化为“隐修院”或“小院”。事实上，在那里下葬与在教堂下葬一样，垂涎者众且价格高昂。这两处阴宅的死人在社会地位上并没有高下之分，所以我把他们都放在教堂这一栏内。此栏中有 23 座墓葬，只有 9 座在教堂殿中，其他都在隐修院墓地。这是一个有趣的事例，它说明在某些地方，比如说在奥尔良，在英国，教堂庭院或修道院内院还保留了露天墓地的功能。唯有不准穷人入葬的古老墓地才会如此高贵尊严。

多拉德教区的本笃会古修道院的情况大致上也是如此。根据在此地延续但在别处(除了法国南部?)已无人知晓的古老习俗，人们从来不在教堂的祭坛和殿堂里埋死人：11%被我当作葬在教堂的实际上葬在屋檐下或柱廊下，用至今仍有意义的十二世纪末的老话说，那就是葬在“该教堂的门厅里”，“该教堂的门前”，“我们教堂的修道院里”(修道院内院?)，“这座教堂的庭院里”，“修道院内院”，“教堂入口处”。值得注意的是，填写登记簿的教士在提到那些露天坟地时从未用过墓地一词。

现在来谈谈圣司提反教区和多拉德教区真实意义上的墓地。圣司提反教区十七世纪用来掩埋本区居民的墓地并没有与教堂连成一片，它与教堂之间原先隔着一堵厚城墙，城墙后来被一条林荫大道所取代。该公墓的名字叫做圣救世主公墓，墓地围墙内早先建过一个小教堂或小祭堂，也叫这个名字，没有上述小教堂就不会有该公墓。那时是有墓地必有教堂，墓地与教堂休戚相关。因此，香坡公墓是圣洁者小教堂的附属部分。区别仅仅在于圣洁者公墓是一个教区，而圣救世主公墓不是教区。后者是陵庙的附属部分。圣救世主公墓出现的年代正是公墓开始脱离教堂的年代。在后边第六章“回潮”中我们还会见到巴黎的一些例子。修建圣救世主公墓是为圣司提反教区服务的。

至于多拉德教区，则有（除隐修院公墓和修道院内院外的）两个公墓，一个既古老又尊贵，人称伯爵公墓，另一个万圣公墓修建较晚，用来埋葬穷人。万圣公墓与圣救世主公墓大致上建于同期。上述两个公墓都坐落在修道院围墙内，伯爵公墓则在教堂门前和旁边，它是修道院内院的延续，但与内院并不直接相通：图卢兹伯爵皆葬于此。六世纪初的一座据传是佩多克（Pédauque）王后的石棺，现存于奥古斯丁教派博物馆，其实是拉纳希尔德（Ragnachilde）之墓。据古籍记载，它位于“多拉德教堂墙外靠近伯爵公墓的地方”（可能是龛式墓穴）。

另一个墓地坐落在多拉德教堂半圆形后殿的周围。万圣节是祭奠死人的节日，该墓地的名字说明它建于民间盛行万圣节之后。

一个教区拥有好几个公墓，这在十六、十七世纪并不少见。在巴黎河畔圣约翰教区就有一个“新墓地”和一个“老墓地”。新墓地的价格要贵一些。根据1624年与教产管委签订的一份契约，掘墓人“无论是开坑下葬还是掩埋尸体，对新墓地墓坑的收费不能超过20苏，对老墓地的不能超过12苏[109]”。相比较而言，同一文件中

"对在教堂开挖的墓穴"所规定的收费条件却是"如果地下没有墓葬需要起出，收费不超过 40 苏，如果有，收费不超过 60 苏"。也就是说最便宜的墓地是 12 苏，另一个墓地是 20 苏，在教堂下葬不移走他人之墓(即墓葬建筑物)者付 40 苏，否则就是 60 苏。

这说明，多拉德教区和河畔圣约翰教堂一样，在教堂和廉价墓地之间还存在着一种价格居中的墓地。圣司提反教区和达尔巴德教区则没有此类墓地。

话说到此，我们便可以来看看表二了，先看它的第一列：三个教区各自在教堂(所有教堂，包括修道院)中下葬的比例。

表二　社会各阶层在教堂与墓地的分布情况(百分比)

安托瓦妮特·弗勒里(Antoinette Fleury)小姐在对巴黎十六世纪的第八号研究中也给出了相应的数据：在教堂下葬的占 60%，在墓地下葬的占 40%。

教区墓葬总数的%			贵族与穿袍阶级*	作坊师傅+商人*	伙计 +不知姓名者*
圣司提反	教堂	64	38	51	10
1692	圣救世主公墓	36	0	33	46 + 20(儿童) = 66
多拉德	教堂	48	20	60	6
1698	伯爵公墓	21	0	60	30
	万圣公墓	31	0	34	50
多拉德	教堂	37	20	68	12
1699	伯爵公墓	26	12(儿童)	60	17
	万圣公墓	37	0	26	54 + 18(儿童) = 72
达尔巴德	教堂	49	9	59 + 9 = 68**	13
1705	公墓	51	6(儿童)	48	46

*　或教堂、或公墓的百分比。

**　9% = 商人；68% = 师傅 + 商人。

就整体而言，在教堂下葬的比例大得惊人，这一事实验证了我们前边的分析。在教堂墓葬的比例一般都在一半左右或一半以上，决不会少于（墓葬总数的）三分之一。这一较高的比例说明，在十七世纪末，将近一半的或至少是三分之一强的城市居民葬入了教堂。这也说明在教堂下葬并不是贵族和教士的专属特权，很大一部分中产阶级也葬入了教堂。圣司提反这个居住达官贵人的教区在教堂下葬的（64%）远多于在墓地下葬的（36%）。A.弗勒里小姐还对十六世纪巴黎富裕阶层的遗嘱进行了研究，值得注意的是，上面的高比例十分接近她第八号研究所给出的比例：60%在教堂，40%在墓地。这可以说是富贵教区的一个多年不变的特征。

在达尔巴德教区，教堂与墓地的墓葬各占一半。

多拉德教区前后两年的墓葬情况不太一样。它1698年的比例与达尔巴德（1705）相同。1699年，该区比例刚好与圣司提反1692年的相反，63%在墓地，37%在教堂。

现在让我们来观察一下表格上靠后的三列，它们将会告诉我们分配墓葬的大致条件。

我——粗线条地——划分了三类：首先是佩剑贵族和穿袍贵族，各种官长，大大小小的穿袍官吏（法院推事、律师、军官、代理人、大小总管、税务员等等），教士，医生：总之是上等人。其次是商人与工匠师傅。最后是打工的伙计，“跑堂的”，女佣，底层小民和不知姓名的人。

第二类内容相当混杂。有的商人生活水平与法律界人士不相上下，有的师傅过得并不比伙计好。

尽管分得比较粗，但已经足以让我们弄清墓地分配的条件了。

第一个事实显而易见。属于第一类的高贵者都没有进墓地，除了他们的几个孩子：伯爵公墓中的12%和达尔巴德教区公墓中的6%是儿童墓。此问题我们以后再谈。

圣司提反的教堂中所葬的达官贵人的比例相当高（占墓葬总数的38%），多拉德教区的也不低（20%），达尔巴德教区则要少一些（9%）。如果把商人也放在第一类中，那么圣司提反教区葬在教堂的比例就会是49%，达尔巴德教区的则是18%。所有这些都说明了一个总的趋势：达官贵人葬教堂，这毋庸置疑。在我们所研究的遗嘱中，那些出于虔诚渴望简朴而要求葬在墓地、葬入集体墓坑的贵人比例太小，在我们对图卢兹这数年间的统计表中无法显示出来。但我们不应忘记，这种现象从十五到十八世纪一直存在。

然而，最令人感兴趣的数据还是那些葬在教堂的平民百姓的比例。他们大概占10%，一个不容忽视的比例。我们在那里可以找到押送货物的人、工人的妻子、卫兵、车夫、面包店伙计和某些教士没有标出其职业的人。圣司提反教区有位厨师的女儿葬在雅各布会隐修院。在达尔巴德教区，守夜人和丝毛哔叽工的孩子被葬入方济各会隐修院。大家还记得，我们说过这些托钵修士是很受人敬重的。他们的教堂中设有一些教友会的祭堂。这些贫贱小民及其妻、子能够在教堂里有块葬身之地，很可能就是托他们所属教友会之福。

当然，有块葬身之地不等于说就会有一个显眼的墓和一块刻字的碑。

不过，教堂大多数墓葬来自第二阶层：在50%到70%之间。圣司提反51%，多拉德60%或68%，达尔巴德68%。他们是商人、行业师傅及其妻、子：有石匠师傅、地毯商、彩绘玻璃商、袜子商、鞋商、面包商、丝毛哔叽商、药剂师、假发商、烤面包师、旅店老板，有泥瓦匠、染色师、粉刷师、刀剪师傅、呢绒剪毛师、毛料师、马具商……他们往往都属于一个教友会：我们注意到鞋匠一般去加尔默罗会隐修院，石匠去圣司提反，商人去方济各会。

由此看来，埋在教堂里的大致上有以下几种人：几乎所有的贵族，一半以上的穿袍阶级和大小官吏，大部分有产者和小业主。

现在我们来看看墓地的社会构成。

圣庙教区的圣救世主公墓中有66%是贫贱小民，33%属于中等阶层。贫贱小民包括客死异乡身无分文的无名者，弃婴、守夜的、各行各业的“伙计”、奴仆、轿夫和脚夫。

埋在墓地的作坊业主与埋在教堂的属于第二类的工匠师傅在表面上并没有太大的区别。

在达尔巴德教区的墓地里，属于第二类小业主的坟墓与贫贱小民的一样多。可是在圣庙教区的圣救世主公墓里，贫贱小民的墓要比小业主的多出一倍。

是不是可以这样认为：越是在上等人住的教区，墓地就越是专门留给下等穷人的，教堂与墓地的这种对立在普通百姓的教区里反而不太明显，因为那里的作坊业主两边都光顾。

就这一点而言，多拉德教区有两个墓地这一情况很有意思，因为它能清楚地说明作坊业主们的态度。伯爵公墓是一座古老而又闻名的公墓，它容纳了中间阶层半数以上（60%）的死者。反之，在万圣公墓下葬的则主要是普通百姓：1698年是50%，1699年是72%。伯爵公墓应该是教堂的一个附属部分，其中的每座坟茔也都是十八世纪所谓的“个人陵墓”，而万圣公墓中则主要是一些埋葬穷人的集体大墓坑。

结论很明显，那就是作坊业主在社会中的重要性。他们的上层侵入了教堂，躺在了贵族、教士、穿袍人员和交易商的身边；反之，地位较低的小业主和工匠师傅则与他们的伙计及贫民一起混在墓地里。在名声和条件上把教堂与墓地分开的这条线不应该画在贵族与作坊业主之间，也不应该画在作坊业主与贫民之间，而应从作坊业主这个阶层的内部画过。

不过，还有一个因素也会影响到是葬教堂还是葬墓地的决定：那就是年龄，孩子的年龄。墓地不仅归于穷人，而且也是属于孩子的；这就是表三告诉我们的东西，它给出了儿童在所有教堂和墓地墓葬中所占的比例。

表三　儿童在全部墓葬中所占的比例(百分比)

教区	达尔巴德 1705	多拉德 1699	圣司提反
* 一到十岁			
教堂	36	57	32
公墓	67	62.5	48
* 一岁以下			
教堂	10	18	4
公墓	25.5	19	39

总的来说，这一比例相当高，但人口统计学家并不感到惊讶，因为当时的儿童死亡率一直居高不下。这一比例不只是出现在墓葬总数中，它也反映在教堂的墓葬总数中，虽说教堂里的死者身份

高贵，死亡率应该低一点才对：达尔巴德教区死者总数的36%、圣司提反的32%、多拉德的57%都不满十岁。他们在教堂墓葬中占三分之一，在墓地占一半以上(除了圣救世主公墓：48%)。十岁以下的孩子在墓地中所占比例极高，在教堂中的所占比例也不低。

反之，有个现象令人注意，几乎所有周岁前死亡的婴儿都埋在墓地。我们已经发现，达官贵人家在墓地的坟墓只有婴儿墓：伯爵公墓有12%，达尔巴德的公墓有6%。对作坊业主来说情况也应该是一样的，即他们埋在墓地的大部分亲属都是夭折的幼儿。达官贵人家庭的死亡幼儿皆被送进了墓地。不满一周岁的死婴坟墓大约占了墓地四分之一到三分之一的面积。即使贵族、大小资产阶级为自己和家人选择了教堂，死婴依然被送往墓地。

当然也不是全都在墓地，至少我们知道十七世纪末风气开始变化：达尔巴德10%和多拉德18%的孩子被埋在了教堂，肯定是在他们父母亲和兄弟姐妹的身边。有那么一天，一个半世纪以后，风气终将为之一变：意、法、美等国的城市大公墓中最隆重、最悲痛的葬礼将是儿童的葬礼！

英国的例子

总之我们可以认为，从十六到十八世纪，在旧王朝统治下的法国，大多数遗嘱把墓址选在教堂而非公墓。即便是在那些小城的教堂里，资产阶级的坟墓似乎也在增长，他们的坟茔或墓碑在教堂里越来越多。

反之，在乡间，葬入教堂似乎始终只是小部分人的特权：领主家族，数个富有的地主和居民，再就是那些决定不葬在和散那十字架下的本堂神父，从十八世纪末到十九世纪，本堂神父一般都葬在和散那十字架下。

人们假定在西欧其他国家情况大致上相同，如果存在某些细微的差别，那么这些差别一定颇有意义。

林肯郡十六世纪初的一些遗嘱在英国被发表出来，其目的在1914年肯定是为了修家谱，有了它们，我们便可以粗略地鉴别一下异同[110]。224份遗嘱中有34份没有关于宗教信仰的条款：它们肯定是前一份遗嘱的修正，其中谈的也仅仅是财产的分配。另外剩下的190份遗嘱涉及对墓址的选择。

关于施舍善财（ad pias causas）的段落有时用拉丁文写成。也有一些特殊的习俗，比如说赠一头牛或者羊，美其名曰上香火，总之其精神与文字都与法国的一般无二。下边有几个实例："我……我欲葬在莫尔顿（Multon）'万圣'公墓。按规矩奉上香火钱。向教堂大祭台敬献二十便士，向我们林肯郡大教堂（母教堂）敬献四便士，向莫尔顿教堂新建的神圣祷告席敬献三先令四便士，向该教堂的三座灯烛敬献九便士，向圣体圣事台前为病人朝拜照明的灯笼灯烛奉上二便士（1513）[111]。"

"我…… 我欲葬在福斯代克（Fosdyke）的万圣公墓，并按习俗奉上香火钱。为我生前忘却的贡品和教民税，向该处教堂大祭台奉上十二便士，向圣母祭台敬献三便士，向圣尼古拉祭台敬献四便士，向福斯代克圣母教友会（Gylde）敬献三先令四便士，向波士顿圣十字教友会（rode）敬献三先令四便士以便让抬我的人在葬礼中尽职。向我们的母教堂林肯郡教堂敬献四便士，向圣卡德琳娜-

德-林肯教堂敬献四便士。”还有一笔遗赠是为了维持两个大烛台长明不灭，烛台上的蜡烛一年换两次：“在慈悲圣母院前献上一里弗尔的蜡烛，向大弥撒烛台奉上半个里弗尔的蜡烛，它们将常明不灭，照亮每个节日[112]”。

在（约克郡的）其他遗嘱中，我们还找到了在法国遗嘱中也出现过的四种托钵修士。

坟地或选在教堂，或选在公墓。若是选在教堂，一般都不会把地点说得太精确：“把我的遗体埋在西区圣彼得与圣保罗教区教堂。”要说精确的话，那也和法国一样，众人皆偏爱祭坛、举行圣体圣事仪式处和耶稣受难十字架：在祭坛或高祭坛，圣体圣事祭台前，面对分发圣子圣体处（*Corpus Christi*），圣母祭堂中，面对圣母像，耶稣受难十字架前，面对十字架的殿堂中央等等。

最后，在英国人的遗嘱中，我们还找到了一些像在法国一样少见的超脱和谦恭的表示：如“按万能的主的旨意”确定墓址，“按遗嘱执行人的意愿选择教堂或者墓地”。

由此可见，两国情况极为相似。如果说我们在比较中发现了什么有特别意义的区别的话，那就是教堂和墓地的分配比例：46%的立遗嘱人都选择了墓地，而属于同一社会经济阶层的人也有不少选择教堂。

除了表示要葬在“教堂前庭”即门前的场子中之外，没有人指定具体的地点。

在法国，遗嘱中选择墓地的相应比例要远低于英国。看来英国的上等人在进入现代后并没有完全遗弃墓地，而法国的教堂庭院或藏骸所却变成了贫民的坟场。在托马斯·格雷时代之所以会诞生浪漫墓地的诗歌形象，这很可能是原因之一。

不过，林肯地区葬在教堂的人数也达到了54%，这一比例与欧洲大陆不相上下。

于是，在这一章我们见识到了影响波及整个拉丁基督教地区的墓葬习俗，这些习俗延续了上千年，而且各地之间差异不大。它们具有以下特点：墓地空间极小，除露天墓地外，人们常把尸体叠摞起来进行掩埋，尤其是在那些被当作墓地的教堂里；人们常常翻动骸骨，把它们从土里起出来移往藏骸所；活人日日夜夜与死人为邻。

第二部分

自　身　之　死

第 三 章

死的时刻　生的记忆

来世说，心态的标识

直到科学进步时代，人们一直认为死后灵魂继续存在。莫斯特时期*最初的墓葬中就已经有了供品，甚至在今天这个科学怀疑主义盛行的时期，坚信人死后仍有某种形式的存在、绝不会神形俱灭的人也没有完全绝迹。对于古宗教和基督教来说，灵魂不灭的观念构成了它们共同的背景。

古代良知以及斯多葛派哲学家关于生兮死所倚的传统观念被基督教拿来为己服务："出生之时我们已开始走向死亡，结束始自于起源"（曼利乌斯［Manlius］），此乃圣伯尔纳（Bernard）、贝律尔（Bérulle）和蒙田都引用过的老生常谈。基督教还吸收了古老的地下阴间的观念，以及晚期的关于道德审判的观念[1]；前者是阴森的地狱，后者在民间不太流行但却更经得起推敲。

基督教最后还吸收了某些宗教关于灵魂得救的希望，并将此希望寄托在耶稣的复活及化身上。比如说对于圣保罗派的基督徒

* 欧洲旧石器时代中期。——译者

而言，生是罪孽中的死，肉体之死是踏入永生的台阶。

把基督教的来世说看作是对古老信仰的继承，上述几行描述不会有什么大错。然而，这个定义稍嫌宽泛，因为其间还发生过许多次变化：基督徒关于死亡和永生的观念在历史长河中并不是一成不变的。那么这些变化对我们来说有什么含义呢？对于一个神学哲学家或一个虔诚的教徒来说，这些变化微不足道，因为他们二者对自己的信仰都喜欢去芜存菁，一心只探究基本原理。对史学家来说就不同了，它们拥有极丰富的含义，他可以从中识辨出一些明显的变化标记，此类变化不易察觉，反映了人类——不仅仅是基督徒——心态深层对命运看法的变迁。

史学家必须学习种种宗教的隐晦语言，该语言形成于漫长的充满长生不老传说的年代。博士的讲解，民间的传说，他必须透过表象，找到唯一的可解代码，揭示它们所反映的文明原型。这一方法要求我们摆脱某些惯性的思维定式。

我们把中世纪社会想象成一个由教会统治的社会，或者——其实是一回事——一个用异端邪说或原始自然观来反对教会的社会。毋庸置疑，人们当时生活在教会的阴影下，但这并不等于说整个社会都拥护和坚信基督教的说教。确切地说，应该是大家都认同一种语言，使用同一种交流系统进行沟通。从生命深处冒出来欲望和幻象，需借助符号系统来进行表达，而基督教语汇便提供了这套符号。不过，我们更看重另一种现象：时代自动地选择某些符号而舍弃另一些备用或预留符号，因为前者更好地表达了集体行为的深层趋向。

致力于研究基督教语汇及其备用语汇，我们很快就能找出几乎所有与传统来世说有关的母题：我们史学家对变化的兴趣也因之而丧失。《马太福音》[2]与异教传统尤其是古埃及传统颇有渊源，它中间已经包容了所有关于彼岸、地狱、最后审判的中古观念。保罗的古老《启示录》给我们描绘了一个天堂和一个严刑峻法的地狱[2]。圣奥古斯丁以及初期的主教们发展出一套近乎完整的关于救赎灵魂的学说。反之，描述观念演变的史学家们给读者的印象反而十分单调死板，这大概是他们过于注重变化的结果。

学者文人在书中很早就收集全了来世说的各种版本。但其中只有一部分得到了实际的应用，我们所要确定的便是这个由集体实践所选择的部分，虽说在研究中我们很难避免掉进陷阱，避免出错。看来事情就是如此：唯有被选出来进入实际应用的这一部分才是鲜活的，为人所知的，总之也是最有意义的。

我们继续用这一方法来研究末日审判的表现。

最后的登基

在我们西方，末日的最初表现形式并不是审判。

请先回想一下本书第一章关于第一个千禧年的基督徒的论述：一如以弗所的七睡人，人死后进入休眠，等待耶稣重新降临。因此末日被表现为在光环中冉冉上升的耶稣，即耶稣升天的那一日，正如末日通灵人所描写的那样："[他]坐在宝座上，宝座高悬在空中，宝相庄严"；圣子周身光芒四射："一座彩虹环绕宝座"；四周是四位有飞羽的"活人"，四大福音史家，外围是八十位长老。

罗马时期，这一超凡脱俗的形象十分常见，例如在莫瓦赛克

(Moissac)，在沙特尔（王家大门）。它向我们展示了天庭和天上的神仙人物。中世纪初期的人们等待耶稣归来，他们并不害怕最后审判。因此，来世观启发了末日观，对《马太福音》中提到的耶稣复活与最后审判的场面保持沉默。

在丧葬艺术中偶尔也会见到一些最后审判的图像，其实它们一点也不恐怖，始终指向一个唯一的远景：耶稣归来，善男信女苏醒，从沉睡中爬起来走向光明。阿吉贝（Agilbert）主教680年葬在一个石棺里，石棺坐落在名为汝阿尔（Jouarre）地下墓窟的祭堂里[3]。石棺小头那一面刻着光环围绕的耶稣，耶稣的周围有四位福音史家：在罗马艺术中十分常见的传统画面。石棺大头那一面刻着众多的选民高举双手，欢呼救世主的归来。那画面上只有选民而没有去地狱的罪人。对圣马太所宣告的种种刑罚没有作任何影射。无疑，这些刑罚与“圣徒”无关，而所有把自己托付给教堂净土并在教堂的庇护下安眠的信徒都可以被称为“圣徒”。其实在《圣经》里他们以前就被称为圣徒（*sancti*），只是到了现代，翻译家们才将其译为信徒。

圣徒当然不会害怕末日审判。《启示录》在一篇导致千禧年来世说的文章里明确地提到了那些首次复活的人们：“他们决不会再死[4]。”

大概人们的眼中只有选民而没有下地狱的罪人，后者不会复活，也不会像选民们那样得到光辉身体，所以不容易被人看见。《圣经》有言：“我们都将复活，但谁也不会变[5]”，今人已经不采用这种译法了，但我们是不是应该按上述意思来解释这句话的含义呢？

在十一世纪，与最后审判这个主题相联系的不是石棺而是洗礼盆。饰有该主题图案的最古老的洗礼盆在比利时兰登(Landen)附近的内莱斯潘(Neer Hespin)。人们还在马恩河畔沙隆[6]找到了另一个据说也是产于图尔内的、式样相同的洗礼盆。该盆不会晚于1150年:走出石棺的复活的人们全光着身子。他们成双成对,夫妻相拥。天使在吹奏一支漂亮的象牙号。这显然是凡世的终结,但就像在汝阿尔地下墓窟中一样,没有审判。把洗礼与不经审判的复活放在一起,其用意十分明显:受了洗礼,复活就能得到保障,灵魂也因此而得救。

另一种现象也验证了图案提供的证据。在基督徒一世纪的墓志铭中,人们还能辨认出一种古祈祷词的只言片语,该祈祷词可能是教会从犹太教继承来的,它一定早于三世纪,并在宗教实践中留存至今[7]。我们在罗兰临终的嘴里听见了它[8]。它是祈求上帝接收亡灵之临终经的一部分,十六、十七世纪的法国人在遗嘱中一般都将其称为"临终经"。在保罗四世改革教仪以前,在昨日常用的弥撒经本中我们还能找见它[9]。

犹太教众在斋戒日的祈祷于是乎就变成了基督教徒最古老的超度亡灵经。请读下文:

"主啊,你曾让以诺和以利亚脱离生死大关,让挪亚避开滔天洪水,帮助亚伯拉罕离开乌尔城,让约伯不再受折磨,让以撒从亚伯拉罕的手中逃出生天,把罗得从所多玛城的烈火中救出,从埃及法老的手中解放摩西,保护狮子坑里的但以理,烈火窑中的三个希伯来青年,让苏珊娜洗白诬陷,让大卫逃过扫罗和歌利亚的毒手,让圣彼特和圣保罗平安出狱,替万分幸运的圣贞女泰克勒免去三种恐怖刑罚,愿主也解脱你仆人的灵魂吧。"

人们对此类祈祷耳熟能详，所以早期的阿尔勒石匠们便参照此类语句来装饰石棺。

不过——J. 莱斯托夸（J. Lestocquoy）已经注意到这一点——，为祈求天主大发慈悲而列举的所有这些人物都不是戴罪之人而是善男信女：亚伯拉罕、约伯、但以理，最后还有两位圣使徒和一位幸福献身的童贞女：泰克勒。

因此，当中世纪初期的基督徒像罗兰一样念诵临终经时，他们想到的是上帝的灵验，圣徒考验的结束。罗兰也曾“忏悔罪孽”，这很可能是一种全新体验的开端。不过，临终经并不让人产生悔罪感，它甚至没有祈求上帝宽恕罪人，仿佛罪人早就被宽恕了似的。死亡与圣徒联系在一起，临终的痛苦相当于圣徒经历的考验。

末日审判，生命之书

从十二世纪开始，在近四个世纪的时间内，教堂的门墙成为展示世界末日人物故事的屏幕，在一幅幅震撼人心的宗教画卷背后隐隐约约显露出世人的担忧，面对其被揭示之命运的新担忧。

最早的，亦即十二世纪的末日审判是两种场面的复合，古老场面和全新场面的复合。

古老场面便是我们刚提到过的那个场面：耶稣在末日的光辉。人类又返回到因亚当之误而中断的创世纪的时间流里，上帝之道不可思，偶然的、个性的历史从此不复存在：四射的光辉中再也不会有人类历史的位置，更何况个人传记了。

在十二世纪，教堂门墙上虽说也有世界末日的场景，但该场景只占部分墙面，墙的上部。在十二世纪初的博丽厄(Beaulieu)，吹号的天使、众多天神和一个张开双臂的巨大耶稣占据了绝大部分墙面，没留下什么地方来画其他东西。稍晚一些时候，在孔可的圣福阿修道院(Sainte-Foy de Conques，1130—1150)，耶稣处在一个布满星星的椭圆里，他脚踏白云，浮在空中，仍然是世界末日的耶稣。不过，在博丽厄，在孔克也一样，有一幅表现耶稣再临人间的传统画面，画面的下部出现一个新图像，该图像取自《马太福音》第25节：末日审判，划分善人与恶人。这一图像主要表现了三件事：死者身体复活，分别进行审判，好人升天和受诅咒之人被扔进永不熄灭的地狱之火。

令人惊心动魄的图像，其形成过程却十分缓慢，仿佛在十二、十三世纪成为经典观念的最后审判说在开始遇到过某些阻力。在博丽厄，死人一齐走出坟墓——至少在如此大的规模上这可能是第一次——，他们保持安静，没有任何等待审判的迹象，就如汝阿尔的石棺上和马恩河畔沙隆的洗礼盆上的雕像一样，死人复活后不受审，立即升天。又如《新约》里的圣徒，获救是他们命定的归宿。当然，也不是完全找不见罪人的影子。仔细找的话，横梁上两群妖魔中的一群中就有。爱弥尔·马勒*在妖魔中发现了末日七头兽[10]。有些七头兽正在吞噬一些应该是有罪的人。像这样悄悄地引入一点地狱和酷刑的画面，当然令人吃惊。罗马艺术从东方借来了一些怪兽形象，利用它们为装饰和象征目的服务，地狱妖魔就与上述怪兽混在一起，不分彼此。

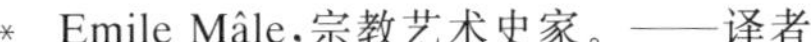

* Emile Mâle，宗教艺术史家。——译者

在晚于孔克修道院的奥顿地区的图像中，最后审判的场景被画得十分明显，不过复活之人的命运却大不相同：有的直接进入天堂，有的则被打入地狱。人们可能会打听审判的依据，不过审判依然在一旁进行。我们觉得，此处似乎是两种不同观念的重叠。

在孔克的圣福阿修道院，我们不可能误解画上的意思，因为有文字解释：耶稣头像周围的光环中写着 Judex（判官）。圣德尼教堂上的 Judex 就是絮热*写上去的。在画面的另一处，雕刻工还刻上了圣马太引用过的话："受我主祝福的人请到这边来，天国属于你们。罪孽深重的人离我远点……[11]"地狱和天堂各自都有说明文字。前边是审判的场景，后边是处罚：著名的用秤称灵魂的场面，天使长圣米迦勒的工作。出自《启示录》的天堂所占的地盘与地狱的不相上下。最后还有一点令人惊奇，即地狱也吞噬那些教会人士，即所谓的出家人，被削去头顶头发的修士。把信徒看作圣徒的古老习俗不复存在。在上帝的子民中，包括那些脱离世俗出家隐修之人，谁也不能担保自己一定得救。

就这样，十二世纪的图像得到了定型，《马太福音》与圣保罗的《启示录》复合重叠在一起，耶稣再临人间与末日审判发生了联系。

到了十三世纪，关于末日的文字不见了，唯有圆拱上还保留着某些有关的记忆。审判变得比末日重要。画面上展现的是一个法庭：耶稣坐在正中的法官宝座上，周围是手持旌旗的天使。把耶稣独立出来的椭圆形光辉圈不见了。耶稣的周围是他的宫廷：十二门徒，他们常顺着门墙左右排列，很少能见到（在拉昂城）都挤在他

* Suger，约 1081—1151，圣丹尼修道院院长，路易六世、七世的顾问。——译者

身边的画面。

在当时有两个行为变得极为重要。一个是秤称灵魂，它处在画面的中心位置，的确令人诚惶诚恐：圆拱上的天使们在天庭阳台上俯身察看。每个生命都要放在天平上称一称。每次称的结果都会受到天界和地狱恶鬼的关注。

审判的结果无法预知，逃脱审判又根本不可能。有时为了强调这一行为的重要性，人们甚至觉得有必要再补上一道手续。无论是选民还是罪人都必须经过圣米迦勒的天平，可只称似乎还不够，于是天使长加百列再用正义之剑对他们进行划分。

不过，判决并不总是取决于在天平上称出的结果。有人会出面为罪人辩解，这一点圣马太在书中并未提及，他们所扮演的角色是律师（*patronus*）与求情者（*advocare deum*）的复合体，为人求情，也就是说祈求主宰法官大发慈悲。法官既惩罚也宽恕，他的熟人也可能说服他法外施恩。熟人的角色由耶稣的母亲或弟子扮演，即圣母玛利亚和福音书作者圣约翰，他们就站在十字架脚下看他审判。他们最初出现在奥顿教堂的门墙上，不太显眼，靠近半圆形门楣的顶上端，即围绕耶稣之大光环的两边。到了十三世纪，他们也变成了画中主要人物，其重要性与称灵魂的天使长不相上下。他们分别跪在耶稣的两边，双手合十，求他开恩。

国王上座，执掌宫廷，他的主要任务就是主持公道。

于末日降临大地的天庭变成了法庭，这对于近代人来说丝毫无损于它的尊严，因为法庭是最高权威的象征，代表上帝伟大的形象，因为公正的法律是权力的最纯粹的表现形式。

世界末日说就这样轰轰烈烈地摇身变成了一架法律机器，这

不能不让我们现代人感到吃惊，因为我们对法律和官僚不太感兴趣，也不太放心。今人和他们严格按法律程序办事的祖先大不相同，对法律和官家避之唯恐不及。区别新旧两种思维方式的心理因素之一，就是看你在日常生活和处世道德中是不是承认法律的重要地位。

重视法律观念，表现执法形式，这一趋向发生于中世纪，并在旧制度下延续。人的生命就有如一个漫长的诉讼程序，其中的每个行为都将受到某项法令或至少是某些执法人员的审判。因此，公共机构也是按法院的形制设计的，无论是警务机关还是财务机关，其组织方式都模拟法庭：一个主席，数个参事，一个检察官和一个记录员。

十四世纪的一段文字表明，在合法形式下求助法官十分自然，那几乎是一个正常反应：卡斯蒂利亚的阿拉科伯爵的妻子刚刚获悉她丈夫要杀死她，然后娶卡斯蒂利亚的公主为妻。她不想复仇，但却要求上帝审判害她的凶手们。正义必须得到伸张，但奇怪的是，无所不知的上帝不会自动来主持正义，无辜的受害者必须呼唤他，要求申冤[12]：

> 因爱您我原谅您，好伯爵，
> 但我决不宽恕国王和公主，
> 我将传唤他们，三十天后，
> 我们上帝主持的法庭上见。

这女人令人欣赏，临死之际，她依然相当冷静，竟按基督徒的规矩写下了形式如此工整的遗言。

在这种法制世界观和把生命看作生平传记形式的新观念之间,存在着一种关系。终有一天,生命中的每一刻都会在一个庄严的法庭上受到称量,那时人所面对的将是天上和地狱的所有神灵。那位负责称量的天使长(*signifer*),则变成了民间守护死者的神:求他开恩,不要拖延。人们祈求他就像人们后来给法官送"蜜饯"一样:"愿他把死者引入圣光[13]。"

下界的种种行为,预审天使怎么会了解得一清二楚呢?那是因为有另一个半是记录员、半是记账员的天使将其所作所为都记在了一本账里。

《圣经》中早就有关于账本的古老象征。在《但以理书》(7:1)中就能见到它:"那时保佑尔国之民的天使长米迦勒必站起来。并且有大灾难,从有国以来直到此时,没有这样的。你本国的民中,凡名录在账上的,必得拯救。"在《启示录》(5:1)中亦然:"我看见坐宝座的右手中有账卷,里外都写着字,用七印封印了。"汝阿尔隐修院的耶稣,面对选民的欢呼,手中拿的就是这卷账。账中记有选民的名字,在末日账本将打开。不过在汝阿尔它被当作了另一种账(*liber vitae* [《人生功罪书》])的范本,那是一本的确存在的账,账中记载了施主的名字,高卢教会在念捐献经时会诵读这些人名:对圣徒的统计。还是但以理或《启示录》中的这本账,在孔克教堂大门上被一位天使拿在手中,账本已打开,并标明《人生功罪书》(*signatur liber vitae*)。它包括 *terra viventium*(生命之地)的居民,正像圣礼瞻节的圣歌《赞美锡安山》(*Lauda Sion*)中说的那样,*terra viventium* 指的是天堂。

这是账本(*liber vitae*)的第一个含义,不过该含义到十三世纪发生了变化。该书不再是万民教会的名册(*census*),它变成了凡人事务的登记簿。登记簿一词出现在法语中也正是在十三世纪。它反映了一种全新的意识形态。个人的行为再也不会湮灭在无边无垠的超凡空间中,或按某些人的话说,再也不会湮灭在人类的集体命运中。它们从此具有了个体的性质。生命也不再仅仅被归结为一股精气(*anima*,*spiritus*),一种灵能(*virtus*)。生命成为思想、言语、行为的总和,或像十三世纪一本古老的忏悔录[14]说的那样:我在思想、言语、行动上有罪(*peccavi in cogitatione et in locutione et in opere*),一系列事实之和,它们可以被概括性地或详细地记入账本。

账本于是既是个人史,生平传记,也是一本(善恶)账,账中有两列,一列记善事,一列记恶行。属于商人的新财会精神开始发现自己的世界——后来也变成了我们的世界——,该精神可以用在商品、金钱上,也可以用在人的一生上。

就这样,直到十三世纪,账本在精神世界的象征体系中仍然拥有自己的位子,反而是天平的形象越来越少见,而圣约瑟或守护天使则占据了天使长或接灵使的位置。

在孔克教堂大门上,账本的意思还是《启示录》中的意思,一个世纪以后,《震怒之日》一书的方济各会作者们让人在一片末日的恐怖哭号中把一本书放在法官面前,那便是一个账本:

Liber scriptus proferetur	诵读那本书,
In quo totum continetur	它无所不包,

Unde mundus judicetur.　　　审判世人之依据。

特别有趣也是有意义的是，本是记录选民的账本最后变成了记录罪人的账本。

《震怒之日》成书后一个世纪，即十四世纪中期，J.阿尔伯诺(J. Albergno)的一幅油画表现了坐在王座上的耶稣大法官，他手里拿了一本账放在膝盖上，打开的账本上写道：记录在案者将罚入地狱(*Chiunque scrixi so questo libro sara danadi*)。尽管只记录了下地狱的人名，该书仍然是全人类的概要。更引人注目的是那些画在耶稣大法官下方的灵魂，全表现为一个个骷髅。每个灵魂手里都有一本账，看他们的动作就知道他们看了账本后有多么惊慌。

在十五世纪末十六世纪初的阿尔比城，有一幅表现最后审判的大壁画，人们在画中的圣坛底部也能看见一些属于个人的小账本，众复活者赤身裸体，脖子上挂着的小书是他们唯一的饰物，唯一的身份证明[15]。

后边我们还将看到，在十五世纪宣扬"善终之术"(*artes moriendi*)的版画中，剧场被搬进了临终者的卧室。上帝或小鬼在临终者的床头翻看账本的内容。不过据说小鬼手握账本或揭帖，并疯狂挥舞向人讨债[16]。

十七与十八世纪的巴洛克艺术保留了账本的形象：在昂蒂布城，时间老人正在揭开一青年尸身上的裹尸布，并指向一个账本；在萨隆城的圣米迦勒(亡者的主保圣人)教堂，有一个十八世纪的装饰屏，装饰屏上除了古典的丧葬器具外还有一本打开的书，上面写着:《先知言论录》(*liber scriptus profect*)(……)。不知此书与《世事皆幻》书是否有关[17]?

中世纪末,即十四与十五世纪,管账者自然有利可图,那是一些坚信恶胜过善的小鬼。令人沮丧的观念:地狱人满为患,除非上帝大发慈悲。

特兰托公会议改革之后,死尸遍野之世纪所导致的失衡得到了恢复。古典时代的虔诚信徒和伦理家们对中世纪末全由小鬼管账的状况不再满意。不断地有关于死后事宜的论文问世。其中有一本名为《义人与罪人活时与死时的灵魂之镜》,写于1736年,书中说每人都有两本账,一本记善事呈给守护天使(他部分地取代了圣米迦勒),另一本录恶行交给小鬼。

书中是这样来描绘死后恶报的:"他[死者]的守护天使悲痛万分地离弃了他,善事簿掉在地上化为白纸,因为他所做的好事没有一件能帮他开启天国之门。左边的小鬼拿出账本来,账本中历数了他这无行的生平史"("生平史"下的着重号为我所加,此处明白地道出了将人一生看作生平传记的观点[18])。

至于死后之善果,情况则截然相反:"他的守护天使喜滋滋地拿出账本来给他看,账中记满了他的美德、善行、斋戒、祷告、苦修等。小鬼满面羞愧地溜走了,恶账被他带回地狱,上面一个字也没有,因为该人赎罪心诚,抹去了账中所记的罪孽[19]。"

孔克教堂正门上的公家大账本在十八世纪变成了个人手中的小账,它相当于一本护照,或一本犯罪记录,在进入永生之门前,你必须出示它。

实际上,该账本囊括了个人的整个人生史,但只能使用一次:

即在正负相对照的结账之时，算总账之时。“结账”一词十六世纪进入法文，源自意大利文 balancia（天平）。由此可见账本的象征意义与天平的密切关系。至少从十二世纪起，人们构思了这样一个关键时刻。根据传统思维方式，所有个人生平都沉溺和淹没在呆板的日常生活中。到了末日审判图像化的阶段，个人生平再也不会迷失在漫长的混沌之中，它们都匆匆奔向一个获取个性、全面复审的时刻：神怒之日（*Dies illa*）。借助这一捷径，个人的生平传记得到了重视和重建。

对漫长人生的意识通过一个关键时刻被警醒。值得注意的是，这时刻不在死亡之时而在死亡之后，据最早的基督教版本，它发生在世界末日，千禧年信徒皆认为这末日为期不远。

我们在此又发现，人们拒不接受肉身死灭就是存在之终结。人们想象出一段延长期，虽说并非所有人都能像真福者那样长生不死，但至少此刻在死亡与生命的最终结局之间有了一段缓冲的时期。

生命终结时的审判

十四世纪以来，人们从未完全舍弃最后审判的母题：在十五、十六世纪的凡·爱克（Van Eyck）或 J. 博斯（Jerome Bosch）的油画中，在十七世纪的许多地方（阿西西，第戎），我们都能见到它。然而它只是在苟延残喘，失去了民众的支持，人对人生最后终结的想象也不再完全按图索骥。审判的观念与复活的观念从此分道扬镳。

肉身的复活未被遗忘。无论是新教徒还是天主教徒，其墓上的图画和铭文一直在使用这一题材。不过，脱离创世进程的剧情，肉身复活成为个人命运走向完结的一环。基督徒有时还在墓碑上断言自己必将复活，至于说是在救世主二次降临日还是在世界末日复活，他却不太在意。确保自身复活才是最要紧的，这甚至使得他对创世的演进有些漠不关心。人们态度中这种对个性的肯定，在十四、十五世纪比在十七、十八世纪表现得更为明显，与传统思维绝然对立。剔除了与复活连在一起的审判场面，神定的未来就不再那么吓人，这让人觉得似乎又回到了早期基督教充满信心的年代。可这只是表象与假象，尽管墓上铭文言之凿凿，对最后审判的恐惧始终大于对复活的信心。

复活与审判相分离，还导致了另一个更显著的后果。末日审判是生命的终极句号，在末日审判与肉身死亡之间的缓冲区不见了，此事非同小可。只要这段缓冲区还在，身亡就不等于完全死灭，人生还没有受到结算，死者在阴间魂魄不散。半生半死间，他拥有"回到"阳间的资源，向人求助，要人为他补上祭品或祈祷。有了这么一段喘息时间，善男信女或者前去说情的真福者自然有机可乘。生前行善积德，死后则在这段时间里领受回报。

从此后，灵魂不灭的命运在身死之时已被决定。幽灵还阳或显灵的传说越来越少。反之，关于炼狱乃等待之地的信仰，过去很长一段时间为诗人、学者或神学家所专有，此刻也真正成为大众观念，古老的长眠安睡的形象被炼狱形象所取代，不过这些事都发生在十七世纪中叶之后。

剧场离开了彼岸的空间。它被搬进卧室，剧情就在病人床头上演。

就这样，末日审判图在十五世纪被一套新的木刻画所取代，人们印刷木刻画广为散发：个人的形象，让人人在家深思的形象。这是一些论述如何得到善终的画本：《善终图》(*artes moriendi*)。为了让 laici 即文盲能够像 litterati(读书人)一样领悟其义，每页文字均配有图画[20]。

此类图像虽说是新出现的，但仍能让我们想起卧病在床的古老形象，这形象早就出现在末日审判的场景中：上文说过，死与床的联系极为悠久，但直到床不再成其为病人之床，亦即休眠与关爱的象征时，这一联系方才终止，代替床的是医院中为重病患者准备的专用设备。

实际上，人总是死在床上，他可以“寿终正寝”，即民间所谓的无疾无痛而终，但一般都死于灾祸，死于“溃烂、热病、脓肿，或其他漫长痛苦的重病[21]。”突然死亡，猝死(*improvisa*)，比较罕见且令人惊恐；就算是遭遇横祸伤重不治，临终者总还有点时间躺在床上完成死前的礼仪。

送终图中的卧室也具有了新的含义。卧室不再是某人去世的发生地——死乃平常事，只是比别的事要庄严一些——，它变成了一个正在上演悲喜剧的剧场，临终者的情，他的眷恋，他的一生都将在其中受到审判，临终者的命运将在此最后一次被决定。病人将死。至少那说明文字告诉我们他受尽了折磨。但在画面上却不太明显：他还有点气力，还不算瘦骨嶙峋。照惯例他房里挤满了人，因为人总是当众谢世。不过，旁观者看不见鬼神的身影，临终者的眼睛也看不见旁观者。他并没有失去知觉：他全神贯注地盯着眼前的奇观，唯有他能看见的奇观，神灵鬼怪涌进卧室，挤在他床头。一边是三位一体、圣母、天庭诸神与守护天使，另一边是撒旦与牛头马面的小鬼大军。病人的卧室成了世界末日大聚会的场所。整个天庭都已到场，但它丝毫没有昔日法庭的威势。圣米迦勒不再用天平称善恶。守护天使取代了他，守护天使更像心灵导师和精神护士而不像辩护律师或法律助理。

死在床上，在其最古老的表现形式中一直保留着古典的审判场景，颇具神秘剧风格。1340 年的一幅描绘死者祈祷的圣诗插图[22]便是如此。受审者要人替他求情："我的希望寄托在您身上，圣母玛利亚：请把我的灵魂从沉重的罪孽和悲苦的地狱中解救出来。"站在床后的撒旦要拿走他的灵魂："此人灵魂太肮脏，根据公正公平的法则，他身后灵魂归我。"圣母露出乳房，耶稣露出伤口并向天父转达圣母之请。于是上帝施恩特赦："尔之求恳心诚意正，令人感动，尔之愿望理应得到完全满足。"

在《善终图》一类的书中，我们总能见到圣母和受难的耶稣；不过，在临终者即将咽气灵魂即将逸出之际，上帝举起的既非正义之剑亦非裁决之手，而是大慈大悲的超度之刺，他要让临终者在精神和肉体上少受点折磨。有时候上帝看上去并不像威严的法官，反而更像善恶之争的裁判，胜出者将获得死者的灵魂。

A. 特南逖（A. Tenenti）对《善终图》中的形象进行过分析，他认为图中的临终者在该场面中与其说是参与者还不如说是旁观者："天国与地狱的争夺战，灵魂归谁信徒本人人微言轻，可又必须交出灵魂。这是发生在床边的一场你争我夺的较量，一边是小鬼的队伍，另一边是天国的军团。"

此观点的依据来自某些图像。比如说，一本大约是1460年的手抄本[23]中有一首诗，“死之镜”，诗中的几幅素描插图就可以这样解释。一幅素描刻画临终者与小鬼的争斗；其他素描描绘善良天使与受难圣子的降临，助他得到拯救；最后一幅画的是天使与撒旦在临终者床头的争抢。

这里边有一个观念，即善恶二势力的大较量。不过在A.特南逖所发表的《艺术》(*ars*)中该观念似乎还没有完全占上风。我反而觉得在上述图画中人的自由得到了尊重，如果说上帝放弃了种种司法审判的头衔，那是因为人成了自身的判官。在阿维尼翁的“死之镜”中，天庭与地狱没有拼抢，神鬼们一起观看临终者受命经受最后一次考验，考验的结果将决定他的归宿。在此处当观众和见证人的是众鬼神，而临终者却有能力在这一刻一局定输赢：“咽气之时获得拯救”。过去的习惯，是在世界末日的灵魂法庭上审查临终者的生平，可此时这已成明日黄花。此刻进行最后结算还嫌太早，因为该人的生平还未结束，还会出现一些追溯性变化。唯有在一切都了解之后，上帝才有可能从整体上对其进行评判。一切都取决于对临终者终极考验的结果，他必须在临终之际(*in hora mortis*)，在交还灵魂的房间里，接受考验。在他的天使和说情者的帮助下，他若得胜便必将获救；倘若他抵挡不住小鬼们的诱惑，他的灵魂将坠入地狱；这一切都取决于他本人。

最终的考验取代了最后的审判。可怕的博弈，萨伏那洛尔(Savonarole)的用语也是关于赌博与赌注的：“人啊，魔鬼在与你下棋，他尽力吃掉你并在(死亡)这个点上将死你。做好准备吧，好好地考虑这一点吧，因为你若在这一点上获胜，你就等于赢得了一切，若是输了，你所做的一切就都一钱不值[24]。”

此等险境确实令人胆战心惊，所以我们能够理解当时还不太怕死的大众开始对彼岸感到恐惧。对地狱酷刑的图示反映了这种对彼岸的恐惧。把临终时刻与终审决定联系在一起，这便有可能让害怕永生永世受苦的人害怕死亡。关于死亡的图像艺术，我们是不是应该这样解释呢？

关于死的种种母题

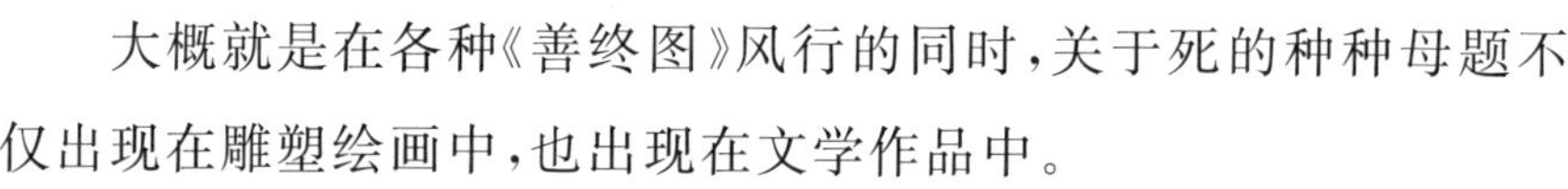

大概就是在各种《善终图》风行的同时，关于死的种种母题不仅出现在雕塑绘画中，也出现在文学作品中。

对于那些用写实风格表现尸解过程的画面，人们习惯上称之为“死之图”（此名得自于死之舞）。曾让米什莱等史学家万分困惑的中世纪的死之图，描绘的是从尸解开始到化为枯骨这段时期的情景。在十七乃至十八世纪颇为流行的骷髅形象（*la morte secca*），还不是十四至十六世纪的典型图像。在当时占统治地位的是令人恶心的腐尸形象：“呵，腐烂发臭的死尸。[25]”

翻阅观赏当时的文字与艺术作品，我们明显地感到当时出现了一股新情调。死之图与《善终图》是同代的产物：它表达了一个不同的信息——此类主题出乎史学家的意料，所以不同之点可能并没有他们所说的那么大。

当然，要找到死之图的前身并不困难。死亡的威胁，生命的脆弱，曾启发罗马艺术家们在喝水的铜碗或室内的镶嵌画上画一个骷髅：及时行乐（*carpe diem*）。基督教建立在灵魂获救的许诺上，基督徒对此类情绪怎么可能无动于衷？于是，我们便在不同的地点见到了一个死人形象，他表现为启示录的末日骑士。在巴黎圣母院的一根柱头上，在亚眠（Amiens）教堂中门上的最后审判图中，一位被布条蒙住双眼的女人正把一具尸体抬上她的马臀部。在其他一些地方，末日骑士手持审判天平或追命神弓。然而，此类画面十分罕见，放在边缘上而且不引人注目，它们注释但并未强调那些关于生老病死（*humana mortalitas*）的老生常谈。

基督教古文献中可有明显记载？关于人生如梦（*contemptus mundi*）之思考从未停止。该思考引发出一些图像，死之图阶段的大诗人后来又捡起了这些图像。

为了揭示人类的生理状况，克吕尼的奥顿（Odon）在十一世纪使用了与 P. 德·内松（P. de Nesson）相类似的词语："看看那些藏在鼻孔、喉咙、肚子里的东西，无一不肮脏……"不过，说实话，他说此话的目的不是为了让人对死有心理准备，而是让人厌恶女子的皮肉生意，因为道德家下面还有话："我们用手碰一下粪便和呕吐物就会恶心，为何还会渴望把装粪便的臭皮囊抱在怀中呢[26]？"

同样，十二世纪的拉丁文诗人就已经为昔日荣光的衰亡而伤怀："战无不胜的巴比伦今何在？可怕的尼布甲尼撒和强大的大流士［……］今何在？［……］皆在腐烂［……］。我们的先辈哪里去了？墓地去了。他们肉体已腐烂，皆化为尘与虫［……］。"托迪的雅科波纳（Jacopone de Todi）后来又说："昔日高贵无比的所罗门、力大无穷的参孙今何在[27]？"

对于那些热衷于现世的隐修院教士，人们不停地重复权力、金钱、美貌皆是过眼云烟。紧接着，也就在死之图风行前不久，一批托钵修士走出隐修院，用各种画本宣传人生之虚幻，令城乡居民心惊肉跳。不过，这些布道者的说教与死之图诗人所宣扬的主题已经无甚区别，都属于同一种看上去有些新意的文化。

十四与十五世纪这些关于死人的高音，表现力不强且难得一见，所以我们完全可以忽略。实际上，早于十四世纪的中世纪给出的图像，是普遍毁灭的图像，其性质全然不同：尘土与灰烬，而不是蛆虫蠕动所造成的腐烂。

在拉丁文本的《圣经》和古老的封斋礼仪中，尘土与灰烬二概念没有区别。Cinis 这个词语焉不详。大路上的灰尘盖在悔悟者身上，作为丧葬和谦卑的标志，一如他们身披马鬃或麻袋（*in cinere et in cilicio*，*sacum et cinerem sternere*［置身在灰尘中和苦修服中］），该词就指这种灰尘。它还指物质分解腐化成灰："请记住，人啊，你是尘（*pulvis*），将重归于尘（*in pulverem*）"，四旬节的头一个星期三，主祭神父在告诫众生接受灰尘时这样说。不过，我们还可以把它理解为烈火的余烬，一种净化过程。

尘土与灰烬的运动，构成了宇宙与物质，它们堆积，流散，再堆积，给我们提供了一个与传统死亡图像相当接近的解体图像，即"人皆有一死"。

新的图像是悲怆的个体图像，它属于个别审判，属于《善终图》。与其相对应的则应是一幅关于腐烂解体的画面。

对死之主题的早期表现是非常有意思的，因为其中有些画面与最终审判或个别审判的承接关系十分明显。比如说，比萨城圣陵（Campo santo）中的大壁画，大约画于 1350 年，上半部天堂部分便是再现天使与鬼怪抢夺死者灵魂的战斗。天使携选民上天堂，魔鬼拖罪人入地狱。看惯了末日审判图的人对此图画不会太陌生。反之，在画的下半部，我们再也找不到传统的复活形象。在复活形象的位置上，一位裹着数条长纱、披头散发的女人飘飞在人群上，用长柄镰刀击打并收割爱之法庭*中的年轻人——他们肯定没想到——，对乞求她的乞丐集团却毫不理睬。奇怪的人儿，像天使，有人身而且在天上飞翔；又像鬼怪，长着一对蝙蝠翅膀。事实上，人们常常试图改变死亡的中性特征，把它归于鬼蜮：

> 地上古阴，地狱旧影。（龙沙）

不过，人们也将她看作上帝旨意的忠实执行者，听话的女雇员："来自上帝的委托人"（P. Michault）。所以，它出现在凡・爱克关于最后审判的油画里，一如大慈大悲的圣母用披风罩住人类，它的身体笼罩着世界，在它的两条巨大的长腿下，地狱深渊张着血盆大口。然而，死神却失去了它在比萨壁画中的那种鲜活的女人形象[28]。

在比萨壁画中，死神的长柄镰刀扫过之后，人们一片片倒在地上，闭上双眼，天使与魔鬼都来采撷从他们口中逸出的灵魂。最后咽气的景象代替了复活场面，代替了从土中爬出的活过来的人体。决定性的时刻不再是最后审判而是个体咽气之时，这一我们在《善终图》中已经观察到的演变，在此处依然清晰可见。

---

* 十二至十五世纪文学中模仿显示法庭对恋爱行为进行判决的开玩笑的活动。——译者

不过，在一般死亡旁还另有一景：三副揭盖的棺材，可怕的景象让一队骑士呆立在它们面前。三具尸体，不同的腐烂程度，其依据是中国人早就了解的三个分解阶段。第一具尸体的脸还没有变形，它似乎属于已死未腐的尸体类，不过他的肚子已开始鼓胀。第二具的脸烂变了形，上面还挂着一点皮肉。第三具已经变成僵尸[29]。

烂了一半的尸体将变成最常见的用来代表死亡的尸体：腐尸。早在1320年左右，阿西西下院大教堂的墙上就已经有了这样的形象，乔托弟子的作品：腐尸戴着一个滑稽的桂冠，圣方济各正指着他。此乃十四至十五世纪死之图中的主要角色，让我们继续跟踪他一程。

在墓石上我们无疑能找到腐尸的形象，读罢E.马勒和E.帕诺夫斯基(E. Panofsky)那漂亮的述评[30]，即使在今天我们也很难再多说什么。不过，他们分析的石棺属于贵人墓葬，皆为艺术精品，石棺上刻画的建筑常分为两层，下层装殓腐尸：卧像或取代卧像的腐尸，上层是进入天国的受真福品者(第五章还将涉及此图像)。比如说，收藏在阿维尼翁博物馆里的红衣主教勒格兰日的石棺，存放在巴黎圣母院里的议事司铎伊维尔的石棺[还有《盖尼埃名陵册》中的康布雷教区主教皮埃尔·底艾利(Pierre d'Ailly)之墓[31]]。我们只需列举它们就够了。这几件作品皆非凡品，不由得让人觉得它们具有普遍意义。实际上，它们数量有限，其本身并不代表什么大的情感流向。

另外还有一些不是很出色的墓刻画，画中也有明显的尸体，不过并没有腐烂到那么可怕的地步。死人裹在裹尸布里，露出头脚。

这类图在第戎十分常见(第戎博物馆的约瑟·热尔曼之墓,1424;圣约翰一个祭堂中的两座功德主之墓,第戎)。鉴于其皮包骨的下巴分外突出,我们认出那是尸体。女尸头发散乱。赤脚伸出裹尸布。这便是将埋未埋的尸体状态。直到今天,对我们这些见怪不怪的人来说,在第戎的一座教堂的地面上见到此类形象仍然会心惊肉跳。

怪异的是,腐尸并不总是保持死人本来的睡姿。在另一块第戎的墓碑上(圣米迦勒,1521),两个腐尸不是并排躺在那里而是跪在庄严的耶稣两旁。他们是天上的祈祷者而不是地上的死人。

有一座十六世纪的洛林墓(一个上边立有一座十字架的墓碑),得自对一个墓地的发掘,墓碑上刻有一具坐着的僵尸,手捧着自己的头(洛林博物馆,南希)。艺人与雇主都不愿意刻画腐烂形态,所以手法十分含蓄。

后来,对死的渲染压倒并取代了这种含蓄,令我们今人分外震惊。不过,此类例子仍属罕见,我们不应上当受骗。统计一下十四至十六世纪的墓刻画,我们发现相对死之图中的其他形象而言,腐尸形象出现晚,数量少,在许多基督教大区如意大利(十七世纪骷髅形象侵入之前)、西班牙、法国南部,我们几乎见不到它们的踪影。此类形象主要集中在法国北部和西部、弗兰德、勃艮第、洛林、德国和英国。这种地理分布与对死人是否遮掩有关(见第四章):凡是死人脸面被遮盖起来的地方就会有死之图存在,凡是死人脸暴露的地方没有死之图存在。

腐尸形象并不是中世纪末墓葬图文的有机构成部分,它仅仅是其间昙花一现的边缘插曲。不过上述有限的观察丝毫也没有否认以下事实：在十五、十六世纪，修墓工匠尽管固守传统，但还是不得不接收腐烂程度或深或浅的腐尸形象，该形象不仅出现在工艺精湛的艺术上品之中，还出现在第戎或荷兰教堂中的一些很一般的墓碑之上。

在死亡时代的种种艺术中，墓葬艺术应该是最不恐怖的。死亡母题在其他表现形式中更坦白更常见，特别是那些非现实主义的画面，那些寓意画，它们显示了肉眼无法看见的东西。于是乎，在阿西西 1320 年画的那幅关于方济各的壁画上，死神化身为腐尸潜进临终者的房间，无人知晓。前边提到过的《善终图》中一般都不会有腐尸出场，因为在那里所发生的是旁人看不见的天庭和地狱的力量对抗，是临终者自由的取舍。不过，在萨伏那洛尔大约是 1497 年所作的《善终之术》中，腐尸竟坐在了病人的床脚下。在另一本 1513 年的意大利《善终图》中，腐尸正好跨进房门[32]。

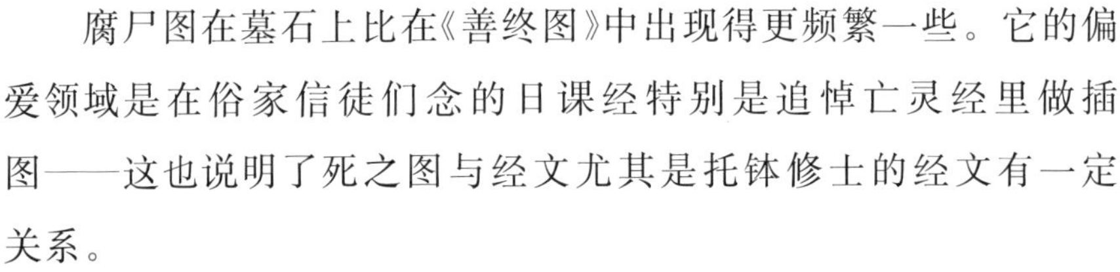

腐尸图在墓石上比在《善终图》中出现得更频繁一些。它的偏爱领域是在俗家信徒们念的日课经特别是追悼亡灵经里做插图——这也说明了死之图与经文尤其是托钵修士的经文有一定关系。

提到日课经并不等于说我们离开了临终者的房间。在罗昂日课经中有一幅细密画，图中的死神进到病人房里，肩上扛着棺材；见到这没有歧义的提示，病人目瞪口呆。

不过，日课经中的死神更喜欢墓地，画中的墓地多种多样而且频频出现。在画得最漂亮的墓地中，有一些是《善终图》寿终正寝和下葬场景的折中。比如说罗昂日课经中那幅被人称为“基督徒之死”的著名细密画（1420 年左右），便是如此。将死之人不在床上。他被极其荒唐地抬到了墓地，平放在地上，而地上则像所有墓地一样杂草丛生，白骨散乱。他躺在一件漂亮的蓝色镶金裹尸布中，这是他的葬身之处。我们知道当时有这种习惯：用珍贵的布料安葬逝者。另一点与《善终图》中不同的是，人体完全是赤条条的，裸体上盖着一层透明轻纱，肚皮看得一清二楚；不给他盖被单，这裸体已是尸体，只不过是一具尚未开始腐烂的尸体，与第戎墓石上所画的一样。

除了上述几点出格之处，我们在其中依然找到了《善终图》和最后审判的经典母题：临终者咽气，圣米迦勒与撒旦争夺他的灵魂。天使长这个天庭斗士与心灵导师合为一体。圣父上帝，没有陪同，独自凝视将死之人，并宽恕他。在这种形象组合中，我们感到一种欲望：把传统画面拉向震撼人心的死亡图像——尸体与墓地。

与死在床上一样，死在墓地的人大概也甚为少见。此情景还见之于盖尼埃后来临摹的一幅有趣的画，画的是圣万德里（Wandrille）院长之墓，院长1542年卒于马库西（Marcoussis）的则肋司定修道院[33]。原画上的死者身穿祭服，头枕靠垫，直接卧在墓地的地上；他身边的死神，一个僵尸，手持马刷预备打他一下或已经打了他一下。要知道此时的墓地变成了死神的王国，外形为僵尸的死神挥舞着镰刀或鱼叉，在墓地称王称霸。在一幅画中它坐在墓上有如坐在王座之上，一手拿鱼叉，那是它的权杖，一手持骷髅，那是它的地球帝国。在另一幅画中，它一跃而起俯身扑向一座打开的墓穴：石板盖被推到一边，洞中是一张腐烂的脸。僵尸的皮肤较为完整，唯有肚皮张开露出肠胃，头部表情异常吓人，也不知它到底是墓地之王死神呢还是从墓坑里逃出来的死尸？

有时它还是个征服者，站在那里挥舞着“刀剑”，威吓趴在他脚下的、躺在石棺盖板上已经结束腐烂过程的死者。令人惊讶的场面：两具摆在一起的尸体一模一样，只是一具躺着不动，另一具站着逞凶。如果画中只出现一具僵尸，那我们就很难说它是不是我们每个人在阴间的宿命，脱离人体的幽灵，抑或是夺命凶神的拟人形象[34]。

至于死之舞则与日课经中的细密画无关。念追悼亡灵经要去墓地，跳死之舞则不能离开墓地，因为它是墓地的装饰图：它是画在藏骸所墙上或回廊柱头上的壁画。

人们曾探讨过“macabre”（与死或死尸有关的）一词的含义。我认为它与今日民间用语中的“macchabée”（尸体）是同一个词，后者保留了古语的痕迹。十四世纪左右，人们选择用圣马沙贝兄弟（Macchabées）的名字来命名尸身（当时人们很少用尸体这个词），这毫不奇怪：圣马沙贝兄弟一直被尊为死者的主保圣人，据传说，是真是假姑且不论，正是他们发明了代死者祈祷的做法。他们的纪念日无疑已经被11月2日追思已亡日所取代，但是他们不会这么快就被人遗忘，在很长一段时间内虔诚信徒们还一直在念叨他们。比如说南特有一幅挂在死者祭坛上的鲁本斯的油画，画的就是犹大·马沙贝（Judas Macchabée）为死者祈祷；在威尼斯，卡米尼大学校（Scuola Grande dei Carmini）存有两幅十八世纪中期创作的油画，画面上细致地刻画了马沙贝兄弟所受的酷刑。

死之舞是一种转个不停的圆舞，一位死人与一位活人轮流转圈。死人进入游戏，唯有他们起舞。每对舞伴中都由一个无性别但却手舞足蹈的腐烂裸体僵尸和一位目瞪口呆的男子或女子组成，人的穿着视其生活条件而定。死神伸手拉住活人邀他跳舞，可后者尚未答应。此处的艺术就在于死人的活蹦乱跳和活人的死气沉沉之对照。其伦理寓意便是宣扬人生无常和在死亡面前人人平等。男女老少无论贵贱皆登场，登场的次序正是人们所了解的社会阶层之次序。这种具有象征意义的顺序为今天的社会史学家提供了信息[35]。

在早于十六世纪的舞蹈中，本章只是注意了死神与活人的共舞。死神并不鲁莽，其动作还颇为温柔："手须放在您的身上。"这与其说是在攻击还不如说是在提醒。

靠近来我向你宣布……
死期已到令人忧……
大限延期到明日……

它约请下一个受害者看它，它的出现敲响警钟：

商人你请看过来……
心黑你放高利贷，
睁大眼睛看着我。

话语中带有嘲弄和怜悯的意味。对高利贷者它说：

仁慈上帝若不收你，

你血本无归一场空。

对医生它则说：

好大夫能治自己的病。

E. 马勒相信，在歇兹帝岳(Chaise-Dieu)地区，死神出现时会遮住自己的脸，以免吓坏它要带走的小孩。

总之，对可怜的农民说话时，它既强调死之不可避免又充满同情心：

终日辛劳在田间，
一生转眼就到头，
大限来临不由人，
不如欣然撒手去，
一死解脱万般愁。

凡人皆不愿与死神相遇。他们摇头推托，他们后退否认，但除了这类受惊后的自然反映外他们不会走得更远，既不怨天尤人，也不奋起反抗。他们只好认命，虽说不无遗憾。遗憾多见于富人，认命多见于穷人：只是比例不同罢了。

一位“丈夫贵不可言”的“俏”妇人提出要求：

医生与药剂师，

看上帝分上救救我……

反之，一位农妇对命运却逆来顺受：

好说歹说不免死，
不如泰然处之欣然去……

有意思的是，人们有意让死神的面孔丑恶不堪，可在这丑恶不堪的面孔背后我们却窥见了古代实诚人屈从命运的情感。

另外一些场景活像是跳舞遇见鬼之简单情节的发展，因为它们也表述死亡面前人人平等和悼念死者（*memento mori*）的意思。比如说一个僵尸或骷髅走进一个王侯和高级僧侣们聚会的大厅，抑或靠近一个欢乐的宴席——生命的盛宴——，从背后袭击某位食客，这正是斯特拉丹（Stradan）一幅木刻中的情节。与《善终之术》和死之舞不同，此处更强调死的突然性。没有预警，立马死去。死神打的是偷袭战：这是猝死，最可怕的死法，唯有新伊拉斯谟人文主义者和新旧教改革者不会感到过于害怕。不过猝死的图像比较少见：死之舞的图像在民间十分普及，先是出现在藏骸所的墙上，后来又变成了木版连环画的形式，它最终还是具有安慰作用的，因为可怕的恶魔会给人留出一点时间。

“死神之凯旋”是另一个非常流行的画题，该画题若不早于《善终之术》和死之舞，至少也与它们同期。其主题有所不同，不再是个人对死神，而是死神成片收割之能力的写照：死神、僵尸或骷髅，手持作为徽记的武器，站在一座巨型牛车上，驾驭着它缓缓前行。

巨型牛车的原型应该来自神话，即王子们举行回城仪式的彩车，而这个王子手中拿的徽记则是骷髅和白骨。牛车也可能来自王室的送葬车驾，上面用蜡或木头装扮了一个为葬礼准备的酷似真人的人体，或者载着一具罩有柩衣的棺材。在博鲁盖尔*的梦幻世界中，该车变成了滑稽的双轮车，掘墓人把尸骨堆在上边然后运往别的藏骸所和教堂。

不过，无论这车子有什么样的外形，死神之车首先是一辆战车，一辆用轮子——或用它那致命的阴影——成群毁灭生命的车。男女老少、富贵贫贱一视同仁。于是P.米修(P. Michaut)有诗云：

我是天敌死神，
吸干人的血，
夺走众生命，
使其化为土与尘。
我是死神名显赫，
寿数到期我勾魂……
牛车步步肉上压，
高坐车上从容行，
按部就班施杀手，
再猖狂者亦伏尸。

这显然是一个盲目的命运之神。表面上看，它与《善终之术》

* Breughel，弗兰德斯画家。——译者

和死之舞所表现的个人主义绝然相反。不过我们也不应该受其蒙骗，相对“人皆有一死”的早期传统说法，该寓意精神比死之舞走得更远。按“人皆有一死”的说法，人自知必死，且有时间说服自己认命。但凯旋死神却不会事先打招呼：

认准对象我收割，
大限已到何须唤……[36]

再说，被死神牛车缓慢压倒的受害人事先不会有任何察觉：他们已经失去意识昏睡过去。

在死神凯旋的话语中我们见不到死之舞中所含有的善意和讥讽意味。它无疑表达了另一种情感，在比萨圣陵的壁画中就已经显露出来的情感，该情感还将进一步发展并变得更加突出，即表达死之荒诞邪恶、而不是强调死之必然和面对死亡没有贵贱之分的意愿：凯旋死神横冲直撞，一如盲人。不过见到那些为了结束苦难只求一死的贱民、乞丐、残疾人等，见到那些因一时失望便要轻生的年轻人，它却绕道而行。他们有的爬上路基却没有死去，有的紧赶慢赶还是迟了一步。此处影射绝望轻生，与《善终之术》中谴责自杀相对照，我们便能看出其间的不同。

上面分析引用的基本上是图像资料，当然也可以使用文字材料。有些我们见过的文字其含义与图像的相当一致，可以作为图像的说明。例如P.米修关于凯旋死神的诗句，或无名诗人关于死之舞的诗句。

再读一首 P. 内松的诗：

身死之日，
尔命呜呼，
始有烂肉，
恶臭难闻。

那么如何处理这“腐烂”人体，这“臭皮囊”？

送尔入土，
盖上石板，
人尽不见。

没人愿与之相伴：

地下谁为伴？[37]

有不少急于让人信教的传教士到处散布恐慌，宣扬生之虚幻，死之可怕。但无论是前者还是后者，都没有对图像的含义作大的变动。

不过，有些诗人，比如说 P. 内松，便毫不犹豫地在死后的尸体腐烂和生前的习惯表现之间建立新关系。尸体腐烂与泥土无关：

土中蛆虫，

不食鲜肉。

腐烂来自人体内部：

蛆虫肉中生，
啖腐来会餐。

腐烂感染与生俱来。人无论是生是死，从未脱离过“感染”：

尔母怀孕时，
腹中极肮脏，
污秽感染源。

腐烂的物质和液体就藏在皮肤下面：

约伯以皮当衣，
身上皮肤，
遮羞蔽污。

不，你还是能看见！请听听诗人、布道者、道德家们是怎么说的：

一堆垃圾，
糜烂脓痰，

又臭又腥，
岂是宝物……
臭屁时闻，
屎尿长流，
人之常态。

在此我们认出了V.扬凯列维奇*提出的“生命期内的死亡”。再去求索“生命深处之死”。

从此后，病、老、死不过是内部腐烂突破表皮的外现。解释疾病，再也无需借助异物或四处游荡的动物精灵。疾病始终在人体内。生老病死的图像混为一团，让人害怕，但更令人感动、神往。

于是花甲老人E.戴尚(E. Deschamps)吟道：

我腰弓了背驼了，
气力衰竭肢体僵……

全身臭烘烘：当皮肤再也无法裹住霉烂之气时，便是老之将至死之将至了：

牙不好，尖且长，
味酸臭，色发黄……

* V. Jankelevitch，法国当代犹太裔哲学家。——译者

这些都是死前的征兆。维庸笔下的临死之人则“死得痛苦不堪”：

胆囊破碎心上流，
虚汗四溢神仙愁！

龙沙也有同样的感受，他告诉我们病与生共在，恶与死同生：

生命变幻如织布的彩线，
人就编织在疾病与健康之间，
身体好时灵魂是我的居所，
疾病来时灵魂背上沉沉枷锁。

此病他熟悉，就是痛风。

老年痛风让我血管膨胀。

他活了六十一岁，与戴尚老人同寿。不过，从三十岁起他就开始受到疾病和衰老的折磨，只好逆来顺受：

眼皮耷拉脸苍白，
刚满三十就谢顶。

他描写自己失眠的痛苦：

失眠之苦最磨人，
心烦意乱动不休……
睁眼超过十六时，
翻来覆去难入眠。
心火难平咒神灵，
圣母啊上帝，要命
也别不让我睡眠……
地上古阴，地狱旧影，
用铁链拽开我双眼，
满床芒刺将我折磨……
可恨的冬夜，遗忘河之女，
别靠近床，请快离去。

他只好服用鸦片，可鸦片麻痹了他的神经却仍然无法让他入眠：

能睡的动物多幸福……
不用服食害人的罂粟。
生吃水煮都试过，
忘了本性，可仍不见
冰冷的睡意漫上眼帘。

病痛折磨得他骨瘦如柴，死期将至：

我形销骨立，
一如被剐尽肉的骷髅，
中了死神的无情之刺！……

痛不欲生的病人呼唤死神，他的抱怨形式与穷樵夫的成语形式绝然不同：

大雾弥漫，
一年中这些天最短，
祈求死神来临，可他不应……
啊，死神，请把礼物交给我。
用你那在遗忘河里沾过的小枝，点一下我的额头，
合上我可怜的双眼，窒息我的痛风和关节炎……
为赶走痛苦，请带给我死亡，
埋葬我的痛苦，我双手合十恳求你。
啊，死亡！众生舒适的港湾。

可是死神不回应：他站在车上，对那些哀求者视而不见充耳不闻：

他装聋作哑不肯来。[38]

米修在“度时光”一诗中就曾说过：

死神只索取，不接受祈求。

《善终之术》所列举的最后一招诱惑便是自尽："用你的手结束你的命"，魔鬼在病人耳边悄悄提示，病人则举起匕首预备自杀[39]。

风华已逝，青春不再，头盔匠的美妇也不想活了：

啊！卑鄙傲慢之极，
苍老让我红颜逝！
谁能告诉我，出路
唯有自杀的一击？[40]

绝望不一定非自杀不可。在更平和一点儿的例子里它表现为失去记忆和丧失意志：

绝望脑麻木，
失去了记忆，
常忘记上帝。[41]

死不会让人感到轻松，即便是痛不欲生的病人，想到它也会忧心忡忡：

他们被我攥在手心，
［凯旋死神之言］
死亡脚步声声惊心，

心中难受乃至麻木。

即使忧患之人不会自杀，忧患之苦也会让他充满绝望甚至抗拒上帝。绝望到极点的表现形式便是与魔鬼立约。

传教方针的影响？死亡率过高？

令人吃惊的是，生前的腐烂与死后的瓦解，在史料中都得到了重视：脏臭的体液，疾病的恶心征兆，绝望。

寿终正寝的传统模式在《善终之术》中依然存在，但人们已经感到其中发生了某种突变。死之忧虑令人心碎，人们宁愿一下子死去——曾经是极度令人恐惧的猝死——也不愿在宣告死亡后进行种种等待的仪式。

如何阐释这些文件？从肉体复活到最后审判发生了许多事件，上述文件在这一长串事件中占据着什么样的位置呢？

第一个想法：托钵修士宣扬肉体腐烂之恐怖景象是为了感动世人尤其是城市居民信教。

民间的基督教是一种带有多神意味的基督教，过去教会对此不太在意，只要世人不信奉那些以灵验之名蛊惑人心的异教理论或道德就成；教会只关注隐修院追求完美的理想。可此时教会不再满足于上述状况，它要捕捞大众。作为捕捞者的托钵修士要用感染力极强的画面例如死亡图像来震撼人心。

当然有必要让人们理解这种图像语言，让听众对刺激产生反应。今人见到这类东西一定会产生反感。在十四世纪之前和十六世纪之后，人们对死亡图像司空见惯，似乎并不反感。教会人士一直在制造恐惧，与其说是对死亡的恐惧还不如说是对地狱的恐惧。他们只成功了一半。十五至十六世纪，人们对此的态度似乎要认真一些，不过也是转弯抹角的：布道者谈论死亡是为了让人想到地狱。信徒们不一定会想到地狱，但死亡图像会令他们更加惊惧。

从十四到十六世纪，视死亡为常客的形式在日常大众艺术中依然常见，不过在更有力且富有新意的死亡图像前，此种古老态度受到了抑制。新意又是从何而来的呢？

黑死病遗尸遍野，十四、十五世纪出现了人口大危机，有些地区甚至千里无人烟，文明倒退，经济凋零。把死亡主题的大成功与上述情况联系起来是很容易想到的事。大多数史学家曾认为甚至仍然认为中世纪末年是灾难性的。约翰·赫伊津加*写道：“死之猖獗，死之悲怆，没有任何一个时代能与之相提并论。”大瘟疫的横行应在集体记忆中留下深刻印象。皮耶尔·米修让死神列举了他所有的“工具”：年龄，战争，“我的衷心女仆”疾病，饥荒，“我的贴身丫环”死亡率。

罗伦佐提（Lorenzetti）的和比萨的死神凯旋图，与发生在他们世纪中期的黑死病瘟疫属于同一时代。阿西西的骷髅图可能更早一些。然而，由大瘟疫造成的震撼并不总是表现为关于尸体和死亡的真实描写或写实绘画。M.迈斯（M. Meiss）指出，在佛罗伦萨，在十四世纪后期的六十多年中，托钵修士很少在传统宗教画里添加写实的细节，而是将其理想化，赞美教会的作用，圣方济各、

---

* Johan Huizinga，荷兰历史学家及哲学家，《中世纪的衰落》的作者。——译者

圣多明我的善行，用古典抽象的手法强调超凡入圣的风姿：超越十三世纪的逸事画风格，他们向拜占庭和罗马模式回归。从此后，人们通过象征手法来影射瘟疫，驱魔避邪：例如圣塞巴斯蒂昂中箭倒下，就好比人类遭遇了瘟疫。后来，到了十六、十七世纪，人们才不再犹豫，开始表现行人倒毙街头，柩车堆满尸体，墓坑又大又深[42]。不过，虽说瘟疫时有发生，但真正的死亡时代已经过去。

我们很想用黑死病与死之图的关系来解释一切，但这种解释不能完全服人。今天有些史学家甚至怀疑中世纪末期的瘟疫是否真有那么大的规模。J. 赫尔(J. Heers)[43]是这样说的："当时的悲观情绪被过分夸大了，史学家们的错就出在这里……中世纪末期发生了大灾难，至少经济遭到重创，这一强力观点影响了至少是自亨利·皮雷纳(Henri Pirenne)以来的所有研究中世纪经济的史学家，我们有必要对此一假说进行验证。这个观点仿佛毋庸置疑，本来如此，不接受还不行，于是所有涉及这段时期的史书都不可能不取此说。所有关于经济史的研究都必须以此为起点。"何止是经济史研究！"然而，大约在二十年以前就已有材料来源更丰富而且更慎重的作家［……］指出，当时的衰败情况在整个西方世界并不一致，他们宁愿称其为突变而不愿称之为大灾难。""大灾难的想法在很大程度上起源于某些不良倾向。比如说过于相信当时教会人士的证词：教会人士不善于弄数据，而且喜欢夸大灾难与损失，他们描绘出一幅变了形的惊心动魄的情景，倾诉挣扎在上帝怒火下人类的苦难，力求让人相信关于他们那个时代的黑暗传奇。"

另外还有一处情报来源值得注意，它也让我们觉得当时的情况并不像史学传统所记载的那么黑暗，那就是遗嘱。

A.弗勒里小姐在古文献学院(École des chartes)所作的论文(手写本)就是专门研究十六世纪巴黎人的遗嘱的。她做研究时可以随意查阅前人遗嘱,所以她的天真印象也具有一定的史料价值。下面是她就葬礼条款写下的文字:"长长的送葬队伍,持蜡而行,以庄严教堂的名义,孩子们也被邀来进餐。当时对死亡的想法令人相当安心(着重号为我所加)。为了让葬礼具有更浓的喜庆气氛,人们习惯上会向参加者供应一餐饭或一些食物。"

再晚几年,文献中心的细心管理员肯定不敢像这位女文献学者那样直接表述自己在研究中所获得的初步印象,因为她比后者更了解修史的种种方式和趋向。她可能会引入含蓄的追悔之情,犹豫在死亡图风行的时代是否能把葬礼描写成一场喜事。

人们会指责说那是在十六世纪,死亡高峰已经过去,新的人口增长和经济增长抑制了死亡的意象。实际上,对死亡形象的表现在十六世纪也延续了很长时间,尤其表现在墓葬的装饰上。J.德律莫*认为,"死亡形象伴随着文艺复兴时期[44]。"如果说在十五世纪人们对死亡还万分恐惧,到了十六世纪就立即变成了"喜庆之事",那也未免太快了一点。

另一方面,十五、十六世纪的遗嘱在基调上并没有多大区别。在十五世纪的文本中找"死尸"(charogne)、"尸体"(*cadaver*)诸如此类用来代替肉身的词,找到的机会不是太大。反之,提到葬礼会餐的文本在十五世纪比较常见,在十六世纪改革精神的影响下,进餐常常是被禁止的。

---

* J. Delumeau,法国当代宗教史家。——译者

必须承认，艺术家、布道者和诗人在想到自身之死时，他们制造的关于死亡的全套玩意决不是为随便什么人预备的。这不能怪文学：自写的遗嘱比较啰嗦，喜欢大谈特谈什么人生坎坷，命途多舛，灵魂受到种种威胁，虚幻之身还归尘土等。都是些古老的比喻，无需表现力过强的形象。“令人安心的想法”，弗勒里小姐说。我则想说——与她的说法并不冲突——，此乃习惯成自然的想法。

应该说死之图中的死亡形象并不是对死亡的写实性描写。约翰·赫伊津加受其悲观论所累，错误地写道：“可憎可怕的死亡被写实性地再现，人之情感凝固其中。”实际上没有任何的写实性！不过其时代倒是热衷于模仿。在后边的两章中我们将有机会更具体地描述从十三世纪以来表现出来的原样复制模型的心愿。我们将会看到这种对精确的追求甚至导致人们直接拿死人身体当模具。那些曾经被摆在图卢兹圣塞尔南教堂的祭坛周围、后来被奥古斯丁博物馆收藏的制于十四世纪初的陶俑，肯定就是这样制成的。史学家们长期以来一直以为它们代表女巫师，但过去老百姓都称其为“公爵家族的木乃伊”，今天人们则认为[45]它们再现了圣吉勒(Gilles)家族的数位公爵，他们是修道院的大施主。

在所有这些实例中再现的尸体形象都不是用来吓人的，而是对死者的悼念(*memento mori*)；人们借此方式像照相一样把人物当时的表情准确地记录下来。我们今人可能会觉得尸体的死相令人心悸，古人却不会有这种感觉，他们只会觉得见到了活生生的现实。因此，在死之图的鼎盛时期，人们制造死者形象仅仅是为了让人似乎又见到了其人的音容笑貌，仿真的作用自有其妙用。此处仿佛有两个界限分明的领域，一个是死之图的效应，用死人吓人；

另一个是肖像的效应，用死人让人产生幻觉。

所以说在死之图的意象和直接干脆的真死人形象之间并没有任何联系，有的只是对立。

下一章我们将分析发生在丧葬习俗中的一种巨大变化，该变化应该发生在十二、十三世纪之间。原来，在存放或被从床上运往墓地期间，尸体的脸是外露的；后来，除地中海沿岸的地区外，尸体的脸都被遮盖起来，再也不许外露了，虽说露出脸来有助于煽情，正合死之图艺术的宗旨。从十三世纪始，即死之图时代，人们再也不愿意看见死尸，甚至毫无悔意。不让人看见尸体，把尸体从头到脚包裹在缝制的裹尸布中；甚至不愿让人感觉出死者的体形，进而把它封闭在木盒里，然后再在木盒上盖一块铺着毯子的台板[46]。

仔细阅读这些提示，我们会发现死之图艺术再现的从来就不是形销骨立的将死之人，也不是完整无缺或近乎完整的尸体：上文提到的勃艮第的那几座墓，《死神凯旋图》中的几个受害者，几具美丽的死尸，它们都只是例外，对我们观察所得出的一般性结论没有影响。

《善终之术》中的临终之人貌如常人。无论是画家还是雕塑家都不想描绘病态，刻画生活中一目了然的死亡，反而是诗人对此津津乐道。用词语象征性地表述种种死状尚可接受，倘若将其逼真地诉诸画面，则会遭到拒绝。

死之图所要表现的是**看不见的东西**，掩藏于地下的腐烂过程，它不是眼观的结果，而是想象的产物。

就这样一步步我们终于发现，死之图艺术与生之惨状、死之恐惧并没有直接联系。

对生的热恋

A. 特南逖提供了另一种较为复杂的关系,可以用来说明我们在此隐隐约约地感受到的复杂性。

他的起点是这样一个观点,即在中世纪末,死亡不再是过渡和中转,而是解体和终结。死亡的物理现象取代了审判的形象。“多少个世纪以来,基督教从未有过再现肉体之惨状的需要。”那么为何又有了这种需要呢?

它“只会生自于为信仰所不容的厌恶与懊悔之情[47]”。正如扬凯列维奇所言:对永生的信仰止步,但死亡仍在前行。

因此,死之图像是人面临新需要的征兆,人已经意识到这些需要:“世纪的需要,若非亲身的体验帮人解脱了宗教的羁绊,(远甚于前的)对人间财富的热衷永远也不会让他们拥有自信[48]。”

这种亲身体验便是扬凯列维奇说过的生中有死。感觉到死就在生命过程中让人得出两个答案:一个是基督徒的苦行主义,另一个是人道主义,后者依然带有基督教色彩,但已经踏上了世俗化的道路。文艺复兴之初,集体意识“被集中定位于令人浮想联翩的死亡现实。有的人[例如苏叟(Suso)那样的神秘主义者,圣文森特(Vincent Ferrier)那样的布道者]仿佛身不由己地沉溺于对物质消亡和腐烂的静观,并得出完全否定尘世的结论。他们把自己摆在一种精神层次上,能够对[正在产生的]现代艺术的诉求和世俗情感无动于衷。其他人[彼特拉克(Petrarque),萨尔维亚蒂(Salviati)]则相反,面对自然变易,面对死灭命运,他们万分痛

苦，于是便更加热爱生命，并进而宣告尘世的生活具有最高价值[49]。”

从那以后某些人似乎产生了“一个绝对要把生命当作自主价值的信念”，该信念发展下去完全有可能否定灵魂及其苟延的存在。

总而言之，“人自以为在自己的行为方式中有着充分的基础以获得永生的拯救(……)。生命不再是一个飞快流逝的过程，而是一段足以让人们通过努力来获得自救的时光”。于是在当时形成了一种生命圆满的理想，对彼岸的恐惧不再是威胁。善终之术，“说到底，表达了时代的新意，表达了作为生命有机体之肉体价值的新意。于是乎出现了一种关于主观能动地生活的理想，生命的重心不可能处在尘世生活之外[50]。”“它不再像过去那样单一地表达对天界的激情，而是越来越专注于人世的生活。”这一演变终结时，死之图亦寿终正寝。“最初审视死人的怪异画面很快就不见了，留下来的是死人的脸和他的人类情怀[51]。”十五世纪的人文主义者用身体渐死的观念代替了死之图符号：他们觉得每日都在走向死亡[52]。

简要地说，A.特南逖认为，对十四、十五世纪死亡率的敏感意识反映了“基督教程式的动摇”，它代表了带有现代特色的世俗化运动的兴起。“过去曾是基督徒的人承认自己也会死：他们被流放出天庭，因为他们再也没有力量逻辑地说服自己坚守信仰[53]。”

A.特南逖的分析相当诱人，但并不令我完全满意：说中世纪的基督教面向彼岸，尘世生活是永生的过门，说文艺复兴面向现世，死亡并不总是新生的开始，并把中世纪基督教与文艺复兴对立起来，这我无法接受。如果说有过一次深刻的决裂，那它更应该发生在中世纪前期和中世纪后期之间。如果说有基督教，那是因为它是一门通用语，一个共同参照系，然而中世纪的社会不见得就比文艺复兴时期的社会更信教一些，当然与十七世纪相比则又有所不及。假如说文艺复兴标志着人的感觉发生了变化，那么这变化并不能被解释为世俗化的开端，因为中世纪还有其他一些影响力不在其下的理性运动。A.特南逖的这一方向与我们在此捍卫的关于历史运动的全部理念相悖，所以我不太赞成。

反之，他关于圆满生活、关于尘世生活之价值的说法把我们引上了一条我以为是正确的道路，条件是不要把对生活之爱看作文艺复兴的特产，因为它也是中世纪后期最大的特色之一。

继续深入之前我们先小结一下。死之图表达的并不是在一个死亡率极高、经济崩溃的时代关于死亡的特别强烈的体验。它也不仅仅是布道者的工具——被用来制造下地狱的恐惧，要人唾弃现世皈依宗教。死亡解体的图像既不意味着对死的也不意味着对彼岸的恐惧——尽管它们曾经被用于此目的。它们是钟爱现世的表现，是痛苦意识——意识到每个人的生命都注定要失败——的体现。这才是我们现在应当看到的。

要理解这种对生命中的人与物的钟情，让我们再回到《善终之术》所提及的那个最后考验，临终者永恒的命运取决于这次考验，让我们来看看它表达了何等深厚的眷恋之情[54]。考验分为两个类型不同的系列。在第一个系列中，临终者被要求把他的生活解释成绝望的一生或满意的一生。魔鬼向他指出他一生所有的不良之行。“这是你犯下的罪孽，杀人，奸淫。”他还剥削穷人，拒绝施舍，聚敛不义之财。不过提出和列举他所有的错误并不是为了给他定罪，也不是为了让天平倒向地狱的一方。既然他生平做过什么善事，守护天使也不会拿来作为砝码抵消上述的可悲之事；守护天使只是鼓励他坚信上帝的仁慈，并列举上帝施恩的例子：悔改的强盗，抹大拉的马利亚，弃教的圣彼得。天使的善意启示（*bona inspiracio*）是否有助于驱除他的罪行和对他人生的恶意攻讦？再加上身体的病痛，他是否会因此而堕入绝望？他会不会“盲目愧疚”以至自杀？魔鬼站在他床头，把他正用匕首自刺的形象显示给他看，并对他说：“你自杀了。”

还是这一生，将死之人追忆它时也可以心安理得，不过，拥有“虚幻荣光”且对人生过于自信者不一定就强于绝望之人。小鬼向他展示各种令他自鸣得意的桂冠（*gloriare*，*coronam meruisti*，*exalta te ipsum*）。

在这第一个系列的诱惑中，临终者的一生历历在目，它不是审判的对象，而是证明其信仰的最后一次机会。

在第二个系列中，小鬼把死亡将要从死者那儿夺去的一切展示给他看，他在生命中曾经拥有的和钟爱的，他恋恋不舍死不放手的。一切财富（*Omnia temporalia*），他花无数心力和精力积攒起来（*congregata*）的件件心爱之物，它们可以是人，妻子儿女、亲朋好友，也可以是物：“世上所有令人垂涎之物”，玩物，挣钱之物。爱人还是恋物在此没有分别。二者都属于贪恋红尘（*avaritia*），它与我们所说的吝啬（avarice）不同，后者是守财奴的形象。它是一种贪婪的热恋，对生命、对人与物的热恋，包括对我们今天也认为值得无限关爱的妻儿的不舍之情。贪恋红尘便是“对凡间之物（*temporalia*）、外在事物的过分依恋，是对配偶和朋友肉身、对物质财富的不舍之情，是过分执着于生命中曾挚爱的种种东西。”

圣伯尔纳在两个世纪以前也划分出了两种绝然不同的人：一边是慕虚荣的（*vani*）或贪恋红尘的（*avari*），另一边是朴实的（*simplices*）或虔诚的（*devoti*）。慕虚荣者追求虚无缥缈的荣誉，与其相对立的是朴实之人；贪恋红尘者热爱生活与尘世，与献身上帝的人背道而驰。恋人或恋物，都被教会斥之为贪恋红尘（*avaritia*），因为二者都会让人背离上帝。

就整体而言基督徒大概都不会自愿地舍弃一切，不过真会享受者则会具有与苦行者和道德家一样的心理，对人与财产不加区分。无论是拥有人还是拥有物都必须好好保存：“善待你的朋友”；像爱护朋友一样爱护东西：“照料好你的财宝。”临终者的眼睛停留在自家那高大漂亮的房屋上，那是小鬼用魔法搬到他床前的，酒窖里存满了酒桶，马厩里拴满了骏马。看见围在床边即将永别的家人，他不由得悲从中来。不过人们可能会说他对家人的信任还不如他对爱物的信任。当然有时候他也会怀疑他们的眼泪是虚伪的，他们只是想分他的遗产，结果他会因失望而大怒，一脚把他们全都蹬出屋去。

撒手之时必须把房屋、果园、花园都给人留下，这便是贪恋红尘之诱的砝码：心中充满了恋恋不舍之情，死者与其说是执着于生命，执着于生物学意义上的生，还不如说是放不下那些在生活中积攒起来的心爱宝物。中世纪前期的骑士之死，像拉撒路（Lazare）那样天真浪漫。中世纪后期和近代初期的人则期盼着死的时候像个为富不仁之人。

他舍不下钱财，要把它们带走。当然，教会会提醒他说不留下财产就要下地狱，不过无论如何在这威胁中还有点东西令人欣慰，因为就算下地狱，受酷刑，他的财产不会被人拿走：在莫阿萨克城教堂的中门上（十二世纪），寓言中的为富不仁者脖上挂着钱袋进了终审的地狱，后边所有的守财奴都照他的样子鱼贯而入。在一幅可以用来说明《善终之术》的J. 博斯的油画[55]中，小鬼吃力地抬着一大袋金币，袋子太重了，它要把钱袋放在病人床上，以便他死的时候好亲手带走。逝者当然不会忘记！死后带走一叠看涨的股票，一辆让人艳羡的轿车，一件光彩夺目的首饰，今人谁还会有这种虚荣的想法呢？即便是死，中世纪的人也不愿意放弃财富：那是他们的钱财，他们要触摸它，抓牢它。

人从来没有像在中世纪末期那样热爱生活，这大概就是当时的实情。艺术史给我们提供了一个间接的证据。对生活之爱表现为对事物的眷恋，因为此情能抵抗死亡的侵蚀，它改变了人对世界对自然的观感。此情让人在再现这些事物时赋予它们新的价值，让它们具有某种灵性。一种新艺术诞生了，在拉丁语系中人们称之为静物画*，在北方语系中人们称之为 *still-life* 或 *still-leven*。斯特林（Ch. Sterling）叫我们千万提防“现代浪漫主义今天在其中［即 *still-life* 中］添加的廉价的诗意，将其译为静谧的生命”。很简单，它表达的就是静止不动的物象。不过同一作者又说当时的人们把1642年的一位画家称之为“画静物生命和肖像的高手”：那

* 直译意为“死的自然”。——译者

么除了静谧的生命之外还能把它说成是什么呢？我们又如何排解画画的本能和欲念呢？

贪恋红尘与静物画　收藏家

我认为，在贪恋红尘与静物画之间有着某种值得探讨的关联。对物体的再现在十三世纪之前与十三世纪之后，即十四、十五世纪，有着很大的区别，稍微敏锐一点的观察者都会为此感到惊讶。

直到十三世纪，外物几乎从未被看作生命之源，而是被当作一种符号，某种运动影像。的确有作品初看上去与此论点不符，比如说《迦拿的婚宴》那幅大壁画，摆在桌上近景处的器皿十分醒目。就主题而言，这已经是一种静物，而且更像是塞尚或毕加索的静物，而不是十四世纪的某个细密画画家、十七世纪某位画家或夏尔丹笔下的静物。

我说的是伯利奈（Brinay）教堂里那幅十二世纪的大壁画[56]。在婚宴桌台布上并排放着七个杯形陶盆，式样简朴美观。有的盆子里盛着越出盆沿的僵直大鱼。盆子没有阴影，我们可以同时看见它们的侧面和背面，以及本应该压在桌面上的盆底。但我们只能看见四分之三的盆底，仿佛盆子被稍稍抬起并向壁画里边仰倒。我们知道加洛林和罗曼艺术家绘画时与观众的视角有所不同，他要把观众应该看见但却看不见的东西展现出来。横列的七座陶盆在台布上压出七条深深地向下延伸的平行皱褶。这些器皿、陶盆、僵鱼影射了另一张饭桌，最后晚餐中的饭桌。它们既不沉实也不厚重，但仍不失其系列之美，其中的每一件都不引人注目，但整体组合却令人流连。

总而言之，物体摆放的次序与它们本身的必要性关系不大，左右其次序的是形而上的等级，或者是神秘象征等其他考虑。例如我们可以看一看在加洛林和罗曼彩色插图中常出现的帷幕，帷幕在礼拜仪式中起重要作用。它们属于圣堂的布景，至少在加洛林时期如此。它们遮住圣物不让俗眼接触，恰如东正教堂中的圣像屏，人们打开它或关闭它。在一幅十一世纪的细密画上，帷幕被拉开，以便让圣拉德贡德（Radegonde）走近祭坛。神圣之物必须时隐时现，它离不开帷幕。帷幕用轻盈和多皱的布料制成，稍有微风便会飘动。插图艺术十分精湛，与后来十五世纪以“天神报喜”和“耶稣诞生”为题的毯画和绢画的幻象造型艺术相比，毫不逊色。不过，所有张挂和折叠的技巧都是为了让人忘记幕布的本来用途，赋予它一个全新的功能。它还曾严严实实地遮挂在那里，就像在加洛林圣殿中那样，把随圣灵升天的圣格列高利一世与众生分隔开来。一位书写蜡板的僧侣轻轻掀开一道缝，以便录下圣徒之言。帷幕也常常被折叠起来固定在竖门框上，一如上帝之手，在神职人员与他们头上的神之象征之间画出一道分界线。系帷幕的结都打得很大：两位像是门庭建筑师的人物伸长手臂才抓住结头。帷幔并非静止不动的，一阵不属于凡世的强风掀起它裹住一根庭柱，在圣殿里祈祷的是圣拉德贡德[57]。

十四世纪以来，表达事物的方式有了变化。这并不是说事物不再是符号，与罗曼时代一样，衣服与书本仍然是象征符号，但符号与所指的关系变了：纯洁是百合的属性，百合是纯洁的象征。物像侵入到象征性的抽象世界里。每个物像都有了新的分量，有了自主的资本。人们表现事物只是为了事物本身，是出于热爱和观照，而不是出于写实的意志。现实主义，逼真假象，幻觉造型，这一切可能都是建立在被观之物和观众之间的直接的关系效应。

事情仿佛就是这样演变的，从此后在每幅人物画中画家都会植入一件或数件“静物”。静物画的两个重要特征出现在十四世纪末，并在十五、十六世纪得到进一步的强化：物体本身的分量，以及物体的排列组合，一般都被安置在一个封闭的空间内。弗莱马勒画师于十五世纪上半叶创作的一幅“天神报喜图*”便为我们提供了一个很好的例证。其中的事物充满了质感，而过去在中世纪前期所画的充满了飘逸曲线的天上世界中，它们是没有上述质感的[58]。请看看那条长长的流苏巾。在这件静止的实实在在的衣物和罗曼画家笔下无风也飘逸的轻丝巾之间，有着多么大的区别啊！纯洁的符号，它首先是属于好家庭的漂亮衣物，价值不菲，这可能是因为保护得很好的漂亮衣物会让人觉得那女子是贤妻良母，善于持家。对其他物件我们也可以说同样的话：比如说铜盆，比如说花瓶，以及桌上的菱形托盘；淡淡的暗影衬托着它们，让它们处于一个实在的空间，像生物一样拥有了生命。至于什么表现上的“浪漫主义”，让它见鬼去吧！

在油画的内部，物品形成了一个个小的集合，让人不由得想脱离整体来欣赏它们。比如说这幅“天神报喜图”就可以被分成三幅

* 此画实为康平（Robert Campin，1378—1444）所作，人们曾以为是另一位匿名画家即弗莱马勒画师的作品，弗莱马勒（Flémalle）乃修道院名，该画师曾为该修道院绘制装饰屏。——译者

小静物画：第一幅由壁龛和挂在龛内的带耳和嘴的小盆构成，后者是用来淋水清洗的，最后便是那条毛巾和能够转动的雕花毛巾架。第二幅包括桌子，桌上摆的经书，经书的皮套，一个小铜蜡烛台，上边的蜡烛刚被弄熄，因为蜡烛还在冒烟，另外还有一个东方的彩釉花瓶，瓶里插着具有象征意义的百合花。第三幅有长木凳、壁炉、窗户和窗扇。静物画在此处有脱离主体的倾向，比如说艾克斯的天神报喜三联画，其壁龛里就装满了书籍。

这些在十五世纪极有特色的静物画成分，在十四世纪末就已经悄悄地但却是意图明确地出现了。在一份1336年关于罗贝尔·德·阿尔图瓦（Robert d'Artois）案的手写本插图中，画面的近景是封闭法庭专属空间的长凳，该木凳已经预示着弗拉芒天神报喜图中板凳的出现。在让·德·贝里（Jean de Berry）小日课经的一幅圣诞图中，圣母身旁有一个水罐，圣约瑟坐在一个草编的坐垫上。在同时代的另一幅圣诞图中，近景是一个模样似板凳的小矮桌，桌上放着一个碟子，一根汤勺，一个（在民间彩釉陶器中总能见到）水壶和一个杯子，全是陶制品[59]。

所有的机会都被人们用来满含深情地表现种种物品，把这些绘画收集起来我们定能建一座非常漂亮的日常生活博物馆！珍贵之物：在十五世纪，那些盛满金币的银杯，博士们将其送给还是孩子的耶稣，弄得耶稣眼花缭乱；或者魔鬼在荒野用它来诱惑耶稣，但却没有成功（后边这个场景后来变得不太常见，因为相对耶稣面对诱惑不屑一顾或无动于衷而言，当时的图画更喜欢展现三王来朝的气派，抹大拉的马利亚的排场）；大领主桌上装饰的耀眼宝石，在画中我们会发现一件由德·贝里公爵收藏的著名珍品（《丰年富

时日课经》[*]）；弗拉芒肖像画中女用或男用珠宝首饰，梅姆灵（Memling）和赫里斯特斯（Petrus Christus）画中的项链，名不虚传的收藏精品；东方地毯，镜子，花枝吊灯；平常之物，有时带有饰件，包茨（Dierick Bouts）《最后的晚餐》中桌上的饰物，抱婴圣母的粥碗，清洗有圣慧根婴儿们的池或盆；先知壁龛里或圣耶柔米（Jérôme）隐居处的书堆；圣母或肖像人物正在念的日课经书；几扎纸或数本账簿（霍萨尔特［Gossaert］，费城），乡下人的日常物件，苍蝇拍和朴素的陶制餐具。富豪之家最不起眼的物品也开始引人注目。朴素便宜的平凡物，此刻摆脱了匿名状态和实际用途，变成了美丽可爱的形式。

这种既可以说是“哥特式”的又可以说是弗拉芒或意大利的艺术，通过平凡物品赞美了家居的安逸，与新约中的一贫如洗相比，这自然会令某些人难堪。一如幽居小室的僧侣，生活拮据的神圣家族也有权拥有几件家私。结果人物周围的东西越来越多，物品充塞厅室的空间，为了更好地安置这些物品，艺术家不得不把自己关闭在小厅内：特伦斯[**]剧中的公爵们的房间，小得甚至装不下里边的人与物，耶稣诞生图中的各种卧室。

十五世纪下半叶，大概有人指责说人物场景中的摆设过多过滥，必须加以清理，结果物品离开人物自成一体。真正意义上的静物画诞生了。

---

* 《丰年富时日课经》（*Très Riches Heures*），受德·贝里公爵委托、兰布尔兄弟编制的一本未完稿的插图著作（1413—1416），里边有大量关于宗教、农耕以及贵族一年四季之活动的插图。——译者

** Térence，古罗马喜剧作家，诗人。——译者

第一幅“不带一点宗教象征色彩的独立的[60]”静物画，“在从古到今的西方绘画史上，第一幅符合此画类现代观念的”静物画，应该是一个药柜门。它极为逼真地再现了另一个柜子，柜下还画有一些书本和瓶子；在一个水壶上，帕诺夫斯基辨认出了两个德语单词：*Für Zamme*（治牙痛）。

自那以后整整两个多世纪，物品及其在画中的形象成了家居生活的装饰。人们对物的恋情导致了一门在物中提炼主题和吸取灵感的艺术的产生。

人对物的这种热恋，教我们今天很难理解。不过在收藏家的心里，这感情始终如一，他真心喜爱他的收藏品，酷爱观赏它们。这感情从来就不是毫无私心的，就算那物品单独拿出来毫无价值，但把它们集合在一起构成一个稀有系列，就等于赋予它们一个价值。一个收藏家必然是一个投机商。然而，观赏与投机，它不仅是收藏家心理的写照，同时也是原始资本家的特征，出现在中世纪下半叶和文艺复兴时期的资产者便是如此。今天资本主义商品过剩，那些物件已经不值得观赏、保存和羡慕了。所以说中世纪早期对物品不太留意。虽说西方不乏生意人，贸易集市也不少见，但那时的财富不只是表现为对物的拥有，它还与统治人的权力混在一起——就像贫穷必须与孤独相伴一样。因此，英雄史诗中的将死之人决不会像《善终之术》中的临终人那样想到自己的财产，他想的是他的老爷、战友和下属。

要想让人死前放不下财富，物质财富就不能太少而且令人渴慕，它还必须具有使用和交换的价值。

随着资本主义的飞跃发展，投机的心理被保留下来，但观赏的倾向已然消失，人与其财产之间的那种血肉联系已经不复存在了。小轿车就是一个很好的例子。尽管轿车能给人提供无穷的幻想，但一旦得到了它，观赏它的欲望就不会延续很长时间。人当前的欲望对象不再是该轿车，而是更令人垂涎的新一代产品。或者说人爱的不是那辆轿车而是它的系列和品牌，因为所有的先进功能都与品牌联系在一起。我们的工业文明不再承认事物会有灵魂，不再承认它与我们“心心相依并热恋主人”。物变成了生产工具，或消费与吞食的对象。它们不再是“珍宝”。

阿尔巴贡对他钱箱的痴恋在今天看来是经济落后不发达的表现。拉丁语中那几个含义丰富的单词：substantia，facultates*，再也不能被我们用来指财产了。

一个掏空了事物本质的文明，我们能够说它是唯物主义的文明吗？一直延续到现代之初的中世纪下半叶才是真正的唯物主义！宗教信仰的衰落、理想规范道德的破灭决不会引导我们发现一个更加物质化的世界。学者与哲人尽可以要求承认物质，可劳劳碌碌的普通人，不会比信任上帝更信任物质。中世纪的人既信物质也信上帝，既信生命也信死亡，他们相信事物带来的快乐，也懂得适时放弃。史学家的错误在于把上述观念发配到不同时代并使其对立，可实际上这些观念属于同一个时代，是对立的更是互补的。

* 这两个单词在拉丁文中都有财富（fortune）的意思。——译者

挫败与死亡

赫伊津加非常明白恋生之情与死亡图像的关系。死之图的种种主题不再是皈依宗教的虔诚邀请:“如此执着于尘世的死亡景象,这想法能算是虔诚的吗?它难道不更像对过分耽于声色犬马的反应吗?”不过还有另一个原因,赫伊津加也猜到了:“幻灭和丧气的感情”,在此我们可能触到了事物的本质。

为了更好地理解中世纪给予幻灭或者挫败这个观念的含义,我们有必要拉开距离,暂时把历史文献和史学难题放在一边,问问我们自己二十世纪的人是怎么想的。

所有今人在一生中都会有感到受挫的时候,这感觉可强可弱,或隐或显:家庭失败,工作失败。向上的意愿迫使每个人永不止步,努力奋斗,去追求更困难的新目标。渴望成功但永远没有圆满的成功,目标总在后移,于是受挫的感觉不断出现。有一天人已经无法适应他不断膨胀的野心所需的节奏,心欲快而腿不从,他的脚步越来越慢,最终发现目标遥遥无法企及。于是他感到自己的这一生彻底失败了。

这是专为男人预备的考验:女人们可能不太了解,她们没什么野心,社会地位较低,所以免遭此难。

考验一般在四十岁左右来临,并越来越与年轻时代的毛病混在一起难分彼此,年轻人进入成人世界有困难,便有可能去酗酒,吸毒,自杀。然而,在我们工业社会中,考验到来的年龄总是早于生老病死身体全垮之时。有一天人发现自己是个失败者:他从不把自己看作是死人。他不把自己的苦涩归于死亡。而中世纪的人则恰恰相反。

这种挫败感是不是人类境况的常态呢？形而上地就整个人生的不圆满而言，可能是的，但就个别突发的一时挫折而言，则又不是这样。

这种挫折感，在驯化的死亡之缓慢冰冷的时间中是不存在的。人人命定如此，他既不能也不愿改变。这情况延续了很长时间，因为财产还很稀罕。穷命天定，对此他无能为力。

反之，从十二世纪开始，我们发现富人、文人、有权势的人冒出了一个新念头，他们每人都拥有个人的传记。这传记开始只包括各种证书与契约，好坏不论，只有一个总标准：他的生存。后来传记里也开始登记物品，被他深爱过的动物、人，还有他的名望：他的拥有。到了中世纪末，自我意识、传记意识与对生命的热爱浑然一体。死亡不仅是生存的了结，也是与拥有物的分别：必须留下房子、果园和花园。

青春少年，身强力壮，享用物质的愉悦也会因为看见死亡而大打折扣。死亡已不再是天平、临终结账、审判或者长眠，而是变成了死尸与烂肉；它不再是生命的终极和咽下最后一口气，而是身体灭绝，痛苦与解体。

托钵传教士们也体验到他们同代人的自然感受，虽说他们利用这种感受来为宗教服务。因此他们关于死亡的宗教图像也发生了变化。死亡不再是原罪的结果，也不是耶稣在十字架上受难的结果，一种神学上的对应关系，某些教士用它来解释为何需要屈从凡人的命运。死亡图像变成了从十字架上取下的淌血的身体，《圣母哀悼耶稣图》，令人颤栗的新图像，它在神学上对应的是死之图中的肉体消亡、痛苦分离、普遍解体。

就这样，在宗教象征和自然态度中，我们同时从压缩的一生和清醒的死亡过渡到了对此生的绝望之恋和清醒的死亡。死亡和个性的关系构成一种缓慢的运动，该运动始之于十二世纪，在十五世纪达到了此后再也未达到过的高峰。唯有把死之图中的死亡形象放在上述关系的最后一个阶段，该形象才会展露其真义。

第 四 章

对彼岸的担保

古仪式追思祷告　悲伤逝抱紧遗体

在叙述驯化之死的第一章中，我们见证了罗兰及其战友死去的过程。十字军远征前夕，明知归来希望渺茫，他们预先领受具有超度意味的赦罪仪式：

> 一切罪孽都已洗净，
> 大主教代上帝超度他们[1]。

“恕罪”与“超度”，在他们生前还会再进行一次，死后的次数可能就多了。当查理大帝领军赶到“战斗发生处”，“法国战士皆下马”，收敛尸体进行掩埋。“所有找到的战友遗体，都被放在尸袋中。”

葬礼（入土）进行得“分外庄严肃穆”，其最重要的形式就是再举行一次更加隆重的焚香祝福和赦罪仪式：

> 以上帝的名义宽恕罪孽超度亡灵。

大主教屠宾在给即将赴死的战友们做赦罪超度时用的就是这两个词："恕罪"和"超度"。对诗人来说，这同一个仪式既适用于活人也适用于死人。后世为了明确区分对活人与对死人的这两种祝福，习惯上把"赦罪"这个圣事用语专用于前者，为后者选用了一个比较生僻的字眼：追思。随便提一句，追思这个词不属于通用语，在十五至十八世纪的遗嘱中从未出现过。我想它大概是在十九世纪才进入通用语汇："在［罗兰的］军队里有许多主教和神父，有教士，有司铎还有剃光头顶的修士［proveirs coronez］；他们以上帝的名义给战士祝福和赦罪。他们点燃没药和麝香草，他们情绪激动地（热情洋溢地）焚香，然后无比崇敬地将他们埋葬。"

追思仪式中有两个动作得到了描述：一个是以上帝的名义作出的超度手势，另一个是焚香——人们也用同样的香料来薰香人体[2]。

仪式中的次要动作在别的文本中曾有过咏唱或叙述，不过在《罗兰之歌》中没有出现。

非常古老的场景，出现在后来晚期的两类绘画题材中，且变化不大：圣母之死与圣徒下葬。前一个系列是为活人举行的仪式，后一个系列是为死人所做的法事。自中世纪末期以来人们便开始表现圣母之死。圣母"卧在病床上"。圣母手中握着一支蜡烛，晚期的习俗，早期的文本中没有这一说。在临终生母的周围，自然有许多送终的人，其中有代表教会的使徒，其中的一个（有可能戴着眼镜）在吟诵经书，持经书的有时是一个辅祭。另一个捧着圣水盆和圣水刷，还有一个端香炉。人们诵读圣诗，唱送魂经，向她洒圣水，举行赦罪仪式。洒圣水外加举十字架。也不知是人未死便熏香其身体呢还是把香炉摆在那里等她咽气之后再操作？早在此类晚期图画之前，西哥特人的丧事仪式中似乎就有不少人涌进病房，他们进来接受临终人的和平之吻，在他弥留之际他们围着十字架上的耶稣为他祈祷。

圣徒入墓图远早于圣母归天图，比如说在普瓦蒂埃的圣提雷尔(Saint-Hilaire)教堂里就是这样。此类图画数量极多。墓是一个石棺，搁在土上或半埋在土中，全图的统一性因此而得到保障：尸体上裹着一床单子(裹尸布)，不过脸总是露在外面，被放在打开的石棺上；图中还有那同一批教会人士(诵经的，持经书的，捧圣水盆和圣水刷的，端香炉的，有时候还有举十字架的和举蜡烛的)；仪式结束，尸体被放入棺材，然后封盖。

洒圣水并不只洒在人体上：坟上也要洒圣水。在西哥特人的仪式里，还有一些在洒圣水时念的驱邪经文，其目的是为了让陵墓免受邪魔的侵袭[3]。

如果我们的假设不错，墓葬仪式模仿的就是赦罪圣事的形式。圣水和焚香，与死亡的事物联系起来。直到今天，人们还会请前来瞻仰遗容的客人往尸身上洒圣水。尽管基督教废除了在墓中放陪葬品以慰藉死者的习俗，但我们在中世纪直到十三世纪的墓中有时候还能见到护身牌和装有木炭的陶制香炉，圣事礼仪家，芒德的纪尧姆*曾说过："尸体被放入棺材或墓穴，然后在其中选个地方摆圣水和香炉木炭[4]。"

这是当时教会人士参与的唯一仪式(追思仪式及其前后的祈

* 即纪尧姆·迪朗。——译者

祷诵经），形式很简单，教士们做法事替死者消除罪孽；仪式要重复好多回，似乎重复以后效果更佳。上述观察与五至七世纪的圣事礼仪文件好像有些冲突，后者要求做一次专门的弥撒。如果我们相信那些骑士文学的说法，这只是一个例外，总而言之做仪式时尸体已不在场，仪式也不会在送尸体去墓地的路上举行。

另一个重要的表现就是哭丧。

死者恋生，上文已有叙述，但他也不会做得太过分；直到咽气他都会保持纯朴和平静。然而，如果说死亡已被驯服，哭丧的活人却相当野蛮，或必须显得野蛮。刚一发现人已咽气，周围立即响起一片绝望的哭号声。当"罗兰发现战友［奥利维］已死，他立即把脸贴在地上"，他昏过去，"抱住死者，紧贴胸前"。他死也不愿放下尸身。当查理大帝在龙塞沃找到了战场，"他情不自禁放声大哭……他看见侄儿卧在青草上。他悲痛发抖谁会惊奇？他跳下战马跑过去"。他抱住尸体，紧紧箍住，"他悲痛欲绝，头脑发晕"。过了一会，他又昏倒了一次。醒来后，他捶胸顿足大放悲声。十万法国大军，"没人不痛哭流涕"，"没人不脑袋撞地"，面对十万大军，大帝他拔胡子扯头发。多么歇斯底里的场面，所有这些粗豪大汉痛哭流涕，在地上打滚，哭昏过去，乱扯头发和胡子，撕碎自己的衣服[5]！

亚瑟王找到他爵士们的尸体时，与查理大帝在龙塞沃表现得一般无二："他跌下马摔在地上，失去知觉"。"他拍击双掌［女子哭丧的标准动作］，哭喊道他活够了，他最好的血亲都去了［查理大帝大哭着说：我不想活了］。国王长时间地看着死者，然后取下头盔给他戴上，吻他的双眼，吻他那已经冰凉的嘴唇"（那时人们可能相互用嘴接吻）。接着国王又奔向另一具“冰冷卧地的”尸体，“把他抱在怀里，死命地箍住他，若是活人真会被箍断气”（的确有这样的情况，用劲一抱结果把人勒死）。“他又晕了过去，好长时间才醒来，然后蹒跚了半里路。”他抱着吻那血淋淋的尸体，“知道没人会对他痛不欲生感到惊奇”。葛文发现兄弟死了，“他双腿发软，心脏停跳，像死人一样倒下（……）。好久之后他才站立起来，奔向嘉禾列（Gaheriet），紧紧抱住兄弟，一吻悲痛欲绝，又昏倒在死人身上”。

习惯上，人们在呼天抢地的哭丧期间会有一个停顿，以便述说对死者的挽言，在下文我们将见到。不过接着哭喊声会再度升起。葛文的情况便是如此，言毕对死者的哀悼之词，“他过去（……）逐一拥抱死者，他时不时地昏倒一会儿，其次数之频繁让在场的爵士们都唯恐他会当场咽气”。伤心过度也会死人的。

旁边的人有责任劝说伤心过度的家主。安茹的乔弗瓦对查理大帝说：“陛下，请您节哀……”爵士们对亚瑟王说：“我们的意见是把他从这里搀走，远离这里，到房间里去休息，直到他的兄弟们下葬之后，如果还让他呆在他们身边，悲痛过度他必死无疑。”说实话，被迫采取这种隔离措施的情况并不多见。紧贴尸体的号啕大哭，以及我们今天看来有些歇斯底里的病态动作，这一切一般来说就足以让人释放悲情，让生离死别变得不那么难以忍受。

哭丧之期有多长？几小时，守灵期间，有时候也在下葬之时。再悲伤也不会超过一个月；葛文报知亚瑟王：伊万及其战友已经身亡，“国王悲泣不已，整整一个月，他是那么伤心，常常不为什么就哭喊发狂”。

哭丧剧的第二幕，人们暂时停止捶胸顿足，开始讲述死者的事迹。与死者道永别的话当然要由办丧事的主人来说。“查理大帝苏醒过来…… 他看地上，地上静卧着他的侄儿。他无比温情地说出挽词。”人们也称挽词为悼词（*planctus*）：“查理以爱以信仰的名义悼念他……”刚开始赞颂时还有些困难，查理大帝不时地晕倒，后来他起了激情，口若悬河一口气念出了五十行追悼的诗句：“亲爱的罗兰，愿上帝酬谢你（……），谁来率领我的军队？……”悼词结束时与开始时一样，是一句祷告：“愿你的灵魂升入天庭[6]。”

葛文爵士咽气之时亚瑟王的表现也是如此，他多次晕倒在尸体上，像惯常那样抓脸拉胡子，然后大声哭出他的悲情：“可怜的亚瑟，啊，软弱的国王，你失去了血肉相连的战友，你完全可以说你就像那霜打的大树失去了绿叶。”实际上，悼词针对活人而说，因为死者让他痛失亲情悲伤欲绝[7]。

由此可见，哭丧的场景，动作和哭诉，每次都大同小异。多次反复哭丧，实乃习惯使然，但它们不代表仪式。据说它们表达了个人的情感。关键是动作的自发性。这与上古时期出钱请女人帮哭的习俗（不过，在地中海文化中该习俗一直延续到中世纪后）大不一样。朋友、封主和臣属取代了哭丧女。

虽说哭丧和告别形式不属于宗教葬礼的一部分，教会还是容忍了下来。不过，最初并非如此：神父们反对传统的哭嚎，对教徒们“为了把丧事办热闹，为了让人们悲痛得死去活来，不听圣保罗的话，聘请俗家女人替哭……”圣约翰·克里索斯托[8]十分光火。对那些聘请专业哭丧女的信徒，甚至威胁说要开除教籍。

在这种替哭活动中，金钱交易还不是人们批评的主要对象，而是那过分渲染的悲痛，因为宣泄给别人看的并不是其本人真正感受到的悲痛；但却必须大悲，而且还要大声：哭丧在原则上就必须哭得不同凡响。亚历山大城的教区教规也谴责此类意向："守丧之人应该安静地呆在教堂里，修道院或家里，庄重肃穆，凡坚信复活为真理的人都应如此。"在腓特烈二世[9]治下的西西里，这种习俗也被斥之为沽名钓誉（*reputationes*），杜·坎日（du Cange）则干脆将其定义为吊丧的歌谣与曲调（*cantus et soni qui propter defunctos celebrantur*）。在十四世纪的西班牙，哭丧似乎被允许，因为人们在一幅墓画中发现了一组哭得如痴如醉的哭丧女。

教会本来而且在很长时间内一直谴责这种习俗，因为活人哭死人是想安慰死人。在骑士史诗中我们发现它的意思变了。哭丧的目的——此处暗指信仰多神的古代——是宣泄活人的悲痛。如此珍贵、如此心爱的人儿永别了，叫人怎么活下去？不过你像这样多问自己几遍，慢慢也就习惯了。

人死去，做罢第一遍追思仪式，大痛大悲之后，尸体被抬走，送往墓葬处。

如果死的是一位老爷或一位受人尊敬的教士，尸体一开始便被裹在珍贵的布料里。亚瑟王叫人"把葛文爵士包裹在镶嵌宝石的绣金真丝布单中"。包好后，人们赶紧做一副担架或者一副简易棺材，把尸体运往葬地附近。"离五月还有十五天，朗斯洛感到死之将至。他请神父和隐士［他们三人与世隔绝在一块生活了四年，天天一起祈祷、斋戒、打坐］把自己的身体送到快乐的守护天使那里去……继而他就咽气了。另两个贵人制了一副棺材装殓朗斯洛，然后哼哧哼哧地把他抬往城堡"：送葬队伍规模挺小，只有两个抬棺材的人。

有时送葬形式更为隆重：亚瑟王教人“尽快把葛文装进棺材，然后命十名骑士把遗体一直送到卡拉莫斯的圣司提反教堂，安葬在巴推斯墓旁。这是正直骑士死后应享的殊荣：国王、大批贵族和部分群众给他送葬，所有人都大放悲声[10]”悼念他。

“他们出城走了三法里*，国王及其随从与群众一块停步返城，而那十位骑士继续赶路。”十位骑士，既没有神父也没有僧侣：当时的送葬队伍是纯世俗的，由死者亲友组成。

有时候运送尸体的路程较远，人们便先用香料清洗尸体并把它缝在皮袋中：查理大帝“命人在自己眼前打开那三个皮袋”（罗兰，奥利维，屠宾）。他摘除他们的心脏放在“玉匣”中……然后人们抬走三位爵士的遗体，用掺香料的酒清洗他们的身体，装进“鹿皮袋”！

巨人莫霍特（Morholt）的待遇也一样，在与特里斯丹公平决斗身亡后，也被用香料清洗，“尸身置入缝起来的鹿皮袋中”。尸体包裹被发往他闺女处，金发美女绮瑟，闺女打开包裹，在他的头颅中取出断剑碎片——让他致命的罪魁祸首[11]。

在龙塞沃，查理大帝让人叫来三位骑士，把三具包在袋中的遗体托付给他们，并对他们说：“用三辆车把他们运回去。”没有神父和僧侣的陪伴，他们被运过记龙德河，被运到布莱里，在那里查理大帝用白棺木盛殓他们。

同样，当美丽的娥德因未婚夫罗兰之死而“悲痛欲绝”不幸身

* 一法里等于四公里。——译者

亡时，“查理发现她已经去了，便立即把丧事托付给四位公爵夫人。遗体被移往修女庵。人们整夜替她守灵，把她安葬在祭坛旁[12]。”

由此看来，在中古时期，葬礼中真正的宗教礼仪唯剩下赦罪仪式，人活着时做一次，死后再做一次；一次在身亡处，另一次在墓地。没有弥撒，即使曾有过也没有任何文件提及。

其他活动，哭丧与送葬，则纯粹是世俗性的，没有教会人士参加（除非死者本人是教士），参加葬礼的唯有亲朋与好友，他们借此机会追忆、悼念、赞美死者。

为亡灵祈祷

教会的作用在葬礼仪式中十分有限，那么在加洛林王朝统一前，死者在教会礼仪中又占多大分量呢？此处涉及我国历史上一个十分关键而且非常困难的问题：为亡灵的祈祷。

困难来自于宗教礼仪之于末世论观念的独立地位。另外，对礼仪教规不能仅作字面上的理解，因为其意义在潜移默化中被当时的信徒给弱化和庸俗化了，我们唯有拿它与其他资料比如说文学资料和图画资料进行对照才有可能把握其含义。除此之外，研究宗教礼仪及神父的史学家们身不由己地受到了在当时的文本中还处于萌芽状态的观念的影响，他们倾向于给这些观念赋予更大的重要性：使用宗教术语不是为了表述它本身，而是将其作为意识形态的标志，这类细微的观察失误也会导致史学家陷入迷途。

在信仰多神灵的传统中，人们向死人上供献祭，祈求他们不要回凡间来打搅活人。献祭的目的并不是为了让死人生活在一个比地狱稍强的世界里。

此类做法在犹太教传统中从未有过。第一篇犹太祭文，曾被教会认为是所有悼亡经文之起源的祭文，便是告别尸体时念的经文，那也不过是公元前一世纪的事。现代的研究在其中发现了两个部分：一个部分更古老一些，是一种赎罪仪式，赎死者所犯下的偶像崇拜罪：人们在尸身上发现了别的神的小偶像。另一部分是后来加上去的，宣扬复活的观点：唯有洗刷了罪孽的人才会复活。所以活着的人祈求天主。

反之，在灵魂得救型的宗教中，人们担忧死人继续存在，必须用宗教仪式为他们提供方便，例如狄俄尼索斯*的秘密，毕达哥拉斯哲学，古希腊对弥特剌斯（Mithra）和伊西斯（Isis）的崇拜等等。

毫无疑问，初期的基督教原本是禁止此类具有多神论味道的活动的，比如说上面提到的大哭丧活动，上坟献祭活动，圣莫妮克**就曾往坟上献过供品，后来才被圣安德鲁瓦兹（Ambroise）禁止：此乃清凉界（*refrigerium*）。教会用在墓地祭坛领圣体的方式取代了供给死人的祭餐：在特贝萨（Tebessa）基督徒公墓，在已知是依傍圣墓所建的墓群中，我们还能见到这种祭坛。

这是否已经是在代替死者向上帝祈祷？在恪守传统的主教们的思想中，义民、殉教者、基督徒死在教会怀抱里，葬在殉教先烈的身边，借此机会，弥撒更应该是赞颂上帝的仪式。实际上，大众的虔诚之心与古代多神论的关系是继承不是决裂，他们认为墓地的

* 酒神。——译者

** Monique，圣奥古斯丁的母亲。——译者

弥撒既是对殉教者的崇拜，也是对不那么崇高的死者的怀念；因此，很长时间以来，在悼念圣徒的祈祷和为一般死人所做的——为其灵魂得救的——祈祷之间，界限一直不甚分明。圣奥古斯丁曾花大力气来解决二者之间的含混不清，多亏了他我们知道了此一含混的存在。

所以说活人替死人祷告无论是在旧约还是在新约中（那篇有争议的遗体告别祭文除外）都找不到任何依据。

正如J.纳特吉达（J. Ntekida）提示的那样，基督徒的这一习俗源自多神论传统。它最初的形式应该是共同怀念而不是替死人祷告。的确，如果死去的亲人必将得救，活人没有任何值得担心的理由，那还有必要替死人祷告吗[13]？前边（第一章）我们已经说过，死者已然获救。当然他们不会马上进入天堂，人们承认唯有圣殉教者和忏悔师有优先权，死后立即看到天堂的美景。德尔图良告诉我们，亚伯拉罕的怀抱既非天堂亦非地狱（*subliorem tamen inferis*），而是罗马规范的清凉界（*refrigerium*），过渡的清凉界（*interim refrigerium*），义人的灵魂在那里等待，等待世界末日到来时的复活（*consummatio rerum*）。

固然，十五世纪末之后的博学之士都不赞同上述说法，他们认为死者直接进入天堂（或堕入地狱）。随便提示一下，关于等待之域的想法很可能是炼狱的起源，等待之时在火中受炼，火是净化之火而不是刑罚之火。在一般人的信仰中，有一个混淆，即把清凉界、亚伯拉罕的怀抱与炼狱这个新观念混为一谈。

尽管博学之士嗤之以鼻，信徒们在举行葬礼时还是执着于传统的等待观念，此观念构成了（保罗六世宗教改革前）丧事仪式中最古老的积淀。至少在葬礼期间，死者的灵魂（或存在）还没有受到魔鬼的威胁；在死者诞辰日与逝世日，教规也要求举行宗教仪式，那是一种弥撒，有罪之人在其中承认无能，确认信仰，赞美上帝，见证死者归入安宁或幸福等待的安眠。

古老仪式：念诵人名

这种多神论与基督教、此地与彼岸之间的没有巨变也没有断裂的延续关系，不仅见之于丧事祈祷，而且还见之于主日祈祷。

在查理大帝之前，也就是说在引入罗马教规之前，高卢教会的弥撒还包括一个诵经后的长仪式，该仪式现今已经消失，或留痕难辨。直到保罗六世改革之前，此仪式曾经就是教士单独的祈祷，即人们所说的念诵奉献经。

在《新约》成书但还尚未附加《信经》之前，出现了一系列仪式：唱诵连祷文，即保罗六世的新编教会历书中重新审定过的信徒祷文；在送走自愿受洗者——在当时更应该是苦修忏悔者——之后唱圣诗、欢赞曲，在排队举行奉献仪式时唱三遍哈利路亚。奉献者庄严肃穆地把用于圣餐的红酒和面包摆上祭坛，并献上各色各样的现金留给教会。这种仪式大概为老百姓所喜闻乐见，但罗马教廷却不太重视。结束仪式时念弥撒的序诵和祝文。

下面还有一个更令本文感兴趣的仪式：念诵人名，即人们所谓的读简板[14]。简板源出于精雕细刻的象牙板，原本是领事到任时递交的国书。基督徒在同样的板子或过去的领事国书板上刻人名，并在举行列队奉献仪式后“站在高讲台上”念诵这些人名。这份名单包括“奉献者的名字，高级官吏和高级教士的名字，圣殉教者或忏悔师的名字，所有死去时仍坚信上帝的人的名字，以便通过这次集会来显示受苦受难的、争战的与胜利的教会的全体成员团结一致，血肉相连。”

一篇人们误以为是阿尔昆（Alcuin）的但却是较晚期写的论文曾这样谈论简板：“习俗一直要求立即念出写在简板也就是片板上死者［不仅仅是死者］的名字，直到今天在罗马教会依然如此。”简板被放在祭台上，名单也可以被直接刻写在祭台上，或写在圣礼书的空白处。

人们高声念人名。阅读一个摩萨拉布教规礼仪的片断，我们就能对此种长长的念诵有个概念[15]。主教四周环绕着神父、副祭和教士，献过供品后的群众聚在祭台或栏杆旁。

在为教会做过祈祷后，一位神父说：“我们的主教，罗马教皇及其他人（各级教士），为了他们，为了全体教士，为了所有把自己托付给教会的民众，为了博爱，把供品献给我主上帝。”博爱这个观念极为重要。“为了他们也为了他们的亲人，全体神父、副祭、教士和在场人士同样也向圣徒献上供品［崇拜殉教者和忏悔师的传统，胜利的教会的提示］。”然后开始念诵献供品的在俗人名单：他们对教会行善，他们应记住自己的名字被写入了永恒的名单，那是一本生命的传记，上帝和天使在上面记录选民。神父说完后，颂歌声再起：“为了他们，为了博爱，他们献上供品。”

这是一份属于活人的博爱的名单，它包括罗马教皇，众主教，众国王，一切贵人，也包括所有上供者和无名小民。

第二份名单是圣徒的名单，圣徒的地位更受人尊敬，所以由主教而不是神父来念这份名单。主教说："纪念无比幸福的使徒和殉教先烈"（有时候他们还会追溯更远，直至旧约中的亚当），接着开始列举圣徒的名字，一如罗马规范的传票。

于是唱诗班回应："为了所有殉教先烈。"

由主教宣读的第三份名单，死者的名单：死人名单没有放在第一份活人名单之后而是放在第二份圣徒名单之后：圣徒陪伴他们。主教说："愿安眠之人的灵魂亦是这般，提雷尔，阿达拿修斯（Athanase）……"

唱诗班最后唱道："为了所有安息之人。"

这三份名单，生者的，圣徒的和死者的，顺序念出，没有停顿，插入期间的唯有一两句唱诗班的歌声。就像前边为教会做的祈祷一样，对名单的读法也具有连祷文重复的特征。念完名单，主教庄严地唱出祝词：名后祝词（*Oratio post nomina*）请求上帝把活者和死者之名记在选民名单上，"自此刻，把我们登记在你永恒的账本上，到末日你来审判，我们将不会相互混淆。阿门。"

选民被登记在一份等待的名单上，所以他们在末日的得救有了保障：不过还是要等到末日才行。

神父最后说："因为你就是活人的生命，病人的健康［此乃对活人而言］，逝世信徒的安宁［此乃对死人而言］，千秋万代。"

在名后祝词中，高卢和摩萨拉布教规都充分地强调了活人与死者的牢固团结：博爱（*universa fraternitas*）。它们异口同声地为活人祈求灵魂和身体的健康，为死者求安宁："在今日的神秘中赐予活人身心得救，赐予死者新生永福（*tribuens per hoc et vivis anime corporisque salutem，et defunctis eterne reparationis felic-*

itatem)。”“愿殉教英烈义助活着与死去的人，让他们得到宽恕(*Ut preces hujus martyrii tam viventibus quam defunctis donetur indulgentia criminum*)。”

“愿活人得救，死者安息。”让活人有得救的希望，也就是永生的保证，“让死者得到安息，等待末日的来临”。

在有的说法中，人们为奉献者祈求得救或生命，为死者祈求安宁，这说明他们相信有一个等待的区域。另一些说法则把安宁与天堂混为一谈：“沉睡者的名字已经念诵，请把他们的灵魂引向选民的安宁。”

还有的时候，当然这不多见，彼岸的形象令人忧虑：“但愿我们不会被投入永无绝期的折磨……但愿他们不会在烈火中被炮烙[16]。”请注意，面对恐怖的地狱，奉献者首先想到的还是他们自己，自己的得救。

总而言之，死者与生者并没有被人绝然地给分开在两处，他们属于同一个连续体，恳求上帝宽恕于是便适用于所有被念的人名。这份名单是万国教会的电话簿，原件在上帝手中，Liber vitae，Pagina coeli(功德簿，天堂书)或者 Litterae coelestiae(天庭的记录)：“奉献者的名字(*vocabula*)就这样被记录在生命簿中。”“这些名字被记在天堂书中。”“有资格被载入天堂档案(*litteris coelestibus*)[16]。”它大概是站在汝阿尔石棺上的耶稣手中拿的那个纸卷(罗马石棺中的死者人手一卷，二者之间是否大有关联?)。高卢和摩萨拉布教规礼仪让人想到的便是汝阿尔的图像。此处与活人为拯救死者灵魂所做的祷告暂且无关。在最古老的画面中，博爱的上帝子民，在主日仪式的唱名声中列队而行，就仿佛行进在天地之间(*in die judicii*)。查理大帝之前的丧葬仪式把我们领返到本书第一部分的模型上,即“人皆有一死”:毋庸置疑的集体命运,冗长的念诵名单(恰如圣经中的家族谱系)是它的象征,个体的命运在其中不值一提。

害怕下地狱,炼狱与等待

一些重要的变化出现在上述模型的各版本中,它们用教会语言表达了一种全新的命运观。

我们在早期的西哥特文件中已经能感受到一种信仰,面对未来生命的险境,它即使不是一种新信仰,也是一种趋向更普遍更坚定的信仰。我们感到最初的信心已经退化:上帝的子民对神的宽恕不再那么有把握,被永远遗弃在撒旦手中的恐惧日益增长。

当然,过去的信心从未彻底消除对魔鬼的恐惧。圣徒一生与魔鬼斗争,但圣徒必胜。从此后,大概在奥古斯丁思想的影响下,圣徒本人,比如说圣莫妮克,也越来越有堕入地狱的危险。自此,活着的人越来越担心自己能否得救。早在公元七世纪初,在格列高利一世的书中,就有一个小鬼前来教堂争夺将去世的泰奥多尔教士的灵魂,结果小鬼把另一个教士的尸身拖出了教堂,因为后者虽然埋在教堂,但却是死不改悔之人。

因此,在某些西哥特文本中,最后审判变得十分恐怖[17]:

“把安息者的灵魂从永恒折磨中解救出来。”“愿他们从达达尔的铁链中挣脱出来。”“愿他们从地狱的所有痛苦和酷刑中解脱出来。”“把她从地狱牢房中抢救出来。”“愿他们逃脱最后审判的惩罚，逃避熊熊的烈火。”于是我们眼前出现了一连串可怕的景象，这些景象侵入到直至今日的丧葬礼仪中：信心与感恩祈祷的最古老的沉淀，外加《安魂曲》（*Requiem aeternam dona eis Domine*［永远宽恕他们吧，主啊］），依然表现在罗马丧事弥撒中。像 In Paradisum（进天堂）和 Subvenite（得拯救）这样的迭句也源自于此一沉淀。反之，我们知道，追思祷告是唯一的遗体在场并为遗体而举行的古老宗教仪式，其中的祷词——《追思已亡经》——与第二个层面相连，该层面已含蓄地显露在西哥特文本里：

“请不要审判你的仆人（……），施恩予他免去惩罚（……）。主啊，把我从永恒的死亡中解救出来（……）。清算总账之时，雷霆震怒之时，想到那发怒之日，我就诚惶诚恐，全身战栗。”这是《震怒之日》（*Dies irae*）第一部分的精神，它让人想到末日审判，但却没有给人留下希望与信心，希望与信心是十三世纪方济各会引入第二部分的：“慈悲的耶稣，请记住我是你的降临之因。”这一切给人的感觉，便是罗马的追思祷告保留了西哥特悼词中所有最灰暗、最绝望的句子。

在《罗兰之歌》中追思仪式还是比较接近于它的原型赦罪仪式的，但后来却与其分道扬镳，变为一种驱邪仪式。据史料，这一演变在编写《罗兰之歌》以前就已经开始，由教士们编导的仪式在时间上早于民俗，晚于神学思想。大众开始接受有可能入地狱的观念，它本是僧侣修士的观念。想到入地狱人人害怕，所以必须想法子予以补救。

下地狱的威胁越来越咄咄逼人，于是人们找到并发展出一套预防办法，希望在人死之后还能感动上帝发慈悲。这便是让活人替死人祷告的想法，这个想法即使不是全新的也是以前不为人重视的。不过想象一下，获得拯救没有把握，下地狱很有可能，若想成功地通过祷告来改变死者的生存条件，那就必须摆脱这种二者必居其一的局面。这并非易事，可能有必要对思想方式进行重大改造。在不得改变上帝之审判和改善受罚者命运之间，人们犹豫了很长时间。有的作者设想减轻地狱的刑罚。比如说，刑罚依然永无终日，但在礼拜天停止一天。神学家们摒弃了这种思辨，但在民间信仰中它仍旧流行。

除非死者没有马上被投入地狱受苦，否则活人无法提供帮助。人们当时认为——格列高利一世在这一思想的形成中似乎起了很大作用——，非绝对恶者（*non valde mali*）与非绝对善者（*non valde boni*）死后便落在火里，那不是永恒折磨之火，而是熔炼净化（*purgatio*）之火：这便是炼狱一词的来由，不过在格列高利一世和塞维尔的伊西多尔（*Isidore de Séville*）时代，但丁以及十三、十四世纪神学思想中关于炼狱的精确表述还不可能存在。即使是在十七世纪初，遗嘱中的开场白中还只是提到天庭与地狱，炼狱一词直到十七世纪中期才变得较为常用。尽管神学发展了好几个世纪，直到宣讲特兰托公会议信纲时，人们还是执着于古老的非此即彼：天堂或地狱。然而，很长时间以来，基督徒都愿意相信在二者之间还有一个既不属于天堂也不属于地狱的过渡空间，罪民在此受审，活人的祷告、善举及其求得的恩宠将有益于停留于此的魂灵。古老的多神信仰，中世纪隐修院的敏感幻觉，都能在此空间中找到影子：此空间既是悲戚鬼影（幽灵）游荡的地方，也是罪民通过赎罪有可能逃脱恒灭之命运的处所。并非所有死人都聚集在但丁照管和

组织的城围内，他们也没有全部被投入净化的火焰，这火焰十八、十九世纪被放在祭坛装饰屏的后边。死者的灵魂常常停留在犯罪之处，或者身亡之处，他们显灵，至少是现身在活人的梦中，要求活人为其做弥撒做祈祷。

的确，拉丁基督教实践最终接受了这个关于地狱和天堂之间的过渡区域的观点，但在十七世纪以前，这一观点并没有对关于彼岸的古老设想造成冲击。

早期信仰认为在审判之日上天堂之前会有一段幸福的等待时光，该信仰一定有利于上述的变化：清凉界（*refrigerium*），安宁（*requies*），安眠在亚伯拉罕的怀中（*dormitio*，*sinus Abraham*）。此一信仰可能很早被学者们弃置，但在民间意象中它却留存下来，留存时间长短不一。正是这一空间，被神学家用来建立未来的炼狱，于是祈祷求情和获得宽恕也有了时间。这一演变后来加快了速度，因为除了赎罪之可能外，人们还引入了另一个近似但却不同的观念：付赎金。

如果说死者最终摆脱了非此即彼、不是最好就是最坏、不是天堂就是地狱的命运，那是因为每个人的生命不再被看作是宿命的一环，而是一连串渐变成分的总和，成分好坏程度不等，可以分别进行评分，并按价赎买。对于每样罪孽都有一项确定的相应处罚，这种赎罪方式与为死者祷告求情同时出现绝非偶然。祈祷求情、祈求宽恕的弥撒之于九世纪的死者就相当于按价赎罪行为之于活人：人类从集体宿命过渡到了个体命运。

罗马弥撒：死人的弥撒

这种越来越常见的为死者求告的意愿很可能就是弥撒结构在九世纪出现重大变更的主因。人们大致可以这样说：直到查理大帝为止，高卢和西哥特教会的弥撒始终是全人类的献祭，献祭的对象从创世的上帝到化为肉身的耶稣，献祭者本身除了形式上和排序上的区别之外再也没有别的区别；无论是死人还是活人，是公认的圣徒还是其他死人，皆一视同仁。查理大帝之后，弥撒，所有的弥撒都变成了死人的弥撒，为某些死者所做的弥撒，或者某些活人还愿的弥撒，这些死人与活人被挑选出来，于是也就排斥了其他人。这就是我们今天应该看见的现象。

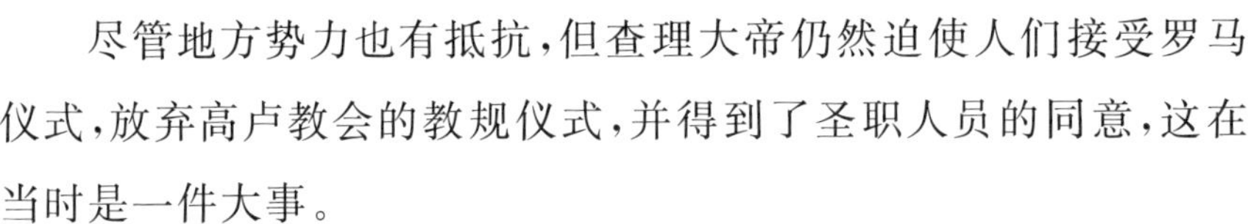

尽管地方势力也有抵抗，但查理大帝仍然迫使人们接受罗马仪式，放弃高卢教会的教规仪式，并得到了圣职人员的同意，这在当时是一件大事。

一直延续到保罗四世之教会历书的罗马仪式与它所取代的仪式差别很大。它拥有一套词汇，显露出清凉界（*refrigerium*）、安宁（*requies*）等极为古老观念的痕迹，但却不包括摩萨拉布仪式术语中那些令人不安的阴暗观念（《追思已亡经》除外，不过要看是在哪个时代）。庄严的奉献队列还未定型，念诵名字的方式也有所不同。以前的行为方式被从仪式中取出，移植到圣餐正经中，圣餐正经是从《引言》（*Immolatio*）到《天主经》的一套非常统一的祈祷仪式。我们今天所谓的罗马圣餐正经由数种祝圣祈祷构成，它们纪念、评说、重演最后晚餐的过程，另外再加上一些在高卢和摩萨拉布教会仪式(可能也包括最古老的罗马仪式)中原本是在列队奉献之后才念诵的祈祷。《献祭经》(*Oratio super oblata*),罗马弥撒中的默祷经可能就是一种已经消亡的同类仪式的遗迹。被移入圣餐正经之后,陪伴念名声的祈祷改变了性质。它们不仅被移植,而且还被打碎,每个碎片都受到重新处理,未经提醒的读者或听众很难猜到它们在别的仪式中原本是一个前后相衔的整体。圣徒的、奉献者的和死人的名单以前在高卢和西班牙是接着念出来的,此刻则全被分隔开来。圣徒的名单也被划分为两份,一份在祝圣前念(*communicantes*[交流之人]),一份在祝圣后念(*nobis quoque peccatoribus*[我们这些有罪之人])。这说明人们越来越重视圣徒介入求情的作用。

奉献者的名单也一分为二,在名单中人们更加严格地区分教会人士与在俗人。

不过最大的变化反映在留给死者名字的命运上。它们不再与活人的名字放在一起,不再属于同一个族谱的分支。死亡让人的灵魂进入一种特殊状态,所以有必要对其另类处理。把《亡灵册》(*Memento des morts*)放在一边反映了一种全新的态度,这种态度在以前的高卢和摩萨拉布教会仪式中是找不到的,或顶多找到一点痕迹。死人与活人的自发团结精神被灵魂受胁之孤独状态所取代。古老的用语被保留下来,但却被另一种精神用在了另一个目的上:亡灵册变成了一种求情的祷告。

它还变成了一种带有个人性质的祈祷。过去的简板上刻有许多名字代表整个社区。而名册上——活人和死人的名册一样——则不会登记教会档案中所有信徒的名字,它上面仅仅记一两个根据具体情况专门指定给悼念者并为他所接受的死者之名。

十世纪的一份名册让一位神父道出了下面这一段非常个性化的祷告："以 N 先生的名义，以所有因恐惧上帝而向我这个罪人忏悔并施舍的基督徒的名义，以所有亲人和所有人的名义，我为他们祈祷[18]。"

在文件中，有两个词被用来指示列名之处，illi（下列男士）和 illae（下列女士），它们道明了名册的局限，精确地显示了个人在选择人名上的作用，有别于古代人名混杂的长名单。

最终，此一个性化的祈祷还变成了私下的祈祷。受用神父祈祷之人，某甲或某乙的名字，再也不会像唱连祷文那样被唱诵出来。神父低声诵经，但有的时候他甚至无需低声读出死者的名字：读到名字处，神父止声默哀，在心中悼念他为其祈祷的死者。这岂止是私下祈祷，它还是一种心灵上的祈祷。

圣体拜领台的祈祷

我们已经远离了高卢教会的经典文本。然而，尽管罗马教廷仪式已被接受，前者依然没有完全消亡。

被取缔的仪式没有绝迹，它们遗留在弥撒的边缘地带，有机会便借尸还魂，比如说为亡灵弥撒所做的献祭（在法国西南部延续至今），分发赐福面包的仪式（奉献的队列）。名单依旧念，但不是在祭坛上，而是在讲台上，即所谓圣体拜领台上。布道之后，读罢与教区生活有关的通告和消息之后，神父用法语或另一种当地语，总之不是拉丁语，诵读义助教会的善人名单，善人有的活着有的已死。在我写下这些文字时，我依然能听见大弥撒中神父在高台上念诵的声音：为了某某家庭，某某家庭，等等，等等，教友们祈祷吧。恰如唱诵《天主经》（*Pater*）。接着神父又说："我们已经为活人做过祈祷，我们同时也要为死者祈祷。"某甲某乙，犹如一段哀悼经（《自深渊》）。名单很长，神父念得极快，半数的音节被吃掉。在旧制度下，施主们坚持要求神父在某个特定的日子或节日在圣体拜领台上念他们的名字。

这些有时长得没完没了的名单念诵——肯定单调乏味——让我们体会到了什么叫做读简板，把它与亡灵册联系在一起，我们便体会到了其中的区别。让神父为这事或那事做弥撒是一回事，让他在圣体拜领台上念自己的名字是另一回事，后者给人以更大的社会荣誉。

罗马仪式给予亡灵册的新意把所有弥撒都变成了为死者所做的弥撒，这与读简板时期的情况大不相同。所以罗马教廷最开始并没有广泛使用亡灵册：在主日弥撒和节日弥撒中神父不会念名册。

在教皇亚得里安托人带给查理大帝作为罗马弥撒样本的圣礼书中，并没有亡灵册这一说。另一本佛罗伦萨的圣礼书则写有关于亡灵册的一个条款："礼拜日与盛大节日不念。"

在这种情况下，简板中或后来圣体拜领台上的祈祷中所宣读的教民系谱在正规亡灵册中已无法辨认，死人被简单地从教民系谱中剔除出去。死人被剔除并不是人们对他们漠不关心，恰恰相反，是因为专门为他们所做的祈祷具有了更强的新意。在中世纪前期一个星期会举行多次弥撒（这在以前的教会是没有的事），弥撒都变成替死者做的弥撒。亡灵册的出现会损害主日仪式的节日气氛。

到了九世纪的法国，人们在亡灵弥撒中不再咏唱哈利路亚。死人是否开始让人悲伤让人恐惧？总而言之他们属于另类，不再与上帝的全体子民混在一起。然而，死者的灵魂处于危险，人们对此十分关心，最终决定不再把死者排斥在主日弥撒之外，在那里为他们说好话极有价值，于是为死者祈福在十世纪蔚然成风，人们不再设想世上会有排斥死人的宗教行为。

僧侣的情感：教堂的财富

中世纪前期的在俗信徒，在涉及己身时，可能更倾向于读简板的方式而不是神父在读亡灵册时所做的默哀或无声祈祷。所以，高卢教会的教规礼仪被弃置后，圣体拜领台上的祈祷被保留下来，靠挂在神父们做的拉丁弥撒上：仅仅到了二十世纪，它在民间才不再流行。

反过来讲，单独诵读亡灵册为死者求情，此一愿望起源于教士和僧侣的情感，当时他们生活在远离尘世的僧侣社会中。

在修道和敬圣的生活中，私人祈祷极为重要，公众的奉献祈祷转变为私下的求告祈祷一定与此大有关联。

众所周知，在过去的教会里只有一种弥撒，即教区主教主持的弥撒。在后来建的乡村教区中，在没有主教的情况下神父及其助祭也唱诵主教的“庄严弥撒”（*missa solemnis*）：除了某些程序上的细节，其他一切均未变动。此情况在东正教堂一直延续至今。在西方拉丁语区，在一些我们不太了解而且与我们主题无关的情况中，人们习惯上会在周内做一次不唱诵的弥撒，一种不用人陪伴（或在原则上请一位圣职者帮忙）的简化弥撒，但其间又充满了个人的、有时甚至是即兴编出来的祷告语。这类弥撒被认为有别于庄严弥撒，人称为“私人的个别的专项弥撒”（*missae privatae*，*speciales*，*perculiares*，Jungman［容曼］）*。

弥撒每天做，每个神父在一天内尽量多做弥撒，其目的是为了积累功德，增大自己的救助力。教皇利奥三世（795—816）一天曾做过九次弥撒。阿尔昆则满足于一天做三次（三位一体?）。在十二世纪，奥顿的洪诺留还认为按规矩一天应该做一次，但做三四次也不为过。多做弥撒有利于增加教会的财富，让更多的灵魂得益。这段横跨九至十一世纪的时期是一段宣扬宽恕的时期，与十四至十六世纪十分相似。在这两段时期之间，人们对教会秩序有过一次调整：自十三世纪开始，教谕规定除圣诞节外一天只做一次弥撒。

此类弥撒都是悼亡弥撒。如果说格列高利一世的名字一方面与他最后定型的罗马教规联系在一起（亡灵册在其中的位置可能就是他定的），另一方面与专门救助死灵魂的弥撒（格列高利圣咏，即 30 天追思弥撒）联系在一起，那绝非偶然。还是这位格列高利教皇，在他所讲述的关于魔鬼附体或被打入地狱的僧侣的故事中指出，在他曾担任圣职的那个普通社区里，魔鬼有多么强大和可怕，而每个僧侣又是多么需要生前与死后的祈祷，否则就很难逃脱

* “庄严弥撒”又译为“高级教士弥撒”，“私人弥撒” 又译为“笃信弥撒”。——译者

魔掌。

从此僧侣们在祈祷室或修道院的教堂中常常充任司祭,自九世纪始,为死人做的弥撒亦即诵读亡灵册的弥撒一桩接一桩从不间断。在克吕尼修道院,日里夜间都有弥撒。拉乌尔·格拉贝在十一世纪初讲故事说,一位僧侣朝圣后回归故里,竟奇迹般地被一位西西里隐士给认了出来:隐士告诉僧侣上帝曾向他显灵,并让他知晓常在克吕尼教堂里举行悼亡弥撒让上帝极为高兴,对灵魂赎罪很有益处。克吕尼修道院还是一个救赎灵魂的特殊节日的发源地。似乎该地主动把一年中的一天定为死人节,也就是献给那些被人遗忘、大半是世俗死者的节日,因为他们不像死去的教士和僧侣那样肯定会得到教友的救助。地方不同死人节的日子也不同:1月26日,12月17日(圣依纳爵*),圣灵降临节的星期一,而大多数则定在圣马沙贝节那一天。鲁昂大教堂在十七世纪就有一间献给圣马沙贝兄弟的祈祷室,祈祷室里有一座祭坛,上面装着鲁本斯画的装饰屏。最后,克吕尼的奥迪隆(Odilon)在1048年所选的11月2日更受人欢迎,它终于在十三世纪降临前成为整个拉丁教会的亡灵节:这一方面说明变化源出僧侣情感,另一方面又反映了大众长期以来对此态度——面对死者的个性化态度——无动于衷。

弥撒渐增,于是需要建造更多的祭台[19]。这种倾向在八世纪已经随处可见。八世纪和九世纪前期,圣彼得教堂里的"祈祷室逐渐增多;小祭堂,后边带有一个在教堂厚墙或支柱上挖出的半圆形

* Saint Ignace,耶稣会创始人。——译者

空间，一座有栏杆或隔栏护着的祭台”，祈祷室用其所祭圣徒之名命名。“为了在天上占块好地方”，教皇修建祭台，然后让人把自己埋在祭台脚下（让－夏尔·皮卡尔[20]）。阿尼亚纳的本尼狄克也给自己在782年建造的圣救世主教堂添加了四座祭台。798年完工的森图拉修道院附属教堂拥有11座祭台。820年设计的圣加仑修道院附属教堂的设计图纸中预计修建17座祭台。

祭台存有灵骨，靠着墙，更常见的是靠着柱子，对建筑物的格局没有影响。我们今天还可以想象出这种布局，十四世纪以来，随着建筑风格的演变，这种布局消失了（侧祭台），但在德国莱茵河地区的教堂中它们一直被保留到十七世纪；因此，我们今天在特里尔（德）还能见到简单地靠着柱子的带有装饰屏的祭台。

在克吕尼，在圣加仑，在所有修道院里，都会有祈祷者同时或轮流占据这些祭台，轻声吟唱他们的弥撒（此乃克吕尼修道院诵经的习惯，不得高声只能低吟）；前一个人还没有结束后一个人便已开始，绵绵不绝（弥撒环环相套）。

正是在修士与普通教士（议事司铎）中，自八、九世纪开始，生出了一种世俗人还没体验到的担忧情绪，为死亡、为彼岸担忧。为了逃避永恒的惩罚他们进了修道院，并在修道院里做弥撒——做弥撒并不是修士和僧侣最初的职责——，尽量多做弥撒，做得越多越灵，为灵魂得救献力。于是当时在教堂与修道院之间建立了一种拯救灵魂的互助合作网。圣卜尼法斯（Boniface）[21]写信给修道院院长奥普塔说：“让我们一起为活人祈祷，为本世纪的死者做祷告并举行庄严弥撒，当我们相互通报死者姓名时，慈善博爱的联合就在我们之间长期建立起来。”在有些教会团体之间还有一种联合会，他们相互交换死者的名单，给众人的祈祷和弥撒提供一个“共同背景”，于是每个人在死后都能享受别人提供的精神帮助。G.勒布拉曾很幸福地描述过这种状况：在八世纪，“交换死魂的神学理论抹去了所有管理机构［和生理的］的边界。罗马人与克尔特人描述彼岸的王国，计算罪孽的重量［我们曾经说，这也是编撰赦罪者名单的时候］，通过互助祈祷和私人弥撒，进行赎罪的合作。圣徒一致的信念落实在献圣体与赎罪的具体意愿中，落实在对额外功德的开发利用上，这额外功德应能让人获得宽恕并构成教会的精神财富（……）。整个西方到处都有祈求赦罪的修士团体。”据容曼：“参加阿迪尼（Attigny，762 年）主教会议的主教和神父请教士们除完成其他义务外每天还为将去世的每个与会者做一百次弥撒。800 年在圣加仑和赖兴瑙岛（Reichenau）之间签订的教友会协议中还有这样一条：除别的义务外，请每个教士在宣布僧侣去世的次日为他做三次弥撒，第三十天再做一次；每个月初，修道院为死者做过弥撒后，请每个僧侣再做一次祈祷，最后，每年 11 月 14 日［我们前边提到过的地区性死人节］还要举行一个纪念所有死者的追悼会，每个僧侣再做三次弥撒[21]。”

在中世纪很长一段时间内，各修道院为同一个目的联合起来，他们相互传递一份文件，死者名录，每个修道院都在上面写上本院死者的名字，后边带有一个简短的生平说明，然后提供给其他修道院，让别处的僧侣也不断地为他们祈祷。需要提示的是，享用此类祈祷的不仅仅有僧侣，还有向教堂行善的施主，他们要求享受同样的待遇。僧侣必须知道每天为谁祈祷：所谓“亡灵登记簿”起的就是这一作用。

于是在八世纪与十世纪之间我们见识到了一种独特的死者崇拜形式，仅发生在修道院、大教堂、教会机构及其基层组织中：它们是社会中的社会，有着自己独特的感觉。

中世纪后期的新仪式：教士的作用

走近十一世纪，漫长的中世纪前期终结之时，出现了两种截然不同的对待死后的态度。一种态度是传统世俗大众型，它忠于以下意象：活人与死人并非天各一方，活在地上与归于永恒相统一，圣体拜领台上的祈祷每个礼拜天都会提到这一点。另一种态度绝然相反，它属于一个封闭的社会，封闭在其中的僧侣和修士显示出一种更为个性化的新心理。

从十三世纪始，情况似乎变了，一直在隐修院温室里孕育的思维方式蔓延到了开放的世俗世界上。死亡将进入长期的"教士化"过程。这是一次巨大的蜕变，二十世纪世俗化运动前最大的蜕变。

前边说过，中世纪前期葬礼中的重头戏是活人的悲伤与对死人的悼念（赞美之词与送葬队伍）。葬礼是世俗仪式，教会介入仅仅是为了赦罪：生前赦罪死后追思，这二者开始其实是一回事。大概就是从十三世纪开始出现了一系列变化，我们有必要对它们进行分析和阐释。

首先是守灵与哭灵。有一些一直存在的操作方式让十八世纪的观察家感到惊奇，在僧侣的葬礼中，此类操作既是习惯性的也是庄严的给遗体洗澡：（*lavatio corporis*，旅行家莫雷恩［Moléon］对此曾做过描述[22]）。"在［克吕尼修道院的］一个很长很宽敞的祭堂中央——从回廊到教务会要经过那里——，有一个洗尸池，池长六到七尺，池深七至八寸，头上有块直接在水池石料上凿出的石枕，靠脚之处有个出水洞，洗完尸身后脏水由此流出(……)。在里昂和鲁昂大教堂里至今还可以见到一个石槽或洗尸石，人们在其中为去世的僧侣洗澡。”

莫雷恩还发现在民间人们也举行此类仪式，但不太普遍，算不上是习俗：“人们现在还给尸体洗澡，不仅教士们在其隐修处这样做，巴斯科各地区、巴约讷主教管区及其他主教管区、下诺曼底的阿夫朗什(Avranches)地区的老百姓们也都这样做。在某些乡下教区里曾流行过一种迷信的做法，屋里死了人，屋里的水必须都泼出去，这很可能是洗尸传统的遗痕；过去当然要把水泼出去，因为那是洗尸水。在整个维瓦赖山区(Vivarais)，由已婚儿女或近亲负责把只穿一件衬衫的亡父或亲属的尸体抬到河边，进行葬前的最后清洗[23]。”

假如说洗尸、泼脏水来自古老民间传统，那么，这一仪式在模仿僧侣所采用的仪式形式中获得新生也不是完全不可能的事。在把死人放在草灰或麦草上的习俗中，修道士的影响毋庸置疑。莫雷恩还说：“在(克吕尼修道院)大医务室中央，还有一个小凹槽，大约六尺长，两寸半到三寸宽。圣职人员临终时就是在这里被放在草木灰上的。现在依旧如此(1718 年左右)，不过是人死之后(……)。在许多古老的民间葬礼中显然也是如此。后来人们开始厌恶赎罪和受辱(变得真快！)，此类圣洁活动便停止了。”

众所周知，俗民死后也会让人把自己放在草灰或麦草上。1742 年的文件告诉我们，有死人死后还魂，其中有一个就是“在麦草上躺了几个小时后"还魂的。"十二三年以前,人们以为一位普通妇人(……)已经死了,便把她放在麦草上,并按习惯在脚头上放了一支大蜡烛(……)[24]。"

另外我们还知道,在《罗兰之歌》或圆桌骑士的传奇中,与被驯服的死亡相对应的是野蛮的哭丧。在中世纪后期,哭丧中完全失控的情况似乎不再多见,也不再那么合法。即使在某些地方传统的哭丧表现依然存在,比如说在十四至十五世纪的西班牙,那么其表面上的放任形式和悲痛程度也有所收敛。西班牙《谣曲》中的熙德,在遗嘱中就提出了一项违反葬礼常规的要求:

给我送葬时,
不租哭丧女,
施曼娜于我足矣,
无需花钱买眼泪[25]。

据《谣曲》看,放任自流的情况比较少见,请专业女哭丧较合习俗。人们不再强求亲友像《罗兰之歌》中或亚瑟王那样情不自禁地大声号啕,这很可能是因为痛哭变成了葬礼的一个组成部分,在现实中人们有时会请人代哭;不过,在想象出来的艺术作品中,人们还是表现出由衷的悲哀。

施曼娜乃独一无二的情人兼妻子,所以熙德视她为例外。查理大帝时代司空见惯的事到中世纪末期变成了例外。施曼娜念诵悼词,她表现得相当冷静,没有过分冲动:只是在念完长长的悼词之后,她才昏了过去:

高贵的榜样，
再也说不出话来。
她倒在尸身上，
昏迷不醒如死人。

关于面对死亡的新风气，我们另外还有一个证据，它大概与《熙德》同代，出现在佛罗伦萨人文主义中期。该证据是特南逖[26]提供给我们的。佛罗伦萨的市政秘书官萨留塔蒂（Salutati）对死亡进行思考。在研究教会贤哲著述的传统和斯多葛主义的影响下，他在死中窥见了恶的终结和通往更加美好的世界的门径。他责备自己为一个死去的朋友伤心流泪，责备自己忘了自然法则和哲学原理都要求我们不要执着于世间的人和物，人和物终究是要腐朽的。在那个时代的想法中，我们发现了一种玄妙的比喻，它同时也是一种共通的情感，把活人比作爱物：全部财富（*omnia temporalia*）。我们不否认这其中带有很大的文学渲染成分。然而，1400 年 5 月的一天，他不再卖弄文采：他失去了亲生儿子。他明白自己以前信中那些劝说别人节哀的话是多么地苍白无力，因为他收到了朋友乌戈利诺·卡契尼（Ugolino Caccini）的一封信，后者也像以前他劝人时那样劝他：埋怨他陷入悲痛不能自拔，激励他顺从上帝的意愿。萨留塔蒂为自己辩解，他的说辞向我们揭示了对待丧事的新态度。他回答说他现在可以承认自己万分悲痛，但丧子时他并未完全屈服于哀伤：最后一次给儿子祝福时，他没流泪；他默默无语目睹亲人离去，陪儿子到墓地，始终没有哭出声来。

我以为，把这种态度归结于斯多葛主义是不对的，尽管后者对

人文主义思想的影响极大。萨留塔蒂的表现在习俗上与他的身份地位相符。他所批驳的仅仅是那种安慰人的形象比喻，他说，即使灵魂不灭尸体复活，“那个构成他儿子皮耶尔的和谐组合已经被永远地毁灭了。”他唯一能做的便是祈求上帝，慰藉的泉源：“回到一切安慰之源（*Converti me igitur ad fontem consolationis*）。”然而，在人死之时和守丧期间，他并不反对需要节哀[26]。

社会习惯不再倾向于大放悲声，从此后它要求人们保持庄重，节制情感。

自此后，人们不愿用言词和动作表达的东西，便用衣饰和颜色来表达，它们是中世纪末期偏爱的象征体系。黑色是从那时起成为丧事主色的吗？总而言之，包裹尸体的布料可以是亮色的，比如说金色。1410 年的一位立遗嘱人[27]就要求人们用金丝罩单遮盖他的尸体，然后用这罩单做一件祭披*。十四世纪，参加葬礼的朋友们送礼便送金丝罩单和大蜡烛，而今人则送花。过去人们会穿着红、绿、蓝装来参加葬礼，也就是说为尊重死者而穿最漂亮的衣服。在十二世纪，布尔戈伊地区（Bourgueil）的神父博德里（Baudry）还说，家里死了人穿黑装，在西班牙简直就是一件稀罕事。据基什拉（Quicherat）观察，第一次穿黑装的庄严葬礼应该是英国王室为善人约翰（法国国王）举行的葬礼。路易十二在安娜·德·布列塔尼去世之时穿上了黑装，并要求整个宫廷穿黑装。

1400 年，在巴黎，一位执达吏请人原谅他没有穿条纹袍，那是他职业的标志，而只是“穿了一件青袍，他死了岳父，必须戴孝[28]”。

---

* 神父做弥撒时披在外面的无袖长袍。——译者

青袍，就是黑袍。

假如说丧服尚黑在十六世纪已很普遍，那么当时的国王和教会权贵们还不怎么遵守这一规矩。黑色有两个意思：随着丧事仪式化、死亡图像化而发展出来的死亡的阴暗特征；黑衣表示悼念，免去了那些过于个性化的和过于夸张的动作。

新的送葬队：教士和穷人组成的队列

在死人的周围，再也见不到过去那种长时间的号哭；再也不会有人大声哭着历数死者的恩典和自己的遗憾。家人与朋友静默志哀，葬礼不再热闹，他们不再是主角。主角从今后只属于教士，特别是属于那些托钵修士或假扮的修士，代行法事的世俗人，例如那些方济各会第三会的成员*，或教友会的小兄弟，总之就是那些操办葬礼的新专业人士。

死者一旦咽气，就不再属于家庭、朋友和同事，他属于教会。

过去的哭哭啼啼被念诵安魂经所取代。守夜变成宗教仪式，在家里开始，在教堂有时还在继续，人们在教堂里重念哀悼经和送魂升天经：安魂经。

守夜之后开始另一个仪式，一个在丧葬象征体系中占据重要地位的仪式：送葬。在中世纪的古老诗歌里我们已经见识过，亲朋好友伴着遗体走向墓地：静静默哀的最后表现，无言的俗众，对死者的悼念更重于对哀伤的表达。

---

* 指在俗教徒。——译者

在中世纪后期，尤其是在托钵修士团体建立之后，这一仪式改变了性质。送葬队伍的一端变成了庄严的教士行列。亲友当然也在队中，大家知道，他们被请来进行一项义务，他们肯定要参加程式明确的王家送葬队，并在其中占据固定位置。然而，在普通送葬队列中他们并不显眼，甚至让人怀疑他们是否来了。新出现的主祭教士们占据了整个场面，遮没了他们的身影。首先进入眼帘的是教士和僧侣，他们常常抬着遗体。教区的教士，贫穷的“应召教士”，游方僧侣，“四大派托钵修士”（奥古斯丁教派、加尔默罗会、嘉布遣会和雅各布会），几乎所有的城市葬礼中他们都会到场。跟在他们身后的人数不等，这要看死者家里是否有钱，生前是否仁慈，队伍中有穷人、育婴堂收养的孤儿与弃儿。他们穿着丧袍，丧袍有点像中世纪苦行僧的带帽无袖僧衣。他们的脸被风帽遮住，手里举着蜡烛和火把。参加葬礼他们能得到一件袍子，获得些许施舍。他们代替了陪伴死者的亲友，代替了专业哭丧女。有时候，他们也会被死者所属行会或专事丧葬的组织成员所取代。

自十三世纪以来，送葬的庄严行列成为死亡和丧葬的象征。过去扮演这一象征角色的是下葬入土。尸体被放进棺材，教士念诵追思经，直到文艺复兴时期，这一形象在意大利和西班牙还很常见。在法国，在勃艮第，图画中念诵追思经的形象被送葬队伍所取代，从此后，送葬成为整个仪式中最有意义的时刻。圣路易有个儿子的墓上就刻着送葬队伍的图像，它说明早在十三世纪人们就养成了送葬的习惯。这一传统队列形象在后来的丧葬艺术中被多次复制，直到文艺复兴时期为止。在此我们只需列举卢浮宫所收藏的菲利普·珀特的那些石棺和保存在第戎的公爵们的石棺就成了。

决定送葬队伍次序和构成的既不是习俗也不是教士。它们由死者自己在遗嘱中确定，死者常认为，吸引来的教士和穷人越多，丧事办得越光彩。1202 年的一份遗嘱预计召来一百零一个穷教士（presbyteri pauperes），十六、十七世纪的贫苦“应召教士”，没有收入的教士无产者，他们依靠替人送葬、做弥撒和基金会过活。

十六、十七世纪的遗嘱还说明人们非常重视送葬队伍的构成次序，至今情况依然未变。立嘱人甚至充满信心地规定了细节。这儿有一个例子。1628 年，蒙特勒伊的一位种葡萄的要求他的尸体“在下葬那天由六位唱圣母经的教士来抬[29]”。1647 年的另一位立嘱人则没有那么狂，他希望“送葬队伍有钟声相伴，有布幔［灵堂和教堂里挂的黑布］，队伍里有十八支火把，每支火把价值一里弗尔，十二支［由穷人持着的］高杆，按规矩队伍中还应有四大派托钵修士[30]”；1590 年：“除了上述教区的应召教士外，还要请十位四大派托钵修士来抬尸体，完成任务后向每个托钵修士支付二十个苏[30]”；另一位则“要求应召教士参加下葬并填土（……），要求让教区的四大派托钵修士来抬尸体”。

抬尸体成为僧侣的——有报酬的——专利。穷人的数量一般不会在事先确定：所有等在旁边找机会挣钱的穷人都会被召来：“以上帝的名义，在他下葬那天送给所有为他致哀的人一个布朗［一块钱币］[30]。”“在他尸体入土之际，请以上帝名义施舍给每位穷人七法郎，每位义工七法郎。”

一个半世纪之后，其说法几乎没变：“我希望入土时施舍给每个到场的穷人一个苏[30]”（1650）。“我希望下葬时召来本教区所有穷人［其他教区免谈］，请发给他们一百里弗尔。”

向本教区所有穷人施舍，还为其中的一些人治装。“给十二位参加送葬的穷人治装，每人一件带风帽的长袍，用习惯料子制成”（亦即通常的丧服）[30]（1611）。

圣体会很想利用穷人被召集起来的这个机会给他们讲讲教理：“下葬时，听罢宣讲教理之后，穷人们一般都聚在那里等待施舍，于是人们让神父们祈祷不要心痛施舍的钱财[31]”（1633）。

一个世纪以后，穷人的数量没有减少，参加送葬的穷人的多寡，显示立嘱人的经济状况：1712 年，在送葬队伍前要有“30 个贫男和 30 个贫女，要给他们每个人扯四尺布做新衣［不是丧袍，只是一件简单的上衣］。他们站在棺材一侧，每人手里拿一串念珠［显示心诚的新方式］和一支长蜡烛，按次序虔诚地走向我的下葬处[32]”。

队伍中除了本教区的穷人和贫穷的应召教士之外，还有孤儿院收养的孩子们，他们是被遗弃的或捡来的孩子。在巴黎，那便是圣灵会和圣三会的孩子们，亦即红孩子。与四派托钵修士一样，孩子们成为葬礼的专职人员。没有他们到场，葬礼便不像样子。他们的必然到场大概还为孤儿院带来了某些收入，某遗嘱中有段文字便是一个证明：“圣维克多镇的慈善孤儿院将派童男和童女各十五名参加葬礼，请一次性支付给孤儿院 300 里弗尔[33]。”

召集的孩子们也可以来自善心小学，由老师领来。遗赠给“参加葬礼的穷孩子们 30 里弗尔”：他们属于善心小学。在 1697 年的一本“送葬下葬劳务”账中，我们发现了一笔司空见惯的支出：“付给小学校孩子们 41 里弗尔[33]。”

因此，自十三世纪直到十八世纪，送葬队伍变成了由教士、僧侣、贫民和持蜡烛人组成的庄严而固定的行列；宗教的庄重和圣诗的吟唱取代了伤心人的捶胸顿足。另外，庞大的队伍和大量的施舍代表了死者的富有和慷慨，它们同时还有助于死者在天庭受到善待。

把穷人召来参加葬礼，这是死者所做的最后一件善事。

遗体从此藏在灵柩台上的棺材里

大约在十三世纪，与守灵一样，送葬和下葬都变成了宗教仪式，由教会人士组织和指导。这时发生了一件事，表面上看来似乎不值一提，但它却能说明人对死亡的态度发生了深刻的变化：过去的人对尸体并不生疏，一个睡着了的形象，可如今它却拥有了一种让人见到它就害怕的能力。多个世纪以来，尸体被藏进棺材，藏进石建筑，以避开人眼的接触。对尸体的隐匿在文化上是一个大事件，我们必须对它进行分析，因为，和所有其他与死亡有关的事物一样，它具有象征意义，首先是宗教上的象征意义。

前面说过，在中世纪前期，人死后，亲友悲戚致哀，然后尸体被放在贵重的布料上：金丝呢，色彩鲜艳的单子，红、蓝、绿都有；或简单地放在裹尸布上，所谓裹尸布就是麻布，一件“麻布袍”。尸体与布单继而被移到担架或停尸板上，在门外摆一段时间，然后被送往下葬处。按习俗，在送葬的路上一般都会停歇几次。停尸板最后被安置在打开的石棺槽里。教士们焚香，洒圣水，再次唱诵《追思已亡经》，亦即对死者最后进行追思或赦罪。直到石棺上盖之前，死者的身体和面孔就这样一直露在外面，他们躺在墓穴上，停尸板上，就像刚咽气时躺在家里床上一样。

这便是我们根据古代以及意大利、西班牙十五、十六世纪的晚期图像所重组的安葬习俗，传统在上述两个国家里得到了保留：死人的脸露在外面，死人被安放在石棺槽里……

十五世纪有很多图画都表现了在送葬路上停尸板上的遗体。在罗马的人民圣母堂（Santa Maria del Popolo）里有一座属于梅里尼（Mellini）家族的祭堂，祭堂里有座十五世纪末的陵墓，P. 梅里尼（卒于 1483 年）的墓，墓上刻有一座打开的石棺，石棺上躺着一具尸体：尸体悬在棺槽空间中，它如何保持平衡呢？仔细观察，我们发现它身下有一具木床：雕刻者注重写实，着意刻画出了三个把床两边连成一体的榫头。这显然是一个摆进去的木结构器具，与石棺无关，一个抽掉了抬杠的担架。我们很有运气，在 P. 梅里尼的墓上见到了这个细节。一般来说，床垫和布单会垂下来遮住它，行过追思仪式后，人们则会拽住布单的两头把尸体放到石棺底部去。

在同一座教堂里，还有一座十六世纪的陵墓，红衣主教贝尔纳·罗纳帝（Bernard Lonati）的墓，其图案布局稍有不同，但在意大利十分常见。木停尸板没有被放在打开的石槽里，而是放在翻转过来的石棺盖上，石棺盖突起的那一头被用几根檩子横架在石槽上。尽管这些木制品上也有装饰，但并不美观，艺术家们没有任何理由在石刻上添加这些莫名其妙的东西。上述组合复现了一种奇特的下葬场景，三重重叠：石棺槽，翻倒的石棺盖，停尸板和尸体。此乃下葬现场的传统布局仪式，坟场器具一层层往上摞叠，最上层摆放无遮盖的尸体:有意的编排布局,与“灵柩台”同步发展,不过依然遵循了尸体现身的传统做法。

不过,上面我们提到,从十三世纪起,除传统做法延续至今的地中海国家之外,基督教拉丁语区的人们不再愿意见到死人的面孔。人一死当场就被从头到脚地缝进裹尸布,让你什么也看不见,并立即被装进一个木盒子或者说棺材中,棺材一词(cercueil)便来自于石棺(sarcophage,*sarceu*)。

十四世纪,装棺入殓在家里进行:有本经书的已亡日课细密图上画着一个扛着棺材的拘魂小鬼潜进了病人的房间。后者唯有躺进被钉死的棺材才有可能避开人眼移出病房。

买不起棺材的赤贫之人则被装在公用棺材里运往墓地,该棺材只用来运输。掘墓人取出尸体埋进土里,然后收回棺材。有些人害怕继承人麻木不仁,便在遗嘱里要求自己下葬时必须有自己的棺材。无论穷富,死人都包在裹尸布里。有幅木刻画表现的就是“上帝之家”的修女们正忙于缝上装了死尸的裹尸布。

掩盖尸体之事也曾遭遇抵抗。地中海地区十分乐意接受装棺的做法,但却拒绝盖住死者的脸,他们或者让脸露在外面直到入土,比如说在意大利和普罗旺斯直到二十世纪初还是如此,或者棺材盖只盖一半,有意让人看见死者的脸部和上半身。比如说波伦亚(Bologne)的圣佩特罗尼乌斯(Petronius)教堂有一幅十五世纪的壁画:木棺中的圣徒被遮盖住下半身,仅露出上半身,这情形有点像加利福尼亚的 casket(棺材),美洲保留了地中海的古习俗,对遮住死人的脸十分厌恶。

不让人看见尸体的决定并不单纯。其目的也不是为了让尸体匿名。事实上，在大领主们的宗教或俗事葬礼中，尸体藏在棺材里，但人们立即会用一个木雕或蜡像来代替它，雕像偶尔也会放在展示床上（法国国王的情况），但一般都摆在棺材上（在十五世纪的意大利陵墓上，我们就能见到仰卧在石棺上的塑像）。这类死人的塑像有一个很有意思的名称：遗像。为了再现死者，塑像者极力追求相似和准确，他们也获得了满意的结果（至少在十五世纪）：死者刚去世，他们就用石膏脱下他的脸型。遗像变成了死者面模。

遗像仿照死者双手合十，出现在棺材上，家里，送葬行列中或教堂里。下葬后，塑像有时会在教堂里摆上一阵，算是一个过渡，最终它将被竖立在寝陵上。威斯敏斯特教堂里保存了这些塑像，从卒于 1377 年的爱德华三世的头像到女王伊丽莎白一世的塑像，我们今天都能见到。这些王室的人物备受尊崇，重塑其像理所当然。1760 年，伊丽莎白女王被人重塑。这些木雕或后来的蜡像（十七、十八世纪）在葬礼中被人抬过之后仍然有利用价值。用于葬礼的最后塑像是先后卒于 1735 年和 1793 年的白金汉公爵夫妇的塑像（夫人塑像生前制成）。卒于 1702 年的威廉三世和卒于 1694 年的女王玛丽二世的蜡像于 1725 年被存入威斯敏斯特教堂，并立即得到了大众的瞻仰和欣赏。不过那已不再是长眠的形象，而是像安娜女王那样坐在王位上的君王[34]。

遗像还有另一路传人，后者更好地保留了它原来的形态。直到今天，罗马教会里还摆有用来让信徒崇拜的圣徒形象，木制的或蜡制的，它们与十四至十七世纪王族葬礼中人们抬的塑像十分吻合，双手合十，理想的安眠姿势。圣徒方逝，永诀人世，值此对其进行最后赞美之时，人们要用塑像把圣徒那即将消逝的形象永远定格下来。

十五世纪末或十六世纪初，在梵蒂冈的美术馆中有一幅匿名藏画，画的是圣女芭芭拉的陵墓。这座立方体建筑并不起眼，不过上面有一座模拟圣女的“仿真像”，正像当时法国人说的那样，它利用衣饰、色彩、惟妙惟肖的形象给人以真实的幻觉。一油灯灯台构成该建筑的最后一层也就是第三层。陵墓布局受到了王室下葬礼仪的影响[35]。

至少从十六世纪起，朝圣的人们不再只钟情于圣陵墓和圣骨盒，他们也开始朝拜描绘圣徒归天的图像：仿佛生命刚刚离体，圣体永不腐朽。罗马教堂里充满了此类“遗像”，栩栩如生的死人（别处也有此类图像，此处仅举立斯市［Lisieux］的耶稣儿童－圣女苔蕾丝为例）。

木制的或蜡制的塑像，唯有王室在宗教或俗家葬礼中才会使用。普通爵爷则不会用到它们。不过，有些顽固的习俗让我们预测到一种需要：在棺材上安置一张遗像。在西班牙，人们讨厌掩埋死者，于是便把棺材挂在教堂的墙上，并在棺材朝外一面贴上一张死者的卧像，作为死者的再现。可能还是出于同一悼念的需要，十七和十八世纪的波兰老爷们生出了把自己的遗像画在棺材上的想法，可这类遗像只在葬礼中出现，埋进土里就什么也看不见了。

不过，上述那种执着于再现的情况十分少见，棺材上一般不会画遗像，即使画了，那也不过是应景之作，很快就会被埋入土里[36]。

拒绝看见死尸并不等于拒绝那作为肉身的个体，而是拒绝肉身的死灭：“死之图”盛行期，满目皆是腐尸烂肉，人们却又如此怕见死尸岂不怪哉！这说明艺术有时给出的图像并非人们真正想见的图像。

有趣的是，对棺材上展示的塑像人们继续沿用遗像这一说法：直到十七世纪它才变为我们今天所说的灵柩台的通称。

继而，无遮盖的棺材也变得像赤条条的尸体一样令人厌恶，所以必须被遮盖得严严实实。送葬路上，棺材也像过去的尸体一样被遮住，盖棺布被称为棺罩（*pallium*）或丧幔[37]。棺罩有时用珍贵的呢绒，上面绣有金线，据立遗嘱人，丧事办完后它们将被送与本区教士做长袍。然后则是绣有骷髅图案的黑幔，上边绘有死者或其战友所持的武器，或者绣有死者名字开头的字母。

把尸体抬进教堂做法事无疑是一种罕见的古习俗，在下文我们将见到，这习俗在中世纪后期很常见。那时候仅靠黑幔已无法罩住棺木：于是棺木被藏进一个架子，那架子就是过去王室葬礼中被用来抬塑像或遗像的。十五至十七世纪的立遗嘱人也将这架子称为灵堂，因为架子周围有很多支灯烛照明，活像一座圣徒的祭堂。用灵柩台一词来指代它则是更晚期的事。

灵柩台的规格令人瞩目。自十四世纪以来，它的体积虽说不大，但却已经大过了棺材并架在棺材之上。在蜡烛、火炬的照耀下，覆盖着挖花织品的灵柩台已经让人浮想联翩。在十二世纪，巴洛克时代的导演大师耶稣会教士们把它变成了一座规模不小的舞台，舞台上人物鲜活，围绕着一个剧情或一个主题阐释世界末日的故事：悲怆城（*castrum doloris*），一座真正的城堡。不过，无论人们如何造势，心愿有多么强烈，仪式的意义不会改变。请记住下面这一点：此段历史的引人注目之处不在于它在十二世纪给灵柩台添加了许多装饰，而在于它在十三、十四世纪把死人的面孔藏进裹尸布，把裹尸布藏进棺材，把棺材藏进灵柩台。这在丧葬习俗上是一个重大的演变。死之图预言家和反改革派演说家尽可以在他们的说教中提示死亡的可怖可憎，然而他们中间谁也不会再去掀开那些帷幕和布景，布景下面便是以前听众十分熟悉的赤裸死尸。让死人的脸面长时间露在外面不雅，但举丧之时死人必须到场，这一方面是为了满足遗嘱的要求，另一方面是为了活人的皈依。因此，尸体似乎不见了，但最终取代它的灵柩台却以象征的手法"再现"死者。在举行诞辰纪念仪式时尸体不在场，代替尸体的还是灵柩台。1559 年的一份遗嘱预计"大限将至"，要求在下葬之时"不得减免开支，价值一里弗尔半的火炬要预备六支，为'灵堂'预备四支蜡炬[38]。"

灵柩台被大革命与十九、二十世纪的政府给世俗化了，但并没有被取消：教会隐身，在公家、私人和军队的丧葬仪式中，悲怆城依旧存在。从此后，灵柩台单独地取代了所有那些最古老的丧葬仪式：临终床前的追思礼，送葬的仪仗与哭丧的队伍，下葬与最后的追思悼亡法事。

丧葬弥撒

从此，在教堂里举行的形形色色的弥撒越来越繁多，越来越讲究，灵柩台脱颖而出的缘由便在于此。古代的葬礼，也就是陪伴遗体到墓地，除了在死者合眼时和下葬时各做一次追思法事之外，再也没有什么别的仪式。可是到了十二、十三世纪，遗嘱中所规定的必须要做的法事和弥撒多得吓人。从十二到十八世纪，五六百年间，绝大部分弥撒都是为死人祈祷的弥撒。当时教堂里令人吃惊的不仅是掘墓人在地上挖墓坑的场面，还有那没完没了的诵经弥撒，每天上午，每个祭台都有教士为死人祈祷——那是他们唯一的收入；一早一晚，法事中经常出现烛光明亮的灵柩台。

求恩弥撒常在死者弥留之际进行："请他们［遗嘱执行人］尽可能在他弥留之际派人赶去巴黎本城的奥古斯丁教派隐修院，请神父诵五次 *quinque plagie*［耶稣五伤］弥撒，五次圣母弥撒，五次十字架弥撒，请该隐修院的修士们为他可怜的灵魂向上帝祈祷[39]"（1532）。"她请女儿和媳妇们在她弥留之际派人去梅尔希（Mercy）圣母堂，请人在教堂主祭台前做一次弥撒[39]"（1648）。"立遗嘱人的心愿是……在她弥留之际为死亡和救世主之慈爱做七次弥撒[39]"（1655）。"渴望在她弥留之际有人去请德硕（Deschaulx）加尔默罗会的神父们、新桥（Pont-Neuf）奥古斯丁教派的神父们、方济各会和雅各布会的神父们分别为她做 30 次弥撒"，亦即四大托钵僧教派。这大概是要赶在上帝最后审判前做点补救工作（"在上帝收取我的灵魂之时[39]"——1650）。不过，这弥留之际的弥撒还仅仅是开头："从他进入弥留开始，尽早做完一千次弥撒[39]"（1660）。

在有的情况下，系列弥撒在死后而非死前进行："在灵魂离体时，立遗嘱人恳请他的妻子……为宽恕他的罪孽和拯救他那可怜的灵魂，在圣梅代里克教堂、布列塔尼圣十字教堂和白斗篷教堂的主祭台前为三圣体做三次弥撒［其数皆为三］，第一次念圣灵经，第二次念真福经，但三次唱诵安魂经[39]"（1646）。在这种情况下，每个教堂只做三次弥撒，因为弥撒必须在主祭台上做。习惯上立遗嘱人希望多做弥撒多积德。做多少次有时开始并未确定，尽量做，多多益善："在他下葬那日，愿教士们在圣梅代里克教堂圣器室里为他反复念诵安魂经[39]"(1652)。自其逝日起，"[他兄弟出家的小兄弟会]修道院将用所有空余时间来为立遗嘱人及其灵魂的安宁做弥撒和祈祷[39]"(1641)。

做弥撒的次数往往是三十、一百或一千次：人们把三十次弥撒也称为格列高利圣咏，这是为了纪念创立它的古代死亡教皇格列高利一世，也有人称其为"圣格列高利三十曲"。"我的身体一入土便做三十三次小弥撒[耶稣时代]"，一日三次；三次圣诞经，三次哀悼经，三次耶稣受难经，三次耶稣升天经，三次圣灵降临经，三次三圣一体经，等等，等等。"越早越好[39]"，这既是为了应付上帝的审判，也是为了提醒有可能忘事儿的教士们(1606)。

一百次弥撒："他去世的那天或去世的次日，在两座教堂里"，亦即每天每座教堂五十次(1667)。"在他去世的当天，不行的话[教堂太忙]在次日做一次格列高利三十三曲弥撒，外加百次安魂弥撒，越早越好[39]"(1650)。

同一位立遗嘱人还可能要求做好几个系列的百次弥撒，嘉布遣会的做一个系列，方济各会的做一个系列，等等。1780年的一位立遗嘱人[39]甚至要求在入土之日及次日做完310次弥撒。

千次弥撒亦是常例："愿我下葬之日及次日[那是在1394年，可以感觉出与1780年一样的忧虑：积累功德]，请小祭堂的贫穷神父们[靠小祭堂收入——大多来自葬礼施舍——为生的教士们]在巴黎的教堂里做一千次弥撒[每天五百!]，捐给每位参加弥撒的神父11苏[39]"。做一万次弥撒的情况也不是没有，比如说1650

年巴黎议会中的教士西蒙·高勒拜就做了一万次[39]。

最后还有一种年弥撒，即 360 次弥撒，其时间分配方式让人觉得立遗嘱人的两种心愿在打架：一种是天天有弥撒，追求延续性，一种是抓紧时间做弥撒，讲究集中性。有的年弥撒延续一年，有的却集中在一段时间："请在他去世后三个月内做完弥撒[39]。"立遗嘱人还精确地要求"每天四位教士"做弥撒（4×90 = 360）。

以三月为期像是一个惯例。1661 年有位立遗嘱人要求做三个年弥撒，"在头三个月内，每天在两座只收留修女的修道院内做十二次弥撒[39]"。另一位还要求"在离我葬地最近的祭台"唱诵弥撒[39]（1418）。

对格列高利弥撒在时间上也会有所安排：八天三十三次（1628），每天三次（1606），或者算得更精确更复杂一点（1582）：头四天每天五次（=20），第五天十三次，加起来正好三十三次。比较标准的规矩应该是格列高利弥撒，百次弥撒，常常也包括年弥撒。

入土之日在教堂做法事

于是，每当一个生命走到尽头，弥留或刚刚咽气之际，人们开始做一个系列的小弥撒，弥撒延续数日、数周、数月或一年。此类弥撒反复进行，与葬礼仪式不发生关系。而葬礼仪式在演变中开始被人称为法事。古教仪的确规定在安葬前要做一次庄严弥撒（即罗马教规中的安魂弥撒），但这一做法后来成为教士们和少数大人物的特权。在进行入土追思仪式前，习俗并未要求教堂举行任何仪式。自十三世纪起，习俗变了。下葬之日，一般总是在去世的次日，人们习惯上会做一场法事，法事一直延续到在墓穴旁举行的最后的追思仪式。直到十六世纪，做法事无须尸体到场，移动尸体仅仅是为了埋葬。然而，立遗嘱人越来越习惯于提出下述要求：在下葬之日，把自己的遗体抬进教堂。到了十七世纪，尸体到场成为定规。做法事是否重视尸体到场，解释了“遗容”自中世纪末以来在办丧事中的功用。

同一个教堂，在大祭台前举办大法事，丝毫不影响在旁边数个祭台上为还同一心愿而飞快进行的弥撒。有立遗嘱人要求做百次弥撒，“我去世后立即做，在博夫圣彼得教堂的所有小祭堂里做，在进行入土法事期间做，剩下的以后接着做，中间不要停[40]”(1658)。

这种做法十分常见，1812 年，有一份落伍且荒唐的遗嘱这样写道：“我希望在我下葬那天上午做六次弥撒，一个小时接一个小时地做[40]。”

尸体常常伴着《万福玛利亚》(*Salve Regina*)或者《王旗向前进》(*Vexilla Regis*)的歌声进入教堂：“待他的尸体进入马德莱娜教堂，在上午最后弥撒开始之前，或午后，亡灵晚祷课开始之前，人们会虔诚地唱《万福玛利亚》，并循惯例念短句经文，祈祷志哀[40]。”若是在下午下葬，就不会有弥撒，法事也限于夜祭亡灵。

1545 年的一位立遗嘱人[40]命令送葬队伍把他的尸体送往圣教堂安葬：队伍前排是十字架，两边有两支高烛，接下来是由四支高烛围着的灵柩，再后边便是举着十二支高烛的队伍。到了教堂，十二支高烛中的六支摆在祭台上，另外六支摆在圣遗骨前。此乃圣祭堂的规矩。“夜祭时，十二支蜡烛在那里照明，夜祭后，人们举起蜡烛把尸体引向下葬处，然后再把蜡烛摆回原地，即圣遗骨的前边和大祭台上，以便为剩下的法事照明，亦即唱赞颂经，安魂圣曲《拯救我们》（*Salva nos*），临终经，［奉献］队列与安魂弥撒。在唱诵《拯救我们》和安魂经期间，立遗嘱人要求并命令必须在圣遗骨前点亮六支高烛，在圣路易殿下的主祭台两边点亮同样数量的蜡烛，一支为上供照明，循祭奠法事的惯例，供品中有一块无字银币，一块干净面包和一罐酒。”下葬在日课经中间、在夜祭和赞颂经之间进行，其后再诵安魂经。

在上述情况下只做一次弥撒。比如说在1520年[40]：“情况允许的话，做祭奠弥撒时尸体被摆进教堂，弥撒结束时，在天主教堂那庄严的临终经歌声中尸体被埋在事先备好的地方。”习俗对此实际上没有做出严格的规定。有时做一次弥撒，有时做几次，通常是三次，做几次的情况要多一些。

1559年，一位教士——阿尔西圣彼得大教堂的本堂神父——对法事次序的安排稍有不同[40]：“愿我主持的法事完整无缺并得到高声唱诵，1）根据亡灵经所定之音，夜祭做九课唱九遍圣诗；2）唱赞颂经、临终经［与上例一样，不过尸体尚未入土］；3）做四次大弥撒［上例中只做一次大弥撒；十六世纪习惯做三次］，首次弥撒献给宽容的圣灵，二次弥撒献给圣母，三次弥撒献给天使们［这并非惯例，是立遗嘱人自己加上去的］，四次弥撒为亡灵念诵亡灵经；4）最后唱诵 *Libera me domine*，*De profundis*（把我从深渊解救出来，天主啊！），唱罢《万福玛利亚》后［唱两次，尸体入教堂时唱一次，法事结束时唱一次］，循惯例念短句经文及祈祷志哀［此乃下葬之后的追思仪式］。”

十七世纪初，葬礼仪式基本定型。下面是巴黎一位议事司铎在 1612 年所写的遗嘱中所提的要求[40]：

1,“请在我逝日做一场法事，亡灵晚祷课九课，念完九课后唱诵全本追思已亡经，然后诵亡灵赞颂经。”这是在教堂默诵的关于亡灵的经文。请注意，仪式从家里搬到了教堂(或者在教堂再做一遍，但更庄严，点亮的蜡烛更多)。

2,“第二天上午［尸体还是不在场］举行两场大弥撒，圣灵和真福弥撒。”

3,临终经。

4,出殡队伍到达巴黎圣母院。灵柩停在耶稣受难十字架前，唱“全本的《全能显赫造物主》(*Creator omnium rerum*)(……)”。在此例中，仪式到此结束，因为议事司铎要求把自己葬在附近的一个教堂里，即圣德尼 - 杜 - 帕教堂。

5,“在［作为追思祷告的］追思已亡经的反复的歌声中，请把我的尸体抬往圣德尼 - 杜 - 帕教堂参加最后一个弥撒”，即安魂弥撒(*pro defunctis*)。这个弥撒在第二段所预约的两个弥撒之后，尸体应该在第二个弥撒(真福弥撒)和第三个弥撒(安魂弥撒)之间到达。

6,追思祷告与尸体入土：“弥撒结束后，唱短句经文“天主，垂怜我等罪人”(*Domine non secundum peccata nostra*)，唱圣诗“主啊！请怜悯我”(*Miserere mei Deus*)，然后奏《自深渊》(*De profundis*)乐章，循惯例默诵及祈祷，尸体移往墓穴”。他还预计到了法事在上午做不成的情况：“如果上午无法出殡和下葬，必须在晚课之后进行的话，请圣德尼的教友们在下午一点唱诵夜祭经和赞颂经，晚课结束后按上述程序开始出殡并下葬。”

有很多遗嘱按这一模式安排法事[40]。我们认为，尸体基本上都是在第二个弥撒即真福弥撒和第三个弥撒即安魂弥撒之间到达教堂的。“上供在最后一个弥撒进行，供上面包、红酒和银币”（在法国地中海地区，直到今天人们还在按旧俗上供）。尸体然后在追思已亡经和《万福玛利亚》的歌声中入土。头遍追思仪式。“尸体入土后，做 33 次弥撒，每次弥撒结尾，教士们都口诵《万福玛利亚》、《自深渊》和惯用的祈祷语，在死者坟头洒圣水。”其余的追思仪式。

1614 年的礼仪规范要求简化葬礼[41]。亡灵经丧失其重要性，做法事也被限定为一场弥撒，即安魂弥撒。人们放弃了另两场弥撒，即圣灵弥撒和圣母弥撒。这种情况在十六世纪便已出现，但在十七世纪上半叶，仍有不少立遗嘱人忠于传统的三部曲，即念诵全套的三经：夜祭经、临终经、赞颂经。

该习俗在十七世纪末被固定下来：“尸体到场，做一场大弥撒”。不过，无论做几场弥撒，最重要的还是尸体在场的那场法事，法事一完尸体即下葬。在遗嘱中再也见不到关于追思已亡经和入土仪式的要求，这令人吃惊。从此后，葬礼的主要仪式在教堂进行，烛光照亮遗像，法事大弥撒和乞恩小弥撒在遗像前一场接一场地上演。

下葬之后的种种法事

下葬之日的法事将重复多次，法事面向遗像而不是尸体，每次法事都包括在墓穴上念一遍追思已亡经。1628 年，蒙特勒伊的一位葡萄园主在遗嘱[42]中要求在下葬之日做法事，法事包括赞颂经、临终经、三次大弥撒和追思已亡经。

同样的法事在下葬次日再做一遍，同样包括“在墓穴上诵追思已亡经和《自深渊》”。

一位1644年的立遗嘱人[42]要求：“去后［死后］三日做三次法事，每次皆包括夜祭和三次弥撒……第八天再做一次法事。”第八日的法事与年底做的诞辰法事类同。它包括亡灵经、大弥撒、追思祷告以及在墓穴上洒圣水，还包括《自深渊》、追思已亡经、“惯例的”祈祷志哀和《万福玛利亚》。穷人在年底会像在下葬日一样得到施舍。有些立遗嘱人性子较急，甚至要求提前做诞辰法事的日子。“我去世三日便举行年终法事[42]”(1600)。

随着年终法事和年弥撒的举行，事先预定的弥撒一个个结束，费用也立即支付，“计件弥撒”这是米歇尔·伏维尔(M. Vovelle)的说法[43]。

新的一轮弥撒又开始了，一轮没有终期的基金弥撒。逝者遗赠给教堂财产管理委员会、修道院、慈善院或教友会一块土地(房产、田地、葡萄园)、一笔资金、一笔年金收入或一处产业(王宫街的店面)，然后请教堂、修道院或者慈善团体根据遗嘱中的具体规定不停地为他诵经和做弥撒。

祭堂(即英文的chantry)曾是最古老的施舍形式之一，具有极丰富的史学意义。1399年的一份遗嘱[44]对我们分析这一现象很有帮助：“务请实现我的遗愿，建成博韦圣依坡里特教堂的那座祭堂［自然是正在建造中的祭堂：祭堂大概在大殿扶垛之间，靠边；十四世纪这类祭堂数量较多，十三世纪未见出现，那时的祭堂建在回廊和十字耳堂里。一个巨大的变化],祭台上摆书,圣餐杯,以及其他做法事所必需的饰品[有些死者要求把其生前所读之书摆在祭台上]。”不过祭台本身有两个含义,一个我们刚见过,即实在的建筑,另一个代表了弥撒献金:“又及,从某某年金里拿出 60 里弗尔来供养祭台(……),其中 50 里弗尔送给负责该祭台各种法事的神父[许多没有收入的神父就是靠这笔钱过活的,在十二世纪人们称之为‘应召教士’]。该神父必须每天在祭台前为我、我双亲、我兄妹、朋友和恩人的灵魂做祈祷。剩下的 10 个里弗尔用来维持祭台费用[当然是蜡烛、做法事所需的各种服饰、法器和其他物品的费用](……)。又及,我要求该祭台表现我,表现我子孙后代及相关继承人。”另一份 1416 年的遗嘱仅取了其中的一个意思,即为弥撒准备的永久性基金:“我请求并要求在圣迪迭教区教堂建一座祭台(……)年金 100 里弗尔,一直供养下去(……)条件是必须天天有圣弗罗兰修道院的两位教士亲自或让人在此做祈祷,亦即礼拜日做礼拜,礼拜二、四做天神报喜弥撒,礼拜一、三、五做悼亡弥撒,礼拜六做天神报喜弥撒。所有弥撒都在上述祭台上做,以拯救和超度我威严的丈夫老爷的灵魂,我挚爱的儿子的灵魂,另外每年一次庄严的诞辰弥撒,于我家威严老爷忌日后的第 13 日举行(……)”。

在整个十六世纪,以及十七世纪上半叶,所有的遗嘱中都会要求建祭台或者继续供养他们父母建的祭台。1612 年,努瓦耶(Noyers)的领主,审计法院的常任长官让・萨伯雷在其遗嘱[43]中说,在其领地努瓦耶的教堂里有一座祭台(“我的祭台”);他的妻子葬在那里,他也要葬在那里。祭台不仅是做弥撒的地方,还是一块坟地。他又希望把母亲的祭台也移到他领地的教堂里来，也就是说把母亲的弥撒基金也转过来："又及，母亲遗言要在吉索尔(Gisors)的圣热尔韦和普罗台教堂为她超生，她在那里有祭台，自她去世后弥撒做了三十年；今后她的弥撒移到我在努瓦耶的圣母堂的祭台上来做，永不停止；我的继承人可选择最方便的方式来超度她的亡灵，如果我生前未能支付一应费用，请继承人每年为此付费。"拖延付费的继承人大概不在少数！

除了上午的习惯性的弥撒外，努瓦耶的领主还加一场晚祈祷："又及，我捐钱超度我和妻子的亡灵，在我们的忌日，太阳下山前一个小时，在努瓦耶圣母教堂我的矮(?)祭台上唱诵《万福玛利亚》并默哀，赞美上帝和圣母。"

在十五世纪，建一座祭台意味着在教堂里搭一个台子并在教士里指定专人天天在此做弥撒。

在十七世纪，祭台意味着不间断的日常弥撒，主持的神父是何人可以不计。不过祭台越来越像是下葬之地[45]。

当然，每天一场小弥撒，纪念日一场大弥撒，这并非祭台活动的最普遍形式。但至少在魂归(*obit*)之日得做一场弥撒。更常见的是趋向折中，例如1628年的那位蒙特勒伊的葡萄园主，每年做六次安魂弥撒：万圣节、圣诞节、圣蜡节、复活节、圣灵降临节、圣母节。除此之外，"每日(?)晚祷之后，在该教堂圣母像前唱诵耶稣受难经，诵经期间鸣钟。立遗嘱人为此向蒙特勒伊教堂遗赠400里弗尔，作为该教堂组织管理的年金……"

慈善基金及其公告

除了众多的弥撒基金外，还有一些慈善基金也向济贫院捐款：资助一张床位，维持一位贫女的生活或为她提供嫁妆，支付一次周年追思礼的费用[47]。在十二、十三世纪，人们常向修道院和宗教团体捐财物，而且数额很大。在后来一段时间内，捐资的情况基本未变，甚至稍有下滑，到十七世纪开始回升，于是慈善机构和济贫院又获得了较大的发展。捐赠的例子俯拾皆是，以下是其中的两例：一例发生在巴黎地区，1667 年，资助一所小型女校[48]："我永久性地遗赠给圣马丹学校每年年金 100 里弗尔，资助一位有能力教普特村的姑娘们读书并给她们讲授教理的女士或姑娘。此人由我的遗嘱执行人挑选，他去世后则由该村的堂区助理司铎、本堂财委以及该村的主要居民们一起挑选"；另一例发生在土伦，1678 年，其对象是一座未发终生愿的修女们的修道院："愿多尔的本堂神父在我的继承人去世之后享用并支配我的住宅，愿神父谢世后此地住进五位孤寡贫穷的女性，以纪念我主耶稣身上的五处伤口(……)五位女性的挑选委托给代代继任的多尔教区的本堂神父，主要监护人、教产主管或素福哈吉(Suffrage)圣母院、圣安娜教堂的圣体教友会负责人从旁协助"。立嘱人看得很远，修道院要等到继承人和多尔本堂神父都死后才能获益。但立嘱人泰然自若地做出许诺，仿佛那是一段不变的时间，他的施舍将继续到永远。

从十三、十四到十八世纪，立遗嘱人都十分担心受赠方、神职人员和教堂财产管理委员会不严格按要求履行义务。因此，他

们把契约条款、捐赠内容、教堂应做的弥撒、法事和应念的经都明确详细地公布在教堂内。“又及，须做一面铜牌，上面刻出立遗嘱人的姓名、别号、身份、逝日以及为他父母亡灵、亲朋好友、该教堂恩主们一直反复做下去的弥撒[48]”(1400)；“在我与我第一任丈夫圣约翰下葬之处竖立一块青铜基金牌，上面写出我丈夫的遗捐，请天主之女修道院的嬷嬷们接受上述条款中所赠的三百里弗尔，并按要求永久性地每年在我去世之日做一次法事[48]”(1560)。

一直到十七世纪，捐赠牌现象都十分常见。它们取代了坟墓，所以我下一章在“灵墓”的名目下将对其进行详尽的研究。

除了墙上的捐赠牌之外，还有两种宣示捐赠人意愿的方法。一是与主日讲道之祈祷——在本章开头我们已经见识过它在情感上的重要作用——联系在一起：“举行六次弥撒时，教堂财产管理委员会有责任在本堂主日讲道时宣布此事[48]”(1682)。

另一种方法是登记备案，其形式类似于死亡登记簿，由神父执笔并负责执行。该案卷美其名曰“功德账”，下面是一位 1416 年的立遗嘱人的遗言：“愿这份捐赠记录在上述教堂或隐修院的公德账上，作为备忘[48]”。

卡维隆(Cavaillon)博物馆里存有从 1622 年到十九世纪中叶的一系列“捐赠牌”，即一些上漆木牌(不是石牌也不是金属牌)。该博物馆坐落在一个旧济贫院的祭堂里，上述捐赠牌便是该济贫院的收藏。每个牌子上都刻有捐献人的姓名及捐献的数目。此外还有一个类似于功德账的东西，一种具有十八世纪风格的日历，日历分为两块牌(每块牌代表六个月)，每个日子之后都注有某个恩主的名字。神父们每天去做弥撒之前，都必须去圣器室查阅这份日历。

我们讲过，这些捐赠构成了一笔巨大的资产，它被从经济活动中转移出来，用于拯救灵魂，用于永久的悼念，也用于慈善事业和救济穷人。它勉勉强强地承当了今天已经属于国家的义务。

从十二世纪到十八世纪，上述习俗几乎维持不变，唯一不同的是十七世纪的立遗嘱人不再像十二世纪的施主那样大把地撒钱，他们更稳重，更有理性，更尊重自己继承人的权利。不过，在本质上他们的心愿和意图依然是一样的。

不过，变化大约出现在1740至1760年间，米歇尔·伏维尔对此的分析十分到位[49]："对弥撒的资助越来越少并最终停止，取代它们的是'规定了数量和种类的弥撒'"；"立遗嘱人，哪怕是最富有者，都更喜欢资助数百次乃至数千次确定会举行的弥撒［过多的义务让宗教社团不堪重负，于是请求教会当局特许'减少'弥撒的次数，这也可以说是一种'精神破产法'］，祖先所设立的香火永不断的祭祀，被一种虚拟的但却完全是幻觉的永恒所取代。"

暂且不谈这一重大现象背后的深刻原因，该现象给起始于十二、十三世纪的一段长长的历史画上了句号。这段历史从尸体露天墓发展到名目繁多的弥撒和法事，最后出现尸体入棺密封的做法。

教友会

所有这些变化的最终结果都是使亡者的世俗亲友退居后排，使教士、僧侣或代表上帝的穷人处于前列。活人在墓前的告别，即使没有被在祭坛进行的海量的弥撒和祷告所取代，也变得不那么重要了，死亡被置于教权管辖之下。然而，正是在这同一时期，即从十四世纪起，世俗人开始组织教友会，以便帮助为死者做法事的教士和僧侣。

有些世俗的施主依附于修道院，以便享受长期以来只有僧侣们才能享受的祈祷，此类现象从未停止，下面这份 1667 年的遗嘱[50]便是证据："我死后请通知巴黎夏尔特尔修会的尊敬的神父们，我为我们家从大夏尔特尔隐修院大院长那里获得了依附关系许可信［当然需要施舍］，请把信寄给他们，请他们在自己院里——并通知其他夏尔特尔隐修院——按习惯为我灵魂的安息和得救祈祷［一如'草席裹尸'时代］。他们皆是我终生敬爱的圣人，他们的祷告我最信"。

不过，十四世纪至十八世纪的教友会既不同于教会下边的教派和修会，也不同于被阿古隆（M. Agulhon）称为组织协会的行业协会或管理协会。事实上，在旧制度的最后几个世纪，所有的功能性协会都具有某种宗教性质，即教友互助会性质。

教友会成为各种新的敬奉形式的样板（如敬奉圣体），由世俗人自愿组成。一如阿古隆所言[51]："是否成为此类团体的成员完全取决于个人意愿，与职业、年龄或职务无关。"社团由世俗人领导和掌管（虽说有某些教会人士以私人名义参加），与教士界形成对立，上面曾提到教会要把死亡纳入教权的管辖，而这些社团在死亡事务中的重要作用有可能对此进行否定。世俗人的报复？或俗人戴着苦修者风帽模仿修士？教友会致力于救苦救难，所以在法国北部和西部人们称其为"慈善"社团。它们在堂区教堂里或其他教堂拥有祭堂,祭堂之祭坛后的装饰屏上有它们公布的详细计划,很多计划留存至今。对这些教友会的分析很有意义,这一方面是因为其中包含了从圣文传统继承来的成分,另一方面也是因为它们新增的成分,即与死亡有关的成分。

在前边(第三章)我们已经知道,《马太福音》第25章中关于最后审判的寓言,是中世纪后期末世说的主要来源,《慈悲行善图》便出自于此。"当人子在荣耀中登上宝座,万民都聚集在他面前,他要像区分绵羊与山羊一样把他们区分开来。"对被安置到右边的绵羊,我王说:"来吧,蒙我父赐福的绵羊,来享受那创世以来为你们所预备的国。因为我饿了,你们给我吃;我渴了,你们给我喝;我作客旅,你们留我住;我赤身露体,你们给我穿;我病了,你们看顾我;我在监里,你们来看我"(第25章,35—37节)。由于中世纪末主流思潮的影响,初期的最后审判图并未表现这些感人的场面。教友会后来从巨大的末世壁画中抽取出这一主题,让其单独构成一个与常见景象相关的系列连环画:乞丐得到衣食,流浪的朝圣者住进济贫院,得到照顾和治疗。在这些得到救助的穷人中,我们认出有一个是耶稣。艺术家从来不敢把耶稣画在监狱的铁栏后或刑房里。不过,耶稣虽然没有与罪犯共处一室,但却会现身在一个行善之人的身旁,那人或者递给刽子手一块铜板求他手下留情,或者给游街示众的人犯吃的与喝的。在教堂的彩绘玻璃上,在祭坛的后部装饰屏上都可以见到这些栩栩如生的画面,再也没有什么图像比这些画面更大众化了[52]。

《马太福音》第25章列举的善事共有6件。不过,在中世纪末教友会的描述中却又多出了一件,这一定是件令人牵肠挂肚的事,

于是被加进了圣文：埋葬死者。葬死者与其他善事相提并论：给饥者饮食，给香客住所，衣无衣之人，照看病人与囚犯。然而，福音书对丧葬仪式的态度非常谨慎。遇见在笛音中抬着死人去城外的送葬队伍时，耶稣默然无语。他甚至留下了一句高深莫测的话："让死人去葬死人吧。"这句话很可能被理解为对大办丧事的谴责。福音书对丧葬之事不置一词，这让中世纪下半叶的人们难以接受，于是便把此事也加进了福音书。

下葬之事，在奥顿的洪诺留的《教会之鉴》（*Speculum Ecclesiae*[52]）所列举的善行中尚未出现，但在神学家、礼拜仪式专家让·拜乐特（Jean Beleth）的《圣教法事书》（*Rationale divinorum officiorum*）中已经提及。它在图画中的出现与教友会同步；在乔托在十四世纪佛罗伦萨钟楼上的浅浮雕中，人们可以找到它。从十五世纪起，此类图像越来越多见。

究其原因，是因为在所有善事中教友会以办丧事为主。他们在驱魔避邪——驱除鼠疫、瘟疫——的圣人中挑选自己的庇护人：圣塞巴斯蒂昂，圣罗舍（Saint Roch），圣贡德（Saint Gond）。

教友会的存在满足了三种需要。其一是在彼岸的保险：会友们一定会为死者祈祷，在祭堂里超度亡灵，死者大都葬在祭堂地下的会墓中。棺材上罩着教友会的棺罩，会友们和教会人员及四种托体修士（或由会友取代之）一起列队为死者送葬。教友会还负责死者身后的一应法事和祈祷，因为人们怕教堂财部或修道院会忘记其责任。

其二是救助穷人。那些穷人一贫如洗，没有任何办法聘请教士为自己向上帝诉情。对于当时极高的死亡率，人们没做表示，但却不能容忍遗弃死者，不给他们做祈祷。在乡下，按照古传统，哪怕是赤贫之人，也会有邻居和朋友为他送葬。中世纪城市飞跃发展，过去的乡亲之情，赤贫或孤寡之人（二者是一回事）在悼亡仪式中再也享受不到；给予有德之人和赦罪之人（如教士、僧侣、教区贫民——贫民“等级”，有别于孤寡者）的新资助，也与他们无缘。他们死在哪里就被埋在哪里，成为教堂领地外的孤坟，至少在十六世纪前，这是常有的情况。因此教友会承担起埋葬他们并为他们做祈祷的责任。1560 年，在罗马成立了死亡与默祷教友会（della Orazione e della Morte），其目的就是把那些野外弃尸和从台伯河中捞起的死尸葬入他们祭堂的墓地。身无分文者死后可以依赖会友。

在法国，圣体会 1633 年不仅负责安葬穷人，还对他们提供临终帮助：“圣体会希望帮助他们面对死亡，让他们获得实实在在的而不是一般性的安慰。”此类情况当然都发生在大城市。在过去，穷人们咽气前自然也会做临终圣事，但圣体会认为这还不够：“圣体会知道，在替他们做过临终敷油礼后，人们便不再管垂死的乞丐，让他们就那样死去，一句安慰话也没有。看到这些贫苦人在非常需要精神安慰时却无人理会，圣体会感触良深。”当然他们也不是完全孤独的，他们有俗世朋友，但却没有精神的朋友。“因此，圣体会派会友去多乞丐教区与神父协商。不过这良好的意愿似乎并没有获得多大的成效[53]。”

教友会存在的第三个理由是为教区提供殡仪服务。很多地方的教堂财委都把组织丧礼，尤其是送殡的任务交给了教友会：“在旧制度时期，苦修者教友会如果不是在法律上至少也是在实际上承担着真正的社会职能(……)。[此类教友会]消失后,人们有时甚至不知找谁来负责殡仪事务。执政府时期,某些主张重建教友会的人就曾将这一不便作为他们的主要依据[54]”(M.阿古隆)。据M.毕(M.Bee),在诺曼底,慈善组织直到今天还继续担负着这一传统使命,市政府把从事殡仪服务的垄断权出让给他们。

因此,教友会很早就成为,而且在很长时间内一直是为死人服务的组织。教友会在十四世纪的大发展与时代的变化有关,即当时的丧葬事宜开始具有一种庄严的宗教色彩以及教民盛事的性质。然而,教友会画上所保留下来的丧葬场面与教堂的有所不同,教堂用“遗像”遮住遗体,而教友会画上表现的却是古朴的下葬仪式:会友们抬着装棺的或仅仅装殓在裹尸袋里的遗体,举着十字架,捧着圣水,走向藏骸所的墓穴。

大概这些画面表现的是一种行善的葬礼,即为一个穷人下葬,所以没出现在教堂的壁画中:如今教堂已不再需要用种种宗教仪式来掩饰入土下葬的事实了。教友会负责送葬,送葬和埋葬混杂在一起。

入土为安,墓的形象对教友会的人来说非常重要,但教士、僧侣——即使那不是一次行善的葬礼——却早已不存此念了。阿姆斯特丹博物馆存有一幅十六世纪的教友会装饰屏,屏中的墓地院子里有一座砖砌的墓穴——这在当时极为少见——,一位掘墓人正在用棒子移动墓穴盖。教友会记下的这一古老的下葬景象,这说明它十分重视把送葬队集合在墓边。

难道会友们都是世俗人,所以对丧葬仪式教会化的整体趋势保持距离?或者他们依然钟情于在乡间延续的古老丧葬形式?在这种情况中，我们除了应该注意到教会改革的“除根”作用外，还应注意到俗人——哪怕是笃信宗教的俗人——的固执守旧态度，在特兰托公会议之前，他们既受教士影响，又对后者持不信任态度。不过，也不应过分强调这种残留下来的下葬习俗，丧葬风俗在整体上还是倾向于遮蔽坟墓的。

教友会也参加隆重的大型葬礼。他们（在M.伏维尔笔下的南方）加入到四托钵修士会的队伍里，有时甚至代替后者（在M.毕笔下的诺曼底）。会友的袍子——在南方成了苦修僧的长袍——是送葬队的人穿的丧服，这我们在卢浮宫菲利普·波（Philippe Pot）的墓上、第戎勃艮第公爵们的墓上都能见到：尽管他们是决然无疑地具有独立地位的俗家信徒，这种酷似教袍的服装把他们变成了某种僧侣，恰如方济各会第三会的成员。因此，不管是在教会内还是教会外，他们都拥有正式的地位。

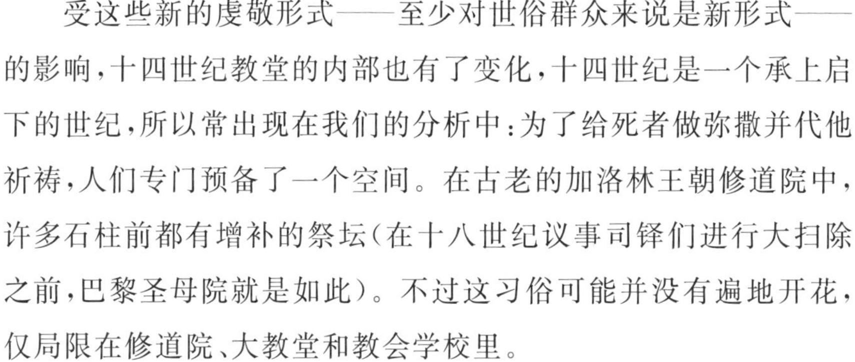

受这些新的虔敬形式——至少对世俗群众来说是新形式——的影响，十四世纪教堂的内部也有了变化，十四世纪是一个承上启下的世纪，所以常出现在我们的分析中：为了给死者做弥撒并代他祈祷，人们专门预备了一个空间。在古老的加洛林王朝修道院中，许多石柱前都有增补的祭坛（在十八世纪议事司铎们进行大扫除之前，巴黎圣母院就是如此）。不过这习俗可能并没有遍地开花，仅局限在修道院、大教堂和教会学校里。

从十四世纪起，所有小堂神父、无衔神父都有一个必备的做祈祷的地方，他们欠下巨账，必须为施主做大量弥撒、颂赞经、瞻礼前的祭奠、临终经以及追思已亡经。为了这一目的人们在教堂大殿的两侧建了一些专用祭堂，有的由家庭出资，如我们前面所言，有的由教友会建造。很少有教堂侧边没有侧殿祭堂：它们常常与丧葬有关，或是家墓，或是教友会之墓。

此岸和彼岸的保障；遗嘱的功能；财产的重新分配

一直在听我们从十二、十三世纪开始讲起的殡葬故事的读者，一定会觉得上述情况在前边似乎听过或者见过。事实上，一切迹象均表明十三至十七世纪的城市居民似乎在数百年后又拾回了加洛林朝代僧侣们的观念和习俗：为死者祈祷——此乃永久性基金的起源，成套的“规定了数量和种类的弥撒”（M.伏维尔）。宗教仪式中的队列，作为子民所参加的种种祈祷，裹尸草席，停尸间等，可能都成了教友会模仿的样板。

加洛林朝代的僧侣们孕育出了一套死亡观并使之成熟，该死亡观与古教会的死亡观有所不同。它反映了一种哲人的宗教思想，即圣奥古斯丁和圣格列高利一世的宗教思想。俗世亦即骑士与农民的世界一直忠实于上古的糅合了古信仰和基督教的传统观念，所以并没有立即受其影响。自十二、十三世纪，大概在新城市里的那些托钵僧侣们的影响下，民间开始接受这些从古老修道院里传出来的观念，即为死者说情，教会的精神财富，祝圣活动，说情圣人的巨大作用。

世俗群众之所以向这些思想开放，是因为他们已为接受这些思想做好了准备：僧侣社团曾是书写文化的孤岛，现代化的先驱，他们过去在观念上与世俗群众的距离太大。在十三、十四世纪的城市里，这两种思想观念开始相互靠拢。我们方才研究了使这两种思想观念相互接近的一个构件:教友会。另一个构件是遗嘱。遗嘱保证每个信徒甚至在没有家人或教友会的参与下也能享受具有互助性质的祈祷,获得中世纪前期信教子民的种种特殊待遇。

当遗嘱在十二世纪成为民间习俗时,它既有别于古罗马时代的遗嘱,也有别于十八世纪末的遗嘱:那时它已彻底变成私人性的法律文件,用来决定遗产的分配。它原本主要是一份宗教性文件,出自教会的硬性规定,无论多穷你也不能没有遗嘱。教会要求立遗嘱,把它看得与副圣事和圣水一样重,未履行该义务之人有可能被逐出教会:原则上讲,未立遗嘱者不得葬入教堂或墓地。书写和保存遗嘱的人既是公证人也是神父。如果说到了十六世纪公证人的身份终于占了上风,那么在很长一段时间内遗嘱一直是一项教会事务。

因此,到达生命的终点,信徒申明自己的信仰,承认自己的罪孽,用一个公开的文件来赎罪,美其名曰施舍善财(*ad pias causas*)。至于教会,则通过遗嘱的形式来监督罪人的赦免,提取死者的部分遗产,用于增加教会的精神和物质财富。

所以,直到十八世纪中期,遗嘱一直分为两个部分,两部分一样重要:首先是涉及宗教信仰方面的条款,然后才是关于遗产分配的条款。前边的条款顺序是固定的,与罗兰临终前所做与所言的顺序一致。给人的感觉就像是在没有写下来之前,遗嘱——或它的前半部分——是口述的:“鉴于他们(两位立遗嘱人:一位巴黎面包商及其妻子,1560 年)的生命与所有人的一样短暂,大限终将来临,凡人不知自己在何时以及如何死去,但他们又绝不愿意在弃世后成为未立遗嘱之人,所以在感性和理性的引导下[公证人有一个更通用的说法：'最易肯定之事乃死亡，最难肯定之事乃死之时刻，于是想到生命终了之时，不愿在本世纪成为死后未立遗嘱之人'（1413年，一位议会主席）]，他们以圣父、圣子、圣灵的名义，以下列形式立下遗嘱[55]。"

首先申明信仰，《忏悔经》的变体，然后提及天庭；天庭成员或者出现在临终人的床前，或者在世界末日现身天宇。

"首先，我把灵魂交给创造我的上帝，交给光辉普照的至善圣母玛利亚，交给天使长圣米迦勒，交给圣彼得和圣保罗，以及大慈大悲的天庭"（1394）。"首先，身为真正的虔诚天主教徒（那是在1560年，宗教改革之后），他们把灵魂交给慈悲的圣母玛利亚，交给天使长圣米迦勒，交给圣彼得和圣保罗，交给圣使徒约翰（最后审判中的代求情者原是福音传道者约翰，在后来的《忏悔经》定稿——今人已不使用该文本——中，此角色被移植到施洗者约翰身上），交给圣尼古拉先生和抹大拉的圣马利亚夫人，托付给天堂之天庭。"

接下来是赎罪与恕罪："又及，遗嘱执行人须一一偿清其债务，逐件弥补其过失。"蒙特勒伊的葡萄园主在1628年也把"过失"（tortsfaits）两个字写成一个词，如 让·雷涅在十五世纪中叶的写法一样：

> 愿债务被偿清，
> 让过失得弥补。

"我真心地原谅那些伤害过我或让我不快的人，求上帝赦免他们的过错，同样，我也请求那些被我伤害和辱骂过的人看在上帝的分上宽恕我[55]。”

然后是挑选墓址，前面我们已经举过许多例子。最后是关于送葬队伍、照明灯烛、祭祀法事、慈善基金、济贫布施，以及关于墓碑词和还愿牌的种种要求。

关于信徒遗赠的条款便出现在此处，它赋予中世纪至十八世纪的遗嘱以深远的意义。

请不要忘了，我们在上一章曾谈到中世纪下半叶以及文艺复兴时期的人都非常热爱生命，热爱生活中的事物，这种爱自然会影响到临终之人。

临终者面对的种种困难今人很难理解，而遗嘱有助于他克服这些困难。那是一种难以摆脱的困境，因为他既迷恋现世又向往彼岸。根据传统的基督教说教，现代评论家趋向于认为这两种情感相互对立，无法调和。然而，在赤裸裸的日常生活中，这两种情感是共存的，甚至起到了相互照应的作用。今人的感觉恰恰相反，我们发现这两种情感在相互作用下都遭到了削弱。

中世纪的临终者面临以下抉择：或者继续享受“现世”（temporalia），享用人与物从而失去灵魂，就像那些教会人士或整个基督教传统所说的那样，或者放弃享乐以获得永恒的拯救：是现世还是永福？

而遗嘱则是一种既能得到永福又不完全舍弃现世的宗教办法，近乎一种圣事，它把现实的财产与获救的事业联系在一起。从某种意义上讲，这是一种个人与上帝所签的保险契约，教堂是中间人：一份契约两个目的，它首先是“进天堂的护照”，雅克·勒高夫如是说[56]。就这一点而言，它担保了立约人的天堂永福，不过保险费的支付方式却是信徒的捐赠，现世的钞票。

遗嘱还是“人间的通行证”，有了这一身份，人们就能合法地享用在现世所获得的种种财富，否则就会令人生疑。这第二笔保险金的支付使用精神钞票，亦即他们虔诚的遗赠、弥撒、慈善基金的精神对等物。

因此，遗嘱一方面提供对天堂永福的获取权，另一方面又使现世享乐名正言顺。

前一种含义世人皆知，史学家们就曾着重指出在中世纪以及其后很长一段时间内，财富向教会转移的空前规模。

在最早的例子中，宗教义务在生前进行，贵人或富商放弃一切财产去修道院隐居直至死亡：一般来说，修道院是他们皈依的最大受益者。生前穿上修道院的僧袍，这一习俗延续了很长时间。就像加入方济各会第三会就能得到相应权利一样，此举保证新入修道院者能够享受僧侣们的祈祷，死后亦可埋入修道院的教堂。

舍弃一切财产并提前退隐，这在十二、十三世纪是一种相当普遍的现象，进入十五世纪后较为少见：在一个居有定所，而且已经相当城市化的世界里，老人(50 岁而已 ！)渴望继续进行经济活动并支配自己的财产。不过，以遗嘱的形式施舍死后财产的例子依然屡见不鲜而且数量可观。继承人只能拿到部分遗产，其他部分则被教会和慈善基金提走。J.勒高夫写道：“如果你的头脑中没有中世纪人那种对地狱的极端恐惧和对永福的痴心妄想，你就永远无法理解他们的精神状态。看见他们一生的敛财努力付之东流，权、财两舍弃，你一定会感到万分惊愕。这一行为一方面造成了空前的财产流动，另一方面又以极端的（*in extremis*）形式显示出，在中世纪，即便是最为贪恋人间财富的人，最终也会唾弃现世（不过在此我要提示一下，唾弃现世者难道不就是曾经热恋过它的人吗？一如今日率先否定消费社会的人就是那些已经得过其好处的人，这不由得令正在等待获取其好处的人义愤填膺），这种精神特征妨碍了财富的积累，使得中世纪的人无法获得孕育资本主义所必需的心理和物质条件[56]。”

而J.赫尔[57]则认为，施舍巨资是十四世纪贵族经济破产的原因之一。贵族“捐善款建基金：遗产赠给穷人、医院、教堂、修会，为自己灵魂的安息预定成百上千次弥撒，结果使自己的继承人变得越来越穷”。J.赫尔认为这与其说是社会的整体精神还不如说是一个阶级的特征：“拒绝勤俭节约，不考虑家人的未来，这些都是一种阶级意识的表现，在一个商业社会中，它显得有些落伍。”可那些商人不是也有这种习惯吗？萨泊里（Sapori）有一段文字论及佛罗伦萨商人家族巴蒂（Bardi），常被人引用，他在文中强调：“他们在日常生活中勇敢坚毅，创造并积累了巨大财富，可另一方面他们又极端害怕，唯恐因不光彩的敛财手段而受到永恒惩罚，于是在两种态度间形成了一种巨大的反差。”梅兹的一位商人1300年把一半以上的财产遗赠给教会。J.莱斯托夸发现十三、十四世纪佛兰德的和阿拉斯的银行家和商人们同样慷慨[58]。难道不应该将这种财产的再分配看作是产业革命前发达社会的一种普遍习俗即聚财的习俗吗？上古社会富户的捐献或义助，在十三至十五世纪的基督教西方变成了向教会施舍的慈善基金？蒲慕州（P. Veyne）便明确地提出了这个问题[59]：“工业革命前的社会有以下特征：个人收

入间的差异之大令人难以想象，没有投资机会，唯有数个拥有专业知识且我行我素的人敢于冒投资的风险。直到上个世纪，世界资本主要集中在农田和房产上；生产工具，如犁、船或纺织机在此资本中所占比例极为有限。仅仅是在工业革命后，年剩余价值才有可能通过投资转化为生产资本，如机器、铁路等…… 在过去，即便是在相当原始的社会中，剩余价值一般都被转化成公共建筑或宗教建筑的形式。”我要补充说，除此之外，还有珠宝、金银器、艺术品；对于不太富有的人来说，则是美丽的装饰物；对于教士和法官来说，则是教育和美文。“从前，富人们会把吃不完的盈余积攒起来，但攒起来的钱财总有一天会散出去。到了那一天，他们绝不会像我们这样踌躇不决，他们把钱全拿出来建一座庙宇或教堂（或建一个基金），因为那一定是有回报的。在工业革命前，捐赠善款的功德主或供养人代表了一种非常普遍的经济人（*homo œconomicus*）类型，如今这类人寥若晨星，其最典型的代表便是某些科威特酋长或美国亿万富翁，他们捐资建医院或现代艺术博物馆。”

“古代城市依靠［功德主的］捐赠存活了五个世纪”，蒲慕州赞同此说。应该承认，中世纪的遗嘱施舍具有重新分配财富的基本作用，十六、十七世纪也一样，虽说这两个世纪捐赠的数量较少，与遗产的比例也更恰当一些。J. 莱斯托夸注意到，阿拉斯城在十六世纪的捐赠有所减少，但在十七世纪又恢复到中世纪的水平。后来直到十八世纪中叶，捐给宗教事业的钱财才开始剧减，M. 伏维尔在书中对此有过描述。在十七乃至十八世纪的天主教或新教国家里，所有的公共救济事业都建立在信徒的献金上：荷兰济贫院院长和嬷嬷们的肖像流传后世，实乃他们应享之待遇[60]。

财富与死亡；用益权

然而，在古代捐献与现代和中世纪的捐献之间存在着重大差异。事实上，如果必须“散尽”家财，那么就有必要把握散财的时机。在古代，这时机取决于施主职业上的种种风险。在中世纪及整个现代，它便是死神降临或确信死之将至之时。于是对待死亡的态度与对待财富的态度发生了关联，一种在古代和在我们工业文明时代都闻所未闻的关联。这一关联无疑是上述社会的主要特征之一，从中世纪中期到十七世纪晚期，该社会在这一点上一直保持未变。

马克斯·韦伯区别前资本主义者和资本主义者，前者贪图享受，后者把积累利润看作自在的目的，并不利用钱财来及时行乐。然而，他却无法很好地解释财富与死亡在这两种情况中所具有的关联。他写道：“对他（资产者）而言，一生聚财仅仅是为了把金银和财富带进棺材，以此作为人生的唯一目标，这只能是变态使然，金子成为神圣之物（*l'auri sacra fames*）[61]。”

然而事实恰好相反，想把“金银和财富带进棺材”的是前资本主义者，他要守住自己的财产直至永远（*in aeternum*），他贪财爱财，不到万不得已决不撒手。死他并不害怕，但却实在无法“舍弃华屋、花园和果园”。

葛朗台老爹的吝啬还是传统的吝啬（*avaritia*），自他以后，十九、二十世纪的商人在临死前很少表现得如此放不下自己的产业、有价证券、赛马、别墅和游船！当代财富观赋予死亡的位置与中世纪到十八世纪的大不相同，这大概是因为当代财富观不那么看重肉体并追求物欲，更讲究精神和形而上学。

对于中世纪的人来说，吝啬是一种毁灭人的嗜好，一方面它让基督徒堕入地狱，另一方面它让基督徒想到人死财空便肝肠寸断。因此基督徒一把抓住了教会伸给他的救命杆：趁死亡之机，用遗嘱的形式，来实现其他社会通过施舍或供奉来实现的经济功能。作为遗赠的报偿，他将获得永恒的“财富”；同时，这也是遗嘱的第二个方面，为现世进行平反，过去的吝啬不再遭人非难。

A. 沃歇（A. Vauchez）也得出了十分相近的结论[62]：“富人，也就是说强者，在保证自己永福方面得天独厚。”别人替他斋戒，代他去朝圣。富人可以请人“代为赎罪”，穷人则无此可能。富人“可以捐赠，施舍，建立供奉或济贫基金，不断行善积德，得到上帝的青睐。财富并不是一种诅咒，它反而是一条向神圣进军的捷径（……）。在隐修院占主流地位的苦行僧理想，便极力歌颂舍弃的能力，舍弃乃皈依的明确表征。但一无所有者，拿什么来舍弃？穷人的唯一资源就是为恩公做祈祷”。“这条精神法则不仅为慷慨的富人在彼岸预备了奖赏，而且在现世为此向他做出担保”（着重号为我们所加）。许多赞美修道院的托斯卡资料都有着以下开头语：“为圣地捐赠的人此生将得到百倍的补偿。”因此，参加十字军远征之人应该获得胜利、战利品，这是他们被上帝选中的确证：“来吧，快来收获你们应得的双重奖品（着重号为我们所加），活人的土地以及流淌着奶和蜜、食物遍地的福地（西方主教们关于十字军东征的集体信）。”

十四世纪初，阿拉斯城最富有的市民之一，博德·克里斯班(Baude Crespin)在圣瓦斯特修道院去世，他是该院的功德主。讣告栏中收录了他的墓志铭，文告曰，虽说他的确是僧侣，但却是一个与众不同的僧侣："永远再也见不到像他那样的僧侣了。"事实上，由于他前不久还大富大贵，所以他的谦卑便显得尤其可贵和令人赞赏了。"多亏了他，上百人得以体面地生活[63]。"

长桥(Longpont)修道院里有一座盖尼埃复制的十三世纪的墓，墓上写有这样一段墓志铭："他奇迹般地舍弃了孩子、朋友及财产[生前在人间的所有财物——*omnia temporalia des arte moriendi*]，在此地修行，坚韧虔诚，酷爱上帝，圣洁的灵魂快乐地随上帝而去[64]。"

吝啬人有福了(*Felix avaritia*)！犯了大错，改过才有大价值，改过导致具有楷模效应的皈依，改过导致造福一方的财产转移。面对此等现象，教会人士又怎能坚持到底、不打招呼便判其有罪呢？那些东西终将流进他们的仓库、他们的贮藏室，最后变成祈祷和弥撒之精神财富。他们谴责那些东西，但不谴责改过和重新分配。其实他们也一样，在唾弃现世(*contemptus mundi*)之氛围的笼罩下，他们也喜欢这些东西，而中世纪下半叶的宗教艺术，如《天神报喜图》、《圣母往见图》、《圣母诞生图》、《圣母怜子图》、《耶稣受难图》等，都受到了此种爱情的哺育，此爱与对上帝之爱联系在一起。

伏尔泰曾讥讽地假设：人间财富的最后归宿在哪里？在教堂，在贫济院，这是它存在的唯一理由。其实也不尽然。在遗嘱文献里便有一个观点，它在一定条件下消除了顾虑，使得对现世财产的某几种用法具有了合法性质。

十四世纪的遗嘱中已经包含了上述观点："我的创造者上帝赐予我和借给我的财富，我欲以遗嘱或最后遗愿的形式按下列方式进行安排和分配"(1314)。"我主耶稣赐予我的财富，以及我的身体，我欲为我灵魂的获救进行安排和分配[65]"(1399)。

"仁慈的救世主耶稣在现世赐予我的财富和东西，我欲为了我崇敬的上帝的荣耀进行分配[65]"(1401)。

"为拯救和慰藉他的灵魂提供资助，支配和安排他自己(陵墓)以及上帝赐给他并管理着的财富[65]"(1413)。

该观点在十七世纪的遗嘱中无甚改变，不过又出现了一个重要观念，即这一自愿的施舍对活人的和睦相处十分必要："在谢世宾天前，我不希望留下没有处理完的事务，也不希望没有安排好万能上帝恩赐我的财富"(1612)。

"在这个转瞬即逝、大限来临的现世，[……]欲安排好上帝恩赐给他的世俗财富[65]"(1648)。

"欲根据孩子们的利益来分配上帝恩赐的财富，以便让他们一直和睦相处，相亲相爱[65]"(1652)：相亲相爱，和睦相处，用其他方式一定难以维持！

立遗嘱：良心的责任，个人的行为

因此，捐献资财行善积德，并为继承人分配遗产，便成为一种良心的责任。在十八世纪，这一伦理上的义务甚至比行善施舍和弥撒基金更重要，后者趋向于过时，或至少已不再是遗嘱的主旨。

这种渐变十分重要，有必要引起我们的注意。

1736年的一位信教作家[66]在《基督徒善终方法》——也就是十八世纪关于善终的艺术——一书中写道："面临死亡威胁的病人应做些什么呢？他派人请来一位忏悔师和一位公证员。"二者缺一不可：这令人惊奇，因为这是一本教人超脱、唾弃现世和如何善终的教材。他解释说："忏悔师负责理顺他良心上的事务，公证员负责立遗嘱。"在这两个人的帮助下，病人须完成三件事：第一是忏悔，第二是领圣体。"在面对上帝的最后审判之前，临终者要做的第三件事就是尽量安排好俗世的事务，审查一切是否正常，并分配所有遗产。"请注意，这与我们现今的人寿保险大不一样，它并不是一种凡人的预防措施，或上层社会智慧与谨慎的结晶，而是一种宗教行为，一种不是圣事的圣事。灵魂的永福取决于上述三件事的完成。反改革派的新教规要求人们不要等到临死再皈依上帝，而是要毕生准备，在这个时期，上述行为甚至成为准备死亡的功课。"这是希望为死做好充分准备的人在身体健康时应做的事情。这是在为死亡做准备的过程中最基本的事宜，但人们常常予以忽视。"

在这十八世纪中期，遗嘱的主要侍奉任务不再是布施和弥撒基金。它们被保留下来，但却不再享有绝对的地位。教会作家只会提醒病人不要过多地考虑亲人从而忘了自己的永福："另外在遗嘱中，在考虑他人［也就是说尽量公平地将财富分配给继承人］的同时，千万不要忘了您自己［也就是说为您的获救赎罪］，不要忘了行善积德并救济穷人"，不过也不能过分，要保持理智，即"量力而行"。奉献善款不应带有求名的秘密意图，该意图与基督徒的谦卑相抵，而且有可能损害家族的合法权益。不要任意送人任何东西："严守法律条款，不要只顾亲情［给宠爱者多分］，不追求名声［不为扬名而捐资］。"

作为宗教契约，遗嘱的主要目的从捐献善款逐渐过渡到对家庭的治理，同时，它还变成了一种预见性的、预防性的文件，只不过它所预防的死亡是可能的而不是真正的死亡（*non in articulo mortis*）[67]。

写遗嘱并不是富人的专利。小人物乃至穷人也有责任支配他所拥有的那一点财产。比如说，1649 年，一位"女仆……希望在此［去世］前分配好她的那些小玩意［床、裙子］[68]。"

视财富和万物如浮云或全不将其当回事的思想尚不存在。我们在《善终图》病人的床前或以死亡为题的题材中所见到的那种对生命的暧昧迷恋，即爱己惜生，在遗嘱中也能见到。

遗嘱，这个几近于圣事的宗教契约，有可能也是一份个人文件吗？它是否有必要模仿礼拜仪式的固定程式并完全遵从该体裁的俗套呢？米歇尔·伏维尔在议论十七、十八世纪时自问："是繁琐僵化的公证语套话（……）还是公证人与客户思维变化的明显印迹[69]？"通过系列研究，他认为个人情感的流露，在遗嘱中乃至自书的遗嘱中都极为少见，但据此而断言遗嘱用语乃程式化的东西，也未免言过其实。其实，遗嘱的格式相当"丰富"："……有多少公证人，几乎就有多少种格式"。十七、十八世纪的遗嘱还不是一种坦诚的忏悔，交心并加以分析的饥渴实乃今人心理的反映，所以众多的书写格式意味着一定的自由度。于是，这种半自由的表达形式让自发的情感得以穿破习俗的坚甲，有了一定的抒发余地。家庭流水账也属此列。遗嘱不是自十八世纪发展至今的表述个性的“日记”，它提供了多种多样的小样板，其中每一个样板都代表了一个具有统计意义的样品。

遗嘱，文学体裁

上述事实说明，我们史学家完全可以把遗嘱当作史料，用来揭示古代人思想的形态及其变迁。再进一步，我们还可以把重现于中世纪并获得发展的遗嘱看作一种文化现象。中世纪的遗嘱不仅是一份宗教文件，像我们上面分析的那样，一份既有教会强迫性质又有个人自愿性质的文件。在十四和十五世纪，诗歌借用了它那已经相当固定的形式，构成了一种文学体裁。不过遗嘱的形式只是外表，实际上诗人还用它来表达生命短暂、死之难免的感叹，一如十八世纪的小说家选择书信体裁：在其时代的各种交流手段中，作家挑选出那种最能抒发个人情感、最为大众喜闻乐见的表现形式。中世纪的作家们没有作弊，他们保留了遗嘱的固有形制，沿袭了公证人的笔法，不过，体裁的种种约束并没有阻止他们把遗嘱变成当时最直白、最具个性的诗歌。这是人面对死亡、面对死亡阴影下的此生所给出最初的半自发、半无奈的忏悔：这景象令人无所适从，充满了期待、遗憾、悔恨、怀旧、饥渴等欲望。

我们在遗嘱中分析过的各个部分，在以下诗歌中都能见到。

据说临终时，
好的基督徒，

须安排后事，
写一份遗嘱。

这是让·雷涅（Jean Régnier，1392—1468）在牢中的个人说法[70]。

维庸当时的处境也不怎么好，他在传统的引言部分中说：

终将远逝，
自知难返，
（我亦有过，
人非钢锡，
生之无常，
死后无宁，
驾鹤归远）
诗以记事。

在让·雷涅的诗中我们找见了诚恳的忏悔，他呼唤天庭说情者，并捧上自己的灵魂：

千古艰难唯一死……
我欲死在信仰中。
恳请圣人与贞女，
慈悲伸援手，
诉情与上帝，

让我灵魂上天庭。

维庸则以不同的方式表达了同样的意思：

初始之言：
以上帝之名，
圣子圣母之名，
永恒万民之父，
与圣灵一道，
救助归寂的亚当，
许其罪魂登天(……)

先把我可怜的灵魂
献给慈悲的三位一体，
恳求圣母，
神的卧房，
以及所有悲天悯人的
诸路天使，
助我灵魂
登上辉煌天庭
[灵魂升天]。

然后便是认错、纠错、求宽恕：

求大家多多怜悯我……
看上帝分上饶恕我，
我一定有错必纠，
清还欠债（维庸）。

各人指定自己的墓址：

雅各布教会公墓，
乃我葬身处（……）（让·雷涅）。

又及，令人将我遗体
归葬母亲大地（维庸）。

魂归上帝，身入黄土，这是一种古说法。据习俗，他又补充道：

又及，墓址选定在圣阿凹（Sainte Avoye）
而非异地他乡。

最后是关于送葬队伍以及实施法事的种种细节：

又及，抬棺木
要四位农友（……）
照明灯烛
务必备齐，

此事执行人
酌情决定。
我只要一场
高声唱诵的安魂弥撒。
若能唱全……
实慰我心。
请记住，给唱诗班
人人酬金，
让他们有钱大吃大喝(……)(维庸)。

遗嘱文学在十六、十七和十八世纪影响深远，其影响大概就包含在 M.伏维尔戏称的“美文遗言”中，文中有人生向晚之时所写下的感怀自身及家人的抒情篇章。

不顾种种习俗的限制，从中世纪起，立遗嘱人开始表达一种近似于《善终术》的情感：自我意识，使命感，安排自己、自己的灵魂、躯体和财产的义务与权利，以及最后遗愿的重要性等。

还是被驯服的死亡

这就是自我的死亡，单个的自我，单个面对上帝。单个的生平，单个的法事和善事资本，携带着他生命中的行为与热情，携带着他对俗物的可鄙热恋和他在彼岸的保险。这是一个复杂的体系，人们编织在身边的体系，为了更好地生活，也为了更好地延续这生命。

上古时期那种信心十足或令人疲惫的屈从态度，似乎被这种此、彼岸的个人主义给排斥掉了。没错，个人主义便是朝这一方向发展的，但立遗嘱的做法又告诉我们，它并没有超越某种限度，没有与古老习俗彻底决裂。遗嘱以书面的形式再现了过去口头上的祭奠仪式。口头祭奠被转换成书面形式和法律文件后，多少失去了一些它所具有的习俗、集体和礼拜仪式的性质，我甚至说它失去了某种民俗性质。它使其个性化，但又没有完全个性化。古老的口头祭奠精神并没有完全消失。因此，醉心死亡者想不到遗嘱，过于贪生怕死者不识遗嘱。

令人注意的是，对炼狱的暗示出现得较晚(在十七世纪中期前难得一见)。如果说，通过遗嘱，死亡被个性化，个体化，如果说，死亡同样也是个体的身死，那么在临终者床前，对公众而言，死亡始终是那远古的无从记忆的死亡。

第 五 章

卧像、跪像与灵魂

坟墓成为无名墓

在博物馆，在考古场，在基督教初兴之时的教堂墙壁上，我们找到了公元初数个世纪的大量的罗马古墓残片和石碑：它们千篇一律，全像是一个模子里倒出来的，不过对今人来说，这千篇一律颇有启发意义。

我们发现，在古墓地里，无论是俗家墓地还是教友墓地，墓的作用都是用来标记尸体存放的具体地点的：要么是收殓尸体或骨灰的无机物（石棺），要么是一个室状的建筑，尸体存在室里。不会出现有尸无墓或有墓无尸的情况。

墓上有一段显眼的碑文，可长可短，交代死者的姓名和家庭情况，有时还会指出他的职业、年龄、忌日及其与送葬人的亲缘关系。此类碑文多不胜数，是研究古罗马史的最丰富的史料之一。碑文一旁常附有肖像：夫妻合影——有时便是那张结婚照，已亡子女的遗容，在作坊或工棚里的工作像，或简单的半身像或头像，半身像或头像嵌在贝壳或椭圆形图案（*imago clipeata*）里。简言之,明墓[*]必须言明尸体存放在哪里,墓主是谁,并向人展示死者的遗容,即他的个性特征。

坟墓之所以指定祭祀死者的准确地点,是因为它还有一个目的:让后代缅怀。于是人们又将其称为家祠(*monumentum*)或念堂(*memoria*):坟墓就是一块纪念碑。为了保证死者的生活,据来世之说,生者必须献上祭品和牺牲,但这还不够,死者必须留其名:或者是刻有他们表记的陵墓、碑文,或者是作家的赞誉。

当然,有很多可怜的坟茔既无碑碣也无肖像,没有向后人传递任何信息。比如说,在台伯河入海口的圣岛(Isola sacra),葬入墓地的骨灰盒都是匿名的。不过,透过丧葬祭奠史、神秘崇拜史,我们隐隐感到,即使是赤贫之人,乃至奴隶,也都渴望摆脱这种身死名亡的状态。死去不留名,乃是真正的、彻底的死。在地下墓穴,那些用来存放尸体的简陋空格,即棺窟(*loculi*),上面都有盖板,盖上常常刻有简要的碑文和几个象征不朽的符号[**]。

扫描一下这些墓地的废墟,最粗枝大叶的当代观察家也会生出一种感觉,即同一种思维观念聚合并维持着下列三种现象:立墓之处乃存尸之所,用碑文和肖像道出死者生前特征,最后还必须结合末世不朽说和凡世悼念仪式,永远缅怀死者[1]。

然而,大约从公元五世纪起,这种文化上的统一性崩裂了:碑文和肖像不见了,坟墓成为无名墓。大概有人会说这是文字作用

---

* tombeau visible,即外显的墓,与暗墓相对。——译者

** “没钱买焚尸柴和坟地的穷人与奴隶,尸体被扔到垃圾场;死亡不带任何宗教色彩,唯一隆重的仪式只能是豪华葬礼。”蒲慕州,《面包和马戏》(*Le pain et le cirque*),Paris, le Seuil 1976, p.291。

的衰退，世人不再撰写碑文，因为无人刻也无人读。所有坟墓甚至名人之墓——除了某些圣墓——都毫无异议地选择了这种对文字的漠视。无疑，每一种口传文明总是会留下大量的匿名现象。值得注意的是，在千年末日说的文化中，书写已经重新获得了不容忽视的地位，但匿名墓的遗风仍然未绝。此现象曾让十八世纪学富五车的考古学家们感到震惊，比如说，在谈到1746年重建巴黎圣热纳维耶芙(Sainte- Geneviève)修道院回廊时，修道院院长勒伯夫(Lebeuf)说："人们把院子里的地整个地翻了一遍，挖出了很多石棺和遗骸，但没发现一件碑文[2]"(着重号为我所加)。所有以前能确定死者身份的东西，如罗马治下高卢时代常出现在墓碑上的职业标记图案，都不见了：有时仅有一个朱砂写的姓名，或一个更晚期的刻在铜板上的姓名，但都在石棺里边。八、九世纪留给我们的唯一装饰便是花卉图案或抽象图案，宗教场景或宗教符号：借用一句帕诺夫斯基的话说，至少在民间，末世说的影响压倒了悼念的倾向。在后面我们将会看到，天上的不朽与地下的不朽，二者的古老关系仅留存在一种特殊现象中，即国王、圣贤这种作为公众崇拜对象的特殊现象。

为了建设现代城市，人们在掘地时无意间发现了大量石棺，现仅举一例：苏亚克(Souillac)修道院附属教堂门廊下的石棺[3]。那都是一些古棺，层层相叠，共有三层。其中一些最古老的石棺就嵌在钟楼门廊现今的入口处，并稍稍侵入到殿内。从挖掘现场的照片上看，我们仿佛又见到了非洲、西班牙或高卢的古罗马废墟中的石棺堆积场景。然而这个墓地要比古罗马废墟晚上七个多世纪！最底层的无疑是最古老的，远远早于现存建筑；其他一些与其重叠在一起并靠上的石棺，虽说在外表上与下面的一模一样，但制造日期却要晚得多。我们可以根据某些形状来确定其制造日期，比如说梯形或枕头窝都是较晚期的特征；也可以根据棺内陪葬物来进行判断，比如说盛有木炭的带孔陶罐*，七世纪末尤其是八世纪特别常见的陶制圣水缸，衣服碎片（布钱袋等）。于是，考古学家们便把苏亚克墓地定位在十三至十五世纪之间。然而，这些成堆的独石石棺与六至八世纪的成堆石棺何其相似！考古学家们坚信它们主要属于十三世纪，不过也认为“最后葬入的石棺可能延续至十五世纪”。

这种不确定性主要是因为陪葬物稀少，形态特征贫乏，很少有什么东西能够让我们确定其墓主及日期。虽说尽是些匿名墓，但我们却知道墓中葬的并非贫贱的无名小卒；穷人睡的是砌石棺，也就是说我们在那些独石石棺旁找到的用数块石板拼成的石棺。葬在门廊下（*Sub portico*）或屋檐下（*sub stillicidio*）与葬在教堂内一样令人眼馋和歆羡，但是，没有任何东西能够道出死者的出身、姓名、身份、年龄以及逝世的时期。人们保留了独石石棺这一年代久远的古罗马遗产，但却剥去了它的区别性特征，将其改造成一种无日月的石盆。考古学家总结说：“安葬在修道院附属教堂的门廊下，这无疑是一种令人歆羡的特权，享有该特权者一定是富贵之人，不过，他们并没有将财富用于自己的丧事。”然而，那些曾经直接建在附属教堂里的、但今天已不见踪影的平墓、卧像、壁碑，天知道是不是某些人远离真身墓的纪念物？另外，中世纪后期之人，十

* 陶制的香炉或薰炉。

三至十五世纪之人，似乎一直对装殓器具不太在意，也从不考虑需要点明遗体到底葬在何处。在苏亚克墓地这个实例中，中世纪直到十五世纪，用的大概一直是独石棺，即上古的石棺。此类情况并非普遍现象，在法国极为少见，在意大利要多一些。

从石棺到木棺，以及穷人的“无棺”

还有一种应该与墓志铭的消失联系在一起的现象，即悼念建筑——假若有的话——与具体装殓肉身之器具在空间上的分离。放弃石棺便是该演变的一个标志。从十三世纪起，对那些万众敬仰圣人般的人物——此类人物不会太多——，人们开始用铅棺装殓，铅棺与石棺一样经久不腐。铅棺也是光秃秃的全无装饰，这显然与材料本身无关，因为在哈布斯堡十八世纪的铅棺上，在维也纳嘉布遣修士的铅棺上，都饰有大量图文。

十三世纪以来，棺材一般都是木制的。这是一个重大变化，但却未能引起应有的重视。人们用两个词用来称呼此类木头或“木板”(de planches)棺椁，即棺材或棺木。

棺(cercueil)与石棺(sarcophage)源出一词：sarceu。菲雷蒂埃(Furetière)在词典中对该词的定义是“专门用来搬运死人的铅棺”，此处依然强调搬运的观念。但他又补充说：“如果是木制品，人们便称其为棺木。”

棺木(bière)并非他物，其实就是担架(civière)，二者本是一词。于是，人们不加区别地使用棺材或棺木来指代运载尸体去阴宅的草褥担架(litière)。在“善心”收尸和穷人“无棺”下葬的情况中，人们依旧使用这个原始含义。也就是说，用一副普通“棺木”——即担架——将缝在“裹尸布”或粗麻布中的尸体抬到墓地，卸下尸体扔进墓穴，然后将“棺木”带回教堂。此现象在今天英国的某些乡下小教堂中还能见到。

再往后，棺材或棺木才带有了我们近代的用法，即指称装殓并陪伴尸体入土的盒子。

蒙特雷(Monstrelet)在编年史中说：“公爵善人的心脏与尸体被分别安置在平柩上，上边盖着用爱尔兰木料做的棺木。”

十七世纪，米什莱在其词典中将棺材定义为“某种木制的或铅制的盒子[4]”。

在结束对石棺、棺木和棺材的分析时，我们有必要谈两点看法：

1.棺材和棺木的重要性与搬运尸体的重要性似乎是同时出现的。事实上，正是在那个时候送殡队伍成为丧葬仪式的最基本环节。

2.将尸体封进棺材(参见第四章)，是石棺消失在心理上所产生的后果，石棺消失，墓的概念也变得更加含混不清。上古时期实际上只有两类墓：石棺，以及对石棺的可怜模仿——公共墓地的坟坑。所有被放在石棺或石盒里的尸体，都会被简单地裹一下，亦即裹在床单或裹尸布里。后来不再用石棺时，裹布的尸体直接入土，不再有别的保护层——在伊斯兰教诸国，这一古习俗一直沿用至今——，然而，中世纪的西方似乎十分讨厌这种直接与泥土为邻的感觉。于是乎用来抬尸体的担架(la bière)最后被改造成装殓尸体下葬的封闭式木盒：棺材(sarceu)。这一举动同时也满足了新的需要：让死者的尸体与面容脱离活者的视线。棺材成为坟墓的替代品，依然是石棺般的匿名物，另外还极易腐烂：埋在地下，它会像人们期待的那样很快烂掉。没有棺等于没有墓，过去石棺扮演的角色现在移到了棺材上。与伊斯兰教诸国的情况不同，下葬时没有棺材是一件不体面的事，至少显得十分寒酸。

从石棺过渡到木棺，进一步加重了葬地的匿名现象，加重了人们对具体葬处的漠然态度。正如我们在前文所见，这一文化特征始于古基督教末期，延续到十一、十二世纪；在传承了大约数千年的祭奠文化活动中，该特征似乎引入了一个断层。

生之追忆，死之葬地

我们将看到，在基督教拉丁国家，这种态度自十二世纪以来一直在衰退，始作俑者乃富人和权贵。不过，直到十八世纪，穷人们还保持着这一态度，这是因为他们没钱买棺材，也无法为自己修建纪念墓。富人或小康之人与赤贫之人之间的巨大差别之一，就在于前者为了让人记得其遗体，越来越经常地拥有个人的明墓，而后者则什么也没有。

穷人的尸体（富人家的死婴待遇也一样）被缝在粗布袋中扔进公共大墓坑。十四至十七世纪的社会已经相当城市化，这样处理穷人死尸令当时的善人们感到伤心，他们觉得没有教会的救助便被扔进冰冷的墓坑过于残忍，所以力图对此进行弥补。他们不能容忍像扔畜生、死囚、被革出教者的尸首一样把遇难、溺水的无名尸扔在路旁。他们组织教友会，以保证这些死者都能葬入教会的领地，得到教会的祈祷。至于这些义冢是否有名有姓，他们不太在意。不过在两个世纪以后，人们不再允许有匿名之墓。

说实话，现代之初期，人们并不觉得一定有必要为自己和亲人之墓昭彰姓名。穷人无缘入葬教会领地（*miserere*），所以把他们葬入其领地乃一种善举，但是，标明一座墓的死者身份和个人姓名，那在精神上似乎还是一种奢侈；该做法固然为越来越多的阶层所接受，尤其是为城里的工匠师傅们所接受，但是不标明名姓也不是什么大不了的事。

此外，富人和权贵要求建一座明显的建筑来永彰其名的做法，长期以来表现得十分含蓄。甚至在十六、十七世纪，许多声名显赫之人在遗嘱中都没有表示要一座明墓，提到要建明墓的遗嘱也没有坚持一定要把明墓建在埋骨之处：就近即可。对他们而言，**墓并不是遗体的包装物**。

这大概是因为尸体最初的落葬之处仅仅是一个临时的栖息地，众所周知，遗骸干枯后，早晚会被移往藏骸所，“与其他骸骨混杂成堆”，维庸如是说。

那大概需要用上“放大镜”，才能

> 在圣洁者公墓里，
> 区分好人与坏人的遗骨，

若想区分富人与穷人，权贵与贱民，其情况也一样：

> 端详这些头颅

堆放在藏骸所。
人道是高官遗骸，
至不济也曾风光，
又说是贩夫走卒，
贵贱任人言。
一堆枯骨灰败，
还分什么主教与更夫[5]。

“永久性的转让之地”这个现代观念，在当时数百年间人们的意识中完全不存在。

如果说生之追忆与死之葬地并没有结合在同一个地点上，一如古墓和现代公墓所表现的那样，那么它们也不是完全隔离的，因为它们都必须处在同一个教区管辖范围内。另外，一个人完全可能同时拥有好几座墓，比如说尸体被分葬到数处（肉身墓，内脏墓，心脏墓和骸骨墓），又比如说纪念碑远比葬身处来得重要，悼念活动在多处进行，肉身冢并不具有特殊地位。

凭主观想象（或就今人看来），这样的一种演变可能反映出世人开始摆脱古迷信传统，开始认为失去了生命的肉身与尘土无异。不管怎么说，这一态度有别于当代文化中基督教改革派的态度或科学上不可知论的态度。此外，从十一世纪开始，坟墓又开始具有个人特征，并引发出种种后果，一种对尸体正面价值的回归。这是一场漫长而又断断续续的运动，从某种角度上看，该运动像是对罗马异教的回归。然而，随着时间的推移，在十九世纪和二十世纪上半叶，该运动在对死人与坟墓的崇拜上达到了巅峰。

上述讨论仅仅宣告了一种运动的趋势，并指出了该运动尚未被人察觉的含义。不过，要想到达十九世纪的那个最后的终点（*terminus ad quem*），我们尚需等上数个世纪和多次文化革命。在我们所谈论的这个时代，亦即中世纪中期，应该让我们感到惊奇的反而是另一种现象：舍弃中世纪早期匿名墓的缓慢和困难。

圣徒与伟人之例外

说实话，在中世纪初期，葬地与悼念地相统一的做法并没有像我们所说的那样完全消失。有几类著名的例外：即圣徒例外，高山仰止的伟人例外。

凡圣徒皆慈悲且灵验，老百姓需要与圣骨殖直接交流，触摸圣骨，接受它们释放的灵能。因此，圣徒的墓中一定要有圣遗骸。实际上，一位圣徒有多少份骨殖就会有多少个陵墓或圣骨盒。比如说圣塞尔南主教，图卢兹的殉教英烈，被葬在图卢兹城外专门为他建的修道院圣陵中，同时他还有一块骨殖存放在一座仿十二世纪古棺的石棺中，石棺存在圣提雷尔－德·洛德修道院里受人瞻仰，直至今日。早期圣徒，殉教先烈，基督高卢的福音传道者，他们的遗骸一直受人触摸崇拜，从未中断：1944 年，在巴黎的圣艾田纳－迪蒙教堂，我亲眼目睹了信徒们触摸圣热纳维耶芙*的圣龛。

他们的墓通常都是石棺，有碑志或无碑志，不过圣徒之名人皆知，圣徒之像人皆识。

* Geneviève，巴黎城的守护圣女。——译者

所谓汝阿尔修道院的地下墓室就能让我们领会到这种哀悼与沉默并存的意愿。地下墓室是为修道院(630)创始人圣阿东(Saint Adon)及其同族的圣徒、主教、女修道院院长而建的。该地下墓室是一座墓地教堂残留下来的唯一遗迹,坟墓聚在圣墓旁,聚在令人敬仰的创始人墓旁,创始人的墓坐落在一座台基上,台基曾占据侧廊但今天已不复存在。墨洛温王朝时期最古老的石棺都摆在这块历史悠久的区域内。圣阿东,圣奥莫尔之弟,伟大的爱尔兰传教士圣科隆班(Saint Clomban)的弟子,他的石棺光洁无饰,没有任何铭文。他的表妹,圣泰奥德希尔(Sainte Théodechilde),第一位女性修道团体的女修道院院长,她的石棺上反而装饰了书写得极为漂亮的华丽铭文:此棺中存放着有福之人泰奥德希尔的玉体(“Hoc Membra Post Ultima Teguntur Fata Sepulchro Beatae”)。“圣洁无瑕的贞女,血统高贵,功德无量……”接着是简要的生平:“本修道院之母,她教导献身天主的童贞修女们心向耶稣……”题铭的结尾宣告天堂的真福:仙逝后,她终于在天堂的光辉中进入大欢喜境界(“*Haec Demu*[*m*]*Exultat Paradisi Triumpho*”)[6]。

另外两座寝陵,一座属于他的表妹圣女阿吉贝特(Agilberte),一座属于他的兄弟圣阿吉贝(Agilbert),后者先后曾任多切斯特主教和巴黎主教。他们的墓上都有刻图,但没有铭文:圣阿吉贝的墓上画有耶稣再临人间(Parousie)的景象,本书第三章对此曾有评述。

因此,在属于奠基圣人的上层明墓中,有一个有铭文,有两个没有铭文有刻图,还有一个光秃秃的什么也没有。当然,谁又敢说在匿名石棺上的墙上原本没有铭文呢？总之，这些铭文泥牛入海，荡然无存，也没有人想到过要保护或者修复它们。圣女泰奥德希尔墓上的铭文写得极为俊秀，其他墓上的刻图也十分耐看，所以，面对这些名家之作，我们很难说石棺最后成为光秃秃的匿名石棺是因为当时的书法家或艺术家无能*。

另一个例子是三至十世纪的教皇寝陵，让·夏尔－皮卡(Jean Charles-Picard)对其曾进行过仔细研究[8]。这些围绕圣陵的墓有的是朴素的地表石棺(sursum)，上面刻着保存至今的题铭，有的是教堂(圣彼得大教堂)中的一座小礼拜堂。礼拜堂由祭室、祭台和石棺组成，台内存圣骨，教皇渴望傍圣骨而葬。让·夏尔－皮卡假设人们可能把石棺的四分之三埋入地下，仅让棺盖露出地面。此处有两种可能：要么教皇已被视为名正言顺的圣人，要么他去世之时尚未封圣，但却渴望在生前为自己建一座引人注目的寝陵(因为不够醒目，后来有些寝陵被移往他处)。让·夏尔－皮卡认为，上述对墓形、墓址的选择，是一种对教皇权威进行肯定的形式。普瓦蒂埃的沙丘(Dunes)地下墓室中的梅勒伯德悼念堂，与上述罗马教皇寝陵在本质上没有区别。

教皇陵中所表达的让人永世悼念之愿望特别令人惊奇。例如常被人复述、甚至被抄入《圣徒金传》(*Légende dorée*)的关于圣格

---

* 1627年，玛丽·德·美第奇(Marie de Medicis)王后驾临圣陵，人们当场开启石棺："石棺打开后，两位圣女院长的遗体尚属完整，她们身穿修女长袍，长袍用金线织就，但当时只剩下缕缕金线和一个金胸针。女修道院院长让娜·德·洛林夫人将胸针献给玛丽·德·美第奇王后(……)。人们将三位圣人灵骨移进圣龛，将其头颅装在为他们特制的银质镀金圣骨盒中[7]。"

列高利一世的悼词,就很能说明问题:

A. *Suspice, Terra, tuo Corpus de Corpore Sumptum*

啊,大地,请收下这从你身上掉下的肉体,

B. *Reddere Quod Valeas, Vivificante Deo.*

上帝让他复活之时,你须将其还回。

C. *Spiritus Astra Petit, Leti Nil Supra Nocebunt,*

他的灵魂升天,死亡又能奈他何?

D. *Cui Vitae Alterius Mors Magis Ipsa Vita Est.*

对他而言,此生之死才是真正的生。

E. *Pontificis Summi Hoc Clauduntur Membra Sepulchro*

此陵盛葬,教皇之躯,

F. *Qui Innumeris Semper Vivit Ubique Bonis*

善果无数,万世永生。

这段文字的每一句(A,B...F)都表达了一个含意丰富的有趣母题:

1. 复归黄土(*Ubi sunt*)母题(*A*)。该母题被提及但没有被重点强调。后文的发展更多地强调了与之相反的观念。

2. 的确,复归黄土的母题随即被另一个母题所纠正:上帝许诺的复活,即 *Vivificante Deo* (B)。

3. 灵魂升天母题(C)与肉体临时回归大地母题相对。这一古老的观念在基督教碑文中十分常见,一如下文(十一世纪):

“*Clauditur hoc tumulo Bernardi corpus in atro ipsius*”(“这黑暗的墓穴中封闭着贝尔纳的肉体”),此乃肉体;“*et anima deerat superna per astra*”(“然而其灵魂却已升上星空上界[9]”),此乃灵魂。

4.圣保罗教义的关于死亡被征服之母题,死后才是真正的生,传统彼岸说的老生常谈(D)。不过,一如复归黄土母题,上述母题与其说被淡化了,还不如说在辉煌的碑文结语被扩展了。辉煌结语(F)之前是 E 句:验明墓主正身,我们谈的是谁?

5.*Qui Innumeris Semper Vivit Ubique Bonis*(F).十九世纪末,一位虔诚的翻译者[10]面对 vivit 一词不知所措,于是便迂回地译为:“善举遍人间,万世皆称颂。”实际上,那不仅仅是受人称颂,善举让死者在地上不朽,其灵魂在天上(*ad astra*)永生[*]。

我们终于找到了一个较晚期的陵墓,十二世纪初的陵墓,它也属于一位教会大人物,贝戈翁(Begon),此人在 1087 至 1107 年间是孔克修道院院长,墓上写有以下碑文:

1.确认墓主身份:*Hic est abbas situs* (...) *de nomine Bego vocatus* [修道院院长贝戈翁(……)安息于此]。没有日期,却又从反面说明了一个问题:我们尚未进入历史时间。

2.赞颂:神学大师(*divina lege peritus*),圣人(*vir Domino*

---

* 陈列在图卢兹的另一个碑文上写着:灵魂升天(*Mens videt astra*),这是该城某个名叫南菲裕斯(Nymphius)的显贵的碑文,大概与格列高利一世的碑文属同一时期。不过,一方面靠神圣信仰(*sancta fides*)驱散黑暗获得的天上的不朽,另一方面靠声誉(*fama*)获得的下界的不朽:“好声誉送你上青天(*ad astra*),荣登天宇穹顶。你将永垂不朽(*immortalis eris*)。”我们不知这是天上的不朽还是地上的不朽。“因为赞美将使你的荣耀永远活在后代的心中(*per venturos populos*)。”这也是萨吕斯特(Salluste)放在其《喀提林》(*Catilina*)开头的古罗马经典话语:追求荣耀(*gloriam quaerere*)[11]。

gratus)，修道院的恩主：他捐资修建了回廊。

3.他的功德得到双重的善报，人间的声誉(*per secula*)，天界的永生(*in aeternum*)："世间美名传，天上享殊荣"(*Hic est laudandus per secula. Vir venerandus vivat in aeternum Regem lundando superum*)。

碑文是墓的一部分，与墓一样弥足珍贵。这是一座墙壁墓，碑文环绕浅浮雕，位于教堂外的墙龛下方，紧靠耳堂南墙(在首座圣彼得大教堂内，此处已成为教皇们下葬的首选)。此类古墓源自圆拱间(*arcosolium*)下的石棺。此地虽说没有石棺，但并不等于以前没有。它今天给人的感觉是，纪念碑牌远比石棺中的遗体来得重要，也就是说，浅浮雕下所葬之肉身，并没有什么空前绝后的含义。

这浅浮雕肯定是贝戈翁本人定制的，它形象地表现了修道院院长与天界的神圣对话以及他的升天。耶稣居中，一边是贝戈翁，另一边是一位圣女，那圣女大概是修道院的主保圣女圣福阿。浮雕上还出现了两位天使：一位给圣女戴冠，另一位把手伸向贝戈翁那受过剃发礼的光头顶。我们注意到此处不仅有碑文还有画像，但那并非凡人的肖像，而是永福人(*beatus*)的画像，圣人的画像。从此他赞美上帝(*Regem luudando*)，生活在天庭的永福中。贝戈翁并不是位列仙班的圣人，不过，与那些处境相同的教皇一样，他依然是一位名副其实的永福者，他灵魂必得救，声名必传世，天命如此。然而，他毕竟不是一位能够显灵或有求必应的圣人，所以也没有必要把他的灵骨摆在外面让人触摸。有鉴于他的情况，遗体到底安置在何处似乎不太重要，人们甚至对此漠不关心。反之，如果遇见一位值得人们永志不忘的重要人物，我们就有必要建一座纪念墓，精心维护，如果时间使其毁损，我们就找机会重建它：十二、十三世纪重建古名墓的例子并不少见。

天上地下：两种生命延续形式

无论有无碑文，无论有无肖像，能够保存到中世纪前期的陵墓都表达了一个忧虑：请别遗忘。它们代表了一个信念，即天上的不朽与地上的名望相呼应，该信念开始可能仅限于某几个超人，但随后普及开来，成为中世纪后期的特征之一…… 后来它又重现于充满实证主义和浪漫主义的十九、二十世纪。《圣阿莱克西》（*La vie de saint Alexis*）一书承认天上的永生才是“最持久的荣耀”，永生的好处人人皆知，红尘的名望很难与之比肩。其实这并没有什么质的差别。在《罗兰之歌》中，天上的真福者皆是荣耀中人[12]。

圣人也不皆是来自神职人员：有人曾指出[13]罗兰如何成为世俗圣人的样板，继而变成神职人员和基督精神的楷模。在亚瑟王传奇中占主导地位的是封建圣人。世俗文化与教会文化经过极为复杂的交汇过程，最终导致了十一世纪的虔诚观和入圣观，这些观念中所包容的价值我们认为有的是纯宗教的，有的则更像是属于世俗凡尘的东西。至少直到十六世纪，要对其进行区分十分困难。在此我们又在另一种形式下见到了我们在遗嘱、善终术和死亡图中发现的永福（*aeterna*）与现世（*temporalia*）之间的含混界限。十字军东征的神话，激扬和歌颂了骑士对不朽和荣耀并重的看法：“谁（未来的十字军东征者）渴望赢得世人与上帝的赞美，不久将见分晓，因为他们可以光明正大地得到这两种赞美[14]。”“为上帝服务、争光”，其人必将得到“永生的荣誉和光辉”。战死的十字军东征者“将进入天堂(……)，得不朽之声名，就如罗兰和为上帝而战死在龙塞沃的十二太保一样[15]”。

就连唾弃现世的苦行僧们也受到骑士崇拜荣耀之心理的感染。维庸的诗歌创作，很可能模仿了《复归黄土》(*Ubi sunt*)一书，该书的作者认为，昔日声名显赫者，一抔黄土全没了。不过一切皆取决于维系名声的根由！时间的风蚀对基督教大作家不起作用，唯有他们拥有“持久荣耀”！比如说圣格列高利一世的墓志铭上就已经写明他将“万世永生”；克吕尼的贝尔纳(Bernard de Cluny)也强调“远离红尘虚华”，隐居地或隐修院的孤独客时至今日还在读着他的墓志铭。“他(在人间)的荣耀穿越世纪长青不朽，举世齐颂，万古流芳。火焰金笔永世不灭，书中宝藏后代永享[16]”。

末日说的生命延续形式与后代记忆的生命延续形式，这二者的关系还将维持很长一段时间：经过文艺复兴时期乃至近代，在十九世纪对显贵逝者的实证主义式的祭奠中，我们还可以找到它的留痕。在今天的工业社会里，人们将这两种生命延续形式一起抛弃，仿佛二者无法分开。不过，今人更倾向于认为它们是对立的；十九世纪的理性主义世俗化战士，要求用一种形式取代另一种形式，他们的观点至今还在影响着我们。与古代人一样，中世纪与文艺复兴时期的民众则认为它们是互补的。

文艺复兴时期的作家们，对这种人们清醒意识到的界限含混的现象进行了理论阐释。借助A.特南逖的著述[17]，我们了解到其中一些观点。珀尔塔纳(Porretane)借多明我会修士詹巴蒂斯塔

(Giambattista)之口讲述了天堂之事。据后者看，天堂之福取决于两个因素。第一个不言而喻：朝见上帝，福至心灵；但第二个却有点令人吃惊：对在地上行善的记忆，也就是好名誉，行善不留名是很难被人记住的。这第二个因素虽然是次要的(*praemium accidentale*)，但也不容忽视。对于这个多明我会修士的俗听众来说，事情还要简单一些："世人应尽一切努力去争取荣誉、光彩和名望，他将因此而无愧于天堂，他将因此而安享永恒。"一位人道主义者G.孔维尔萨诺(G. Conversano)还这样写道，"最大的福祉就是在现世闻名，受人敬仰，然后在彼岸享受永福。"

在公爵弗雷德里克·德·蒙特费特罗(Frédéric de Montefeltre)的乌尔比诺城的小办公室里，至今还能见到一个写在镶嵌工艺品上的座右铭，关于从现世荣誉过渡到上天永福的信仰，该座右铭有一个极为精炼的表述：*Virtutibus itur ad astra*(善行耀世，助尔登天)。这种说法自然会让人想到圣格列高利一世的墓志铭；教皇们也必须以德行和威望服众，他们为己建陵便是为了向后人展示这一点。

要把天上的永生与地上的名声分割开来，难度较大，因为现世与彼岸并不是彻底隔离的。死，不是天人永隔，亦不会抹去一切。从十六世纪起，像天主教和新教改革一样，科学理性思想也试图区分上述两种延续生命的形式。它们并未完全成功：在(天主教)反改革派全盛期，地中海的巴洛克风格中仍然保留着某种天人交流的古老形式。即便是在清教教义中，凡间的功成名就也与上帝赋予的天命有着莫大的关系。在庆祝法国大革命的那些节日里，在督政府和执政府时期关于葬礼和公墓的辩论中，我们依然能窥见这种在二十世纪的今天已不复存在的联系的痕迹。十六、十七乃至十八世纪，大众丧葬实践便是把悼念其生与灵魂获救放在一起，这实际上是墓的第一层含义。

十世纪末的情况

根据以上分析，关于中世纪前期末，亦即十至十一世纪左右，我们所能想象到的情况就是如此：明墓失去了原有的来世功用，让位于围绕圣陵的葬法。显示存尸之棺，标明下葬地点，对死者得救、活者心安不再是非做不可之事。唯一重要的条件便是眠在圣陵旁。有碑文有姓名的瞻仰墓已然匿迹，唯有圣人（纪念建筑与遗骸应在一起）或类似于圣人的贵人（在六至七世纪的镶嵌画上，他们头上顶着方形的而非圆形的光框，其纪念建筑物与遗骸不一定在一处）可以例外。此乃特殊情况。

所以说一共有两类人：一类几乎包括全部大众，他们坚信彼岸来生，对地上的生命延续形式以及（专为圣人而备的）祭奠骸骨不太在意，但他们很少表白，也没留下什么值得一提的史迹。另一类人数极少，但却有言要述；此类人头上皆顶着或圆或方的光框。第一类人无墓，但却通过依傍圣陵坚定地宣告了自己的信仰。另一类人有权享用寝陵，一方面表明他们也相信来世，另一方面又确保了人间永念其熙德。在后一种情况中，明墓既是来世之契约又表达了追思之意。

我们方才简述的这种情况完全有可能延续很长时间，至少与葬在圣陵旁或教堂里的延续时间一样长。唯物主义、世俗化或不可知论（如何命名此类现代现象无关紧要）的进步完全有可能出于别样理由，并在十九、二十世纪对这一延续生命的古老信仰进行接力，继续保持大众墓葬的匿名。如果真是那样的话，我们在十九世纪就不会见到对陵墓和公墓的崇拜，我们在今天也不会有处理尸体的管理问题。

不过事情并未如此发展！恰恰相反，从十一世纪起，出现了一个漫长的持续的新时代：明墓的葬法更为常见，而且常常与尸身相分离。平民也开始学大人物的样渴望悼念，他们含蓄地企图逐步走出匿名。不过他们颇有分寸，不喜炫耀，不喜写实，其分寸每个时代都有所不同。

碑文的恢复

因此，碑文的全面恢复是头一个引人注目且颇有意义的现象，它大致发生在匿名石棺消失时期。铅棺取代石棺，或包裹尸体入土，亦即下葬时尸体仅仅包了一层裹尸布。正是在巴黎圣马赛尔(Saint Marcel)[18]公墓里，人们发现，早期基督教时已经消失的碑文又重现于十二世纪左右。有人将其归因于“古墓志铭之风的复苏”。然而我们将发现，在十五世纪前，尤其是十六世纪之前，有意识的仿古墓志铭之风尚未出现。中世纪的头一批墓志铭更多地表现为一种自发的新需要，即确定死者身份的需要，它的发展与末日审判图、教友立遗嘱之义务的发展几乎同步。这一习俗的传播并不是一蹴而就的，它遇到了一些阻力；勃艮第地区拉布歇尔(La Bussière)修道院院长是一位教会大人物，其建于十二世纪的寝陵被收入《盖尼埃名陵册》[19]，该墓上只有一幅图案：四权杖打趴两条龙，图案的象征意义远比文字来得重要。很久以后，当墓志铭变得更为常见而且开始啰唆时，某些陵墓，特别是僧侣和修道院院长的陵墓仍然保留了这种简洁古风。虽有保留，但我们不得不承认，经过好几个世纪，人们还是从沉默的无名墓过渡到了传记文学，短小精炼但也不乏长篇大论、事无巨细的传记文学，从简短的生平提要过渡到一生经历的叙述，从含蓄地提示身份过渡到阖家成员齐致哀的详述。

首先是身份与祈祷

最早的墓志铭（我指的是一般墓志铭，而不是教皇或圣人的墓志铭，后者长期保留罗马碑铭的风格）极为精炼，只有死者身份或外加一句赞语。它们当然是属于重要人物的。例如十至十二世纪葬入沙隆大教堂的沙隆主教们，他们一位葬于 998 年（“大善人吉布伊尼斯主教葬于此”——*Hic jacet Gibuinis bonus epis*），一位葬于 1274 年（“富立杜斯一世主教”——*Fridus I Epis*[20]）；又例如另一位西托（Citeaux）修道院院长，葬于 1083 年（“院长巴尔托罗美长眠之地”——*Hic jacet Bartholomeurs quondam abbas loci istius*[21]）。

不久后，人们在人名之后加上逝世时间（有时是年份，有时有月、日），例如科尔玛（Colmar）博物馆[22]便存有这样一块石碑（“B. 德·吉比斯韦尔，本地的功德主，逝于基督纪元 1120 年 3 月 11 日，永志纪念”——*Anno Domini MCXX, XI Kalendas Martii*

Obiit bone memorie Burcard miles de Gebbiswill (...) *Fundator loci istius*)，在塔尔纳－加龙地区的奥维拉尔(Auvillars)教堂外墙上，也嵌有一块这样的小石板(“神职人员，尊敬的神父德莱斯穆斯，逝于基督纪元1236年3月”——*N. Marcii incarnationis MCCXXXVI obiit Reverendus Pater Delesmus Capellanus hujus ecclesiae*)。不再赘言。

以这些最初的碑文为草样，后来形成了一种墓志铭风格，在十四世纪乃至其后，尽管出现了其他一些事出有因的繁琐说法与其竞争，但我们还是能见到这种风格。十二至十三世纪的墓志铭几乎都是用拉丁语写的：“N君长眠于此”(*Hic jacet N*)，接下来是其职务(军人，官吏，牧师，祭堂修士，咏唱家，祈祷教士，隐修教士等)，逝世(*obiit*)，最后结尾的说法可以有数种变体：

Hic requiescit(安息之地)，*Hic situs est*(寄身之地)，*Hic est sepultura*(落葬之地)，*Ista sepultura est*(埋身之地)，*Hic sunt in fossa corporis ossa*(遗骨之地)，*In hoc tumulo*(立墓之地)，*Clauditur corpus*(封存玉体之地——此一说法极少见，所以弥足珍贵)。

十四世纪，人们继续沿用上述套话，不过常常改用法语(到十五世纪末、十六世纪，拉丁文才又卷土重来)，于是出现了一系列Cy-gist(长眠于此)的表达变体：“尊敬谦和的N君长眠于此，卒于基督纪元某某年”，“高贵睿智的骑士长眠于此”，“巴黎市民鞋匠师傅长眠于此”，“巴黎市民小酒馆店主长眠于此”。结尾有一句虔诚语，用法语或拉丁语：“*Qui migravit ad Dominum*”(“魂归上帝”，1352)，或“*Anima gaudeat in Christo tempore perpetuo*”(“魂归耶稣，永享至福”，1639），“*Anima ejus requiescat in pace*”（“魂归和平安宁”，常用语），“他魂归上帝。阿门”，“上帝示恩，恕其罪孽。阿门”，“上帝收走了他的魂。阿门”，“愿上帝谨记他”等等。

召唤行人

直到十四世纪，一般碑文都由两部分组成：最古老的那一部分标示身份，有姓名，职务，死亡时间，偶尔再加一句简短赞语。大部分碑文言尽于此，既不给出年龄也不标明生日。第二部分十四世纪比较常见，用来祈祷上帝救赎死者灵魂：与早期和中世纪前期不同，仅仅葬在圣陵旁并不足以保证基督徒的灵魂得到永福。此类忧虑随个别审判和遗嘱基金的出现而产生，于是有了上述的祈祷。

祈祷最初的表现形式是教会的不指名道姓的祈祷。人们锲而不舍将其刻写在嵌在地上或墙上的石、铜板上，供人念诵；它寻求对话，读碑文者与刻者亡灵间的对话。事实上，这是一种双向交流，予死者以灵魂的安宁，予活人以精神的建构。于是碑文成为一句忠告和一声召唤。从十二世纪起又出现了一种在当时甚为少见的现象：教士墓上的墓志铭，由神职人员撰写，有时也由死者自己编写，此类墓志铭像是一个虔诚的邀请，邀请活者通过见证来更好地领会圣保罗关于死亡的教诲。此乃古老的传统，即唾弃现世与悼念亡灵的传统，人们过于倾向于以为这种传统止于中世纪末的“亡灵图”（macabre）时期。

于是，刻碑之亡灵直接呼唤活人。图卢兹圣司提反教堂的一位议事司铎，卒于1177年[23]，他称活人为“读者”（*lector*），并对之说:“若你只见先前之我而非现时之我,你就错了。哦,不愿以耶稣为榜样生活的读者。若死将把你带入永生之妙境,死对你而言何尝不是一种收获。”

在巴黎圣维克多(Victor)修隐院,过去也有一块几乎是同时期的墓志铭,一位路易六世御医的墓志铭,该人逝于1130至1138年间,碑文以同样的方式表述了同样的情感,他直接面向过路人(*qui transis*),供认在上帝眼中医学之虚幻,但仍希望那能成为他灵魂的医学,他还说:“我们的过去是你(路人)的现在,我们的现在是你的未来。”言尽于此,不过是老生常谈[24]。

两段十二世纪的碑文,我们发现,死者或刻碑者并未要求路人为其祈祷。他们只是邀请路人思考死亡,尽早皈依。

一个继续延续的母题。在圣苏勒普斯(Saint-Sulpuce)公墓,我们又一次寻见了它,那是一座1545年的墓,曾被索瓦尔收录书中[25]。年仅23岁的弗利斯学生,客死异乡,葬在巴黎。“生前的我,恰如此卧像,此刻的我——据我管见——请诸君求教于扬尘”。经过申明信仰、概述教义(原罪、化身、肉体复活)之后,他劝行人皈依:“苦修正果,上帝赐你力量。”

在十七世纪的碑文中,我们还能找到此类劝人皈依的召唤,不过已经开始式微。

在十四世纪还出现了另一母题。死者召唤活者不再只是为了劝其皈依,反而更是为了获得他义助的祈祷,希望路人的祈祷助其免去地狱和炼狱之灾。例如有位蒙莫朗西人(Montemorency)卒于1387年,葬于塔维尔尼(Taverny)教堂,嵌在墙上的墓志铭中写道:

善心的路人，请为
此地下肉体之灵魂
祷告上帝，不知倦。

（请注意，文中有意区分灵魂与肉体，这正是此类文本在十三、十四世纪的一个新现象。）随后是身份简介，加上一句传统的简短赞语：

他的心，最虔诚，
布夏尔·杜吕，
他的全名，人人识
逝于1387年10月25日。
祈求上帝勿忘之。阿门！

这张十四世纪末的身份卡上仍然没有标出死者的年龄。

但谁是这路人？我们二十世纪的人千万不要误会其义。路人并不是我们习惯上所想之人，比如说一位前来祭奠或哀悼死者、瞻仰陵墓的亲人，友人，或一位死者的熟人。此类情感到十八世纪末还全然无人知晓。与死者对话者的确是一位路人（qui par-cy passés，*qui transis*），一个穿越公墓或走进教堂做礼拜的陌生人，因为这是他的必经之路，因为那时的教堂和墓地都是公共场所和聚会之地。因此，立遗嘱人都希望自己葬在最神圣，且过路人最多的地方。比如说，巴黎百艺圣安德烈（Andre-des-Arts）教堂有一块墓志铭，它属于一位死于1609年的83岁老人："希求在去世之日葬在此地的圣体坛旁”（圣体殿，反改革派心仪的圣地）。当然，他还提到自己生前“对天主圣体无比虔诚，一心敬奉”，不过还有一个理由：“信徒们走近并拜倒在这最为圣洁、万众敬仰的圣体坛前，通过他们的祈祷，我将获得上帝的恩赐，同他们一起在光辉中复活[26]。”

索瓦尔注意到，“在耶稣受难的十字架前（巴黎河畔圣约翰教堂），我找到了以下碑文：请止步，行人，此处安息了一位贵人（卒于1575年），为他祈祷吧，行人[27]。”

上述行人乃虔诚信徒。他也可能是一位闲逛者或好奇之人：

哦，行人，踏着他们骨灰了
不要惊诧……
求你了，行人
看看这高贵的墓陵。

对于这位麻木的行人，人们必须给出几句解释，介绍坟墓的特点或死者的生平，人们召唤他，不仅是约请他祈祷，同时还是为了向他讲一个故事，叙述一个人的生平，人们假定他会感兴趣，记住该故事并转述给别人：于是死者的名声得到传播。

十三、十四世纪的墓志铭不再像中世纪那样极为简洁，它变得更长更清楚，但并不夸张。比如说亚眠的主教埃夫拉·德·富耶瓦（Évrard de Fouilloy），他死于1222年，墓葬在亚眠大教堂，他的碑文可算是中世纪墓葬杰作之一：

“他抚育了子民，并为本大教堂奠基。”“本城曾托福于他的照管。”“爱德华安息于此，他的英名如甘草般芬芳。”“他怜悯凄惨的寡妇。他是被遗弃者的守护神。面对良善者他是绵羊，面对强霸者他是狮子，面对高傲者他是麒麟。”

英雄事迹，义举善行，长篇的生平悼文

下述文本比习惯上的碑文要长，因为死者是位令人尊敬的大人物。该文本一方面继承了早期基督教碑文的传统，另一方面又融入了后来变得十分常见的种种颂词。在旧制度（法国 1789 年前王朝）即十五至十八世纪的数个世纪里，最醒目的碑文都有这个特征：一种洋洋洒洒、追求雄辩的倾向。（我们将在第三部分换一种背景研究同时期的简短文本，此类倾向分布于社会的两极：力求谦卑的权贵，谨小慎微地进入树碑立传阶段的小业主或自耕农。）十四世纪，雄辩取劝人虔诚的形式，类似于变换说法的悼亡经。拉丁文皆比较啰嗦，法语较少见，却很精炼。下面举一篇碑文为例，那是一位葬在塔维尔尼教堂的蒙莫朗西人的碑文：

“骑士菲利普[*]，下葬于此（*tegitur et sepelitur*），正直（*probitatur*）之名，有口皆碑（*pro ut asseritur*）。上帝吾父，请开天门；万物存亡，由尔而决（*diceris*）；视其可怜（*miseri*），大发慈悲……”此人既非教士亦非名人，仅仅是一位因正直（*probitas*）而成为榜样的骑士（*miles*）。事实上，碑文的长短取决于杰出的德行，尤其是

[*] 菲利普这个希腊姓氏由安娜·德·珂叶芙（Anne de Kiev，法王亨利一世的第二任王后）带入法国。

那些具有圣洁和高贵属性的杰出德行。

从十四世纪起乃至整个十五世纪，墓志铭中又很偶然地出现了另一种特殊现象：除了按古习俗注明死者忌日之外，人们又加上了死者的年龄。到十六世纪，这一做法变得相当普遍：某些个小工匠的坟墓除外，因为他们的墓此刻才刚刚升级为有碑文的明墓。这代表了一种统计意义上的人生观，更看重人生的长短而不是人生的活动，这种人生观其实就是我们技术官僚文明的人生观。

最后一个特征始自十五世纪，对十三、十四世纪的身份卡进行了补充：在十五世纪，尤其是十六、十七世纪，身份说明不再是纯个人的，它属于全家，它在先逝之人的后边加上其配偶、孩子的名字，如果死者是少年，则加上其父母的姓名。这是一个引人注目的新现象，在一座明墓上公开强调其家庭关系，在这最高的真理时刻，加上这过去一直为人所忽视的关系。碑文越来越具有家庭集体的性质。下面有一个例子，取自第戎圣母院外墙上的一块石碑，该碑文大概是应一位劫后余生的母亲之要求而刻的，其亲人在数年间皆殁于瘟疫："N 君安息于此，卒于 1428 年 10 月 27 日"，为妻的死于 1439 年 6 月 28 日，在这两个日子之间，让父亲致死的同一瘟疫在 1428 年 9 与 10 月 * 夺走了他们两个孩子的生命，另一个女儿死于 1437 年，且不说"他们其他几个孩子"，其夭折细节毋庸赘述。此份名单上没有附生平简介，结尾用了一句惯用的祷词："愿他们魂归上帝。阿门。"

从此，碑文形态上的所有成分都已聚齐：身份卡，对行人的召

* 此处作者本人对时间的计算有误。——译者

唤，虔诚事主之言词，接下来便是文采上的发挥和家庭成员的加入。这些成分将在十六、十七世纪得到充分的展现。

在过去仅为几句或几行的颂扬虔诚的话语，在十六世纪成为死者生平的殷鉴。在巴黎大奥古斯丁修道院，安娜·德·马尔勒(Anne de Marle)给出了一个英年早逝的善终榜样[28]。“香消玉殒(……)赴召去[离去一如一曲死之舞!]/芳龄二十又八[年龄成为叙述生平之传记中的重要组成成分]/倩魂离乡天人隔/生前美誉视若无/葬礼[凡间的荣誉乃大办葬礼的合法理由]安娜留遗愿/玉体卧在穷人间[了不起的谦恭做法，值得刻在碑上传之后世]/面对墓坑[她的墓志铭在教堂底部的圆室里，她没有葬在墓志铭旁而是葬在公墓的穷人坑里。虔诚事主，作为范例，叙述到此。下面是对路人的召唤，颇有我们并不陌生的讲经的味道]，祈祷吧亲爱的朋友/让灵魂与穷人齐在/让永福之人在教堂里得到颂扬。”安娜·德·马尔勒卒于1529年6月9日。

上述例子是我们从众多墓志铭中挑选出来的，由此可以看出，在十六、十七世纪，墓志铭变成了故事叙述，死者年轻，故事可能较短，死者年长并知名，故事可能较长。

在十六、十七世纪乃至十八世纪初，墓志铭常常是一段真正的颂扬死者荣誉的传记，一种类似于名人词典的陈述，不过其中更爱摘录一些军人用语，因为墓志铭不再是教会人士的专属品(在反改革时期，教会人士变得越来越谨言慎行)；墓志铭更多地被用来歌颂丰功伟绩和战士功勋。那些套用这种世俗悼念文体的教士亦是战士，即马耳他骑士。教堂、藏骸所的墙上、地下布满了碑文，我们可以将其想象为一页页的名人传记词典，供行人阅读的《名人录》

(*Who's who*)。值得一观的景点，旅游指南有专门的提示。

某些时运不佳命途多舛之人，借撰写碑文之机，对命运的不公正提出控诉。例如巴黎百艺圣安德烈公墓的皮埃尔·勒·迈特(Pierre Le Maistre，1562)碑文：

行人请看，坚石圣影下
赤诚事主者之高贵墓陵，
他是一位伟大国王的
秘书、书记官兼公证人(……)

可世事不公，过河拆桥：

(……)他辛劳一生，
可他和家人得到的
唯有遗忘，永久的遗忘，
身死幻灭，乃他的全部酬劳。

然而，大人物们忘恩负义并不能抹杀他建立在美德之上的美名，尽管他的美德没有得到主子们应有的承认。他自认为拥有"善人之名"，将永垂不朽：

(……)美名刻天上，
坟墓、时间与死神，
皆无法阻止

永恒美名万世传。

他所渴望的荣誉，生前没有得到承认，于是在死后享之，因为他的美德及其美名可作担保，他的墓志铭便是明证。

此类令人心酸的碑文并不多见。最常见的反而是英烈碑文，尤其是在十七世纪，无数人在战争中牺牲，或在路易十三和路易十四治下，在对抗土耳其人的战役中献身。瓦莱特（Valette）圣约翰教堂的地面上就布满了与十字军东征相关的语录！尽管经历了大革命的破坏、教会和考古的修复，法国教堂的墙上还是保留了一些这样的语录。石碑上布满这样的语录，那是法国民族、法国贵族的光荣，战斗英雄纪念碑最早的式样。

在则肋司定会修道院的教堂里，圣马丁小祭堂被特许给玛格丽特·裕胡（Margritte Hurault，属于夏特兰·德·什维涅家族），让她安葬家人并安放“夫人意下的墓志铭和其他饰物[30]”。夫人去世后，她丈夫发现“圣马丁小祭堂里没有任何碑文、塑像和徽章，也没有任何显示（家族）荣誉的标识”，他“渴望弥补这一缺憾，竖碑立证……”，让人刻碑文，简述家史：“为悼念在本祭堂中名垂千古的罗斯唐、阿莱耶尔、居雅纳老爷的家族及其姻亲，先祖……”然后开始列举从弗朗索瓦一世时期开始的一长串先祖名号，类似于某种带评介的家谱，但并不完整：“另外，在本王朝中，还有许多名门显贵皆是罗斯唐、罗贝尔岱、裕胡老爷和夫人的亲戚。”

在同一座修道院的热斯福雷（Gesvres）小祭堂[31]里，还有一篇莱昂·波蒂埃（Léon Poitier）的墓志铭，他是热斯福雷公爵，法国重臣，卒于1704年12月9日。碑文共有三个部分。第一部分乃死者身份，极其完整，其中列举了他双亲之名：勒内·德·特斯纳公爵和马格丽特·德·卢森堡夫人的第三子。第二部分叙述他的英雄行为：人们告诉我们说，1665 年，他胯下有两匹战马死在纳德林根（Nordlingnen）战场，他曾被俘，但又"想法逃脱（……），找到部队，继续战斗"。并点明他所在的部队和军衔，禁卫军军官，中将——"自那以后，他参加了所有的重大战役"。标准的政府公告式的讣告。第三部分描写在则肋司定会修道院中建立家族小祭堂，我们后面再使用这一材料。

热斯福雷家族战死沙场的青年有权建一座空冢（*sans ci-gît*，他们的遗体不是无法找回就是被就地掩埋）并立忠魂碑："赞美军神（已然是神！），悼念热斯福雷侯爵。过路人，你面前是一位贵族，他一生战功累累，死后应享殊荣。"接着讲述他所经历的战斗和立下的战功，"他为被冒犯的上天而战［灭胡格诺派］，为被蔑视的王国雪耻［杀乱党］（……）。这位勇士战死疆场（……），祖国致哀，敌土为被［他被埋葬蒂永城（Thionville）被炸毁的堡垒废墟下］。过路人，一位伟大的战士，理应有一座备受尊崇的陵墓！你若是位法国人［这声对法国爱国主义的呼唤，完全是近代语气，让人以为那是在十九、二十世纪！］，向这位骑士致哀吧，他为祖国的荣光流尽鲜血，年仅 32 岁，身负 32 处伤［奇妙的巧合！］。他含笑而去，只求你们虔诚忠心（……）。倘若英雄事迹让你心有戚焉，就请为他的灵魂祈祷吧。"他死于 1643 年，其墓志铭大概是后来补上的，是他的儿子即家墓和家族祭堂创建人在十七世纪下半叶写的。其子还让人在此立了他自己两个儿子的墓志铭：长子弗朗索瓦，马耳他骑士，"17 岁去马耳他遛马试剑（……）。当基督徒夺取卡龙城

(Caron)时,他是第一批攻上去的战士,正是在这个战略要地的突破口上他光荣捐躯(……)。他躺在死尸间,手握长剑,剑插在倒在一旁的一位土耳其军官身上。他得到了他渴望的奖赏:为信仰耶稣而献身,那是 1685 年,他年仅 21 岁。"二儿子名叫路易,他"以著名先辈为榜样,在战斗中度过了短暂的一生,有幸为国王而血染疆场"。墓志铭记述了他的战斗经历和英雄事迹,"在战斗中他表现英勇,经验丰富",在攻打奥伯基希(Oberkirch)的战斗中为国捐躯:"他身中两枪,于 1689 年 4 月 18 日亡故,年仅 28 岁。作为真正的基督徒,他全心遵循造物主的意志,素来虔诚明智,他的早逝让大家万分痛惜。"

十六、十七世纪法国十分好战,所以墓志铭大多用来歌颂赫赫战功。不过,悼念一般人的碑文依然存在,只是在表现上没有那么张扬:无论是外交生涯、文才武艺(boni artes),还是法学知识渊博,都会受到赞扬;此类碑文在十五至十八世纪间充塞罗马教堂。大部分碑文都很精短,但也有些像法国贵族的一样冗长。在某个没有遭遇圣像破坏运动的法国教堂里,我们偶尔也能见到一篇在当时看来十分寻常的碑文,比如说在马维尔(Marville,默兹省)的圣尼古拉教堂的一根祭坛柱上,就有一篇为自己的职业生涯感到骄傲的司法官的碑文:"敬爱的高雷先生(……)安息于此。贵不可言的马维尔殿下的见习骑士法官,他曾忠心地侍奉过已故皇帝查理五世及其儿子西班牙国王费利普,并跟随他们转战非洲、荷兰等地。光荣服务 30 年后,他选择本城[马维尔]退隐[请注意,此处的退隐义接近于今日的退休义],安享晚年。他于 1609 年 11 月 11 日在本城逝世,并遗赠给圣罗塞尔教友会一千法郎。请为他向

上帝祈祷。”

在普罗万(Provins)的圣阿伊武(Ayoul)教堂墙上，有一篇祭奠一位高级木匠兼雕刻师的悼文，由家人与同伴在其死后写成：“可敬的皮埃尔·布罗塞长眠于此。他生于亚眠城，生前是木、石器与大理石雕刻师。诸位［直接向路人、游客或信徒说话］在本教堂和其他地方皆能欣赏到他临去世前雕出的一件件珍品。1663年1月25日，应我主之召，他魂归天国，享年五十有一。他毕生装修庙宇，蒙主赐予真福之极乐［与炼狱?］。过路人［此时请参观者为死者祈祷］，他恳求您睹物思人，为他祈祷，至少请为他说一声：‘安息吧’。”

于是乎，一位小法官的忠君态度，一位好匠人的才能和敬业精神，几乎与军人的勇敢和圣人的德性具有同等的地位，有权享用一块纪念碑，即人们自发地铺在教堂墙上和地上的墓志铭。

接下来，十六世纪中期，又出现了对夫妻忠贞的称颂。在此之前人们一直要求妻子守身如玉，所以死后也不会为她们立什么贞节牌。幸福的夫妻生活激发一对恩爱夫妻在1559年写下了下述碑文(百艺圣安德烈公墓)：

安息在此，高风亮节的
马蒂厄·商铁师傅……
旁边躺着他的爱妻
忠贞不贰的雅娜·布露侬，
五十年［不可谓不长！］相互忠诚，
不离不弃，相敬如宾。

下面是一位丈夫缅怀爱妻的碑文，其妻于同时期入葬万福玛利亚公墓：

最后阴宅
玛丽·蒂松
长眠于此
待他重生。

另外还有专门表彰贤妻良母之生平的碑文：

法岳勒的朵姑麻，
嫁来波旁区［Bourbonnais，点明地点］，
贤惠有懿德，
丈夫咸敬之。
同张床上产独子［十六世纪的碑文中常见到对独子的强调］，
英俊、健壮有出息。
夫人华年撒手去，
苦煞其父皮耶尔·德·尚伯罗。

碑文不只出现在石板和铜板上，除了教堂和墓地外，别的地方也有碑铭，用的不是硬材，而是更有灵性的材料，不是刻的而是印刷的，或只是为自己写的，人称“悼文”。在十六世纪，为自己写墓

志铭是一种沉思死亡的方式，皮埃尔·德·埃图瓦尔在日记里说："我把它［为自己写的墓志铭］锁在我事务所办公桌的抽屉里，里边有我与先父的文件［文件？是遗嘱吗？］，还有他星座的公转周期［人们真心相信星相学］。"

埃图瓦尔写墓志铭是一种宗教活动，外带一个关于星相的文字游戏（*Anima ad coelum*，*stellarum domum* ——"魂在天，星空穹顶中"）。该墓志铭大概是为以后刻碑用的。

另外有些悼文为发表而作，例如那些颇有古风的悼词，人称"古雅悼文"。1619 年，穆松桥市（Pont-à-Mousson）的耶稣会修士们，为悼念一位当时在他们修会发愿修行的青年寄宿生，发表了一篇悼文。悼文用拉丁文写成，其中也有几段是用法语写的，标题为："伤早逝，穆松桥的寄宿见习修士克罗德·于罗翩然仙逝。"（*Lachrymae convicti Mussipontani in obitu nobilissimi adulescentis F. Claudit Hureau*.）

他是一位好学生：赢得了各种奖励（*proemia*）。"在帕拉斯的少年弟子中，从未见人得过如此之多的奖；无数花冠，戴在你博学的额头上；圣洁的死亡，让你在天上也凯歌高扬（*superos inter sancta nunc morte triumphans*），你拥有不屈灵魂的一切永恒奖赏。孩子们［*Pueri*，亦即今日所说的青少年］，为何让你们的智慧局限于人间荣誉［这也很正当很必要嘛］？为见上帝而争奖品吧[32]。"

永生得救与人间荣誉并不矛盾。二者经常、或曰在一般情况下都被联系在一起，但也并非缺一不可；十六、十七世纪的碑铭文学明确显示，一方面人们坚持二者在传统上的相辅相成，另一方面又开始切断二者的联系。这一分离可能打开了一扇——或半扇——通往近代世俗化的窗口…… 盛名不再是走向尘世和天国不朽的必然之路：大家皆十分清楚，即使那些竖立在时代名陵（十六与十七世纪初）上的名望号角，有时候也会不合时宜地乱响或无声。不过，人们依然坚信人间声望的真实性，甚至认为人间那些负责宣布善行和名誉的助理司铎即使出错，也无法用不公正的沉默来遮掩真善人的光辉。无论如何，善名必将行天下，人们甚至开始预先怀疑那些自古以来所谓理所当然的“评判者”的断言。“善名恶名”自有口碑，即使你舌能生花也不起作用——碑志除外。于是，这就涉及一种我们可以称之为“反墓志铭”的行文。

这是一块坐落在百艺圣安德烈公墓的1559年的墓碑，它明确地表达了人在卑躬忍辱中的骄傲：

啊，行人，你走在［商铁夫妇的］骨灰上
见不到成排的高大圆柱
高耸的帕罗斯大理石柱
精致的弗里吉亚建筑
你无须惊奇。
唯有那身与名俱灭
姓名荣华随风逝者，
此等虚华才有用处。
高山仰止的义人
身后美名万世存。
我还要告诫你

莫为他们建艺术墓[也就是带人像的墓]，
因为他们的美名
便是鲜活的丰碑[33]。

一方面，人们在葬地的墙壁上和镀金的书页上歌功颂德，另一方面又开始隐晦地暗示真荣耀不需要树碑立传。在十七世纪，人们越来越持上述观点，甚至拒绝使用洋洋洒洒的过誉之词：他们偏爱只刻姓名的无字碑。这并不是那种要葬入穷人坑的真正谦恭，至少世人是这样认为的。十七世纪的一位佛罗伦萨人在遗嘱（*suprema voluntas*）中要求在自己的墓上（地面上）只刻姓名。但他的继承人出于孝道（*pius*）没敢这么做，还是给他立了一座漂亮的半身像，半身像至今还在圣萨尔瓦多山。继承人在碑文中承认自己无法完全遵从立遗嘱人表达谦恭的意愿，因为立遗嘱人这样要求过于天真，而且没有用，他不知道自己在外面的名声有多么响亮："他不知道（*nescius*）要获得名声和荣誉（*fama et gloria*），只需道出他的名，其他办法皆是徒劳，*nihil satis*。"

无疑，从十五世纪到十七世纪，我们眼见了死者、其亲人和继承人表现出一种越来越强的意愿，即依靠碑铭来让后人永记死者的一生，永记其或辉煌或平淡的事迹。这种意愿反映在前边谈论的长篇碑文中，也反映在那些短小的碑文中。短小碑文的数量远多于前者（但几乎遗失殆尽，因为家谱学者、史学家和艺术家都对短小碑文不感兴趣）。从十六到十八世纪，短小碑文一直忠实于中世纪的凝练文风。不过，有一个词，极平淡的词，常常出现在行文中，即"纪念"（*mémoire*）：永久纪念某某，或永远纪念某某。当然，这并不是一个新词。就像 *monumentum*（家祠）一词一样，它也属于罗马碑文用语。不过基督教借用了该词并赋予其来世的含义：*memoria*（纪念堂）指殉道者的陵墓，或追悼他那可怜的灵魂。十七世纪的碑文并没有摒除它的神秘义，只是恢复了它原来的罗马义，“纪念某某”的说法不仅是邀人祷告，同时也是约人悼念，悼念一个人的一生，缅怀他的品性与行为，悼念一个生命。

悼念，不仅仅出自死者的要求，它同样也是活人的心愿。

家庭情感

在十五、十六世纪和十七世纪初，立遗嘱人独自命人记述他值得传世的生平得意事。他会为此事进行长时间的思考，有时还会不声不响地在办公室里自己为自己写好墓志铭。到了十七世纪，这一任务越来越多地由家人承担。我们前边提到过的那些在路易十三、路易十四的长年战争中身亡的贵族青年们，就属于这种情况。

另一方面，我们还发现，墓志铭上记述的不朽事迹不再是单一的圣德与战功，公义与善举。不一定非要有什么英雄行为，记忆才能长存人心。很明显，墓志铭作者们的世界在变化，家庭的关爱，夫妻之情，父子之情，开始取代高尚功绩。

让圣功与天地同存乃宗教之责，生自中世纪的永垂青“石”的欲望源自于此。接着圣功延伸到英雄行为和公益善行，此刻则跨入日常生活的范畴；它表达一种新情感，恋家之情。于是家庭情感也与永垂青“石”的渴望发生了关联。

铭文通常被用来介绍一个家庭。不过，更普遍且更有富有含义的是，根据重现于十六世纪的古俗，家庭在墓志铭中占有了一个位置。此类铭文由两部分组成，分写在——尤其是十六至十七世纪——陵墓的两处，一部分用来赞颂、简述死者生平，另一部分介绍撰写墓志铭并为之“立碑”(*posuit*)的生者。例如，上文提到过的关于罗斯唐家青年屡战沙场的长篇叙事，后边就附有以下签名：“为了让后人永记这无愧于父的好儿子，为了平复慈父的悲痛，其父特立此大理石碑。”马蒂厄·商铁和雅娜·布露依的子女们则为父母亲建了一座“合葬墓”，以歌颂他们夫妻恩爱、婚姻美满：

女儿外孙皆悲戚，
泪水涟涟修寝陵，
镶刻铭板忆慈亲。[34]

如果没有亲出的子女，纪念死者的任务便落在仆人身上。前文曾提到过一位亚眠城的高级木器雕刻师的墓志铭，他葬在普罗万。孩子们死后他仍然活着，去世时应是孤寡一人。那么，是哪位有心人为他写的墓志铭和建的墓呢？铭文有言：“由他的徒弟皮耶尔·高朵制。”

墓成为家庭情感的寄托，最明显的事实是，夭折的少年甚至幼儿都有权得到父母镌刻在坚硬高贵石碑上的赞美和哀悼。父母都感到有这种需要，要把自己的悲哀固定在不朽的物质上，让自己对孩子的思念永世长存。下面是巴黎的一个例子，铭文上的一个片断："安娜·加斯苔利娅，青春早逝，父母断肠，人已去，忆不绝（*non ex memoria*），伤心人尽伤心责，立墓为念。她生于第6年第4月第14日，卒于公元1511年6月（*Vixit annos VI menses IV dies XIV. Obiit Kalendas Junii MDXCI.*）。愿生者平安，死者安息。"

在罗马，尤其是在阿拉柯利（Aracoeli）那座教堂，我们可以在原址上找到很多属于同一时代的同类型的墓志铭。"米歇尔·科尼亚克图斯，波兰贵族，前程无量的青年，卒于1594年，年仅十九岁。"铭文的结尾处列举了为他立碑的两个日耳曼亲兄弟。还是在阿拉柯利这座教堂，一幅非常气派的肖像旁有一段漂亮的说明文字，让我们对当时对待年龄的态度有所了解，因为那是献给一个29岁的未婚青年的。"献给弗拉米尼乌斯·加佩勒图斯，他多才（*lectissimus*）多艺（*boni artes*），相貌俊美［对死者外貌的赞美成为悼文的一个元素］，正直［*judicii praestantia*］真诚，谈吐高雅，受人敬爱，正值青春年少，声名鹊起，却不幸中殇［*ereptus*：被夺走生命，十四—十五世纪丧葬用语中传下来的说法］，离开了父母的关爱［直译意为拥抱：*complexu*］，兰催玉折，二十有九［二十九岁的小青年当然享受过一段成年人的生活，不过他未婚，因此，下面我们发现给他写讣告铭文的不是妻子而是父母］，圣历1604年。"这是第一段铭文，献给死者。第二段接在下边，谈论生者，他们的处境和他们的哀伤："他的父亲*C.*先生，市议员，献给儿子，昔日的至爱，如今的遗恨［*desideratissimo*：此处出现遗恨这个十分近代的观念——"遗恨终生"］；献给妻子*P. P.*女士，她一心事主，四

年后随爱儿而去[*]；物是人非（*luce carissimorum capitum orbatus*），日思夜想，立墓为念。”

夏尔洛特·德·波丹也死于1604这一年，年仅十九岁。她的父亲，森林河泊管理大臣，便表示将来要与女儿葬在一处，即法兰西岛法维耶尔的圣苏勒比斯教堂。他让人在墓上刻了一首十四行诗，即法国人称为悼亡诗英国人称为挽歌（elegy）的那类诗歌，名人去世，人们一般会献上这样一首诗：

请接受，心肝，父亲的礼物，
贞节的爱女，你正值
青春年少，花样年华，
天无情，竟让你香消玉殒。

请接受，宝贝，母亲的哀悼，
她以泪洗面，日思夜念，
你在世的欢声与笑语，
曾是我们唯一的安慰和企盼。

你的灵魂，心肝，已面见上帝，
求他怜悯，可怜我们度日如年，

---

* 铭文的作者一石二鸟，在那个平均寿命不长的年代，此乃常见的葬法：妻子在儿子死后不久弃世，不过依然有四年，墓尚未建好，铭文尚未刻好，这说明建墓的时间有时会拖得很长，但人们决不会忘掉这件大事。

只求将来同入一座陵寝。

我发宏愿建一座配得上你的墓，
死后在此与你聚首，心肝宝贝，
你曾是多么地爱你父母。[35]

出于偏爱，我们挑选了一些比较富有个性和文学色彩的文本，其实绝大多数墓志铭都写得十分平庸，这在上边的文字中可见一斑。在遗嘱中和在铭文中一样，个性的东西与套话堆积在一起。更常见的还是套话。约克郡有座小教堂曾在一战中被毁，最近得到了修复，同时修复的还有一座墓。在墓上我找到了一段拉丁语铭文，全是老生常谈，但它却用数行文字高度地概括十三至十七世纪情感的流变与创新。

“Dominus［我猜其意为爵爷］古列姆斯·舍费尔德（Gulielmus Sheffield），骑士［他把自己的名字放在起首，但他尚未身亡，只是敬献铭文者，这说明献文者在铭文中变得几乎与死者一样重要］，我诚心捐资［*suis sumptibus*，谁出资有必要庄重标出］建此墓陵，不是为了虚荣［对基督徒谦卑的肯定，也是一种带有傲气的质朴：荣耀来自他的名，建墓并不能对荣耀有丝毫增益，不过他也没有因此而认为建陵墓和立塑像是多此一举］，而是为了提示人终将死去的处境［悼念死者——*memento mori*，至少是从十二世纪便已产生的传统说法］，为悼念［终于要提到死者了，此处用了一个新的引导语：悼念（*in memoriam*），而不是“某某长眠于此”之类的说法；亲友家人对死者的思念与追忆取代了凡间的虚荣，也就是

说青史的、官方的荣誉］我的爱妻，伊丽莎白小姐，托尔乡下（*in agro Thor*）基科赫斯特的约翰·丹雷的女儿与继承人。她于1633年7月31日仙逝，享年五十又五。安息吧（*Requiescat in pace*）。”

这个英国北部的墓志铭可以被我们用来当作暂时的结论。它简述了人死后盖棺定论的演变路径：从个体的身份到生平，先是圣迹的或英雄事迹的生平，然后是随便什么生平，最后过渡到活人的尤其是亲人的伤痛遗憾。墓志铭中的死亡乃家人的离去，他不再是匿名的，而是一个具体的、有其生活经历的个体。不过上述的每个演变阶段都非常漫长，前阶段的习俗也从未被清除干净。

根据外形的坟墓分类，带墓志铭的墓

为了介绍的需要，我们把墓志铭与作为其基础的坟墓分了开来，有的墓志铭没有基座，其本身就是一座墓。应该承认，用人工布置可以达到某些效果，但把它们用在再现死者的遗像或塑像上就不灵了。更甚于墓志铭，一座墓有没有遗像它都是一个不可分割的整体，所以博物馆里那些脱离了原来的建筑主体、脱离了原来的存身背景的墓葬雕塑，看上去就非常令人失望。

遗像的恢复在墓葬实践中是一个重要的文化事件，与墓志铭的一样重要。应当将其置于陵墓的整体演变中来进行考察。

中世纪与现代的坟墓（教堂里的或者紧靠教堂的坟墓）外形，从十一世纪到十八世纪，一直在遵循着一些简单稳定的空间规定，我们必须了解这些规定才能很好地理解后来出现的肖像热。墓的形式可以分为三大类。第一类可以称之为带墓志铭的墓：一块大约 20 至 30 厘米宽、40 至 50 厘米长的小石板，上面写满了铭文，没有任何图像。这一类墓非常古老，我们在始于十二世纪的奥维拉（Auvillard）教堂的外墙上就已经见识过它。它们常出现在（法国）卡塔洛涅地区教堂的内、外墙上，至今可见。有时候，它们就像是一扇保险柜的门，盖住教堂外墙上专门砌出的一个小室（人们必须站在外面看它或读它），那小室类似一种小神龛，用来存放死者的干尸骨，当然是从其最初暂存地移过来的干尸骨。正因为极其古老，所以这种丧葬形式一直被广泛地沿用至十八世纪末；墓志铭被刻在石板上或铜板上，石板或铜板被固定在教堂、祭堂或藏骸所长廊的柱子上，除了语言、文风、墓志铭的长度和字体，它们从未发生过明显的改变。带墓志铭的墓的历史与铭文的历史纠缠在一起。我们刚刚谈论了后者的历史，并试图抓住它的走向，即走向个性化，走向家庭认同的趋势。

我们将在另两类坟墓上花更多的笔墨，因为那才是死者遗像出现的地方。一类是竖直的，在立墙上，另一类是平铺的，趴在地上。

竖墙墓，巨型建筑

墙上墓直接承袭了古基督尊者寝陵的风格，例如教皇的寝陵：那是一座既无铭文亦无遗像的石棺（有时是对早期石棺的再用；三、四世纪的石棺上或者有铭文或者有遗像），石棺靠墙，三面有饰纹，棺底有一块铭文碑（不一定会得到保存），石棺和铭文碑被一齐放在一个圆拱下，人称圆拱间（*arcosolium*）。石棺有时靠近祭坛，祈祷之墓，在十八世纪它一定被当作了普瓦蒂埃城的杜讷·德·迈勒波德地下墓窟的样板，以及某些殉教英烈陵的样板，因为有的圣徒石棺便紧贴祭坛；不过后人没有长期模仿这种布局：更多殉教者石棺反而是远离祭坛的，比如说下到一个地下墓室里，进入一个殉教者墓，其遗骨要么保存在圣骨灰盒内，要么放在半圆形后殿或回廊的沿边。

圆拱间的布局最常见。以汝阿尔的女修道院长和住西托的勃艮第第一家公爵们的为例，其铭文都刻在石棺上（一般围绕在棺盖周围，恰是一条长饰带），铭文把值得纪念的尊贵之人与凡夫俗子区分开来，俗人的石棺，无论是埋、半埋或不埋，永远都没有任何装饰、无姓名亦无日期。

这种“葬在圆拱间”——为方便起见，我们使用帕诺夫斯基造的一个新词——的习俗，在中世纪被西方放弃，不过在某些地区它却被奇特地保留下来，比如说在西班牙、意大利，特别是在威尼斯，石棺有时高悬墙上。石棺被葬入土中的木棺所取代，木棺要么保留了石棺的外形，要么在墓上以浮雕的形式再现石棺。在西班牙偶尔还能见到油漆彩绘的木棺，像饰有雕刻的石棺一样，被高悬在墙上供人瞻仰：可以假定，其中所存的遗骸是从最初的临时停尸处移来的。虽说石棺遭到遗弃，不再是世人的实际葬具，但在中世纪很长一段时间内它始终是死亡和坟墓的固定象征。

在那个时代，用不朽的容器来保护尸身，公众舆论感到满意，因为尸身已被托付给教会：肉身的个性消融在地上教会的怀抱里，灵魂的个性熔化在亚伯拉罕的胸脯前。石棺被废弃，取代它的是木棺或简简单单地裹尸掩埋的布单，于是便产生了一种需要，一种十分罕见但却日渐增多的需要，即区分个体，显现个性。在整个这段历史中，我们发现了一种不间断的趋势：趋向于入土为安。最初的石棺搁在地面上，后来则变为半埋半露，结果我们看见有的棺盖裸露在外，有的棺盖埋得较深，那是因为石棺都挤在一块很小的空间即紧挨圣墓的风水宝地里，人们只能把它们摞起来放。总而言之，石棺让位于木棺或简单的裹尸布，后者被更深地埋入土中*。深埋而且在地面上不给出任何标记的习俗就这样蔓延开来。于是开始有人在墓上或墓旁做记号。与过去的石棺不同，墓不再无名：它拥有了一个身份。中世纪中期，城市扩展，人口增长，石棺太占位置，无法沿用，所以引发了上述变化。

回到外观问题上来。古基督教圆拱间的石棺在中世纪演变成嵌在墙上的墓穴。石棺的位置上摆了一块四四方方的巨大石基，往上直到顶部的辅助拱，半圆拱腹或碎片拱腹，整个空间空无一物。此类墓多数被毁，但光秃秃的巨石基和辅助拱依然故我地呆在教堂的墙内或墙外。在波伦亚和威尼斯，它们紧靠临街墙，墙外行走着漫不经心的今人。在我们乡间的许多教堂里，在半圆形后殿即老墓地铺开处的附近，人们还能见到墙嵌墓穴那大张着的空洞。

对于此类寝陵而言，有三块空间需要填充：石基的三侧面，向上的台面（过去放石棺盖的地方），墓穴的底部。为填补这些空处，中世纪的竖墓葬史提供了多种办法：在墙穴底部刻浮雕或绘图，在

---

* 当然也有例外（十五世纪西班牙的彩绘悬棺，十七至十八世纪意大利所展示的木乃伊）。

石台侧面做浮雕，在台面上做一个向上凸起的逝者浮雕像。上述皆是最基本的手法。

此类竖墓逐步占领了更大的墙面，主要是向高而不是向宽发展，到最后墓墙变得极高极大，有时甚至占据祭殿的整个内墙，例如那不勒斯的昂热王室在圣凯拉修道院（Santa Chiara）的墓群，它始自十四世纪。这种求大的夸张做法在十五、十六世纪一直延续，直到十七世纪初方休。

十六世纪，增长危机促使此类墓挣脱墙的局限，离墙发展；坚守上下竖直的原则，它变成了一个复杂的庞然大物：孤身独立，不与他物相接，向上攀升，层层叠加，例如十六世纪圣德尼王家的双桥型墓群。自十七世纪起，这种浮夸贪大的趋势颠倒过来，其规模受到压缩。那是一个被史学家们斥之为巴洛克浮华风盛行的时代，奢侈的丧葬风气，比如说歌剧布景，也进入了教堂，昂热、瓦卢瓦、美第奇等家族的大墓群开始变小，以便恢复以前不那么夸张的规模：这是一个运动的信号，"远离"死亡的深刻运动，它将成为本书第三部分讨论的对象。

不过，竖墓天然趋向壮观。它必然追求宽敞，霸占墙面，增大内涵，填充空间。因此，它不仅适合于给伟人作寝陵——有纪念意义的教会人物、新生豪门等——，也给大艺术家、大雕塑家和大建筑师们提供了施展才华的用武之地。然而，它很快就遭到挤压，其作用也变得不那么夸张。（建小型墓比建巨墓的倾向更古老，例如我们在旁边就发现了一块几厘米大的小石板，那是十三世纪图卢兹大教堂一位议事司铎的墓[36]。）形式遭到压缩，巨型墓只剩下铭文外加墓穴底部的浮雕，或铭文外加半身像，或上述二形式的综合，它们依然是竖直的，建在墙上或立柱上。从十四、十五世纪到十六世纪初，这种压缩墓型成为大量小贵人的墓葬形式，他们是体面的市民，执法官吏，穿袍贵族和享受年金者，总之就是一个上中等阶层(upper middle class)。请设想一下十七世纪和十八世纪初的教堂，其墙上、柱上每隔几十厘米就有这样一个墓穴。在法国，它们大多被十八世纪的清洗派教士(天主教的，经过了初期的毁圣像运动后，荷兰的加尔文派要更加保守一些)、1793 年的革命者和十九世纪初的不动产投机商给摧毁了。在英国、荷兰、德国和意大利，尤其是在非常尊重它们的罗马，我们还能在原址上见到保存完好的古墓。

趴在地上的平墓

另一种中世纪的也是现代的墓型，是平嵌在地面上的低墓。那是一块朴朴素素的四方形平石板，大小不等，但一般来说与人体相当，或常常小于人体，大于人体的较少见。人们用新名称来称呼此类墓。Tumulus(坟丘)，monumentum(家祠)，memoria(念堂)乃至 sarceu(棺材)等词都不再被用来指墓，取代它们的常见词语是“石条”、“墓穴”(“长眠于墓穴中”)，坟墓(tombe)或平面墓。Tumba 一词来自希腊文，原义即 tumulus(坟丘)。人们第一次在拉丁文中使用它时十分谨慎，那大概是在五世纪[37]，不过在中世纪它运气极佳，被搬进了西方所有的大语种：在法语是 tombe，在英语是 tumb，在意大利语是 tomba。

石条指的是那块盖住坟墓和墓穴的石板，尸身卧在墓穴中。

平墓与“圆拱间”不同，它首先让人想到的是土葬。当然，石条正好盖在埋尸墓穴之上的情况并不多见。不过这没关系，只要它以可见的形式标示出了看不见的阴宅，作为象征就足够了。它镶嵌在铺地石板之间，与整个地面平齐，构成一个整体。坚硬的石板，把地上的世界与地下的世界隔成两半。

平墓强调的地下，在基督教末世说中几乎找不到记载（中世纪的地狱并不在地下），这一观念对我而言十分新颖。我以为平墓与竖墙墓绝然不同，前者在上古的民俗和基督教传统中找不到祖先。人们可以反驳说，在非洲的那些基督教教堂的地面上，不是早就覆盖着一些用于丧葬的带铭文和肖像的马赛克吗？帕诺夫斯基曾预测过这样一种可能性，即它们是通过西班牙（塔拉戈纳）、勒南（Rhenans）和弗朗德勒一站一站地传过来的。然而，一边是十一、十二世纪才刚刚出现的带标记和简单铭文的石板，另一边是五世纪的马赛克墓，谁敢断言它们之间确有亲缘关系？我个人觉得，失去了石棺保护的尸体被系统地埋入地下，再加上越来越强烈地希望回归土地的意识，更应该是产生平墓的直接原因。上古之时，在民间和在基督教，都要为死者修建一个看得见的建筑，其趋向是在地面上建一个或高或矮的纪念物：立碑，壮观的陵墓，石棺，家庙等等。中世纪的墙墓继承的自然是这种传统。然而，中世纪又发明一种新型墓，它更符合中世纪的梦想，虽说它还是可见的，但却把我们的注意力引向地面，我们的来处和去处。这种情感与基督教可能没有一点关系，很可能来自一种对彼岸的诱惑不太感兴趣的自然主义态度。我们此刻面对的基督教文化的某些成分就充满的歧义，在上古宗教社会中很难见到其踪影。这些成分一方面带有

某些不太彻底的虚无主义色彩，另一方面又坚信彼岸的存在。

毫无疑问，平墓的出现是一个重大的文化事件，它表现出一种更为冷静的接受态度，也是一种与地下居民友好相处的态度，地下居民不再让人感到恐惧。于是，把身份确认乃至悼念赞美，与对死者重归尘土（*pulvis es*）的提示联系在一起，就是再自然不过的事了。

上文我们已知，平铺的石板并不是最早的墓葬形式。早期的墓葬如果不用石棺，就会倾向于采用竖墙墓，就像比利牛斯山区那座相当令人吃惊的泰克河上阿尔勒（Arles-sur-Tech）墓一样，然而，最先想要不太刺眼地展现出来的就是它们。在过去，墓棺或者是不可见的（埋在土中的无名石棺），或者是可见的：砌在高墙，壮观而夸张。

平面墓几乎是光秃秃的，不过上边有刻纹或雕饰，平面墓是中世纪的天才之作，某种复杂情调的反映：它标志一种妥协，复归母土的传统意向与含蓄地确定身份的新需要之间的妥协。

如果说竖墓在形态上是属于大人物的纪念碑——虽说许多普通人后来也仿造了这种墓型——，那么平面墓则比较谦卑。它与地平齐，乐意让人从上踏过。在大建高陵的时代，即十四、十五、十六世纪，想特意表示谦卑的立遗嘱人都比较偏爱这种墓型。这也是反改革派们唯一允许的墓型，例如博罗梅奥（Charles Borromée）之墓："不得高过地面石板"（*non excedens pavimentum*）。因此它们构成了教堂——例如罗马的耶稣圣名堂（Gesu）——的最主要的丧葬风景。在十七、十八世纪，由于此类墓型不太张扬，与带墓志铭的墓比较相似，一批新进入使用明墓行列的人如工匠和农民都愿意选它。

此类墓型也比较适用于艺术装饰和树碑立传。没有将其抬高于地面，十六、十七、十八世纪的人们直接在大理石马赛克上绘出了华丽的彩色纹章图案，并配上丰富多彩的铭文。最美的图案大概在罗马的耶稣圣名堂和瓦莱特的马耳他骑士教堂。自十三世纪始，人们用凸起的浮雕肖像取代早期的刻图和浅浮雕，结果便出现了一种小石雕像，与竖墓的石基上的浮雕像相类似。石板的形状和象征意义虽然没有改变，但已有人把它抬得高出地面，用圆柱或哭泣者雕像柱支撑着它，就像那送葬队伍中的棺木。

因此，尽管人们对竖、平这两种形式各有偏爱，二者都为表达中世纪丧事中种种不同的情感做出了贡献。它们为情感表达提供了一个有趣的而且其本身已经富有含义的框架，销声匿迹很久了的遗像和墓志铭将重新出现在这个框架中，拥有自己的位置，并共同发展，然后分别衰退。遗像和墓志铭赋予坟墓一个意义，现在我们便来考察由二者组成的复杂游戏。

想象中的坟墓博物馆：卧像－休眠

在想象中建一座虚拟博物馆，馆中收藏了所有记录在案的已知墓葬建筑，并根据时代和地区对它们进行归类，这样一座宝库将有利于我们较快地把握展品整体发展的连续性。我们一定会发现某些地区性特色，比如说石棺在地中海国家的幸存，觉醒卧像在“哥特”国家的经久不衰。不过，这些差异在全景图上都可以忽略不计。尽管艺术和风格多有改变，但从十一世纪到十八世纪的种种形式却具有某种遗传上的一致性,非常醒目。十一世纪以前,我们几乎一无所有,唯有几处古基督教墓葬遗址。十八世纪以后,出现了新东西,即我们近代的公墓。反之,从十一世纪到十八世纪中叶左右,遗传上的连续性从未有过中断。从一种形式到另一种形式,其间会有许多不易察觉的中转过渡,变化往往起因于某些细节上的安排,很少起因于结构上的关键部件。不过,我们一眼就能将其分为两个形式系列:卧像系列与祈祷像*系列。二系列既不完全是平行并列的也不完全是前后相继的:它们是相互交错的。

这两种形象经久不衰,整整五百年,让人察觉到一种难以压抑的秘而不宣的情感,既情系民间的死亡观,一种深深植根于人的内心但从未得到表达的死亡观。

先来查看卧像系列,以及它向我们暗示的道理。

虚拟博物馆中急匆匆的天真游客就能断言:那些卧像应该是去世不久之人,大葬之前摆在此处供人瞻仰。中世纪和现代初期的卧像与我们今天的——至少是医院和停尸间的——传统停尸方式是如此地相似,这不能不令游客感到惊奇。

事实上,游客并未全错,假如说卧像并非展出之尸身的拷贝,那么死人却完全有可能被展示成丧命卧像的样子。

古时候的卧像不代表死人(在很长一段时间内,尤其是在哥特地区,他们从不代表死人):他们睁着双眼,衣裳的皱褶下垂,仿佛是站立而非仰卧之人。他们手上持有某物——在圣德尼教堂,

* 即跪像。——译者

1160年左右的希尔德贝尔特一世手里拿着教堂模型，马赛圣维克托教堂的伊萨恩（Isarn）神父手持权杖（十一世纪末）——，很像是罗马的或拉文纳的马赛克图上的列队而行的恩主们。以上事实人人赞同，老的史学家如爱弥尔·马勒和欧文·帕诺夫斯基，新的考古学家，一心求真求实者，都尚未对此提出过异议。最近有个作家也谈到了圣德尼的那些国王卧像，那是圣路易在十三世纪定制的关于第一个朝代的国王的系列卧像，他写道：他们"脚踏石台，人们似乎曾打算让他们站着，他们体态肃穆，脸相似乎超越了时光[38]。"

这些卧像既非死者亦非活人，即人们想保留其音容笑貌的死者或活人。当然，人们知道他们是谁，却不当他们是地上凡人：他们是受祝福者（*beati*），有福之人，光辉肉身，永葆青春者，在耶稣受难的时代，据爱弥尔·马勒，他们是"上帝天国的地上成员"，据帕诺夫斯基，是王家功能的原形。今天的人们更愿意这样说。

读到此处，读者决不会对上述阐释感到惊讶。他们将在这些非生的生者、睁眼的死者身上识辨出葬礼最初最古老的母题仪式，即入睡、休眠的母题，例如以弗所的七睡人。说实话，他们既不是无忧无虑的生者，也不是痛苦不堪的临终人，既不是将腐烂的尸体也没有走进重生的光辉，而是在和平宁静中等待末日转化新生的选民。

不错，关于有福者卧像的绘画、雕刻和塑像随处可见，在其时，占统治地位的主题是灵魂迁移和最后审判（《追思已亡经》），教仪已经用它们遮盖了休眠的主题。于是乎，在教仪和末日来世思想中退隐的休眠模型，似乎还存活在卧像的形式中。这一幸存颇有意义，它揭示了世人对被精英们所舍弃的古老信仰的深深的和无言的眷恋。

爱弥尔·马勒认为上述态度仅仅与十二、十三世纪的第一批卧像有关。他发现——参观虚拟博物馆的长眼之人亦然——，自十四世纪以来，卧像闭上了眼（在意大利和西班牙更甚于在法国和德国），卧躺的姿势也借助衣服的皱褶、四肢的摆法变得更像是那么回事。头枕在一个枕垫上。总之，爱弥尔·马勒对这种改变感到惋惜，据他看来，有福者变成了普通的死人，不久后又变成了对棺中人的模拟。通往僵尸、腐尸和骷髅的路就这样被打通了。

帕诺夫斯基也表达了几乎是同样的看法。对于眼睛的睁闭，他没有 E.马勒那么敏感，反而是极为关注审美形式。他假定从十四世纪起艺术家们就不再容忍站－卧这种似是而非的塑像体态，因为它们不符合重力法则。正是出于这个原因某些塑像被竖立起来（卡尔卡松圣纳泽尔［Saint-Nazaire］教堂的赐福主教），某些躺在床上代表死人或病人，还有一些保持动态，或坐或跪。

继马勒和帕诺夫斯基之后，我们应该承认，十四、十五世纪对人像的态度发生了变化。不过，请小心，这种变化仅仅出现在为大人物定制的、由大艺术家制作的高级艺术品上。当然，从十五世纪到十七世纪，有肖像的墓也开始变得更常见了。如果把大的墓葬艺术品放在一边，只关注那些普通的，或者已经带有一点艺术追求的墓，我们就会发现：我们所谓的普通墓——而不是民间墓，那样说不准确——选用了两种王家模型，卧像和跪像，不过直到十七世纪上半叶（卧像消亡的时期），卧像一直忠实于有福者的古原型。十六世纪，人们常常用镌刻而不是雕塑的方式在平铺的石板上再现戴头巾的女人，戴圆领的男人。石板由一位墓石工匠成批生产，石板的上部空留出来。卧像给人的感觉仿佛是站着的，双手合十或合在胸前，双眼睁得大大的。一位神父手中拿着圣餐杯。十六、十七世纪的普通死者像十一到十三世纪的大人物们那样，保持“站立后仰的姿势”。

大家大概忘了世人态度与休眠主题之间的关联。然而人们仍然坚持在地面上展示平面的死者，他仿佛还活着，不过姿势并非活人的习惯姿势，甚至跪像也是如此，其神态反映了虔诚的等待，不动的膜拜，不间断的静谧与和平。

传统的形象承载着古老的观念和希冀，虽然人们不再意识到它们，但它们依然故我地在左右着我们深处的情感、深埋的记忆。

普通平面墓上的卧像一直延续到十七世纪初，这种情况使得马勒和帕诺夫斯基在墓葬珍品上所发现的那种审美转变失去了意义。就形式上的细节而言，墓葬珍品不如墓石工匠的系列产品，后者更忠实于古代原型。仔细一想，只要死者显得是在平安地休眠，眼睛睁开还是闭上，衣裳皱褶向何方下垂，这一切均不重要。平安之感才是关键。

两个母题在此处合在一起。平面墓，贴在地上，与土地直接相连，这是一个母题；另一个是卧像，彼岸的休眠，休眠既非结束亦非虚无，更不是清晰的意识，回忆或提前的感受。

十二世纪初带卧像的平面墓，对于当时的知识精英——唯有他们为自己建陵——来说，是关于驯服死亡之古老态度的最后可见遗迹：它们是一个妥协，十一、十二世纪新出现的表明身份之需要和休眠这一千年情感之间的妥协。离去，但不是永远，仅仅为了长眠，但却是睁眼的睡眠，这睡眠像是生但又不完全是生，也不是一种残存。

仿照卧像安置尸体

遭舍弃的末世模型幸存下来，卧像在各种通常的——如果不是民间的——应用中保留了极为稳定的形式；为贵族而建的墓葬艺术大件，又为其增添了不少花样。那有时是一个手持长矛的骑士全身像，有时是——人们更愿如此——死者形象的逼真再现：十四世纪，在德国和英国，卧像表现的是一个手持武器战死沙场的男人，英国骑士跌落在碎石地上，双脚交叉并仰躺，他们一手拔剑，一手握住剑鞘，双眼依然睁着。帕诺夫斯基是这样评述一个 1432 年的德国卧像的[39]："表现此人正在死去，他的头枕着垫子并垂向一侧，眼还没有完全闭上，但眼中已充满了死亡的阴影。"这段描写也适用于早一个世纪的一件作品，即阿尔萨斯的司教代理人哈特斯塔德的孔拉德·维纳（Conrad Werner de Hattstadt）墓。那卧像过去放在科尔玛雅各布会教堂的墙壁墓中，今天则被保存在由修道院改造成的博物馆中。卧像双手合十，头下垂耷拉在头盔上。身旁摆着剑和手套。下垂的头摆脱了有福者卧像常有的呆滞。此人刚刚死去。

桂达莱罗·桂达莱里（Guidarello Guidarelli），在为西泽尔·博尔吉亚（César Borgia）效劳时战死。他的卧像极为悲怆。一个年轻人刚刚被死神夺走生命，1520 年的雕刻家图罗·隆巴尔多（Tullo Lombardo）再现了他的巨大悲痛（拉韦纳，艺术学院）。

罗马的和平圣玛利亚（Marie-de-La-Paix）教堂的回廊中，有一件十五世纪的墓葬浮雕，描述一位年轻人的不幸殉难，也就是说，虽非自杀仍属凶死。从侧面看，卧像的身体尚未变硬，生命突然离去。

十六世纪还出现了一种高雅的新类型，仅见于墓葬珍品，而且没有后代。它表现出一种不满足于休眠母题的倾向，并用另一个更动人的母题来取代休眠：那是一个半卧像，或者支肘像。死者半卧，用一只胳臂把身子支起来，另一只手里可能拿着一本书。受伊特鲁里亚－罗曼全身塑像和一个象征动作（手托着腮的动作，在乔托的壁画中，该动作已代表忧郁的沉思）的影响，十六、十七世纪的艺术家们特别喜欢这个动作，因为它引发了他们无穷的联想：宗教的力量让临终人在死床上支起身来，或者，报信女神或复活天使让石棺中的死者获得觉醒。不过，这一形象仅属于贵人，仅见于墓葬珍品，在大众的墓葬形象中从未出现过。

对休眠母题的另一种偏离，发生在十五、十六世纪，即用僵尸、木乃伊取代卧像。人们从另一个角度来挖掘传统卧像的含义，以表达离开生命中珍爱之物时的苦涩感。我们知道这一模型的传播在时间上（十五—十六世纪）和空间上（见第四章）都受到了限制。

可以这样说，直到十七世纪，普通老百姓都偏爱把卧像－休眠类当作死亡的象征，精英们企图另辟新径，但没有一个生自于他们创新的变体模型能够长期留存。

上述分析所依赖的材料主要取自于所谓的哥特欧洲，即法国北部、古勃艮第区、德国和英国。它不包括来自地中海区域的材料（几件墓葬珍品除外），以及该区域一般的墓葬实践。然而，南方地区在中世纪后期也有一些常见的墓葬类型，就实际上如何展示和安放死尸而言，它们对直至今日的整个欧洲都有着决定性的影响。那是一个相当复杂的故事，涉及死板与鲜活的交换，塑或刻之卧像与死者摆放或穿着方式之间的交换。

为了理解这一点我们还是回到虚拟博物馆来。站在墓葬材料的细节之前，仔细观察它们，我们发现卧像在不停演变，它没有远离原型，但却演变成一种中间过渡型，该过渡型并非标准的享真福者（*beatus*），反而更像一个死人，但既非一个真实的临终者亦非一具僵尸。这一演变的终点是一个真正的死人形象，但这个死人始终被表现为受到祝福之人，休眠者卧像。

自十三世纪下半叶起，在整个西方世界而不仅仅是在南边，石基支撑卧像，覆盖石基侧面的浮雕常常再现了送葬的过程。前边我们说过，在中世纪后期，送葬的队伍非常庞大。起初，浮雕表现天上的送葬队，有天使，有轮换的教士。后来表现真实的送葬队，按遗嘱中所要求的那样，队伍中有僧侣，有教士，有披麻戴孝的哭灵人，抬着或跟着棺材前行。另外，尤其是在十四至十六世纪的意大利和西班牙，上述侧壁浮雕在送葬队之后还描绘了追思祈祷的场景。

死者的身体——或其形象——多次出现在同一座墓上：比如说在送葬和追思祈祷这两个仪式的浮雕中，它就以小人的形式出现了两次，另一次则表现为凸起的浮雕，休眠的卧像，与真人一般大小。

然而，令人瞩目的是，尸体——或其图像——无论是被抬在送葬队伍的棺材上还是被摆在追思祈祷时的张开的墓穴中，其形象与通常的休眠卧像一模一样，穿着衣服*，双手合起或合十。自此，他们几乎在被运送和被摆好的肉体与石头或金属的卧像之间画了等号，卧像附在墓上让人永记死者。

按休眠者卧像的形式来安放尸体，这现象大概出现在石棺被舍弃、外在形象取代了封闭在木棺中的尸体之时（第四章），也就是说，开头是灵柩上的木像和蜡像，然后才开始使用更耐久更普通的材料。

从身死到下葬，在这一短暂时期内，普遍习惯就是用墓地卧像或者场景再现的方式来展示尸体。据新习俗，人们给他着装，让他仰卧，双手合在胸前。大家知道，平躺，是芒德的纪尧姆的要求，似乎也是基督徒特有的规范。旧约中犹太人死去时侧身面墙，文艺复兴时期的西班牙人认为，这一姿势说明那些被迫改信基督教的犹太人还没有被彻底改造过来。在伊斯兰诸国，狭窄的葬具显示尸体在里边是侧放的。随着时间的流逝，基督徒这一平躺的方式甚至具有了护身符的妙处，它能保护死者肉体和灵魂不受邪魔侵扰。的确，施密特（J.-Cl. Schmitt）这样写道："唯有侧竖的尸体方会进地狱[40]。"这一姿势的重要性甚至超过了早期的种种肉身处理手段，如洗尸身，去污秽，涂香料。这一姿势的一个基本特征便是双手相合或合十，一如结婚时双手合在一起（*dextrarum junctio*）。手没合在一起，塑像便会被毁，它不再有意义。就这样，十二、十三

* 人们有给死人着装的习惯。十三世纪的圣事礼仪家芒德的纪尧姆抱怨说死人为葬礼而着装，古习俗是给尸体一块裹尸布，那才是恰当的做法。然而，他却同意教士们例外，教士下葬可以穿圣职服装。无疑，正是以教士为榜样贵族们才想到要在死后穿上盛装或军服，国王的加冕长袍或骑士的甲胄。

世纪的休眠卧像成为真实死人的模型。卧像没有孜孜以求地去模仿死者，死尸反而必须仿照卧像来进行安放。

在十五世纪，展出和安放的尸体开始反作用于它的模型，卧像。十五、十六世纪的意大利卧像就是一具展出的尸体而不是一位受到祝福的活人：他被安放在一个棺木上或一张华床上，刚刚咽气。然而，那并不是一种现实主义手法：刚刚失去生命的尸身没有任何解体的迹象，反而拥有了一种进入永恒安眠的姿态，在平静中等待末日的来临。

再回到虚拟博物馆来。在卧像旁边，以及后来在它们原来的位置上，再不注意的人也会发现另一个系列的墓葬塑像。死者在此一般都被表现为跪像，偶尔有站像，死者或者面对三位一体中的一位，或者全神贯注地凝望着一个神圣场面。我们称其为祈祷者。最开始，它们也被视为卧像类。后来才被单独分开：于是跪像在墓葬习俗中取代了卧像。

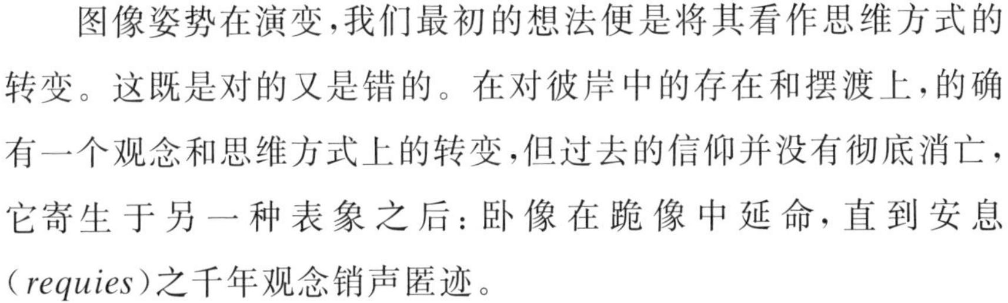

图像姿势在演变，我们最初的想法便是将其看作思维方式的转变。这既是对的又是错的。在对彼岸中的存在和摆渡上，的确有一个观念和思维方式上的转变，但过去的信仰并没有彻底消亡，它寄生于另一种表象之后：卧像在跪像中延命，直到安息（*requies*）之千年观念销声匿迹。

灵魂迁移

古卧像为灵肉一体像（*homo totus*），一如以弗所洞中的沉睡人。他的灵、肉皆入眠，尔后在末日一起变身（*transfiguration*）。从十二世纪开始，出现了一种有别于休眠和末日审判的图像，准确地说应该是再现，因为上古的非基督徒石棺上已经绘有圆盾图（*imagoclipeata*），即框在椭圆盾中的死者肖像，两边有两个小天使抬着它飞升（*ad astra*），仿佛死者即将位列仙班。在孔克教堂的贝戈翁神父墓上，我们已经见到过这一图像。死者，受到敬仰的名人，上到天界并在那里落户，*stat*（定居）——用拉丁文更准确——在圣徒间，与仙友们谈经论道。选民无需等待，他已经获得了永恒的补偿，他站立着，保持向上帝谢恩的姿势。在贝戈翁这个例子里，升上天的依然是 *homo totus*，灵肉合体。在十三世纪，人们曾想不光是表达已到达上界的选民，还要表达出发时的选民，把新的升天观念与老的休眠观念联系在一起。天使浮在卧像头顶，准备用双臂托着他送往天上的耶路撒冷（埃尔纳［Elne］）。在其他地方，升天还演化为一场在天上举行的追思祈祷仪式，天使代替教士来做法事，他手里拿着蜡烛和香炉，并为升天的死者戴上选民的金冠。

这一场面在我们虚拟博物馆所收集到的墓上并不少见，罗马教会的丧葬礼仪中有一首古老的赞美歌对它进行了描述：

《进天堂》（*In paradisum*）：“愿天使领你进天堂，愿圣徒与殉教者来迎你，就像接待可怜的拉撒路*那样，领你进天国，天上的

* 见《新约·路加福音》，第 16 章，拉撒路是一位浑身长疮的乞丐，后进入天国。——译者

耶路撒冷。”可怜的拉撒路是遵守教规的典范,他的死亡常被人提起。愿你永久安息(*Aeternam habeas requiem*):休眠的观念与进天堂见天主的观念连在一起形成一个整体。因此,墓上的升天卧像既是等待的死人,像以弗所的睡人那样,又是观赏圣地的死人,像贝戈翁神父那样。按照门廊塑像的式样,或者按照十四、十五世纪彩绘玻璃上先知、使徒、圣徒的式样,卧像的头上还盖有一个华盖形的建筑。它象征天上的耶路撒冷,有福之人进入了天堂。进天堂的形象并没有严重损害休眠的形象。

反之,出现了另一个新母题,一个更具革命性的母题,即灵魂的迁移(*qui migravit*,十四世纪的墓葬铭文如此写道),不再是灵肉合体。罗马教会葬礼中另一首古赞美歌《得救颂》,描述了这一场面:“来吧,上帝的圣徒们[这是对天庭的召唤,《进天堂》中也是如此,其目的与《忏悔经》(*confiteor*)或遗嘱开头语不同,不是为了求情,而是因为见到光辉形象万分激动,表达了感恩之情]。快过来,天主的使者们,接走他的灵魂(*suscipientes animam ejus*),把它带到天父的面前,愿天使把它置入亚伯拉罕的怀抱”(在中世纪的图像中亚伯拉罕被描绘成一个坐着的老人,拥着膝上一大群代表灵魂的童子)。

今天我们可以赞同 *anima*(精气、魂魄)这个词的意思曾经是整体之存在,包括肉体。但从十三世纪始,一般的尤其是墓葬的图像都显示出人们倾向于认为死是灵魂与肉体的分家。灵魂被形象地表达为一个光身子童子(有时包在襁褓中),一如最后审判中那样。卧像最后咽气时从口中吐出它来,所以直到今天人们还在使用这个说法:吐还灵魂。灵魂被吐出口,天使们抓住一块布的两端接住灵魂，然后抬着布把灵魂送上天堂。因此，拉撒路的灵魂由天使们护送，对于为富不仁者，凶狠贪婪的小鬼们则迫不及待地从他的口中强拽出象征灵魂的童子，就像拔牙那样。

在十五、十六世纪的耶稣受难图中，常能见到一位天使前来接住一位义盗的灵魂，后者享受拉撒路的待遇。

最有意义也是最著名的图像便是十五世纪罗昂日课经中的一幅图像：其中所画的临终者正在“吐还灵魂”。其身体几乎是赤裸的，不像卧像那么平静，也不像僵尸那么残败，但却皮包骨头瘦得可怜。另一个值得注意的细节：其身体已经开始发僵。根据非常古老但已过时的习俗，他躺在一块贵重的布料上，这布料将是他的裹尸布。没错，这肉体不是一个平静的卧像，他只是一具没有生命的死尸。他被扔进土里，黄土将接待他腐蚀他。不过，这肉身仅仅是人的一部分：另外还有灵魂童子。童子飞升，旁边是护着它并把它从魔鬼手中抢出来的圣米迦勒（第三章）。在墙壁墓的图像中，灵与肉的对立也分外明显，灵魂出窍的场面与在死者床前进行追思祈祷的场面放在一起：见希尔德斯海姆1194年所建的德国墓群，圣吉莱姆－杜德蔡（Guilhem-du-Désert）教堂的贝尔纳·麦积（Bernard Mege）墓，利穆（Limoux）城郊圣提雷尔的圣塞尔南墓，卡尔卡松圣纳泽尔教堂里的朗杜弗（Randulph）主教墓。

失去了灵魂，卧像在结构上并没有改变。将两幅图像上下重叠，人们便满意了：灵魂在上，完整的卧像在下。

在圣德尼，达格贝尔一世（Dagobert）的墓曾于十三世纪重修，雕刻家使用墓穴底部的整个墙面来描写国王灵魂在克尔特彼岸的历险记，活像一幅情节惊险的连环画。然而在下面的石基上，其卧像平静而安详，一如传统卧像，灵肉合体，没有因失去灵魂而显得不正常。

普罗万的一位议事司铎，死于1273年，被刻在他的平面墓上，他平躺着像被一个放倒下来的站立者，睁着双眼，手里拿着圣餐杯（这一姿势已成为教士下葬的习惯姿势）。上面两位天使托着一块布幔取走他的灵魂，飞向天国的宫殿。

也有这样的情况，灵魂的迁移没有与卧像联系在一起，而是与一种新的关于死者的光辉形象联系在一起，这便是我们下文要分析的祈祷者跪像。在梅斯大教堂长厅的一座柱子上，有一座1379年画的墓，墓分两层（加上铭文便是三层）：像达格贝尔一世的墓那样，上层是灵魂的旅行，圣米迦勒刚刚从恶龙手里救出灵魂。下边是跪着的死者，面对天神报喜的场景。

当然，灵魂迁移与僵尸一样，在十四、十五世纪的墓葬图中并不少见，拥有自己的特殊含义，但它们很快就消逝了，都不能算陵墓的可长存的结构性成分。

是否把卧像及其灵魂都再现在同一个层面上，在中世纪后期显得十分犹豫：灵魂不灭，幸与不幸，世人内心对这类说教都有着极深的反感。

为灵魂牺牲卧像的情况也常有，此类事仅仅发生在靠南边的国家。在雅加（Jaca）的圣克鲁斯修道院，有一座1100年的古西班牙石棺，帕诺夫斯基曾对它进行了描述[41]，灵魂迁移的场面占据了石棺大头的那一面的整个中心，旁边是两场追思祈祷，一边是举行法事的主教和教职人员，另一边是一群坐着的哭丧女（顺便提一句，哭丧女常出现在西班牙的墓壁上，在他地极少甚至从未出现过，在那里取代哭丧女的是穿着带帽僧袍的教职人员、四大派托钵修士、教友会和穷人）。两个世纪以后，在一位伟大的马耳他修道院院长（图卢兹的奥古斯丁，圣约翰教堂，十四世纪）的仿古石棺上，灵魂升天的画面还是单一的。此处夹在灵魂的椭圆形光圈两边的不是两个追思祈祷场面，而是两个纹章图案，此例子充分说明了纹章的作用：既是装饰，又是个性化的烙印。

不过上述情况十分罕见。一般的情况都是灵魂隐匿，唯有卧像（或跪像）呆在那里，保持着传统的姿势。

墓葬图一般不再表现灵魂的逸出，唯有一种情况例外，即圣母之死，其灵魂直接被基督本人取走。临终床前的追思祈祷场景，被临终经和祭礼取代之后便在习俗中消失，不过在（圣母）“长眠”的图像中它一直延续到十七世纪。尽管在十六、十七世纪，在完全升天之前，圣母的身体也带有临终、痛苦和解体的色彩和符号，长眠一词还是让我们想到了休眠的观念。

卧像与跪像的联系：双桥墓

灵魂的迁移成为腐烂解体——二者几乎同期出现——的信号，尽管后者只是过眼云烟，它们还是代表了关于休眠之传统观念的一个危机时期。

于是出现一种新倾向，到十六世纪，该倾向留给我们一些墓葬艺术大件，但却并未成功地制造出一种富有生命力的新类型：对存在进行精细切分的倾向。最后它构成一个定式：在多层的陵墓上反复重复死者形象。艺术史学家认为该模式为王陵所特有，对它而言，教会的教义，艺术家的大胆，二者缺一不可。实际上，自十三世纪以起，它开始出现在常人的墓上。我马上就能给出一个证据，即十三世纪末，图卢兹大教堂的一位议事司铎的 37×45 厘米的小墙碑。这是一座“微型墓”，以前有过，后来又大量出现过，因为它们太一般所以没人当回事，在漫长的时代变迁中，被人毁去，无人惋惜。该模式既无艺术上的追求，也没有炫耀的奢望。它反映了一位虽不起眼但却值得一提的被葬者的执着，执着于种种对死亡对彼岸的想法，于是汇集它们，与审美无关。狭窄的石碑表面上布满了文字与图像：本是书写短文处，我们却见到了一整篇世界末日论。铭文被挤到碑边，于是分摆成两行环绕石碑，恰似四周的花边：“耶稣纪元 1282 年 8 月 16 日，大胆的腓力治下，万民景仰的图卢兹主教，神学大师，掌玺官兼主事司铎，贝尔特朗多驾鹤西归［申明死者的身份、状况和忌日，缺年龄项］，愿他的灵魂得到安宁。（*Anno Domini MCCLXXXII XVI Kalendas Augusti*，*illustrissimo Philippo Rege Francorum Reverendissimo et valentissmo Bertrando Episcopo Tolosano*，*obiit magister Aymericus canonicus*，*cancellarius et operarius Ecclesiae Tolosanae*，*ejus anima requiescat in pace*.）”铭文中已经道出议事司铎的身份，纹章对此再次确认，重复了两次。

铭文中间全是浮雕。浮雕分为上下两层。下层是卧像：议事司铎身穿带帽带毛披肩的僧袍，按传统姿势平躺，双手合十放在胸前，脚下踏着一种不知名的动物，有《圣经》为据：你脚踏狮与龙（*Conculcabis leonem et draconem*）。他战胜了恶。在安宁中休眠，一如铭文所言。

上层被横向地平分为两个重叠的场景:左边,灵魂迁移,一位天使在引导着灵魂童子。右边是获至福的景象,进入天国。中央是两位天使托着一个椭圆形光圈,永恒的天父现身在其中,就像十二世纪出现在教堂中央山墙上进行末日审判的耶稣。天主抬起右手,为人祝福(祝福这一神圣的手势在当时具有极强的含义,主教在地上重复这一手势,他在墓上的姿势正是祝福的姿势)。像君王一样,永恒天父的左手抓着地球。议事司铎阿梅里克(Americ)跪在天父前,双手合十,保持着史学家们称之为"供养人"的姿势。在此我们又见识到第二大类墓主形象:跪像。

上述图像以浓缩的形式表现了议事司铎阿梅里克及其部分同代人所关心的主题。这些主题在宗教典籍中早已有之,但直到此刻它们才出现在墓葬图中,这也反映出它们开始深入人心。主题乃对存在再次切分的主题:失去生命的肉体,迁徙中的灵魂,进天堂的永福人。在绘图人的构思中,我们感觉到了同时表现那些不同时刻的需要。存在的多样性,再现的同时性,构成了两个新的特点,主导着墓葬图的构思,这是一个较短的危机时期,人们在传统的休眠观念和存在的多样性观念之间犹豫不决,最后还是后者占了上风。上述犹豫仅见于思想、艺术或权贵精英所建之墓——我猜想,议事司铎阿梅里克也属于这个阶层。这个阶层中的其他人,或地位稍低之人,转变得较慢,依然醉心于以卧像为代表的古老模型。

我们有必要把议事司铎阿梅里克的碑文图看成是一个程序,该程序宣告了一整段演化的进程。程序的一部分,灵魂的迁徙,在1285年被人舍弃。而剩下的部分,也就是说卧、跪像的重叠,却一直延续了很长时间*。

当然，新模型的接收也不会一蹴而就。其间有些其他的重叠形式转瞬即逝。对它们我们不能置之不理，这一方面是因为其本身的内在价值，另一方面是因为它们培育了一些大雕塑家。

在到达卧、跪像并存的模式之前，人们似乎尝试过多种重叠形式。其中有一种是一人两卧像的重叠，这一构思无疑来自于那些隆重的丧葬仪式：圣路易的一位儿子死于 1260 年，其墓[42]基座的一侧画有他的尸身，抬在送葬队列中的尸身，座石上面塑有死者卧像，典型的传统卧像。

再往后，又出现了另一种一人双卧像形式，一具卧像示身亡，一具卧像仍生机勃勃。在这一构思中，巴比隆(J.-B. Babelon)看出一种模仿，对下葬时棺材中真实尸身的模仿，或对木制或蜡制人像的模仿[43]。人的内心深处含有重现两种生存状态的渴望，于是同样的表现形式出现在墓葬图和葬礼中。这一模型所包含的逻辑早晚会伤及二卧像之一，即那个展示赤裸裸尸身的图像。

图像中的尸身开始变形：僵尸。例如巴黎圣母院(十四—十五世纪)的议事司铎伊维尔的墓，其墓上僵尸与卧像并存。在圣德尼的路易十二的墓上，僵尸被临终人所取代："那不再是已生蛆的尸体，反而更像是从生到死的过渡。路易十二的身体在阵阵痉挛中变硬…… 眼睛正在闭上，唇间发出最后的咕噜声[44]。"

此类墓为人所偏爱，虽说人们很快就舍弃了上述的双卧像重叠的形式，但却从未放弃重叠的原则。人们尝试在双层墓上增加

* 艺术史家们对此类双层墓如数家珍，因为他们视之为艺术珍品。

别的形象，比如说夫妻各自的卧像（斯特拉斯堡，十四世纪，尤利斯［Ulrich］墓和菲利普·德·威尔［Philippe de Verd］墓）。或者同一人一生中不同阶段的肖像（长桥修道院的让·蒙米莱伊［Jean de Montmirail］墓[45]：下层是双手合十置于胸前的传统骑士卧像；上层的卧像则代表他晚期的身份，身披僧袍，手笼袖中）。

一边是古老的民间信仰，表述为单一的卧像（依然常见），另一边是新生的多样性，再现为二元性的图像结构，二者之间在感觉上似乎有些冲突。冲突将会逐步地得到解决，那将是卧像、跪像并立，或者卧像让位于跪像。

在中世纪末和现代之初，占统治地位并主导墓葬图像演变的模式就是卧、跪像的叠加，这在议事司铎阿梅里克的墓上已有预示。同一时期，即十三世纪末，在夏尼的纳维耶特（Neuvillette-en-Charnie）有座巨墓（萨尔特省，特罗卡代罗博物馆存有其模型），墓下部有一卧像，卧像双眼睁开，双手合十，身旁放着佩剑，旁边还有两个赞美他的小天使；跪像则画在墓穴的底墙上，面对圣母子。

在埃库依（Ecouis）的恩盖兰·德·马里尼（Enguerrand de Marigny）的墓上[46]，卧像身着骑士甲胄，双手合十，躺在华床上；墓穴的底墙上，恩盖兰和妻子在两位大保佑人圣母和圣约翰的陪伴下分别跪在基督的两边。

雕塑的卧像与墓穴底部墙上的画面相配合，这大概是此类图像最古老的形式。此后，画面被浮雕所取代。

卧像加跪像，此布局在将近一个世纪内一直相当稳定、十分常见，人们常说它是为圣德尼的瓦洛亚王陵而设计发明的，那是一种双桥墓，上有跪像，下有卧像，在墓葬艺术或艺术史上极负盛名。腓力二世在艾斯克里亚（Escorial）便模仿了其形制，唯一的区别便是让人在教堂上边也能看见跪像，遗体直接取代了下层的卧像，被封在地窖的壁龛里。此类大墓反映了一种追求壮观、气派的倾向，是中世纪末和现代初始墓葬艺术的一个特征。它们令人震撼。因此，艺术史赋予其极为重要的地位，这当然可能有点过分。人们要问，它们是否真具有代表性，或反之，生与死的这种颇为怪异的联系在艺术上在历史中是否得到了充分的展示，要知道，这种联系从未达到普遍开花的程度。

跪　像

认识到了此类墓的重要性，我们必然会将其看作跪像的父辈：墓顶的跪像完全可以被看作卧像的变形，因为站在下边的人很可能看不见上边的卧像。不过跪像早已出现，它不仅出现在十三、十四世纪的墓底壁画上（拜见密涅瓦的芒德的迪朗），还出现在雕塑、浮雕、绘画和彩绘玻璃上：即那些十三世纪末以来几乎随处可见的著名的“供养人”。

见到处处有跪像，艺术史家们便认为跪像很可能不仅仅是坟墓的装饰。我的看法恰恰相反，跪像虽然没有与严格意义上的陵墓连在一起，但它至少与广义上的墓相关，广义的墓不局限于墓本身，更不应局限于墓的所在地。墓的两个功用，悼念与忏悔，越出了陵墓以及镌刻身份之铭文碑的范围，延伸至周围的建筑，墓地祭堂，彩绘玻璃，乃至人们为死者唱诵弥撒的祭坛背后的装饰屏；若是一位大人物，那便涉及整个教堂，教堂成为他的奠堂、家庙。供养人，也就是说未来的死者或死者的继承人，让人在正门上展现自己的跪姿，例如尚莫尔（Champmol）修道院的勃艮第公爵。它们给人的感觉就仿佛是一个大墓套着一个小墓：一个内敛一个发散。

事实上，跪像出现在教堂里是因为供养人想模拟他彼岸的未来。跪像是一个超自然人物。跪像存在的时间很长，在最初几个世纪，从十四世纪到十七世纪初，跪像从不单独出现，无论是在墓上还是在其他地方。跪像隶属于天庭，正如《忏悔经》或许多遗嘱序言中说的那样。他跪在圣人间，正在进行一场圣洁的谈话，但却并不完全等同于天上的人物。人们把有记载的永福之人与一般的永福之人区分开来，后者或居天上或居地下，但作为有德之人已获得上天堂的保障。据拜占庭的传统，在拉韦纳和罗马，教皇和皇帝也出现在描绘使徒或圣人的马赛克画上，其间唯一的区别便是圣使徒背后的光圈是圆的，而教皇和皇帝的却是方的。

到中世纪末，带方形光辉的人物在天堂前庭被跪像取代。他们双手合十跪在那里，旁边站立着天庭的在册人员。把自己的形象搬进天堂，过去这一仅属于某几个教皇和皇帝的特权，此刻已潜在地扩散至十五至十七世纪所有的显贵之人，民间已有建墓留念的要求，所以对他们的上述做法表示理解。

因此，对这一点我们必须强调，跪像固然代表活人，但他已经离开地面。他是一个永恒的形象：面对永恒天父（一如议事司铎阿梅里克），面对圣母子（一如大法官洛林［Rollin］），或者面对一排大圣人。他已登天，见证了圣言所述，见证了天地共庆的圣事。他匍匐在十字架下，橄榄园中，亲眼目睹了耶稣复活后留下的空棺。

他的姿态是对获救的提前支取，一如卧像是对永恒安息的享用。人间与彼岸的永恒，人间的重点放在动态的获救上，彼岸的重点是静态的休眠。像圣人一样，当然还带有一些不同于圣人的特征，他进入超自然界，始终明显地表露出此种属性，直到新、旧教改革才发生动摇，改革迫使世人用诚惶诚恐的谦卑取代狂妄的自信。

只要双手合十的祈祷跪像依然存在，下界与上天的界限就不甚分明。

我们可以重建上述形式的发生路径。正如我们所描述的那样，墓上层的跪像起初出现在天国里，面对上帝或基督，或圣母，或基督受难图，或复活图。它与一种生存状态有关，另一种则表现为卧像。

继而卧像消失。神学理论和精神领袖的压力似乎不太管用，随着时间的推移，冥顽不化的信仰最终获胜，它厌恶对存在进行切分：仿佛在同一座墓上，不应该有同一个人的两种不同的表现形式。要么卧像要么跪像。选择跪像自有其意义：重心向灵魂那一边倾斜。

在这一段历史时期，（几乎都是墙型墓的）墓壁上仅仅保留了天上的跪像组，展现出一幅宗教场景。跪像组常常脱离墓本身，画在祭坛的装饰屏上或者教堂的某个显眼之处。

最后连宗教场景也消失了，跪像单独存在，仿佛他离开了他所属的人群。总而言之，跪像成为陵墓的主题。无论是已然身死还是等待或预期死亡，它皆是象征死者的形象，其姿势与死亡直接相关。

此后，从十六世纪到十八世纪，有雕刻的陵墓几乎都带有一个跪像。跪像可以有两种形态：小型跪像，请见墙型墓或“场景图”，它们下边有铭文，上边有一个或数个面对宗教场面的跪像（浮雕或镌刻）；巨型跪像，请见有基座的大型陵墓，那上边有一个高高凸起的浮雕跪像（一般都是一个），跪像常常竖立在石棺上。

跪像在表现上和使用上都要比卧像灵活，于是，随着时间的推移，它又被用来满足宗教情感和家庭情感的新需要。在十六、十七世纪，跪像并不总是孑然一身的，他与家人呆在一起，全家人一同进入超自然的世界，这很快就变成一个定式：天人的左边，依次排列着妻、女，丈夫领着儿子们占据右边的荣耀位。

这就是在墓葬中首次出现的全家像，它是全家福的祖先，在很长一段时间内，全家像都是面对宗教场景的跪像大集合，也就是说墓葬图像的组件，但它已经开始脱离其原来的功用。对个人肖像在很长一段时间内也是这样安排的（例如跪拜圣母的大法官洛林）：对死者的悼念，对生离死别的亲友的纪念，外加虔诚的场面。

尤其是在十五、十六世纪，陪伴跪像的不仅有家人，还有他们的主保圣人，后者既是律师又是说情人，把他们引进天国。主保圣人站在跪像身后，有时一只手放在他们肩上，为他们作介绍。这样的例子非常多。例如梅斯大教堂的那座墓，就有一幅画在柱子上的面对讲经台的十六世纪的壁画。画面大约宽 2 米，高 1.5 米。下部是死者生平，上部是《圣母哀悼耶稣图》。面对圣母图的死者是一位手持武器的骑士，跪在跪凳前，跪凳上有一本经书。跪像身后，他的主保圣人，一位方济各会修士，手摇横幡，横幡上有一句召唤：“啊，圣母，请眷顾我。”（*O Mater Dei*，*Memento mei*.）主保圣人为死者辩护并以他的名义用第一人称发言，恰似一位进行辩护辩论的律师。我们注意到“请眷顾我”（*Memento mei*）原本是一句对圣人的召唤，到了十九世纪之后才变成了请活人记住自己的呼唤，一句纪念经文。

主保圣人的角色与人们越来越看重家庭相关。每个家庭都有一个受洗教名，父传子，母传女，准确无误。主保圣人不再是死者或个人的主保圣人，他变成了全家族男女老少的护佑。

在教堂大门的山墙上，圣母和圣约翰形象地介入了最后的审判，两三个世纪后，圣人出现在墓上：他来得正是时候，因为人皆担心获救没有保障，必须在死后得到声援。于是对天国的表现也发生了变化。在开始，它直接再现至福的景象：圣父，或伸出云间的上帝之手，三位一体，基督，圣母与圣婴。这样预料最后审判的结果似乎有些过分，让其在人心中占据了更大的地盘。此类表现形式后来较为少见，到十六、十七世纪，它们被一个虔诚的画面所取代，该画面要么取自耶稣受难图或耶稣复活图，要么拥有末日说的含义（拉撒路的复活），要么表现神的慈爱（大慈大悲的圣母用大氅护住人类，男女分开，男右女左），另外还有天神报喜图，罪民赎罪的第一个行为。耶稣的生活场景甚至被搬进天国：十五世纪的祭坛装饰屏上常常表现在册圣人，一位圣奥古斯丁，一位圣安东尼，一位圣使徒，他们立在天上欣赏《新约》中的一个场景。

十七世纪期间，跪像与宗教画面相结合的模式得到了普及。它延续了三个多世纪没有发生大的变化，唯有风格和布景上有所改变：其延续期与安眠卧像的不相上下，这两个例子充分说明，一种模式必然对应于一种稳定的深层心理需求。

一如平面墓，跪像墓也符合现代商业的需要，便于工匠们批量生产。买一些 1×0.5 米的预制墙板，在中间绘一幅《圣母哀悼耶稣图》，在一边画一个带武器的骑士，再加上圣尼古拉或圣彼得，在另一边绘一个戴披巾的主妇，圣凯萨琳或圣抹大拉的马利亚伴在她身旁，人物头部和刻写铭文处预留空白。十七、十八世纪的明墓中最普遍的就是此类墓。有不少已经消失。

十七世纪，那些因美轮美奂而存世的陵墓放弃了对神赐永福场面的描写，这些场面仅留存在次等权贵墓上，其起因不是丧失信仰，而是崇尚苦行与谦卑。石棺，或取代石棺的灵柩台、石构件，在带有跪像和虔诚图的墙壁墓时代曾完全消失，这时又重新出现，并成为陵墓结构的主要构件之一。另一个同样重要的构件是跪像。从供养人的小塑像，跪像后来变得与人体一般大小，有时甚至大于人体：简直就是跪着的巨人！像古卧像一样，跪像立在无名石棺上，不过他也可以出现在任何地方：唱诗台的端口（图卢兹，圣司提反），家祭奠堂的角落，或唱诗台附近，以便观看信徒做弥撒。散在教堂四处的跪像仿佛在参与法事：大贵族老爷，宫廷侍从官，高级神职人员…… 在十七世纪和十八世纪末的法国，他们皆宝相庄严，朴素无华，虔诚祈祷，经过改革后的法国教会厌恶在精神上过分矫揉造作。

反之，在博罗米尼和贝尼尼时代的罗马，他们表情丰富，充满激情，动作夸张，神秘的情感冲动表露无遗。他们与真人一般大小，在其生前慷慨供奉的教堂里占据最显赫的几排位子，那是他们生前做弥撒的习惯位子。他们身体前倾，像在大剧院的包厢里那样向前探视。他们相互进行情感交流，表情和动作极为生动。这种激昂兴奋既是凡间的也是天上的。跪像在此抛弃了传统的僵化呆板，但却在巴洛克的动感中保留了他的超自然生态。他用石眼观看教区弥撒，特兰托公会议之后的虔诚气氛让弥撒显得格外庄严！不过，这个弥撒同时也是永恒弥撒，在天国祭坛上举行，而他自己已进入天国。于是，一位70岁的老夫人让人把自己埋在圣潘塔雷恩(Saint-Pantaléon)罗曼教堂的正门旁——按种种遗嘱的说法，那绝对是一个人人垂涎的好地块——，面对主祭台，面对祭台上她生前礼拜的圣母显灵图。她双手交叉放在胸前，其神态不是在奉献供品，也不是在进行传统的祈祷，而是心醉神迷：那便是圣母显灵外加福至心灵。

在那些不接受这种预支天国之福的地区，比如说新教地区，人们依然恪守古老的模式，例如带有跪像或卧像的中世纪平面墓，例如现代初期的带有供养人和宗教场景图的壁画墓，又如法国教会的严肃朴实的跪像。

毫无疑问，在这细节复杂、意义却较为单纯的演变中，跪像在人心的感受中有了自己的位置，这人心甚至可以称之为大众之心。

继卧像之后，跪像成为约定俗成的死亡形象。

返回肖像·死者面膜·纪念塑像

今天，对我们而言，跪像的最大优点就是它是绝佳的肖像。它的写实特点引人注目。世人皆倾向于把个性化与相似性混为一谈，可实际上这是两个迥然不同的概念。上文刚刚提到过，大人物墓葬的个性化出现在十一世纪末。反之，大概要等到十三世纪末，有把握的说法则是直到十四世纪中期，陪葬人物像才真正变成了死者遗像。今天的考古学倾向认为发生上述变化的日期还要晚一些。埃尔兰德-布兰登堡（A. Erlande-Brandenburg）在议论保存在圣德尼的查理五世（卒于1380年）的人物像时说："按照活人的形象塑造卧像，这不是第一次也是第一批。雕塑家毫不犹豫地将其制成一个肖像。此前的人物像皆是些理想化的形象[47]。"

大概有五六个世纪之久，带人物像和铭文的陵墓销声匿迹，后来又重新出现在十一世纪左右，然而，若想看到已经具有个性化的人物像与死者相似，我们还要等上三个世纪；实际上，过去人们仅满足于复制死者在世间理想秩序中的某些特征，以此来确认他的身份；这些特征不仅是国王的权杖和正义之手，也不只是主教的长袍、权杖和赐福动作。脸上的表情也是手段之一：他必须具有典型的尊容，倘若他不是生来如此，那么就用艺术手段为后代加工一个。人物像必须充分地显示其身份地位，至于其生前的个性特征，则由铭文来提供。

然而，从十四世纪中期开始，我们的虚拟博物馆变成了肖像博物馆。此变化始自于主教和王室艺术，后来逐渐扩展到权贵名流；在很长一段时间内，小贵族和匠人们依然故我，仍旧满足于用衣物装饰来表明自己的身份。

追求相似的欲望并不具有必然性。其他文明的演变从未为此提供证明。肖像写实倾向，中世纪末的特征之一（例如罗曼艺术），是一个特殊的引人注目的文化现象；前文我们曾谈到过遗嘱，谈到过关于死亡的意象，恋生以及生存意志，我们必须将它们联系在一起进行考虑，因为风化解体的丧亡情感与延续存在的意志直接发生关系，肖像和死亡亦有同样的关系。

阿拉贡的伊莎贝拉（Isabelle D'Aragon）的肉身墓在科森扎，关于肖像与死亡的关系，我自信在她的寝陵中发现了某种遗迹，倘若不能算证据的话。圣路易在突尼斯驾崩后，她成为当时的法国王后，和整个宫廷与十字军一起穿越意大利返回法国：举世罕见的送葬队伍*，因那其中不仅有国王的灵柩，还有一些王公贵族的灵柩。她于1271年死于卡拉布里亚，因坠马而早产。她的丈夫，菲利普三世，让人在她身亡之处竖立一座壁墓跪像（无疑是最早的跪像之一）。她（的雕像而不是画像）跪在那里，面向圣母子。

此雕塑的模型保存在特罗卡代罗摩物馆。她双眼紧闭、浮肿的脸上有道伤痕，令观者惊心。拓下刚死之人的面膜，交给雕塑家复制：如果说上述表情来自面膜，人们一定不会吃惊。大家知道为死人拓面膜的做法在十五、十六世纪十分风行。我们也可以假设该方法1271年便已有之。这一假设曾让我动心：下跪的年轻女子有一张死人的脸，它的作用与骷髅图不同，不是用来唬人的，而是为了更加逼真。

今人否定了这一假设："没有任何证据说明那个时代存在死人面膜。一直到十五世纪我们才能见到面膜的出现。关于这张脸的解释就在石料中：石灰质的石料中有道泥纹，笨拙的雕塑家不知如何处理[48]。"

就算是吧。那双眼为何是闭着的呢？跪像的眼睛从来都是睁着的。就算当时没有直接取自死者脸型的蜡做的或石膏做的面

* 如此庞大的运送灵柩的队伍以前大概从未有过。

膜，我们是不是仍然可以认为该塑像是仿真的呢？

虽说当时还不会用面膜，但很早以前人们就已经学会处理尸体，特别是需要搬运的尸体。最早的习俗是将尸体缝在皮口袋里，例如特里斯丹传奇中那样。不过古人会取出心脏和内脏，往肚子里填香料，抹香油。在尸身的保存和存在的延续之间有一种说不清道不明的关系：圣人的尸身被奇迹般地保存了下来。上述的做法使得圣人的遗骨可以被分成好多份，分葬在多处的墓中以显示其存在。征服者威廉的内脏在恰卢斯（伊朗），尸身在卡昂女子修道院，心脏在鲁昂大教堂。更晚一些时候的查理五世有三座陵墓，一座心脏墓，一座内脏墓，一座肉身墓。他的陆军总司令杜·盖斯林（Du Guesclin）有四座墓，一座肉身墓，一座心脏墓，一座内脏墓，一座骨殖墓：骨殖墓有幸进入了圣德尼王陵。

到了中世纪后期，人们不再把尸体缝在皮口袋中运输。人们煮熟尸体让骨、肉分家。肉就地掩埋，那将是死者的第一座墓。埋骨殖则需要一块风水宝地以及更为庄严的建筑，骨殖被看作是身体中最高贵的部分，大概因为它不易腐烂。尸体被细分为肉身、心脏、内脏和骨头，存在被细分为肉身和灵魂，这中间的对应关系颇为奥妙！

这一做法在十四世纪相当流行，弄得教皇卜尼法斯八世只好进行干预并发布禁令，不过在百年战争期间，依然有人不遵守禁令。如此处理尸体，为每个部分建墓，说明人们对身体这座灵魂之所有了新的关怀。死后取面膜，无论发生在什么时期，我认为都属于上述系列操作之一，都源自相同的理由：从溺死者的身上抢救出点什么东西，这东西代表他不朽的个性，而脸面则是这个性的最佳表征。

为死者拓面膜的做法一直延续到十九世纪，市民们常用来装饰沙龙的贝多芬的面具就是明证。在上文我们已知，图卢兹伯爵们的木乃伊（奥古斯丁博物馆），十六世纪的陶俑，便是根据死后面膜制成的。到了十七世纪，人们甚至不等人死便急着做一个不容置疑的面膜。塞缪尔·佩皮斯（Samuel Pepys）向我们讲述说他身体健康还没有想到死的时候家人便给他做面膜，让他感到分外难堪。复制死者面膜是让人长命的最佳途径。

细想一下的话，科森扎的伊莎贝拉之脸是否得自死后的面膜，对我的阐释没有多大影响。至少可以说雕塑家参照了死者的面容。在前边的分析中我们已经发现，中世纪的建墓人讨厌把卧像表现为垂死或刚死之人。反之，制作墓像，包括蜡像或木像，工匠们会根据死者形象来尽量逼真地再现一个活人。

特别重要的是，这些现象都发生在同一个时期：死者面容与生者肖像（死者面膜）之间的关系，庞大的送葬队伍，隆重的葬礼，带有灵柩台架和墓主人像的高大寝陵。

于是，就像在墓上跪、卧像与写实肖像之间那样，在死亡与逼真之间也建立了紧密的关系。

用墓志铭传递死者生平，在这一意愿上接着又产生了越来越强的对逼真的追求。墓的纪念功能得到了进一步的发展，末日主题或帕诺夫斯基所言的“未来之想象”遭到淡化。然而，直到十八世纪，尽管有某些表象令今人产生幻觉，那天上和人间的两种不朽仍然紧密联系在一起，彼此难分，不存在什么谁战胜谁或谁取代谁的问题。人们常把两种不朽的分离归因于文艺复兴时期，并认为瓦卢瓦王陵注重纪念意义，其背后并未隐含宗教色彩。带武器并充满光辉的传记性浮雕，装饰在反宗教改革时期的教皇陵上，上述说法对它们大概同样适用。实际上，出现在十六、十七世纪颂扬死者功劳的长篇墓志铭，其规模活像是刻在石碑上的国王传或教皇传，它们与其说驳斥了还不如说确认了对彼岸获救的坚信和向往。

在十八世纪期间这方面的情况有所改变，改变首先发生在我们完全可以按现代的叫法称之为国家大公仆的人的身上，他们有权利得到人民的感谢并被载入史册。他们之中有国王，也有高官。在威斯敏斯特修道院，我们可以不间断地一路领略墓陵的演变，宣扬末世说与纪念意义并存的墓，仅为纪念的官墓或平民墓，最后直到今人的公墓建筑。

为了分析这一演变我们先来对比两座荷兰墓，一座（1614—1622）是寡言者威廉一世的陵墓，坐落在新柯克－德－代尔夫特（Nieuve Kirk de Delft），另一座属于一位民族英雄，荷兰的纳尔逊（Nelson），于1665年在大柯克－德－拉艾（Grote Kirk de la Haye）战死。威廉一世陵仍然符合中世纪末的王家双桥型，只是上一层折叠下来与下层并齐，不过两层依然是分开的。立在墓前（而不是墓上）的省督像不是跪像，而是坐在类似王座之上的凯旋像。这个坐姿实乃君王的传统坐姿，从比萨的亨利七世、那不勒斯的安茹王族，到贝尼尼雕塑的那些教皇，再到米开朗琪罗的美第奇家族，无不如此：君王的威严是对上帝的模仿。此处，按帕诺夫斯基的说法，是在颂扬国父（*pater patriae*）。

然而，卧像给人的亲切感似乎减弱了表现上的庄严感。对于一个躺着的人我们还会肃然起敬吗？他身穿内衣，头戴便帽，衣冠不整，连体衣裤半敞半扣，双眼紧闭，神态安详。他似乎睡着了。双手没有合十，没有放在胸前保持习惯的祈祷姿势：双臂平伸，放在两边，掌心向天。仰卧之人大多如此。唯有他身下的草席说明他刚刚去世，按传统习惯尸体搁在"干草上"。毫无疑问，卧像在此放弃了祈祷的姿势，不再具有传统的宗教含义。卧像变成了俊面的死人。其意义完全不同了。

海军元帅J.冯·瓦斯涅尔（Wassenaer）的陵墓，建成于五十余年之后。其修建者应该十分熟悉著名的威廉一世陵。他有意摆脱其范式，这很说明问题：他保留了吹号角的带翼信息女神形象，在她身上我们不难认出最后审判场面中的天使，世俗化的天使。整个布局中*没有卧像，信息女神在其中占据核心位置：建墓者所要宣扬的不是伟人之死，也不是他在彼岸的永生，而是他光辉的一生。因此，海军元帅的塑像成为陵墓的主体。

从中世纪的卧像到巨大的纪念塑像，这一演变在天主教的土地上，在威尼斯也能见到，其发生的时间还要更早一些。最早的，即十五、十六世纪的总督陵，往往都是些高大的墙壁结构，其求大的精神后来影响到那不勒斯的安茹王族，以及更晚期的法国瓦卢瓦王族。不过卧像始终占据中心位置。例如在坐落在圣若望及保禄堂（San Giovanni et Paolo）的墨拉西尼（Marosini）总督陵上，

* 在十六、十七、十八世纪的其他一些时候，含蓄地表达上述意思的则是金字塔这个埃及母题。

仅仅是因为处在庄严隆重的宗教场景中，总督才表现为跪像：由主保圣人引见，他拜倒在骷髅地。

另外，从十五到十八世纪，总督像有别于圣德尼的瓦卢瓦王室成员和艾斯克里亚的哈布斯堡王室成员，单独一人时从不下跪。他总是如此，要么像其他君王一样坐像庄严，要么干脆直立。

在意大利的这个省份，当时大概出现了一种风气，即喜欢让治国伟人站立，让战争伟人骑马：在同一座教堂即威尼斯的弗拉里(Frari)教堂中，人可以见到洛伦佐·布雷尼奥(Lorenzo Bregno)1500年的站像和保罗·萨维利(Paolo Savelli)1405年以后的骑马像。更古老的例子出现在威尼斯和荷兰，陵墓与民族荣誉纪念碑结合为一体。此情况在威斯敏斯特修道院和伦敦的圣保罗大教堂还持续了很长一段时间，例如德·萨克森(De Saxe)元帅站在自己的斯特拉斯堡的陵墓上。然而塑像与陵墓的联系渐渐变得松散，塑像逐渐脱离陵墓自成一体，纪念作用开始超过宣讲教义和个性化的作用。此事发端于十四世纪末的威尼斯，它就是处在公共广场中心的韦罗基奥的露天《克莱奥尼骑马像》，不过这样的塑像并不多见。立即模仿这些佣兵队长未免有点匆忙。一方面有贴近圣墓下葬的顽固传统，另一方面人们厌恶把纪念与教化这两种功能与个人陵墓分开，于是在威尼斯出现了一些相当惊人的、在别处难得一见的折中模式。十七世纪末，明墓的全身塑像或半身塑像被建在墓外，供路人瞻仰，但它们还没有离开教堂，只是被立在了教堂正门上朝外的高墙上。在吉格利奥圣母宫(Santa Maria del Giglio)，巴贝罗(Barbaro)家族的塑像覆盖了整个正墙，往上是杰出的海军军官，卒于1679年，佩戴其权威的所有标志，往下是家族

的普通成员，也都站着，戴假发穿长袍。

在十七世纪的法国，雕像脱离陵墓成为赞美君主的城中雕塑，巴黎新桥(Pont-Neuf)的亨利四世雕像，原王家广场(即今日之孚日广场)的路易十三雕像，胜利广场或者凡尔赛宫的路易十四雕像。从此后，雕像不再仅仅属于教堂陵墓，反而更多地被用来装饰公共场所或国君宫殿的正墙。令人奇怪的是，二十世纪的美国人唯恐国家机构损害个人利益，但在华盛顿他们却更忠实于传统的结合，即纪念建筑(或空墓)与市民建筑的结合。

纪念建筑的一个主要特征便是逼真的伟人肖像。于是纪念建筑变为雕像。在同一时代，亦即从十六世纪到十八世纪，(带铭文的)遗像也成为了一般墓葬的关键要素。做一尊从头到脚的全身像依旧是精英们的特权，平民们用半身像乃至头像。一个人的主要特征越来越集中在他的脸部，身体的其他部分不受关注被人忽略：不一定非要再现它们不可。于是，跪像演化为单一的头像。

当时的墓是墙型的，长 1 米宽 0.4 米。它上部的墙龛凹处有个头像，头像下部是铭文，周围有一圈凸起的起装饰作用的框架。此类墓很一般，在罗马处处可见，而且保存完好。它们让人觉得罗马城中的教堂皆是肖像博物馆，而肖像则皆精美，生动又迷人。

当阴影笼罩教堂时，所有头像皆不太规则地排列在墙壁上或立柱上，仿佛都想探出头来向窗外探视。蜡烛那变幻的光亮在他们的脸上撒下颤动着的黄斑块，光影的交替让他们表情变得格外生动，他们神情专注，栩栩如生。

同一时代，在别处，西班牙的天主教地区，或者荷兰的加尔文教地区，一种更为抽象的身份符号取代了人的脸面，那就是家族徽章。无论是墙墓还是地墓，都带有了徽章和铭文。

卧像和跪像的末世意义

在继续参观想象中的博物馆之前，我们暂停一下，以便对卧像和跪像作一个比较。

我们觉得跪像似乎更接近不朽的灵魂。卧像最后成为腐朽肉身的代名词。灵与肉的对立？这大概就是两种模型二元对立的基本理由。不过我们又发现，这种二元对立的雕塑语言虽然符合神学教义，但却遭遇到了一种无声但却顽强的抵抗。随着时间的推移，在卧像消失之后，跪像又获得了单一整体（homo totus）、灵肉一体的地位，忘记了它原本只代表精神。与卧像相比，跪像是不是能更好地反映个人的特征呢？跪像的姿势表达了一种意愿，显示了个人一生的独特性，而卧像却更为忠实于一种世人皆如此的宿命观。事实上，跪像风行之时正是人们开始关注人脸，写实肖像开始风行之时。因此，跪像是个人或家庭肖像的源头。卧像也曾试图模拟真人并达到了目的，但那却是发生在它行将灭亡之时的事。在现代初期（十六世纪）的平民墓上，卧像与跪像不怎么追求逼真，仅仅表现了他们的生存状况。

跪像是不是比卧像更有活力，更生动？跪姿让人感觉如此。对于一个浅尝辄止的观察者来说，跪像更贴近生命，贴近一幅好肖像的生命的瞬间。卧像更接近死亡，它后来所代表的也正是死亡，那可以是葬礼中显示出的庄严遗容，也可以是泥土中的解体化尘。

然而，跪像表面上的生机只是一种假象。这个假活人实际上已经僵化凝固，姿态呆板。它的确存身在超自然的世界中，但却面无表情地观看着天国的风景，它将送上天，一如博罗米尼和贝尼尼笔下的升天人物。人们曾这样说卧像：它既是活人又不是活人。那么我们是否可以这样说跪像：它既在天上又没在天上。

事实上，卧像与跪像都接近于一种中间态，有时它们会偏离这种中间态趋向生，趋向死，或趋向永福。上述的左右摇摆很有意思，它取决于知识界的精神追求或意识形态，取决于书面文化，所以我们对它们比较了解。但更有意思和令人心动的是，这个荟集了卧像与跪像的中性的中心区域。

“被驯服的死亡”，这一种面对死亡的古老态度在“安息”概念中得到了很好的表达，在上述至关重要的中性区域里，我们则应该能够发现此一态度的晚期表现。

此类表现并不明显，很可能会受到智者们的质疑。我们必须借助无声的图像语言及其从不明言的逻辑，对这处在书面文化之边缘的东西进行测度。

中性状态的信仰，在有的文化中比较悲伤（哈得斯的灰色世界），在有的文化中比较幸运（以弗所的入睡人）；尽管教会人士对此类信仰十分反感并竭力反对，它还是没有销声匿迹。它被保存在隐晦的原始形式中，人们对此从未有过清醒的意识，它引发出一些深层的和固执的行为，这些行为表现为拒绝：拒绝对存在的二分，拒绝生与死的对立，拒绝把人生的延续完全放在彼岸，成为不可磨灭的天国荣耀的陪衬。这一信仰在十一世纪似乎已被铲除，被一种更为正统的末世说所取代。其实它只不过是受到了抑制，随着第一批明墓的出现，它又重新冒头，并借助卧像在形式世界里得到了准确的表达。

在中世纪末它始终颇有生命力，正是它让跪像背离了设计者的原意，向休憩和静止的传统靠拢。

于是，在五百年间，书面文化对这些重大的不变量视而不见从不解释，而地下则暗河涌动，并强加给墓葬图像——以及集体情感——一个与教会理论不太相符的彼岸形象。

然而，这一沉重的地下传统从十七、十八世纪开始消逝：关于结束这一延续千年之信仰的情感变化，本书将在第三部分进行讨论。卧像在十七世纪初消亡。跪像在十八世纪末退场。知识界的新观念改造了口头文化并深入人心，曾经极为顽强的古老观念，即在生命与天国之间的、超越死亡的、中性过渡状态的观念，已然消亡。它被另外一些信仰所取代，这些信仰中就包括人们自然而然地接受的灵肉二分的观念：肉身乃虚幻，但灵魂根据不同的意见却会有不同的命运，继续生活在秩序井然的彼岸，继续活在人们的心中，或者万事皆空。十八世纪至二十世纪的世界完全是一个崭新的世界。

墓地，墓上十字架

直到此刻我们所分析的坟墓几乎全部属于教堂，所以我们必须把自己放在教堂中才能把握它们的延续性并理解图像系列的含义。那么在教堂墙外的墓地里又发生了什么事呢？那里也有明墓吗？当然不会没有，但一定比较少，外形也不太一样。

墓地的一部分，边缘部分，可以说是教堂的延续，其间的墓葬摆设与教堂一样丰富多彩。教堂的外墙上布满了墓穴。藏骸所的低走道被划分成一个个祭堂，类似于十四世纪以来教堂侧边的祭堂，它们同样也是用来祭奠的。祭堂墙上全是铭文和墓穴。

然而，即便是在被掘墓人多次翻动过的堂院中部，在掩埋成堆穷人尸骨的大墓坑之间，人们仍然会发现零星的碑石。与我们今天到处都是碑石建筑的公墓相比，聊胜于无。卡纳瓦莱（Carnavalet）博物馆里有幅描绘十六世纪末圣洁者公墓的画作珍品，看它一眼我们就不会再有疑问：零散的石建筑东一堆西一座，有的用于公共或集体祭祀（一座布道台，一座类似坟场塔的小祈祷室，一座作为圣枝主日队伍集合出发点的和散那十字架）。一如教堂内墙的墙面，这些小建筑上还可以负载其他的物事：铭文石碑被固定在基座上。在小建筑和大墓坑之间，我们还可以看见几座坟茔，有点像隐修院内院的景色，矮石柱支起的石板，或者盖在整块石基座上的石板，另外还有十字架，立在墓碑上，墓碑侧壁有刻图或雕像，直接插入土中。

该图与贝托尔德（Berthold）对圣洁者公墓的描述相当吻合："在安息的土地上（……）人们仅仅标出墓坑的位置［并非总是如此，比如说有的地方光秃秃的既没有石碑也没有标记］；(1)竖立一个木制的或石制的十字架［上边一般会有一个由两片东西斜搭起来的小顶盖，这种顶盖我们今天在中欧的公墓里还能见到］，［在其下部］固定一个有刻图或雕像的墓碑；(2)使用简单的石板［有时高出地面的平面墓］，把铭文直接刻在藏骸所的墙上［嵌在墙上的铭文碑］。"别处，在沃韦尔，"公墓中（……）立着许多木头的或石头

的十字架[49]”。

无论是在卡纳瓦莱博物馆的那幅画里，还是在贝托尔德的描述或罗尼埃（Raunié）在沃韦尔公墓中所提取的那句描述中，都出现了一个令人惊奇的新形式：十字架。这些十字架指出了个人的尤其是集体的葬地。

A.弗勒里小姐发现，十六世纪，“某些立遗嘱人让人在圣洁者公墓竖立一座十字架，家族成员葬在十字架周围。”例如1557年，玛丽·瓦莱（Marie Valet）要求“把她葬在丈夫灵旁：丈夫墓靠近一座他们请人在（圣洁者）公墓建的属于他们家的十字架”。1558年，亨丽埃特·加贝琳（Henriette Gabelin）也要求葬在圣洁者公墓，“靠近一座她让人竖立的十字架[50]”。

一座十字架旁葬有多人，他们之间有时候没有明显的亲属关系。还会出现属于一个家族的一组十字架。1411年的一份遗嘱[51]——立嘱人身份显赫，是巴黎高等法院检察长——描述其先辈的坟墓，他们选择葬在了古洛米埃（Coulommiers）公墓，遗嘱还描述了对其孩子（他们年纪太小，不够资格入教堂）墓址的要求（检察长夫妇二人则决定葬入教堂）：

“父亲在遗嘱中要求，在古洛米埃公墓他和祖父的阴宅上修建两座高大的石膏墓[中世纪前期法兰西岛有用石膏做石棺的传统]，配上漂亮的十字架。此后，我在此处安葬了我的三四个孩子[到底是三个还是四个？他记不起来]。”很可能他没有按父亲的要求建造十字架，请看下文：“请我的遗嘱执行人或继承人（……）在那里修建五座配有漂亮石膏十字架的墓[中间一座大的，旁边两组小的]，它们靠在一起排成一排，中间的一座最高，接下来的两座稍矮，最旁边的两座最矮［其目的好像不是给每人建座墓，而是建造一个有层次的、对称的十字架群］。另外，我还希望这些墓建得较高，二尺半到三尺高，下雨的时候不会积水，能够长存于世。”然而，这一排五个十字架还不够，还必须有一个更大的十字架，一个在当时的公墓里已经出现的公共十字架。这最后一个十字架甚至是从巴黎运来的，是木头做的而不是石膏做的：“去巴黎订制一座漂亮的木十字架，漆上漆，其式样与圣洁者公墓的保持一致，大小规格取其中。”这是一座有基座的十字架，基座上是一座墙型墓：“［石碑］一边刻耶稣受难图，另一边刻圣母子图。耶稣受难图下有两个跪像［跪像这个词语出现了！］或两个市民［“再现的人物”是否逼真不太重要，此处只显示他们的身份］，圣母子图下有一个男人，一个女人和几个儿童［到底几个?］。用结实的铁钉把十字架牢牢定在最大的那座墓的墓头上，绑牢，深栽在土中，以便让它长存于世。”

无论十字架源自什么，这起源是被人遗忘还是被人忽视，它始终是一个区域标志：1480 年，一位立遗嘱人[52]把墓址选在“巴黎夏特尔(Chartreux)公墓的两个石制十字架间”。十七世纪，在沃韦尔公墓，所有的十字架都有编号，就像教堂里铺地的石板一样[53]。十字架上还刻有墓志铭：第二座十字架的正面刻着卒于 1612 年的律师雅克·布尔乔亚(Jacques Bourgeois)的墓志铭，反面则是洋洋千言，讲述了费纳(Fenes)家族 300 年的家史。让·德·费纳，“法国王室血统，不久前的御前秘书，法国王室财政顾问，于父母去世后苟延于人世，请人把这段铭文置于十字架脚下，作为他沉痛悼念最敬爱的父母的永恒标志。为他们的灵魂祈祷上帝吧。”

十字架开始是属于集体的，后来慢慢演变为个人的，它成为十七、十八世纪出现的新墓型的一个关键成分。下面让我们来看看这个新墓型的形成。

南希的洛林博物馆有一座肯定是来自墓地的十六世纪的墓，该墓清楚地显示了属于个人的十字架墓的最初形态。它派生于有底座的公共十字架模型，是后者的简缩版，与人同高：墓碑从下到上几乎取代了大十字架原身，十字架本身变得很小，仅仅被雕刻在墓碑的上端。换言之，墓碑由三部分构成，上端是雕刻出来的十字架，中部是亡灵浮雕（一具坐着的僵尸，头拿在手里），下部是一个较宽的基座，基座上刻着死者的姓名以及一句召唤："你好，玛利亚，上帝之母"。这座墓来自墓地而不是教堂，一座漂亮的石墓，富人的墓。在这个例子中，墓建筑像是一根石柱，没有平铺的部分。

还存在着另一种墓，综合了平面墓和十字架。十七世纪有份遗嘱对此作过描述：巴黎一位议事司铎放弃葬在西岱老城，将自己的墓址选在圣克鲁（Saint-Cloud）墓地，一座露天墓地，"因为他父母的遗体葬在那里，请人在那里建一座有四个支座的墓（平面墓），墓头立一座十字架，所建的一切要尽量显得谦恭虔诚"。这又是一座富人墓，尽管他有意显示谦卑。

十字架墓显然是为显贵们而发明的。它将来也会变成普通老百姓的墓，穷人终将拥有它。这一演变与进驻露天墓地的居民成分的演变有关。

直到十六世纪，尽管人们十分偏爱教堂，但上等人还没有完全遗弃墓地。英国人则从未抛弃墓地（见第二章与第十一章）。首先，与教堂内部相比，人们对教堂墙面和藏骸所走廊几乎同样看重，后者的价格也不比前者便宜多少。其次，每个墓地都有一道由碑墙构成的围墙，非常受人尊崇。有时候，富人葬在墓地中心，远离墓地边缘区。

1569年，马耳他骑士大会决定在马耳他重建瓦莱特修道堂，并发布命令说："必须留出一块相当大的空地（*locus seu spatium*）来修建圈封起来的墓地（*pro cimoeterio clauso*）。"人们将其命名为院内公墓（*il cimeterio del cortile*）。骑士们在此下葬，直到1603年。后来他们才选择教堂放弃了墓地。

在原地人们建了一个私人祈祷室，专供骑士们进行精神修炼，从那以后骑士们都葬在这个祈祷室及其地窖中。1631年的一段文字甚至对1569年的围墙公墓（*coemeterium clausum*）一字不提："我们每个教友都不应在别的教堂下葬，只能葬在我们的大修道院里或它的地下墓窟中：祭堂的地下墓窟中（*in ejus sepulchrali capella subterrane*）[54]"。

十七世纪，除墓地长廊外，上等阶层基本上舍弃了墓地，把墓地让给穷人和无墓汉。不过，另有一种从教堂到墓地的反向运动，对此现象进行了补偿。有些贵人要求葬入墓地，与以前的情况不同，他们不是出于传统，而是有意表现谦卑。对他们所选择的墓型我们一无所知，因为他们显然不太关心自己的墓葬，将一切都托付给继承人或遗嘱执行人。我们可以这样推测，假若他们建有露天的明墓，那么该墓要么是气势恢宏的仿古型，例如方尖碑型、金字塔型或者圆柱型，要么简简单单只有一个油漆过的木十字架或石十字架。

除此之外，十八世纪，一批新居民开始在墓地建造明墓。小官吏、工匠、农夫等小人物们不再满足于睡在有福之地，他们也开始考虑人间对自己的记忆。于是他们也想要一座墓。当然，社会等级概念还不允许他们照搬上等阶层的墓型。有些人，比如说作为巴黎市民的鞋匠和裁缝们毫不犹豫地选择了教堂里的墙碑型*。这些工匠师傅构成了真正的中产阶级，小资产阶级，条件好者生活相当舒适。他们为自己的工作感到骄傲，就像那些农民中的精英一样，也渴望在墓上留下自己职业的标记：劳动工具。比如说，在图卢兹的奥古斯丁博物馆里有一件十六、七世纪的小十字架，十字架的一个面上就刻着一个纺梭（另一面是圣雅格朝圣者扇贝）。在南希的洛林博物馆，一块墓碑上画着犁与耙，那是一位要夸富的农民的墓碑。十八世纪，在图卢兹的雅各布会隐修院，人们会发现许多墓葬石上刻着死者的姓名及职业：某某蜡烛（或箍桶）师傅及其家人之墓。大蜡烛和生产工具成为唯一的装饰。

然而，再现职业的墓葬遗迹十分少见，即使我们考虑到此类物件不受重视易遭毁坏的情况。它们已然湮没，与高卢－罗曼墓上的大量职业图案相比，我们几乎一穷二白。

尤其是从十二世纪末开始，新的下等小民阶层进入墓地，他们自然而然地采用那些现存的最简单的墓葬装饰：简单的铭文，只有姓名和一句祷文，使用方言：奥依语或奥克语。不过，此等人群一开始就偏爱十字架（刻在或雕在墓碑上面的竖立着的十字架）。自十七世纪中期以来，此类比较单纯的墓越来越多：开始只是一些光石板，上边刻着姓名和一句祷文，常常还有一个小十字架。它们其

---

* 巴黎的克吕尼博物馆保存了大量的自中世纪以来的有饰纹的墙碑。

中有一些很偶然地被收藏进了教堂，比如说普瓦西的那个“商会主席先生的管家的”笨命十字架(十七世纪中期)，又比如说那个收藏在威尼斯圣玛利亚神迹教堂(Santa Maria dei Miracoli)的1734年的十字架，该十字架浅浅地刻在一块方形小瓷砖上。另外还有一些十字架保存在修道院的内廊中。然而，谁又知道有多少墓地里的十字架化为乌有？在这第一类坟墓里，十字架仅仅是一个标志，石板的唯一装饰。

另一种类型是十字架形的墓碑，小小的十字架有石头的，更多的是木头的。图卢兹的奥古斯丁博物馆里就收藏有石头的十字架。那不是坐落在基座上的又长又高的十字架，而是较矮较短、分支厚实并且长短一致的十字架。简短的铭文刻在十字架的中部。

在默兹省的阿维奥特(Avioth)，存有几件属于一个教堂附近老墓地的物件。其中有一座名为收税女的坟场塔，还有一座属于十八世纪末的矮隔墙，这大概是因为主教们对墓地里的流言蜚语不胜其烦，要求人们建隔墙把他们与外界隔开。另外还有一些既美观又简单的墓碑，墓碑分两格：上格是一个十字架浮雕，下格写有极短的铭文。

这些十字架形的墓碑，或者更常见的带有十字架雕饰的墓碑，我们在卢森堡大公国和英国的老墓地中也能找见。在大公国，有一座贴近教堂的属于十八世纪的小墓地，墓地里那些相类似的墓碑已经被人整齐地排列成行，青苔尚未抹去碑上的日期。沉重的墓碑竖立着，棕榈围绕在碑面上的十字架浮雕周围，让人联想到天国：身处启蒙时代，心忆清凉天界！

在法国南部的郎格多克地区，蒙菲岚村（Mont-Ferrand，奥德省）小教堂的正门下摆有一些十八世纪的墓碑，1850年左右，村民们重整墓地，把墓碑移到了此处。这些竖直的墓碑较窄较薄，顶部有一个圈在圆圈中的十字架浮雕。

那些著名的巴斯克墓碑很可能是上述墓碑的变体，保存至今再也未发生变化的变体。

在十五至十八世纪之间，一种特殊的露天墓型就这样形成了，它与教堂的墓葬装饰迥然不同，把一个十字架和一句短言铭文结合在一个竖墓碑上。十七、十八世纪的墓地里当然也会有别的墓型。别的墓型没有它们这样有个性：那不过是对平面墓或者教堂里的墙上铭文碑的简单抄袭。

马尔城墓地

大概自中世纪末以来，该墓地就没有发生过大的变化，我们在其充满诗意的原地还可以看见那些墓碑：不多见的连续性。马尔城是默兹省的一座小城，修建在一座城堡周围，城堡属于中世纪末的德·巴尔伯爵。城堡年代久远，城市乃后期新建，城堡遗址上留存下来一座供奉圣提雷尔的教堂。城堡已遭遗弃，但直到十六世纪建成圣尼古拉教堂前，圣提雷尔教堂一直是马尔城堂区的主堂。其墓地至今依然是该城的墓地。墓地与城区隔开，这在古代社会比较罕见，因为那时的死人睡在在活人中间，该堂院正好符合当代法规的要求，马尔城无需搬迁自己的墓地，所以墓地保存完好。另一件有趣的事是，在出新城城墙去墓地的半路上，有一座再现耶稣被钉在十字架上的小哥特建筑，它让人想到“蒙茹瓦”（Montjoie）*，巴黎王家送葬队去圣德尼路上的歇脚处。

圣提雷尔教堂很小，容纳不了过多的墓，所以绝大部分墓都建在教堂外的墓地里：有一些铭文就直接刻在教堂的外墙上。许多墓碑直接戳在土里。此类墓碑极易破损，不便于搬迁，所以当地还剩有一些。实际上，在1870年，最漂亮保存最好的墓碑都被搬迁到小教堂的侧厅里保护起来，几乎全是十七世纪的墓碑，于是小教堂也成为了一座真正的旧制度下的大众墓葬博物馆，此类博物馆可以说全欧洲独此一家。

我们不难发现，这些墓碑其实就是教堂墙上铭文碑和藏骸所走廊的标准翻版：上部是宗教场景（耶稣受难——外加圣母和圣约翰——，圣母怜子，圣子入墓，复活，天使服妖，纯洁的灵魂，天使群像，施洗者圣约翰，尤其是马尔城新教堂的主保圣人尼古拉）；在同一个层面上，数个跪像面朝宗教场景（死者携其妻及全家下跪）；下部是铭文。如果说其墓葬风格比较幼稚粗糙，其人的地位却并不太低，其中有一些甚至是执法官员。

其效果很奇特：仿佛人们从墙上揭下了习惯上嵌在墙壁中的铭文碑，把它种在土里。这一做法在十九世纪初还十分常见：在法国少一些，在那些死人一般都葬在墓地里的国家里，例如英国，美洲殖民地，乃至中欧，此情况随处可见（著名的布拉格犹太人墓地便是一个明证）。

除了这些竖直墓碑以外，在马尔城的圣提雷尔教堂我们还可

* 意译为“快活岭”。——译者

以见到一种十字架形的墓碑，皆带有一个写有铭文的椭圆形小盘，令人想到附近阿维奥特的隔离墙下的十字架墓碑。另一种类型的墓碑也值得注意：它由一个从墙碑演变过来的竖直墓碑和一块从平面墓演变过来的平石板构成。就好像是在一个平面墓的墓头上安放了一块墙碑。铭文刻在墓碑上。平石板上仅仅刻了一个十字架，十字架夹在两支蜡烛间（光明的象征：点亮的蜡烛或者持在临终者的手里或者放在死者的床头）。竖立与平放成分的结合宣告了另一种普通墓的诞生，即十九、二十世纪出现在法国和意大利的普通墓。人们只需用截掉一截的十字架来取代竖墓碑而不再把十字架刻在平石板上，并把竖碑上的铭文移到平石板上，就得到了今日在欧洲大陆最为流行的陵墓类型。

然而，如果试图根据留存至今的这些东西来复制出一个十七、十八世纪的墓地，那我们还缺少一个元件：木十字架。大家知道，至少从十五世纪开始，墓地里的十字架，即便是贵人墓上的十字架，往往都是木头的。

较晚期的一幅画，1895 年的一幅画，逼真地再现了十九世纪中期的一座墓地*；许多迹象表明那是一座古墓地（依旧在教堂周围），其状态在十八世纪末与十九世纪初不应有多大区别。教堂外墙和墓地围墙上布满了一种今天已见不到的小石碑，这种小石碑十七世纪后在荷兰与德国十分流行，它们是菱形的，顶上有个小十字架，里边有铭文：此类石碑属于贵人，按古老的方式布局，不一定非要靠近葬身之处不可。所以最终被人遗弃。墓地中央没有大

* 朱尔·布雷顿（Jules Breton），《石灰石板的竖立》。——译者

坑，大坑早已禁用，占据那里的是一些简单的木十字架，十字架上有一个用两块木片搭成的小顶盖，此类十字架我们在十六世纪的圣洁者公墓里曾见到，在今天的德国和中欧也能见到。它们在十九世纪的法国完全消失，要么让位于更为壮观的碑陵，要么让位于更加朴实的木十字架：士兵与穷人之坟。十字架的形状我们先不管它，简单的穷人墓从此有了定型：一个木十字架插在一堆黄土前[55]。

我们发现，从十五世纪到十九世纪初，在教堂的坟墓模型之外出现了一种墓地的墓型，教堂墓的所有装饰和图像都被一个十字架符号所取代。在十八世纪末和十九世纪初，当那些原本没有墓的人大量进入墓地修建明墓时，该墓型被最后确定下来。该墓型后来得到普遍使用并流传很广，直到二十世纪，在那些所谓的非基督教化的地区，人们一直恪守该墓型。不在自己或亲人的墓上放一个十字架，这直到今天仍然被当作是一种罕见的勇气。即便是那些在表面根本不信教的社会也热衷于安放十字架。首先，一两个世纪的传统已经使得十字架变成死亡的象征，在一个人名之前放一个十字架表示他已经去世。其次，即使对那些根本不信教的人来说，或多或少地脱离了基督教背景的十字架在其心底深处仍然是希望的符号，神佑的象征。他们不知道为何要放十字架，但反正要放。十字架不会让他们想到另一个世界，但却让他们想到别的东西，掩盖在清醒意识之下的、无法言说的、隐秘的深层东西。

基金墓与“供养碑”

在本书前页，在谈到教堂里的或者墓地里带跪像的墙壁墓时，我们常使用“供养碑”这个词。我们必须回到这个词上来，因为它指代一种最普遍最通用也是最有意义的墓葬形式，反映了中世纪末一种新思潮的兴起。

方才分析过的碑文和碑石显示出两个意愿：预先想象自己踏上彼岸，获得凝然不动或称之为超验安宁的姿态；在世人记忆中永存。在西方文明之宗教史中，这丝毫没有新颖之处。帕诺夫斯基清楚地看出了这一连续性。至于我本人，则只是指出了两种对立的超验形式：一种起源于饱学之士，即灵与肉在彼岸彻底分离；另一种来自民间口头传说，即灵肉一体在和平中等待。

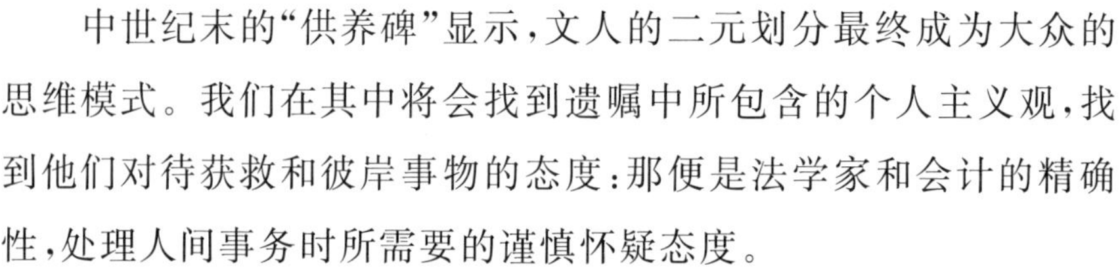

中世纪末的“供养碑”显示，文人的二元划分最终成为大众的思维模式。我们在其中将会找到遗嘱中所包含的个人主义观，找到他们对待获救和彼岸事物的态度：那便是法学家和会计的精确性，处理人间事务时所需要的谨慎怀疑态度。

在坟墓的意义上，人们有时候对供养碑和碑文这两个词不予区别，因为碑文常常占据供养碑的绝大部分，然而，我们知道，碑文与供养碑通常还是有区别的。

然而，当时（中世纪末，现代之初）的语言对供养碑和坟墓这两个词已有区分。供养碑可以是同一个人物多个墓中的一个。当然也可以是此人唯一的墓。让我们来看看一份1400年的遗嘱，即国王的骑士侍从纪尧姆·德·尚波兰（Guillaume de Chamborend）

的遗嘱。我们首先找到的是他对墓地的选择:“他要求将自己的遗体安葬在拉泰纳教堂,该教堂是利摩日教区的一座则肋司定会教堂,葬在教堂正中,紧挨靠墙的大祭台[56]。”继而他论及自己的墓:“在他的遗体上建一座平墓[石板墓](……),平墓高出地面一尺半,[墓是]石头的,在其上面上再现他的遗像[即卧像],武器摆在身旁。在墓上和墓四周写出他的姓名、头衔,以及他的逝日。”

就这样,平躺在基石上的卧像构成了沿墙而建的壁窟墓的下层:“墓上方的墙上画一幅圣母图,图要做得精致美观,图中的圣母怀抱其子。墓墙上,面对圣母子图的是他本人的画像,下跪,双手合十,旁有武器。在这两个图像前边的是施洗约翰和圣奎那梅(Saint-Guillaume)的形象[57]。”还是前边研究过的双层墓,卧像在下,跪像在上,陪伴跪像的是宗教场面和他的主保圣人。

这无疑是一座既漂亮又完整的墓。但立遗嘱人尚未完全满意。他还预计了另一个墓葬建筑,他称其为供养碑而不是墓:“又及,要求并令人做一个铜供养碑,在上边写出立遗嘱人的姓名与头衔,他去世的年、月、日[而不是年龄或生日],让他、他的过世父母、他的亲朋好友[朋友亦是亲人]以及行善之人的灵魂在该教堂香火不断,永受弥撒祝福。”教堂从遗产中得到一笔资金,资金的收入用来支付上述弥撒的劳酬:“此供养碑安在墓上方的墙上,如上所述,墓墙上将画上圣母像的和他本人的像[跪像],此供养碑将安置在二像的脚下。”

供养碑不同于墓,尽管此处立遗嘱人把它与墓放在一起,但一般来说它都与墓不在一起或离得较远*。

两个世纪以后，即十七世纪初(1622)[59]，我们又发现了没有改变的相同意愿和相同做法，例如“河畔圣约翰教堂的教产管理人的许诺”，许诺的对象是“一位御前日常外科医生”的遗孀，允许她“在她［祈祷时所坐的］板凳后的柱子上或者她丈夫下葬处的对面安装一个墓志铭，在上面刻上她心中想写的关于她亡夫的悼词”，并且“在她丈夫的葬身处建座墓，墓上刻一男一女的两个形象，形象的周围书写铭文”。根据其描写，那仍然是一座刻有卧像的平面墓。同一位死者有权在同一个教堂里建一座平面墓，并在墙上镶嵌一个供养碑。

有些立遗嘱人把供养碑看得比坟墓本身重要：“用此笔供养金做一个供养碑，用铁链把它拴在前边提到的祭堂上[60]。”在石头或金属上刻出他们遗嘱的部分内容，这保证了供养金的公开性，因为供养金的收入将用来支付为他们所做的安魂法事。教士和教会管理人员有可能偷工减料！这些写在坚固材料上的文字——有时候其中还标示了登记遗嘱的公证人的地址——把他们应尽的责任公布于众。

一般来说，正如我们上文分析过的关于生平的碑文那样，供养

---

* 同时代的一位立遗嘱人，一位教士，兰斯的议事司铎，御前秘书，要求建“一座漂亮醒目的墓……一个固定在墙壁上的铜供养碑，上边写出遗嘱执行人的要求”，亦即基金的细节。

1409年的一份遗嘱则对墓和供养碑做出了以下的规定：“要求并令人制造一个黄铜供养碑，安在教堂的墙壁或立柱上，尽量靠近选定的墓穴［与上边一样，希望二者比较接近］，上边标出为她和她女儿女婿奉献的礼金”：执行费为40个巴黎铸造的苏。关于墓的描写如下：“在墓穴上建一座石头陵，石墓上刻三个人物像，她和她的女儿、女婿[58]。”又是一座带跪像的壁墓，但供养碑与墓不在一起。

碑的宗旨并不是传告后人。其针对的对象是那一小部分与做法事有关的人员，随着时间的推移，他们有可能不太尽职。有的立遗嘱人十分精明，让他们的继承人监视收到供养金的教堂慈善机构的教士、主管或管事，如果他们停止履行职责，继承人便有权收回遗赠的供养金。

供养碑大致上可以说是遗嘱的附件，一种保证遗嘱得到执行的公开化方式。因此，就像上边所举的例子中那样，有的立遗嘱人不满足于在自己的墓旁挂一块供养碑。在所有他们遗赠大笔供养金的地方，他们都恨不得立上一块供养碑。这一做法在十六与十七世纪已很常见。

十七世纪的一份遗嘱明确地表明，供养碑的公告作用在经济上的价值远远大于卧像墓、跪像墓或赞誉性墓志铭在悼念和超验上的价值。

1611 年，在关于墓葬的安排上，克洛德·埃夫拉（Claude Evrard），布里穆斯捷（Moustier en Brie）的领主，没有对自己的继承人提任何要求，只是让人把他葬在“先父下葬的圣约翰教堂”。对于具体葬什么位置以及墓的式样，也没做任何要求。“一切皆托付给他继承人的良知和孝心”，此话在当时的意思也就是无所谓。反之，对于给教会的遗赠及其附加条款他却写得极为详细。第一笔较大的遗赠献给圣路易慈善院：“[此笔基金]一直由院长和主持掌管，每年七月，请人在此地祭堂合适的地方唱诵安魂曲，做小弥撒，弥撒结束时念哀悼经以及其他悼文(……)。每年，在立遗嘱人逝日之后，在该祭堂做一场大弥撒，高声唱诵安魂曲，赞颂经，夜祭曲和临终经，由上述院长和主持为大弥撒赞礼提供一应所需，装饰物品，照明蜡烛等等[61]。”

除此之外，他还迫使该机构主持“永远牢记这一基金，让继承人做一块大理石的墓志铭放在祭堂中合适的地方”。同样，在新布里穆斯捷(Neuf-Moustier-en-Brie)，另一处赠金处，“为了让教产管理人永远牢记该基金，在该教堂安放一块大理石墓志铭”。需要永远“牢记”的是基金而不是人或者他的事迹*。

大多数基金献给了教会慈善机构，但献给学校的也不少：献给基督教理教育(见上注)，小学校，资助奖学金。在蓬图瓦兹(Pontoise)的圣马可鲁(Saint-Maclou)教堂，至今仍能见到一块立于1556年的碑：“谦和且令人尊敬的雷诺·巴比耶(Renault Barbier)先生，生前是奥维尔(Auvers)的高级教士和本堂神父，蓬图瓦兹的教廷公证人，死后遗赠给本地学校一份年金，32里弗尔又10苏5德尼埃，该校主管必须在奥维尔堂区招收四名儿童，支付他们每月的费用；每年四月的第十六日，在学校做一场悼念逝者的安魂大弥撒，每个与圣母玛利亚有关的节日的前一日，上午十一时，班主任率领学校孩子们列队前往教友会祭堂，并为他高唱哀悼经，在公证人之前去世的理发师，其遗嘱中也有此一要求(……)，1596年3月18日书于蓬图瓦兹，安息吧(*Requiescat in pace*)。”

出于节约或者谦卑的原因，有些人不要求立铜板或者大理石

* 在1667年就有一例多处置供养碑的事情。女立嘱人葬在圣梅代里克(Saint-Médéric)教堂。她为皮托城(Puteaux)建了一个基金，基金将用来建一座讲授基督教理的小学校：“我要求将本基金刻在一块大理石碑上，石碑摆在该教堂内我指定的地方，费用由继承全部遗产之人支付，石碑的形制与皮托城我家专用教堂之祭室中的相类似。”给上帝之家她也留下一笔钱，“基金(……)刻在铜牌或大理石碑上，请诸位管事选合适之处立碑[62]”。仅此而言，这位女立嘱人已经立了三块供养碑。

板，他们采用另一种不太牢靠的广告形式。比如说，1628年，蒙特勒伊的一位葡萄园主遗赠给堂区教堂400里弗尔，“支付该教堂做祈祷［礼拜日大弥撒中的主日祈祷］时把立遗嘱人也包括在内的费用，在［万圣节、圣诞节、圣蜡节、复活节、圣灵降临节、慈悲圣母日的］六大弥撒中，本堂财务主管都必须让人在该教堂的主日祈祷中提到立遗嘱人[63]。”

教堂必须设立一个专项账，保证永远为其祈祷。1416年的一位立嘱人明确要求：“务必请记入本堂教堂总账簿上，以免遗忘[64]。”

供养碑和坟墓一样，其安置方式将在公证人的见证下由立遗嘱人、遗嘱执行人和教堂财产管事们共同拟定一个合同。下面是1616年的一个例子：“皮耶尔·维亚（Pierre Vieillard），御前秘书，苏瓦松（Soissons）法国王室财政部财务总长，苏瓦松法国王室前任财务总长尼古拉·维亚的侄子，其全部财产的继承人。为永志纪念［要记住的不仅是供养金，两种情感在此掺杂在一起：悼念之情与赎罪之情］，河畔圣约翰教产管委会向他授权在圣约翰教堂的圣克罗德先生祭堂里设供桌，供桌靠南［众人趋之若鹜的地方］，摆在祭台前或与祭台相对，供桌上刻有逝者赠给圣约翰教堂布道的供养金［像提供给学校的基金一样，这是一笔供给反改革派用来宣讲教理的基金］，所刻条文与上任教产管委们和维亚领主间所签合同相符，特立此据，设立基金，见证人：［写公证人的名字处为空白］[65]。”

灵　　碑

十六、十七世纪对于供养碑的重视，使得人们常常把供养碑与坟墓混为一谈或者用前者代替后者。于是后来有了另一种相当普遍的墙壁墓，即一座小建筑，它综合了有跪像及宗教场景的墓志铭与供养碑的特征。该建筑上端有一层薄外沿，外沿上刻着面向宗教场景下跪祈祷的人物，构图比较程式化，因为它并非墓的关键部件。下部的铭文几乎占满整个碑面。铭文分为两个部分。一部分极为简要，仅只有简单的死者身份，不涉及任何具体的生平事迹；另一部分则又长又具体，精确地描写了基金的数目、用途的规定，后边还常常附有公证人的姓名。

从十六世纪到十八世纪中叶，这种建筑在法国应该有不少。尽管自十八世纪至今教堂频遭破坏，尽管教士、建筑师、考古学家乃至历史学家们对此类建筑不闻不问，它们依然随处可见。由此我们可以想象一下古代的情况：墙上柱上皆盖满了各种碑与表，那情景就有点像今天的朝圣圣殿的地面，地上铺满了还愿石[66]。

占统治地位的时而是死者简介，时而是供养金。有的地方跪像系列栩栩如生，有的地方粗制滥造。不过其姿势基本上保持一致，表现出一种恒定的欲望：为了灵魂得救，将保佑祈祷进行到底。

借助这些供养碑，我们接触到了一种意识形态，它既不同于古代跪、卧像的意识形态，也不同于我们今天的意识形态：这种意识形态同样也在遗嘱中表现出来。供养碑给出了一种新墓型，我称之为“灵碑”。下边给出几个例证：

第一个例子来自盖尼埃[67]。时间是1392年。“大理石墓下之魂乃尼古拉·德·普朗西(Nicholas de Plancy)大师,卒于1392年,生前为(……)领主[介绍仅寥寥数语]。他与他夫人共建了这座祭堂,奉献年金108里弗尔,为此地议事司铎和神父们提供面包,每日在本教堂大弥撒的耶稣身体升天之仪式后,请立即做一次弥撒[目睹耶稣升天的身体,膜拜之情油然而生的迹象],并为每年的庄严弥撒提供油钱:计有天神报喜,圣尼古拉日和圣凯萨琳日,圣母受孕日。”

在(塞纳河支流)瓦兹河畔赛尔吉村(Cergy-sur-Oise)教堂,有一块1404年的墙碑。上层是狭窄的跪像层:佩带武器的死者跪在教堂主保圣人克里斯多夫(St. Christophe)面前。其他部分全部用来写铭文:“高贵的皮耶尔·郭萨(Pierre Gossart)长眠于此,他生前是骑士,达马丹(Dammartin)的领主,死后捐资给该教堂的宗教事业,每年为坐落在蓬图瓦兹的属于罗杰·德·科斯(Roger de Quos)的教会学校提供60巴黎苏的年金,[下面是详细地址!]该学校在马特(Martre)街角上,马特街一边与罗般加工店相连,通向遗产继承人里夏尔·德·科斯(Richard de Quos)的住处,另一边通向国王道[十五世纪的这个地址与今日的伦敦地址或英国地址一样清楚],通向赛尔吉村圣克里斯多夫教堂财监和本堂神父的住处。每年死者逝日,此处神父为他举行一场大法事,夜间守灵唱圣诗第九首,念[忏悔经]第十课。执事领其所属与上述神父一起于每年第四季的每个礼拜三举行一场大法事,执事及其下属夜间守灵唱圣诗第九首,念第十课。法事费用从60巴黎苏的年金中支出,由教堂财监亲手付给上述神父40苏,死者共遗赠给教堂60

苏，其剩余部分20苏［材料费］用来支付法事中所需的经书、照明和装饰品的费用。老爷逝于1404年四月的第九天，复活节后的第二个日子。请为他的灵魂祈祷。”行文之严密，在法律上无懈可击。

另一幅1458年的画面与其相似。还是在蓬图瓦兹的圣马可鲁教堂。首先是圣母怜子图，两位死者跪在图两边，一夫一妻，引荐他们二人的两位主保圣人站在他们身后，一只手搭在他们的肩上。

“皮耶尔·德·穆兰（Pierre de Moulins）与玛蒂娜·拉塔依（Martine Lataille）夫妻长眠于此，他生前是蓬图瓦兹市为国王选出代表，携妻设此基金，每年每个礼拜，在蓬图瓦兹的圣马可鲁教堂做两场小弥撒，弥撒在圣母祭台前进行，时间定在（……）左右，为了医治他们的灵魂，礼拜二做一次弥撒，礼拜四再做一次，请人守夜，唱圣诗第九首并诵经。每年十二月的第一个礼拜日之夜为其守灵。本教堂财监负责为所有这些弥撒和守夜支付……”在这同一座教堂里另外还有一对卒于1550年长眠人：尼古拉·勒费贝（Nicolas Lefebre）夫妻。他们赠给教堂一块草地，要求“为他们的以及他们亡友的灵魂［也就是说所有的近亲远亲，多少有些亲戚关系的朋友］，每年第四季度的每个礼拜五在该教堂操办一场安魂大弥撒”。由教堂提供一应所需，做法事时“为灵柩套上柩衣［柩衣也叫“棺罩”，此处的灵柩指棺木基座］”。为做法事的修士支付佣金。鸣钟。禁止挪用基金。

工匠们在这方面也不会慷慨到为了打广告而白捐资。巴黎的刻碑匠找出了这样一块1564年的碑[68]：“令人尊敬的雅克·德·拉巴尔（Jacques de la Barre）长眠于此。生前是服装裁剪师，巴黎市民，卒于1564年10月22日，遗留给巴黎的善解人意者－圣本尼狄克教堂祭台圣体教友会5里弗尔年金，年金每年由坐落在巴黎西岱岛上的一座挂有金捕鼠器招牌的店子支付，由该教堂财务总监掌管，要求每年在死者逝日或其他合适之日做一场安魂大法事，请执事与下级修士在结束时守夜并念临终经，唱一遍《解救我》（*Libera*）和一遍《自深渊》。”

十七世纪一切依旧。还是在蓬图瓦兹的圣马可鲁教堂，墙上镶有一个1674年制的椭圆形装饰：“受人尊敬的安东尼，蓬图瓦兹的市民和贵人，遗体安息在本祭堂，他一直崇拜至圣的圣体，献给蓬图瓦兹的圣马可鲁教堂一笔永久性基金，供养每年12次圣体降福仪式，在每月的第一个礼拜四举行，展示圣体［反改革派式的虔诚］，祭坛上放十支大白蜡蜡烛。唱‘哦，圣体赐福’，圣体晚课经，赐福祷告，诵为国王祈祷的诗句‘事凭汝手而成’（*Fiat menus tua*），‘面包来了’（*Ecci Panis*），‘善良的牧人’（*Bone Pastor*），‘拖延之人’（*Qui cuncta*）和‘致礼真身’（*Ave verum corpus*）［难道没有‘伟大的圣典’（*Tantum ergo*）吗？］，同时给予祝福，在墓前唱《解救我》和哀悼经，墓上置亡灵象征［一座盖有柩衣的棺木基座］，并摆上四支点燃的大白蜡蜡烛。在前一个主日讲道中提前宣布每次圣体降福仪式，仪式举行时敲大钟和排钟，配备所有的大红豪华装饰，根据合同，全部开销共计2000里弗尔，公证人J.F.和H.D.，于蓬图瓦兹，1674年3月13日。”

依然在蓬图瓦兹，另一块碑起头处便写上了公证人的姓名，仿佛他们才是最要紧的人。“蓬图瓦兹的公证人C.L.和B.F.于1681年1月4日见证了此份合同的签订。皮耶尔·杜·蒙铁（Pierre du Monthiers）先生，骑士，圣马丹（Martin）的领主，蓬图瓦兹大法官协会主席，为他灵魂的安宁，由其妻玛丽夫人阁下提议，由玛丽夫人之子，马丹领主，御前秘书执行，建立法事基金，这套完整的法事包括三次大弥撒，等等（……）。一应物品由本堂神父和教堂财部提供，根据合同，他们可以支配360里弗尔。请为他的灵魂向上帝祈祷。”

十八世纪初的灵碑仍然沿用上述模式。不过，我们发现，人们对墓寝本身常常是一语带过，越来越不关心，甚至不论及墓在何处，追思祷告也被忽略：又是在昂德莱希（Andresy）教堂，一块1703年的灵碑上没有任何关于施主是否葬在此处的信息。碑上方是家徽和一句祈祷词：“心念我主耶稣的五处伤口。”既无图画亦无跪像。下面是生平简述：“侍从骑士克罗德（Claude），本祭堂之施主，骏马的驭者，御前饮杯主管，路易十四唯一兄弟生前的随身男仆和衣帽官，他为该主人服务长达四十八年，直至其去世，尔后又以相同身份为其子奥尔良公爵老爷服务［此处所出现的生平概况在大多数基金碑中并不存在］，为亲朋好友的和自己的灵魂的安宁，他建立了此一永久性基金［终于谈到基金了］，每年每月六号在圣约翰祭堂做一次弥撒，其中有一次是大弥撒，在圣克劳德［S. Claude，他的主保圣人］的纪念日举行，须有五个穷人［前文还提到，立遗嘱人要求送葬队伍中必须有穷人。有趣的是别的习俗销踪匿迹但这一传统却得到了传承］和一位儿童参与法事，教堂财监付给他们每人5铜币，然后由他们捐一个铜币给教堂。一应费用由本堂神父、专职财监和昂德莱希的圣日耳曼堂区的长老们负责，具体细节请参照1703年6月27日签订的合同，合同见证人：

巴黎夏特莱区的公证人B.和D.捐资人特立此碑，是年七十有九，1704年1月24日。”后边又加了一句：“逝于同年12月24日！”此碑为供养人生前为自己所立。

图卢兹大教堂里也有一块灵碑，制于1722年，碑文中也没有提到葬处，这种经常出现的不置一词，很难说不是一种漠不关心的态度。与赎罪的愿望相比，济世救人的意愿占了上风。“维勒斯潘(Villespan)的让·德·贾博罗尔(Jean de Cabrerolle)老爷，最高法院顾问，图卢兹教会司法承揽人设立此一永久性基金，要求在每年3月31日他的祭日，为抚慰他的灵魂，由教士集体举行一次追悼弥撒［过去称之为安魂弥撒，因为追悼弥撒有很多种］。每位参加弥撒的教士20苏，每位参加伴唱者10苏，唯有真正参加或出场者才能到继承他遗产的圣雅克主宫医院去领钱。另外他还在该医院为病重不愈的穷人捐了十张床位，并请了一位神父在该院供奉圣司提反的祭堂祭台前每礼拜念两次弥撒，为了他及亲人灵魂的安宁。”然后是关于挑选神父的一些指示。在谈及祭堂供养金时，我还有机会再次回到这份文件上来。

小结一下：十五世纪，常陪在墓边的灵碑并不是墓的一部分，它也有与墓远离的时候。从十六到十八世纪，它构成了最平凡的丧葬形式，或者与墓分离，孑然独立在遗赠供养金之地；或者与墓合并，成为墓的主体。十八世纪，人们不再称其为灵碑，人们简单地称其为墓志铭，这在当时也有墓的意思。

事实上，继卧、跪像之后，继公墓里的十字形墓碑之后，上述文件又向我们宣示了第四种墓型，我们当然有必要立即考察一下其含义。

卧、跪像和十字架表达了一种处于天地间过渡状态的信仰。墓志铭评介死者在凡世和彼岸的懿德善行。到了基金碑，视界一下全变了：我们发现，为其他碑文津津乐道的生平逸事，在此常常成为几句身份标示。宗教场景和画面也被处理得十分简洁，简化为有限的几个符号。这一切都不重要——然而那正是巴洛克艺术最兴旺的时期！重要的是强迫教士们按规定做法事，为“医治他的灵魂”，法事的费用已经预支。陵墓不再是“未来的预演”和悼念的建筑，与遗嘱合在一起，它成为灵魂在彼岸的保障系统的要件之一。它照抄遗嘱的某些部分并具有遗嘱的风格，在其中，像死者、教士、圣人一样，公证人成为主要角色之一。需要获得不朽的既不是死者的生存条件、荣誉或者德行，也不是他遗赠的金银财宝，而是对供养金的精神回报，宗教法事。

当然，信仰在与圣灵的相通中得到确证，教会的财富早已在握。我们发现该信仰导致了加洛林修道院之间的教友之情，导致了中世纪第二期的具有伪圣事功用的遗嘱（第四章）。然而，仅仅是到了十五世纪末，尤其是十六和十七世纪，该信仰才彻底排除了在源远流长的口头文化的积淀中吸取养分的古老信仰所带来的阻力。古老信仰对灵肉分家十分反感，厌恶活灵活现地表现彼岸。基金碑标志了另一种世界观的胜利，这世界观无疑是教会学术正统长期推崇的世界观，但假若传统抵抗情绪没有转弱，假若大众心态还没有为接受它做好准备，它便不会获得普遍的成功。

基金碑，一种无疑极为大众化的墓，不是用来葬身而是用来祭灵的：灵肉一体但肉体退隐，灵魂侵占了存在的所有维度，灵魂成为一个人的全部。灵魂受到威胁，但经过精确计算其次数的祈祷却有可能得到补偿。教堂里的最后审判，《善终图》中的个别审判，其影响甚远较长，多亏了个人在遗嘱上的实践，灵魂此刻终于渗透进了这个为集体心态所细心保护起来的深层区域，陵墓形态的演变就是明证。死亡把灵魂从地上的臭皮囊中解脱出来，灵魂是空灵的不朽之物，过去的浑噩命运，如今被它清醒地承担。在这个从此后变为透明的世界中，灵魂可以明确地知道它将上天堂还是下地狱。中世纪的大慈大悲之心再也不能改变上帝的法则。反之，人的自由却允许他在凡世——在此他是半个盲人——便开始筹备他的不朽灵魂之路。灵魂的明天取决于他今天的事业，他的知识，他的自控力和预知力，他当下立即采取的种种措施。灵魂变成了他本人的箭锋。

还愿牌

在十六世纪末和十七世纪初又出现了一种新玩意：还愿牌。它起源于民间祭拜，与我们刚刚研究过的丧葬图画关系密切，十分有趣。那并不是一件用来敬神以示谢意的复制品：痊愈的身体部件（眼、腿、胸、腹等），劫后余生的沉船，重获自由的囚徒或苦役的镣铐。这种做法古已有之，它早于基督纪元，而且一直在民间流行。在当时它体现为挂在圣人殿堂里的一幅画：在人遭遇危险的紧要关头，被召唤的圣人出面营救他。

在最早期，此类画面被分为两个区域：左边是跪着的供养人，右边是天堂景象，表现了现身云端的主保圣人。后来人们在其中又加进了第三个区域：奇迹发生的场景，以及对供养人如何脱离危险的描绘。在十八世纪，这后一个场景占据的位置渐渐加大，以至于到十九世纪初供养人和圣人都成了配角。奇迹自然具有超自然的特性，用进步理性来解释这一演变显然不能成立。不过，超自然神力来到了人间，它的主要表现是奇迹而不是显灵。

见到这种布局我们立即会想到另一种在民间流传甚广的形式，即“灵冢”，墙上的小型跪像图。应该说还愿牌与墓画在精神上的距离并不太大。一个再现死者的升天，另一个再现天人降临，凡人脱难，奇迹发生。还愿之人至少有一段时间进入了超自然界，即死者永住之世界。

有时候还愿牌靠近坟墓甚至扮演坟墓的角色。有一位德国史学家名叫伦茨·克里斯·雷滕贝克（Lenz Kriss Rettenbeck），他将其称为灵牌（Totentafel）[69]。他书中有幅插图便是1767年一幅灵牌的复制品，画中四个儿童挤在两个摇篮里，一个摇篮两个。只有一个孩子活着，其他三个孩子手里都有一个小红十字架，那是死亡的标志。父母也躺在一边，他们活了下来，在画的一角上他们又出现了一次，正跪着祈祷。

是不是可以这样想象：一次瘟疫袭击了这一家人，唯有父母亲和一个孩子逃离了魔掌？因此这个还愿牌既表达了生者的感谢，又表达了他们对死者的哀悼。

1799年的另一幅画再现了聚在一起的一大家人，他们当然也面对着一个宗教场景：三男三女，外加四个裹在襁褓中的孩子。孩子都死了，死的还有两个男人和两个女子。活下来的一男一女便是供养人。一个存心不良的观画人可能会认为哀鸿遍野的景象让苟活者感到分外庆幸！其实不然，画中所表现出来的悲哀、痛惜，与死后余生的庆幸具有同等的分量！

死人并排躺在跪着祈祷的活人之间，这并不奇怪，超自然界的前庭乃跪像的所在地，生、死之别在此可以忽略不计。不过还是有一个区别记号：死人的手上或者头上方有一个小小的红十字，不仔细看的话可能会看不见。

这个记号并不只属于还愿牌和民间艺术。它也出现在十六世纪弗来米祭台的装饰屏上，出现在布鲁塞尔博物馆里，在供养人的上方。在法兰克福大教堂的圣器室里，摆了一幅十分漂亮的临摹画，一大家人跪在一幅凡·戴克（Van Dyck）临摹的耶稣受难图下，其中有几个成员头上也有此记号，这幅画大概是一幅殡葬画，与坟墓、祭堂或者供养金发生关系。

还愿牌描述大难从天降，一家人生离死别，此类还愿牌在十九世纪完全消失。当时的心态不再允许把活着的感恩与逝去的遗恨混在一起。反之，另一种还愿牌取代了它，其立意完全不同，但仍旧表现出祈祷者的执着和基金碑的精神。

实际上，还愿牌可以说是无墓之碑：被自己拖着的木头带入巨浪而溺毙的伐木工，战死沙场的战士（拿破仑麾下三位亡于俄罗斯战役的战士，跪在他们的主保圣人圣马丹脚下）。

十八世纪有份文件令人心动，它把三种相近的构图（基金跪像墓，感恩还愿牌，炼狱灵魂屏）联系在一起：一幅画再现一位战士，战士跪在《无玷始胎》前；战士脚下新增了一幅图景：炼狱。炼狱的出现让还愿牌除感恩外还表达出一个祈求，不过在人的希望中这祈求已被假定得到了满足[70]。

十八世纪与十九世纪，至少在史学家研究过的中欧，人们不能容忍因战争或意外而身亡的人没有坟墓。于是按照还愿牌的形式人们为他们造个墓，还愿牌继承了前代跪像碑的格局。结果，在十九世纪，即跪像墓被弃之不用以后一个世纪，无遗体下葬之人的墓依然是一个跪像碑。比如说克里斯·雷滕贝克就发表过两幅木刻，1843 年和 1845 年，每幅 170×38 厘米，不仅表现了跪在主保圣人脚下的供养人形象，而且还刻有一段铭文和一个骷髅。这已经是十九世纪中期，借助还愿牌，中世纪末的殡葬礼具依然阴魂未散！

祭堂与家墓

大家注意到，在中世纪末及近代，对坟墓与尸骨不在一处的情况如何看待，众说纷纭，莫衷一是（见第二章）。这种情况的出现与舍弃石棺同步发生。

然而，关于挑选阴宅的文字记载却让人觉得尸体应该与墓在一起：把我的遗体“引领到特纳（Tene）教堂，让我在那座墓中安眠[71]”（1400）。在十七世纪，人们也说在墓穴上安墓碑。可是另一方面我们还知道，对于墙壁墓而言，人们不可能非让尸体与墓在一起不可，至于纪念碑和衣冠冢，那就更不用说了[71]。

事实上，有人要求遗体入墓，更多的则是要求二者不要相距太远：“近墓处，”“尽量靠近坟墓”。

有时候，不过此种情况较少，碑文告知你墓穴的所在。十六世纪末，在罗马的阿拉柯利（Aracoeli），碑文指出来自圣欧斯塔修

(San Eustachio)的教友玛蒂亚斯(Mathias)的遗体葬在别处,“在圣海伦纪念碑和老圣器室的门之间”,那显然是一位方济各会的要员。

不过,在旧制度末期,人们发现了另一种倾向,即把同一个家室的成员葬入同一个祭堂,该意愿具有现代色彩,当代原则上把遗骸安置在墓中的习俗便来自于此。那将是漫长殡葬史的最后一个阶段。在遗嘱中我们已经见过祭堂一词的两个含义:做法事的祭坛,为做法事的教士支付供养金的地方。它的第三个含义即墓的含义出现得较晚。

祭堂的文化意绪最开始与寝陵无关,供养人除了要求利用祭堂做法事之外,习惯上还会要求立灵牌写铭文,并获得葬在祭堂下面的权利;不是直接葬土中,而是葬在一个圆拱形的地窖里。第一批迁移传统遗址即近圣灵之陵墓的人一定是王族和望族:他们最热衷的风水宝地不在教堂里,比如说唱诗台,而是在一旁的祭堂里。十六世纪,君主们试图让这些祭堂变得更加雄伟壮观,不同凡俗,例如在罗马的马杰奥尔圣母教堂(Santa Maria Maggiore)的贝佳斯(Borghèse)家族。他们还曾企图让自己的祭堂独立于教堂,仅在二者之间保持圣灵交流的通道:比如说圣德尼的瓦卢瓦家族、佛罗伦萨的美第奇家族,以及后来南希的洛林家族。

后来人们在城堡内建祭堂,其灵感无疑来自上述祭堂“私有化”,比如说尼奥特(Niort)的拉特雷莫伊(La Tremoille)私家祭堂。不过,这种情况仅限于那些有称王可能的名门望族。他们并没有成为大家争相效仿的榜样,主流做法还是沿袭十四世纪的做法:在修院教堂或堂区教堂请领一个侧祭堂作为家庙。在十七、十八世纪初，这一做法在大富大贵的家族中形成惯例。

这些家族的做法如下所述：“圣热尔韦教产处［1603年5月8日[72]］应承在本教堂墓地［亦即在墓地紧靠教堂的那块地方；这也是十六、十七世纪各种小祭堂逐渐蚕食老墓地的一个例子］建一座小祭堂，祭堂依教堂高墙而建，高八尺，长宽各十二尺，其上方是御前顾问，财务大臣艾天纳·普热（Etienne Puget）先生所设之祭堂。”应承的是“墓葬”，也就是说“建一个［与小祭堂］一般大小的地窖［而不是就地挖一个墓坑］，由主人选吉时安葬他自己及其妻儿的遗体”。

门朝教堂开，常闻诵经声，小祭堂与教堂之间隔有“一个精致的木栏杆，栏杆后有门。门锁着，钥匙保存在”供养人或继承人手中，“以便来此聆听圣事”。

同一产委会*还有一份1603年的文件，也论及此事，即“［由女施主］出资建一座小祭堂，在教堂主墙上开门洞，安一座细木栏杆（……），尼斯隆（Niceron）夫人及其子孙后代永享此祭堂（……），聆听圣事［这是祭堂的首要功用，作为代价，尼斯隆夫人放弃她在教堂保留的座位］，并在祭堂下建大小相等的地窖，由夫人选吉时入葬其家族成员”：殡葬是祭堂的第二个功用，因为祭堂毕竟是祭奠之所。据说这两个功用同样重要。

有的文件仅仅提到“听”圣事，其家族的墓地大概在别处。比如说圣热尔韦教堂（1617）的财产监理们就曾应允让“高贵的约翰·德·都尔（Jehan de Dours），御前顾问兼房产总监，在本教堂

---

* 堂区的教产管理委员会。

建一圈细木栏杆，围一张板凳作为祭堂，其位置在圣尼古拉祭堂的圣坛旁边，栏杆的一边贴近圣坛，另一边一头接主墙，一头接审计师塔科歇先生的祭堂。小祭堂宽五尺，长约六尺半[73*]”。

不过，祭堂的文化功用与祭堂的丧葬功用完全分离的情况还是比较少见的。新的潮流显然是将私家祭堂与家墓合在一起，一家人来此祭拜，并参加堂区的弥撒。

即使没有一个真正的祭堂，即由墙、“栏杆”圈出的祭堂，人们仍要在父辈的墓穴上置一张板凳（1622）：“……死者墓穴在大殿下部，靠近洗礼盆一方，离其座凳不远，旁边有座塔柱；请在墓穴上铺一块墓碑（平墓）”。其人还要求在板凳后的立柱上“镶嵌一块石碑（……），上书墓志铭悼念逝者”。可以说这是一座微型小祭堂，由一张板凳、一座墓和一方墓志铭在柱子周围的一块小空间里组成[74]。

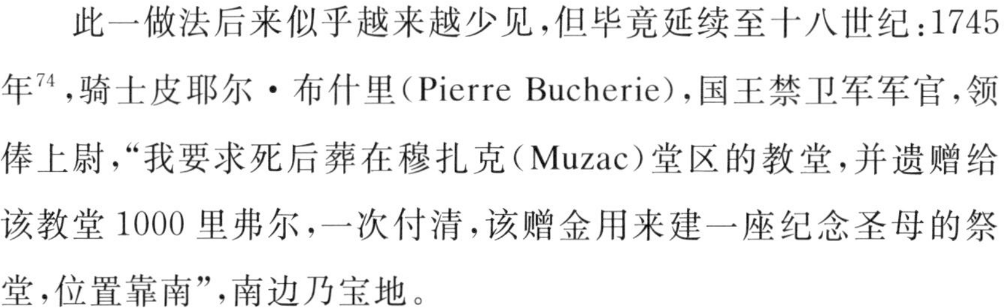

此一做法后来似乎越来越少见，但毕竟延续至十八世纪：1745年[74]，骑士皮耶尔·布什里（Pierre Bucherie），国王禁卫军军官，领俸上尉，“我要求死后葬在穆扎克（Muzac）堂区的教堂，并遗赠给该教堂1000里弗尔，一次付清，该赠金用来建一座纪念圣母的祭堂，位置靠南”，南边乃宝地。

也会有这样的情况，在教产会的主持下，好几家分享一座祭堂。尽管教堂出让了祭堂的使用权，祭堂的所有权依然在教堂，许多份文件都再三强调这一所有权。上边提到的祭堂中，就有一位

* 在同一座祭堂里，供养人还得到了再安放两张板凳的许可，关于板凳的描写同样详细：“他让出他在教堂里占据的三个座位，在此聆听圣事。”

供养人得到了教产会的许可，在旁边已经有一张板凳的家墓上加板凳："条件是拆除原来的小板凳"，位子让给新来的人，"小板凳安在与他女儿L.小姐及其亲属、继承人关系密切的墓上"。

"关系密切"，很有意思的说法：从此后，祖坟与后人息息相关，年祭在此，新逝之人也在此落葬。不过，隐然间这段文字中还显露出一种新态度：习俗渐成，富贵之家的死者与活人齐聚在教堂的一个小空间里，该空间从教堂中切割出来又朝向教堂开放，此家之人掌有该空间的钥匙，唯有他们有权入内，仿佛他们是该空间的主人。祭堂常常饰有该家人提供的彩绘玻璃，玻璃上绘有家人之一的跪像，地上铺青石，墙上有油画、雕刻和铭文，它们用词语或者形象描绘了家族的历史。他们的确是在教堂里，在教堂里听弥撒，但他们同时也是在家里，与自家死者团聚。

这些死者，再重复一遍，并没有入土，即被埋在一个新挖的或者以前就存在的墓穴里，而是被放在一个地窖里，今日法语中所用的墓窟(caveau)一词的古词形便是地窖(cave)。"地窖"是一个圆拱形空间，棺木在其间避免了泥土的腐蚀。圆拱一词有时候也被用来指代地窖(1606)："在圣热尔韦教堂的这座小祭堂下建一个圆拱，安葬遗体"，即供养人及其妻儿的遗体[75]。人们可以说自己在某个地方有地窖，也可以说在某个地方有祭堂[75]："希望将自己的遗体葬在铎东城(Dodonville)教堂里他请人建的地窖中(1650)。"

最初的墓窟由设立祭堂者所建，大小规模与祭堂相等：这一做法偏离了中世纪的习俗但却与今天的十分接近。

在整个十八世纪，地窖似乎尚未凌驾在祭堂之上——祭堂的象征意义极强——，但地窖的重要性却在与日俱增，因为活着的人开始真正关心尸体的保存。神父们趁机装修他们教堂的地下室，将其改造成水泥的石砌墓窟，并编号：河畔圣约翰教区的一位教友得到许可，将父亲——在乡下逝世的前国家参议——遗体葬在祭堂下的一个墓窟里，“[将他] 葬在圣团祭堂下靠近通往藏骸所之门的第四个即最后一个地窖里，愿他在此永住。”该教友还获得了在祭堂留下墓志铭的权利。

从此后死人也拥有了自己的一块净土，一个有弧形穹顶的墓窟，据许诺，他们将在此永住，再也不会被人按传统方式移往藏骸所。总而言之，死者在下活人在上，后者聚在上边的祭堂中祭奠前者。

于是出现了一种新的安葬方式，一种新的对待死者的态度。到末了，整个社会在十九世纪都接受了这种方式和态度。

虚拟博物馆的教益

认真地参观一下想象中的丧葬博物馆，我们很好地了解了面对死亡、彼岸的集体情愫，一座高级的神学灵性图书馆似乎还提供不了这么多东西。上述丧葬文化的占统治地位的观念，即“等待复活”之身体与上天堂享福或下地狱受罪之灵魂的二分，给丧葬品打上了深深的烙印。不过，在这些丧葬品中我们还见到了一些在别的地方难得一见的或换一种方式就无法见到的东西：人们以为已经消亡的但实际上只不过是潜入底层的古老信仰。

最后出现了一些全新的态度，宣告了十八、十九世纪浪漫主义的来临。

自这浩若烟海的资料中，突现出三大流向。

第一个不出所料，早就酝酿在我们对末日审判图、遗嘱经济、葬礼仪式的调研中：个体观的发明，在死亡来临时，或在想到死亡时，发现了自我，发现了在这一世界或在另一世界里的自己的历史。要求确认自我的意愿促使人们放弃了无名的陵墓并建立一个纪念物。同时，这一意愿还把灵魂设定为个体的本质成分：摆脱了物质肉身，轻灵飘逸的灵魂变成了存在的精华，变成为个性本身，无论这个性是好是坏，任何东西也不能改变其性质。灵魂墓就是这种情感的体现，这一情感发端于教会精英，但到了中世纪末和现代之初，却已为大部分贵族阶层和中产阶级所分享。

我们从虚拟博物馆中所梳理出来的第二个大的流向是一种阴魂不散的信仰，对于处于中性状态的安眠的信仰，并将此种安眠视为浮躁人生与天堂灵境间的过渡。此一流向启发人们在教堂中塑造出庄重肃穆的跪像与卧像，乃至今天墓地中的十字架，后者表现出一种模糊朦胧的希冀。在它们身上我们识别出一种非常古老的观念，关于安宁恬静的彼岸的、死亡已被驯服的观念。

第三个流向我们发现得较晚，它与祭堂有关，即一家成员不分生死齐聚祭堂：这种活人与死人身体相贴近的愿望，以前我们从未见过。

注　释

第一章

1. Le Goff,"Culture cléricale et traditions folkloriques dans la civilisation mérovingienne"("墨洛温文明中的教士文化与民间传统"), *Annales ESC*, juillet-août 1967, p.780 sq。

2. *Les Romans de la table ronde*(《圆桌骑士传奇》), J. Boulenger 改编, Paris, Plon, 1941, p.443 sq。

3. 同上,p.124。

4. *La Chanson de Roland*(《罗兰之歌》),J. Bédier 译,Paris, H. Piazza, CCVII,CLXXIV. *Le Roman de Tristan et Iseult*(《特里斯丹与绮瑟》), J. Bédier 改编,Paris, H. Piazza,1946, p.247。*Les Tristan en vers*(《诗歌特里斯丹》): J.-C. Payen, Paris, Garnier, 1974。

5. G. Duby 对 R. Glaber 的引用,*L'An mil*(《千禧年》),Paris, Julliard, coll. "Archives", 1967, p.78 et 79。

6. 图卢兹,奥古斯丁教派博物馆(Musée des Augustins, Toulouse), n°835。

7.《圆桌骑士传奇》,见前,p.154。

8. G. Duby, 见前,p.76。

9. G. Grimaud, *liturgie sacrée*(《圣教礼拜仪式》),dans Guillaume Durand de Mende, *Rationale divinorum officiorum*(《圣教法事书》),Paris, 1854, t. V, p.290(Ch. Brthélémy 译)。

10. A. Tenenti, *Il Senso della morte e l'amore della vita nel Rinascim-*

ento(《文艺复兴时期的恋生悟死》), Turin, Einaudi, 1975, p.170, n.18。

11. Mme Dunoyer, *Lettres et Histoires galantes*(《奇情雅信》), Amsterdam, 1780, t, I, p.300。

12. Cervantès, *Don Quichotte*(《堂吉诃德》), Paris, Gallimard, coll. « La Pléiade », 2e partie, chap.74。

13. H. Troyat, *vie de Tolstoï*(《托尔斯泰的一生》), Paris, Fayard, 1965, p.827。

14. L. Tolstoï, *Les Trois Morts*(《三死》), dans *La Mort d'Ivan Ilitch et autres contes*(《伊万·伊里奇之死及其他故事》), Paris, Colin, 1958(1859年在俄国首次出版)。

15. J. Guitton, *M. Pouget*(《普热先生》), Paris, Gallimard, 1941, p.14。

16. Guillaume Durand de Mende, 见前, t, V, p. XIV。

17. J. Huizinga, *Le Déclin du Moyen Age*(《中世纪的衰落》), Paris, Payot, 1975。

18.《圆桌骑士传奇》,见前,p.380。

19. 同上, p.350 et 455;《特里斯丹与绮瑟》,见前。

20. Guillaume Durand de Mende, 见前, t, V, p. XXXVIII。

21. A. Soljiénitsyne, *Le Pavillon des cancéreux*(《癌病房》), Paris, Julliard, 1968, p.163-164。

22.《圆桌骑士传奇》,见前,p.350 et 447。

23.《罗兰之歌》,见前。

24. J.-P. Peter, "Malades et maladies au XVIIIe siècle"("十八世纪的病人与疾病"), *Annales ESC*, 1967, p. 712; P. Craven, *Récit d'une soeur, Sonvenirs de famille*(《一位修女的叙述:家的回忆》), Paris, J. Clay, 1866, vol. II, p.197。

25. L. Pincus. *Death and the family*(《死亡与家庭》), New York, Vintage Book, 1975, p.4-8。

26. P.-H. Simon, "Discours de réception à l'académie française"("法兰西学院就任演说"), *Le Monde*, 20 novembre 1967。

27.《特里斯丹与绮瑟》,见前。

28. *Le Romancero*(《谣曲》), Paris, Stock, 1947, p.191（法文翻译:M. de Pomès ）。

29. L. Tolstoï,《伊万·伊里奇之死》,见前。

30. I. Babel, *Conte d' Odessa*（《敖德萨的故事》）, Paris, Gallimard, 1967,p.84-86。拥有拜占庭传统的斯拉夫国家皆是这方面的保藏地。见 M. Ribeyrol et D. Schnapper,“Cérémonies funéraires dans la Yougoslavie orthodoxe”(“南斯拉夫东正教的丧葬礼仪”), *Archives européennes de sociologie*, XVII（ 1976 ）, p.220-246。

31. Homère, *Odyssée*（《奥德赛》）, XI, v. 475, 494; Virgile, *Enéide*（《埃涅伊德》）, VI, v. 268 à 679。

32. Ovide, *Fastes*(《岁时记》), II, 533。

33. 请观后边第三章与第五章。

34. *Actes des Apôtres*（《使徒行传》）, 7, 60; Ph. Labbe, *Sacra sancta concilia*（《圣主教会议》）, Paris, 1671, t. V, col. 87 ; *Dictionnaire d' archéologie chrétienne et de liturgie*(《礼拜仪式及基督教考古辞典》), Paris, Letouzey, 1907,t. XII, col. 28, “Mort”(“死亡”); t. I, col. 479, “Ad sanctos”(“傍圣陵”)。

35. J. de Voragine, *La Légende dorée*（《圣徒金传》）, Paris, Garnier-Flammarion, 1967, t. II, p.12 sq（法语翻译:J.-B. Roze）。

36. 1559. Archives nationales（AN, 国家档案）, minutier central（MC, 公证文书原件保存处）, VIII, 369。

37.《礼拜仪式及基督教考古辞典》,见前,t. XII, col. 28。

38. 请观后边第五章:“卧像、跪像与灵魂”。见 M. Ribeyrol et D. Schnapper, 见前。

39. N. Castan, *Criminalité et Subsistances dans le ressort du Parlement de Toulouse*（1690-1730,《图卢兹法院机制中的生存与犯罪》）, 第三阶段博士论文, université de Toulouse-Le Mirail, 1966, 打字稿, p. 315。

40. P. Bourget, *Outre-mer*（《海外》）, Paris, A. Lemerre, 1895, t. II, p.250。

41. 当 V. Thomas 的《死亡考古学》(*L' Anthropologie de la mort*, Par-

is, Payot, 1975)发表时,此章已完成。

第二章

1. L. Thomassin引语, *Ancienne et Nouvelle Discipline de l'Eglise*(《教会的新、旧纪律》), éd. De 1725, t. III, p.543 sq ;《基督教考古辞典》,见前,"傍圣陵", t. I, col. 479－509。

2. Ch. Saumagne,"Corpus christianorum"("基督教作者文集"), *Revue intrenationale des droits de l'Antiquité*(《上古法律国际杂志》), 3e série, t. LVII, 1960, p.438－478; t. LVIII, 1961, p.258－279。

3. Saint Jean Chrysostome, *Opera*(《歌剧》), éd. Montfaucon, Paris, 1718－1738, vol. VIII, p.71, homélie 74。

4. L. Thomassin,见前。

5.《基督教考古辞典》,见前,"傍圣陵"。

6. M. Meslin et J.-R. palanque, *Le Christianisme antique*(《上古基督教》), Paris, A. Colin, 1967, p.230。

7. J. Le Goff, *La Civilisation de l'Occident médiéval*(《中世纪西方文明》), Paris, Arthaud, coll. "Les grandes civilizations", 1964, p.239。

8. *Insepultus jaceat, non resurgat. Si quis hunc sepulcrum violaverit partem habeat cum Juda traditore et in die judicii non resurgat*, etc.《基督教考古辞典》,见前, t. I, col. 486。

9. Tertullien , *De resurrectione carnis*(《论身体的复活》), 43, PL 2, col. 856。

10.《基督教考古辞典》,见前,"傍圣陵"。

11. Côme,六世纪末,《基督教考古辞典》,见前,"傍圣陵"。

12. 都灵格言, PL 57, col. 427－428。

13. 高卢碑文,《基督教考古辞典》,见前,"傍圣陵"。

14. 同上。

15. E Salin, *la Civilisation mérovingienne*(《中世纪文明》), Paris, Picard, 1949, vol. II, p.35。

16. R. Dauvergne, « Fouilles archéologiques à Châtenay-sous-Bagneux » (“下巴涅区沙特奈的考古发掘”), *Mémoires des sociétés d'histoire de Paris et d'Ile-de-France*(《法兰西岛与巴黎历史社会回忆文集》), Paris, 1965－1966, p.241－270。

17. J. Siral, *Guide historique de Guiry-en-Vexin*(《维克桑吉里村指南》), Ed. Du Musée archéologique de Guiry(吉里考古博物馆), Guiry, 1964。

18. *Monumenta germaniae historica*(《日耳曼文物史迹》), Hanovre, 1875－1889, Leges V, Capitula de partibus Saxoniae, p.43 (22), 777年。

19.《基督教考古辞典》,见前,“傍圣陵”。

20. E. Lesne, *Histoire de la propriété ecclésiastique en France*(《法国教产史》), Lille, Desclée de Brouwer, 1936, t. III, p.122－129。

21. Fr. Eygun et L. Levillain, *Hypogée des Dunes à Poitiers*(《普瓦蒂埃的沙丘地下墓》), Poitiers, éd. par la Ville de Poitiers et la Société des antiquaires de l'Ouest, 1964。

22. Humbertus Burgundus, *Maxima bibliotheca veterum*(《古籍大典》), 1677, t. XXV, p.527。

23. A. Chedeville, *Liber controversiarium Sancti Vincentii Cenomannensis ou Second Cartulaire de l'abbaye Saint-Vincent du Mans*(《勒芒圣万桑修道院第二文件集》), Paris, Klincksieck, 1968 ; *Antiquos patres ad vitandam urbium frequentiam quaedam solitaria loca elegisse, ubi ad honorem Dei fidelium corpora honeste potuissent sepeliri*(为上帝的荣光,古代神父选择偏僻之地隆重安葬信徒以避免市民的骚扰), n°37, p.45, 1095－1136 ; H. Sauval, *Histoire et Recherches des antiquités de Paris*(《巴黎文物研究与历史》), 1724, t. I, 20, p.359。

24. Humbertus Burgundus,见前。

25. Aeneas Sylvius, *De Origine Boem*.(《论牛的起源》), ca. 35, H. de Sponde 引语, *Les cimetiéres sacrez*(《圣公墓》), Bordeaux, 1598, p.144。

26. L. Thomassin,见前。

27. Dr Gannal 引语, *Les Cimetières de Paris*(《巴黎的公墓》), Paris, 1884, t. I。

28. *L' Elucidarium et les Lucidaires*（《光明与悟道》），Mélanges d' archéologie et d'histoire des Ecoles françaises d'Athènes et de Rome, éd. Y. Leffevre, fasc. 180, Paris, de Boccard, 1954。

29. E. Lesne,《法国教产史》,见前;Dom. H. Morice, *Mémoires pour servir de preuves à l' histoire civile et écclésiastique de Bretagne*（《回忆录——布列塔尼教会史与世俗史之佐证》），Paris, 1742, t. I, p.559；Godefroy 对 Fauveyn 的引用,*Dictionnaire de l' Ancien français*（《古法语辞典》），"Aître"词条；Imblocatus 一词请查阅 C. du Cange, *Glossarium mediae et infimae latinitatis*（《中世纪及晚期拉丁词汇编》），Paris, Didot, 1840－1850。

30. Dante,*La Divine Comédie*（《神曲》），Paris, Albin Michel, 1945, t. III, p.127, n. p.48 (Masseron 译)。

31. *Jounal d' un bourgeois de Paris au moyen Age*[《一位中世纪巴黎市民的日记》(1411 年 11 月 12 日)], éd. A. Tuetey, Paris, Champion, 1881, p.17；同上(1413 年 7 月 15 日),p.44；Alain Chartier, J.-B. de Lacurne de Saint-Palaye 引语，*Dictionnaire d' ancien français*（《古法语辞典》），1877，"Aître" 词条。

32. J. Potocki, *Manuscrit trouvé à Saragosse*（《在萨拉戈萨找到的手稿》），由 R. Caillois 发表，Paris, Gallimard, 1958, p. 51。

33. L Chevalier, *Classes laborieuses et Classes dangereuses à Paris*（《巴黎的勤劳阶级与危险阶级》），Paris, Plon, 1958。

34. G. Le Bras 对作者的口头提示。

35. L. Thomassin，见前。

36. Guillaume Durand deMende,《圣教法事书》,见前，t. V, ch. 5, p. XII。

37. L. Thomassin，见前。

38. G. Charles-Picard, *La Carthage de saint Augustin*（《圣奥古斯丁时期的迦太基》）,Paris, Fayard, 1965, p.204－205, 210。

39. 鹿特丹,冯・贝尼根美术馆(Musée Boymans van Beuningen,Rotterdam)。

40. L. Thomassin,见前;J. Gerson, *Opera*（《歌剧》），Anvers, 1706, t.

II, p. 440。

41. *Ecclesia ut ibi cimeterium esse mortuorum*, E. Lesne 引语，见前。

42. C. Du Cange, *Ecclesia in qua humantur corpora defunctorum*.

43. *Nullo tumulorum vestigio apparente, ecclesiae reverentia conserveretur. Ubi vero hoc pro multitudine cadaverum difficile est facere, locus ille coemeterium et polyandrium habeatur, ablato inde altare, et constituto sacrificium Deo valeat offeri*, A. Bernard, *La Sépulture en droit canonique*(《教会法规下的葬礼》), thèse de droit, Paris, 1933, p. 20–21, n. 7。

44. 1059 年的一次罗马主教公会确定，周边公墓的边界离主教堂 60 步远，离小教堂 30 步远，E. Lesne，见前；G. Le Bras, *Dictionnaire d'histoire et géographie ecclésiastiques*(《教会地理与历史辞典》), 1930, "Asile" 词条，t. IV, col. 1035–1047。

45.《罗兰之歌》，见前，CXXXII。

46.《古法语辞典》，见前，"Aître" 词条；C. Enlart, *Manuel d'archéologie médiévale*(《中世纪考古手册》), p. 909 sq., "Cimetière"("公墓")。P. Duparc, "Le Cimetière séparé des vivants"("与活人相分离的公墓"), *Bulletin philologique et historique du Comité des traveaux historiques et scientifiques*, 1964, p. 483–509。

47. C. Du Cange，见前，« *Stillicidisum* », « *Paradisum* »; Roman de Rou, v. 5879。Viollet-le-Duc 引语，*Dictionnaire raisonné de l'architecture française*(《法国建筑理性辞典》), Paris, 1868, t. IX, p. 23。

48.《罗兰之歌》，见前，CCXII; J.-B. de Lacurne de Saint-Palaye 引语：Roncival (Formigny) mathieu de Coucy, *Histoire de Charles VII*(《查理七世史》),《古法语辞典》，见前，"Charnier" 词条。

49. Annales ESC, 1969, p. 1454, n. 1.

50. 圣贝奴阿教堂(Eglise Saint-Benoît)。

51. Chronique de Marigny(马里尼编年史), *In carnario qui locus intra septa ecclesiae illius ossa continet mortuorum*, Lacurne de Saint-palaye，见前。

52. Guillaume le Breton, *Description de Paris sous Charles VI*(《查理六

世时代关于巴黎的描述》), dans L. Leroux de Liney et L. Tisserand, *Histoire générale de Paris*(《巴黎通史》), Paris, 1867, p.193。

53. H. Sauval,见前, t. I, p. 359 ; V. Dufour, *Le Cimetière des Innocents*(《圣洁者公墓》), dans F. Hoffbauer, *Paris à travers les ages*(《千载巴黎》), Paris, 1875－1882, t. II, 1re partie, p. 1－28 (Roland de Virlays 引语, *Dictionnaire d'architecture*(《建筑辞典》), 1770, et de l'abbé Villain)。

54. 见后边第十一章“拜谒公墓”。

55. “(巴黎)圣热尔维教堂周围的那块地段在上古和墨洛温王朝时期应该是一整片墓地,该公墓后来越变越小,一直延续到中世纪。”在建河畔圣约翰教区时,该墓地被遗弃,唯有部分残存于老圣约翰公墓广场(*Platea veteris cimeterii*)。M. Vieillard- Troïekoufoff et al., *Les Anciennes Eglises suburbaines de Paris* (IV-Xe siècles) [《巴黎近郊老教堂(四至十世纪)》], Mémoires de la Fédération des sociétés d'histoire de Paris et de l'Ile-de-France, 1960, p.198。

56. V. Dufour, *La Danse macabre des Saints-Innocents de Paris*(《巴黎圣洁者公墓的死之舞》), Paris, 1874 ; V. Dufour, dans F. Hofbauer,《千载巴黎》,见前,t. II, 1re partie, p.29。

57. F. de Lasteyrie, “Un enterrement à Paris en1697”(“1697 年巴黎的一次下葬”), *Bulletin de la société d'histoire de Paris et de l'Ile-de-France*(《法兰西岛与巴黎历史社会文献》), Paris, t. IV, 1877, p.146－150。

58.《一位中世纪巴黎市民的日记》(1418 年 10 月至 11 月),见前,p. 116; H. Sauval, 见前。

59. L. M. Tisserand, « Les îles du fief de Saint-Germain-des-Prés et la question des cimetières »(《圣日耳曼－德－佩采邑的孤岛和公墓问题》), Paris, t. II. 1877, p.112－131。

60. BN,法语手稿(Ms. fr.), Papiers Joly de Fleury, 1207。

61. A. Le Braz, *La Légende de la mort chez les Bretons armoricains*(《阿尔莫里克的布列塔尼人关于死亡的传说》), Paris, Champion, 1902, t. I, p.313 ; M. Pillet, *L'Aître Saint-Maclou*(《圣马可鲁堂院》), Paris, Champion, 1924。

62. A. Le Braz，见前，t. I，p. 286。

63. Th. Ducrocq，« De la variété des usages funéraires dans l'Ouest de la France »（"法国西部丧葬习俗种种"），mémoire lu le 18 avril 1884 au 22e congrès des Sociétés savantes，section des Sciences économiques et sociales，Paris，E. Thorin，1884。

64. A. Bernard，见前；G. Le Bras 在《教会地理与历史辞典》中的引用，见前，« Asile » 词条；P. Duprac，见前，p. 483 - 509。

65. Gaignières，*Répertoire Bouchot*（《布朔图集》），n°5186（cathédrale d'Evreux），n°5650（Saint-Etienne de Beauvais），n°5879（Saint-Amand de Rouen）。

66. G. Le Bras，见前；P. Duparc，见前。

67. E. Lesne，见前，t. III. *Azylus circum ecclesiam*；C. du Cange，见前，« *Cimeterium* » 词条。

68. G.-A. Prevost，*L'Eglise et les Campagnes au Moyen Age*（《中世纪的乡村与教堂》），1892，p. 50 - 51；在沙蒂约奈的米诺村（Minot-en-Châtillonnais），墓地里和教堂沿边盖有一些收藏间，战乱时村民们用来存财物。这些小屋到十七世纪才被拆毁。见后边第十一章及 F. Zonabend，« Les morts et les vivants »（"死人与活人"），*Etudes rurales*，n°52，1973。

69. C. du Cange，见前，« Cimeterium » 词条。

70. E. Lesne，见前。

71.《圣万桑修道院文件集》，éd. Chedeville，见前，n°153。

72. "圣殿是大家的家，所以此类世俗活动对当时的人来说十分自然"，A. Dumas，*L'Eglise au pouvoir des laïques*（《教堂赋予世俗人的权益》），dans Fliche et Martin，*Histoire de l'Eglise*（《教会史》），Paris，PUF，t. VII，p. 268。

73.《一位中世纪巴黎市民的日记》，éd. A. Tuetey，见前。

74. A. Vallance，*Old Crosses*（《老十字架》），Londres，1930，p. 13。

75. V. Dufour 引语，Corrozet，见前。

76. A. Le Braz，见前，t. I，p. 123 et n. 1。

77.《圣万桑修道院文件集》，见前，n° 285。

78. A. Le Braz,见前,t. I, p. 259, n. 1。

79. A. Bernard,见前; Dom. E. Martène : *Veterum scriptorium* (...) *collectio*(《古文(……)集》),1724 - 1733, IV, col. 987 - 993。

80. A. Le Braz,见前,t. I, p. XXXV。

81. A. Bernard,见前。

82. F. Hoffbauer 对 V. Dufour 的引用,见前;Berthaud, *la ville de Paris en vers burlesques*(《关于巴黎城的诙谐诗》), 1661, E. Raunié 引用, *Epithaphier du vieux Paris. Histoire générale de Paris*(《巴黎通史——老巴黎的墓志铭写家》), Imprimerie nationale, 1890 (引言部分)。

83. Berthaud,《关于巴黎城的诙谐诗》,见前; *Journal d'un voyage à Paris* en 1657(1657 年的《巴黎游日记》), publié par A. P. Fougère, Paris, 1862, p. 46 ; A. Bernard, 见前;F. Hoffbauer 对 V. Dufour 的引用,见前。

84. J. Le Goff,"民间传统与教士文化",见前。

85. Jean du Berry, 24 août 1411, in A Tuetey, *Testaments enregistrés au Parlement de Paris, sous le règne de Charles VI*(《查理六世治下巴黎法院记录在案的遗嘱》), Paris, Imprimerie nationale, 1880, n° 282。(后边我将此书简称为" Tuetey"。)

86. Tuetey, n°105 (1403).

87. E. Lesne, 见前,t. III, p. 122 - 129。

88. Tuetey, n°282 (1411); Archives nationales(国家档案,以后简写为"AN"), Minutier central(公证文书原件保存处,以后简化为"MC"), XXVI, 24 (1604) ; LI, 112 (1609) ; LXXV, 87 (1654)。

89. Archives départementales de la Haute-Garonne(上加龙省省档案,省档案将一律简写为"AD"), Testaments séparés 11 808 n°19 ; MC, LXXV 54 (1644); 372 (1690); CXIX, 355 (1787)。

90. MC, LXXVIII (1661); Tuetey, 217 (1407); MC, LXXV, 94 (1657).

91. MC. LXXV, 97 (1659); Jean Régnier, dans *Anthologie poétique française du Moyen Age*(《中世纪法国诗歌集》), Paris, Garnier-Flammarion, 1967, t. II, p. 201。

92. Tuetey, 323 (1413).

93. MC. VIII, 328 (1574), A. Fleury 引文, *Le Testament dans la coutume de Paris au XVIe siècle*(《十六世纪巴黎习俗中的遗言》), Ecole nationale des chartes, position des thèses, Nogent-le Rotrou, imprimerie Daupeley, 1943, p. 81 - 88. 弗勒里小姐传给我一本她论文的手稿。该手稿在后边将简写为:A. Fleury. MC, LXXV, 48 (1642)。

94. MC, LXXV, 76 (1651); 十六世纪: A. Fleury. LXXV, 62 (1644)。

95. MC, XXVI, 25 (1606).

96. *Anniversarium G. A. canonici lemovicensis qui est sepultus in claustro nostro in pariete SIVE in pila claustri*. *Obituaire de Solignac*, Limoges, AD, H. 9180 bis (J.-L. Lemaître 提供的资料)。

97. Tuetey, 211 (1407); A. Fleury, MC, III, 507 (1608); XVI, 30 (1612); LXXV, 146 (1669); LXXVI, 112 (1661).

98. Tuetey, 61 (1401); 217 (1407); 132 (1404).

99. MC, LXXV, 94 (1657); LXXV, 80 (1652); Tuetey, 337 (1416).

100. Tuetey, 264 (1410); 55 (1400); MC, LXXV, 117 (1662); LXXV, 142 (1669); Tuetey, 323 (1413);《老巴黎的墓志铭写家》,见前。

101. Tuetey, 337 (1416); MC, LXXVIII (1661). AD Haute-Garonne, 11808, n°19 (1600); MC, III, 533 (1628); 532 (1621).

102. MC, XXVI, 24 (1604); Tuetey, 80 (1402); MC, LXXV, 372 (1690); 109 (1660); AD Seine-et-Oise, paroisse de Saint-Julien, Fleury 引文,见前。(20 mai 1560). MC, LXXV, 78 (1649).

103. MC, III, 516 (1622); LXXV, 146 (1669); XXVI, 26 (1607); III, 533 (1628).

104. E. Magne, *La fin trouble de Tallemant des Réaux*(《塔尔芒·德·雷奥最后的迷惑》), Paris, Emile-Paul Frères, 1922, p. 324。

105. Tuetey, 122 (1404); MC, LXXV, 142 (1660).

106. MC, LXXV 46 (1641), 66 (1648); XLIX, 179 (1590); LXXV, 117 (1660), 137 (1667); Tuetey, 185 (1406): AN, Y 86, F° 68 n V°

(1539)，A. Fleury 引语。

107. P. Chaunu 及其学生对巴黎遗嘱进行了系统量化分析。见 P. Chaunu，« Mourir à Paris »（“死在巴黎”），*Annales ESC*，1976，p. 29－50，以及同一篇文章中所列举的 B. de Cessole 的论文，p. 48，n. 4。

108. 图卢兹城档案（Archives de la ville de Toulouse），教区类（registres paroissiaux）。

109. MC，III，522（1624）.

110. C. W. Foster，*Lincoln Wills*（《林肯·威尔斯》），Lincoln，1914。

111. 同上，p. 54。

112. 同上，p. 558。

第三章

1. Montaigne，*Essais*（《随笔》），I，19 ；V. Jankélévitch，*La Mort*（《死亡》），Paris，Flammarion，1966，p. 174，n. 2。

2. J. Ntedika，*L'Evocation de l'au-delà dans les prières pour les morts*（《超导亡灵祈祷：对彼岸的提示》），Louvain，Nauwelaerts，1971，p. 55 sq。Salvador Vicastillo 还写了一本论德尔图良书中死亡形象的西班牙语博士论文（马德里，1977），未曾发表。

3. J. Hubert，*Les Cryptes de Jouarre*（《汝阿尔墓窟》，第四届中世纪前期艺术研讨大会），Melun，Imprimerie de la préfecture de Saint-et-Marne，1952。

4. *Apocalypse*（《启示录》），20，5－6。

5. *Bible de Jérusalem*（《耶路撒冷的圣经》），I Cor 15，51－52. 今人译法是：“我们不会都死，但我们都将改变。”

6. J. Dupont，« La Salle du Trésor de la cathédrale de Châlons-sur-Marne »（“马恩河畔沙隆大教堂的藏宝室”），*Bulletin des monuments historiques de la France*，1957，p. 183，192－193。

7. E. Mâle，*La Fin du paganisme en Gaule*（《古高卢异教的终结》），Paris，Flammarion，1950，p. 245 sq。

8. 前文第一章。

9. R. P. Feder, *Missel romain*（《罗曼祈祷经》），Mame，Tours，p.1623－1624。

10. E. Mâle, *L' Art religieux du XIIe siècle*（《十二世纪宗教艺术》），Paris，A. Colin，1940。

11.《马太福音》(Matthieu),25，34－41。

12.《谣曲》,见前,p.111。

13. 教堂内的上部常有赞颂圣米迦勒的绘画。在谢尔河畔圣埃尼昂(Saint-Aignan- sur-Cher)的圣米迦勒堂里就有两幅壁画遗迹,一幅描绘其与恶龙的搏斗,另一幅描绘他称量灵魂。

14. Chrodegang de Metz(卒于766年)的《忏悔录》(*Confiteor*)。

15. A. Tenenti,《文艺复兴时期的恋生悟死》，见前,fig.40 et p.443。

16. A. Tenenti, *La vie et la Mort à travers l' art du XVe siècle*（《十五世纪艺术中的生与死》），A. Colin，1952，*Cahier des Annales*，n°8，fig.17 et p.103。

17. G.M. Vovelle，« La mort et l'au-delà en Provence d'après les autels des âmes du Purgatoire »（"普罗旺斯炼狱灵台表现的死亡与彼岸"），*Cahier des Annales*，n°29，Paris，A. Colin，1970。

18. *Miroir de l' âme du pêcheur et du juste pendant la vie et à l' heure de la mort. Méthode chrétienne pour finir saintement la vie*（《生前与死时,义人与罪人灵魂的镜子。基督徒圣洁过世的方法》），nouvelle édition，Lyon，chez F. Viret，1752，p.15. 最好读1736年的版本。

19. 同上,p.35。

20. A. Tenenti,《十五世纪艺术中的生与死》,见前,p.98 sq。

21. 同上,p.108。

22. *Manuscrits à peinture du XIIIe au XVIe siècle*（《十三至十六世纪绘画手迹》），Catalogue de l'exposition，BN，1955，n°115。

23. 同上,n°303；A.Tenenti,《十五世纪艺术中的生与死》,见前,p.55。

24. A.Tenenti,同上。

25. P.de Nesson，"Vigile des Morts，Paraphrase sur Job"（"悼亡曲,关于约伯的转述"）,《法语诗歌集》,见前,t. II，p.184。

26. J. Huizinga,《中世纪的衰落》,见前,p.144。

27. J. Huizinga,同上,p.142。

28. 美国纽约大都会艺术博物馆(New York, Metropolitan Museum)。

29. J. Baltrusaitis, *Le Moyen Age fantastique*(《荒诞中世纪》), Paris, A. Colin, 1955。

30. E. Mâle, *L'Art religieux en France*(《法国宗教艺术》), Paris, A. Colin (1931 - 1950); E. Panofsky, *Tomb Sculpture*(《墓雕》), Londres, 1954。

31. J. Adhémar, « Les tombeaux de la collection Gaignières »("盖尼埃名陵册"), *Gazette des Beaux-Arts*, Paris, 1974, t. I, p. 343 - 344。

32. Domenico Capranico, 1513, 由 A. Tenenti 引用:《文艺复兴时期的恋生悟死》,见前,pl. 19, p.192 - 193。

33. Gaignières,见前。

34. 斯特拉斯堡博物馆萌林画室(Atelier de Menling, musée de Strabourg); A. Tenenti,《十五世纪艺术中的生与死》,见前,p.8, 9 et 10。

35. J. Saugnieux, *Les Danses macabres de France et d'Espagne*(《法兰西与西班牙的死之舞》), Paris, Les Belles Lettres, 1972; « La danse macabre des femmes »("女人的死之舞"),《中世纪法国诗歌集》,见前,t. II, p.353 - 355; E. Dubruck, *The theme of Death in french poetry*(《法国诗歌中的死亡母题》), Londres-Paris, Mouton, 1964。

36. P. Michault, « Raisons de Dame Atropos »("阿托波夫人的理由"),《中世纪法国诗歌集》,见前,t. II, p.323 - 329。

37. P. de Nesson,"关于约伯的转述",同上,p. 183 - 186; E. Deschamps, « Ballade des signes de la mort »("死亡信号抒情曲"),同上,p.151。

38. P. de Ronsard, *Derniers vers. Oeuvres complètes*(《龙沙全集:最后的诗》), éd. P. Laumonnier, revue par Silver et Lebègue, Paris, P. Laumonnier, 1967, vol. XVIII, p.176。

39. A. Tenenti,《十五世纪艺术中的生与死》,见前,p.99。

40. F. Villon, *Les Regrets de la Belle Heaumière. Le Testament*(《大遗言

集：头盔匠美妇的遗恨》），éd. A. Longnon, Paris, La Cité des livres, 1930, p.82－85。

41. P. Michault，《中世纪法国诗歌集》，见前，t. II, p.328。

42. Josse Lieferinxz, *La Peste*（《黑死病》），Walters Gallery, Baltimore，被 Ph. Ariés 复制在下书中：*Western attitudes toward Death : from the Middle Ages to the present*（《从中世纪到今天，西方对死亡的态度》），Bltimore et Londres, The Johns Hopkins University Press, 1974, p.35；François Perier dit Le Bourguignon, *La Peste à Athènes*（《黑死病肆虐雅典》），第戎博物馆（musée de Dijon）。

43. J. Heers, *Annales de démographie historique*（《历史人口年鉴》），1968, p.44. A. Fleury，见前。

44. J. Delumeau, *La civilisation de la Renaissance*（《文艺复兴文明》），Paris, Arthaud, 1967, p.386。

45. P. Mesplée, *La Sculpture baroque de Saint-Sernin*（《圣赛尔南修道院的巴洛克雕塑》），Catalogue de l'esposition，图卢兹，奥古斯丁教派博物馆，1952。

46. 十六世纪末在英国，出现了一些人体形状的铅棺。比较奇特的例外，有异于一般规则，它有可能被解释为对遮掩趋势的某种拒绝。L. Stone, *The Crisis of aristocracy*（《贵族的危机》），Oxford, Clarendon Press, 1965（见第八章）。

47. A. Tenenti，《文艺复兴时期的恋生悟死》，见前，p.430。

48. A. Tenenti，《十五世纪艺术中的生与死》，见前，p.38。

49. A. Tenenti，《文艺复兴时期的恋生悟死》，见前，p.165。

50. A. Tenenti，同上，p.48－79 et 81。

51. A. Tenenti，《十五世纪艺术中的生与死》，见前，p.38。

52. A. Tenenti，《文艺复兴时期的恋生悟死》，见前，p.48－79。

53. A. Tenenti，《十五世纪艺术中的生与死》，见前，p.38。《文艺复兴时期的恋生悟死》，见前，p.52。

54. A. Tenenti，《十五世纪艺术中的生与死》，见前，附录，p.98－120。

55. J. Bosch，波士顿博物馆（musée de Boston）。

56. P.-A. Michel, *Fresques romanes des églises de France*（《法国教堂中的罗曼壁画》）, Paris, Ed. du Chêne, 1949, p.69。

57. *Manuscrits à peinture du VIIe siècle au XLLe siècle*（《七至十二世纪绘画真迹》）, Catalogue de l'exposition, BN, 1954. n°222 et pl. XXIII。

58. Maître de Flémalle, *Annonciation*（《天神报喜图》）, 布鲁塞尔, 艺术博物馆（Bruxelles, musée des Beaux-Arts）。

59.《十三至十六世纪绘画真迹》, 见前, n°110, pl. XXI ; n°182, pl. XXI。

60. Ch. Sterling, *La Nature morte*（《静物画》）, Catalogue de l'exposition, Orangerie des Tuileries, 1952, p.8。

第四章

1.《罗兰之歌》, 见前, v.1140。

2. 同上, v.2951－2960。

3. J. Ntedika,《……关于彼岸的提示》, 见前, p.68 sq。

4. Guillaume Durand de Mende,《圣教法事书》, 见前, t. V, chap. 5, XXXVIII。

5.《罗兰之歌》, 见前, v. 2875 sq。

6. 同上;《圆桌骑士传奇》, 见前, p.418 sq。

7.《圆桌骑士传奇》, 见前, p.444。

8. Patrologie grecque（《希腊教会圣师著作全集》）, LVII, 374。

9. E. de Martino, *Morte et Pianto rituale nel mondo antico*（《上古世界的死亡与葬礼》）, Turin, Einaudi, 1958, p.32。

10.《圆桌骑士传奇》, 见前, p.447, 461。

11. J. Bédier,《特里斯丹与绮瑟》, 见前; J.-C. Payen, *Tristan*（《特里斯丹》）, Paris, Garnier, 1974。

12.《罗兰之歌》, 见前, v. 2970, 3725。

13. J. Ntekida, 见前。

14.《基督教考古辞典》, 见前, t. IV, col. 1046 sq., « Diptyques. »

词条。

15. Migne, *Patrologiae cursus completus*, *series latina*(《教会圣师著作全集:拉丁文系列》,后面简称为 PL), LXXXV, 114 sq。

16. PL. LXXXV, 175, 195, 209, 221, 224 – 225 ; PL, LXXXV, 224.

17. J. Ntekida,见前,p. 133 et notes。

18. J. A. Jungmann, *Missarum Solemnia*(《庄严弥撒》), Paris, Aubier-Montaigne, 1964, t. III, p. 77, p. 24, 又见 t. I et II(法译本)。

19. 同上,t. I, p. 267, 273。

20. J. Charles-Picard, "Etude sur l'emplacement des tombes des papes du IIIe au Xe siècle"("关于三至十世纪教皇葬地的研究"), *Mélanges d'archéologie et d'histoire*(《历史与考古综述》), Ecole française de Rome, t. 81, 1969。

21. *Monumenta Germaniae historica*, *Epistolae selectae*(《书信选:日耳曼建筑古迹》), I, 232 – 233 ; Jungmann, 见前,t. I, p. 269 ; G. Le Bras, *Etudes de sciologie religieuse*(《宗教社会学研究》), Paris, PUF, 1955, t. II, p. 418。

22. M. de Moléon, *Voyages liturgiques en France*(《法国宗教礼仪行》), Paris, 1718, p. 151 sq。

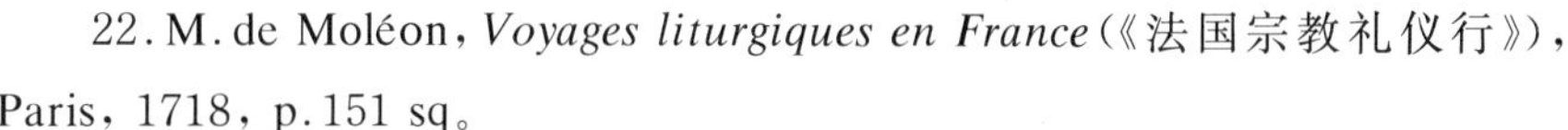

23. A. Van Gennep, *Manuel du folklore français contemporain*(《当代法国民俗教程》), Paris, Picard, 1946, t. II, p. 674 – 675。

24. 同上,p. 715 – 716. 许多十六、十七世纪的英国与荷兰墓显示,尸体放在草席上,草席的一头卷几遍当枕头。

25.《谣曲》,见前,p. 102。

26. A. Tenenti,《文艺复兴时期的恋生悟死》,见前,p. 55 – 58。

27. Tuetey, 233(1410).

28. F. Autrand, « Offices et Officiers royaux sous Charles VI »("查理六世治下的王家主祭与法事"), Revue d'histoire, déc. 1969, p. 336。

29. MC, III, 533(1628).

30. MC, LXXV, 63(1647); XLIX, 179(1590); Tuetey, 105(1403); MC, LXXV, 74(1650); III, 490(1611).

31. Comte de Voyer d'Argenson, *Annales de la compagnie du Saint-Sacrement*(《圣体团年鉴》), Marseille, Dom Beauchet-Filleau, 1900。

32. MC, CXIX, 355(1769).

33. MC, LXXV, 78(1652); XVII, 30(1612); LXXV, 80(1652); F. de Lasteyrie, "1697年巴黎的一次下葬",见前,p.146-150。

34. R. E. Giesey, *The Royal Funeral Ceremony in Renaissance France*(《法国文艺复兴时期的王家葬礼》),Genève, Droz, 1960。

35. 梵蒂冈美术馆(Pinacothèque du Vatican), n°288。

36. 十八世纪的波兰棺材便是如此:棺材外侧一面画有死者遗容。

37. 纽约,隐修院艺术博物馆(New York, musée des Cloîtres)。一座十四世纪的西班牙墓上刻有一幅浅浮雕,描绘一个正在铺棺罩的教士。

38. MC, VIII, 369(1559).

39. MC, VIII, 343(1532); LXXV, 66(1648), 82(1655), 74(1650), 109(1660), 62(1646), 78(1652), 46(1641), 89(1606), 137(1667), 72(1650), CXIX, 355(1780), Tuetey, 131(1394); MC, LXXV, 72(1650); Tuetey 356(1418); MC, LXXV, 137(1667), III(1661), III, 533(1628), XXVI, 25(1606), VIII, 343(1582).

40. MC, LXXV 101(1658), 989 et 603(1812), VIII, 383, 292(1545); AN 535 N°683(1520), VIII, 369(1559), XVI, 30(1612), XXVI, 25(1606).

41. P.-M. Gy, « Les funérailles d'après le rituel de 1614 » ("1614年教规下的葬礼"), *La Maison-Dieu*, v. 44, 1955。

42. MC, III, 533(1682), LXXV, 54(1644); AD Haute-Garonne, 3E, 11801(1600).

43. M. Vovelle, *Piété baroque*(《巴洛克虔诚》),见前,p.119。

44. Tuetey, 45(1399), 337(1416); MC, XXVI, 44(1612).

45. 见后边第五章。

46. MC, III, 533(1628).

47. En Angleterre, W. K. Jordan, *Philantropy in England*, 1480-1660(《1480至1660年英格兰的慈善事业》),Londres, 1959。

48. MC, LXXV, 137(1667); AD Haute-Garonne, 见前,(1678); Tuetey, 55(1400); MC, LIV, 48(1560), III, 533(1628); Tuetey, 337 (1416)。

49. M. Vovelle,《巴洛克虔诚》,见前,p.114 sq。

50. MC, LXXV, 137(1667).

51. M. Agulhon, *Pénitents et Francs-Maçons dans l' ancienne Provence*(《老普罗旺斯的共济会会员和苦修者》), Paris, Fayard, 1967, p.86。

52.《马太福音》(Matthieu), 25, 34 - 37; L. Réau, *Art chrétien*(《基督教艺术》), Paris, PUF, 1955 - 1959, t. II, vol. 2, p.759 - 760。

53.《圣体团年鉴》,见前,P.43。

54. M. Agulhon,《苦修者》,见前,p.110。

55. MC, XIII, 451(1560); Tuetey, 523(1413), 131(1394); MC, III, 533(1628).

56. J. Le Goff,《西方文明》,见前,p.240。

57. J. Heers, *L' Occident aux XIVe - XVe siècles*(《十四至十五世纪的西方》), Paris, PUF, 1966, p.96。

58. J. Schneider, *La Ville de Metz aux XIIIe et XIVe siècles*(《十三、十四世纪的梅兹城》), Nancy, 1950 ; J. Lestocquoy, *Les Villes de Flandre et d' Italie*(《意大利与佛兰德的城市》), Paris, PUF, 1952。

59. P. Veyne, Annales ESC, 1969, p.805. Paul Veyne 在本章完成时出版了一本非常漂亮的书,全面地讨论了上述问题:*Le Pain et le Cirque*(《面包和马戏》), Paris, Ed. du Seuil, 1976。

60. 卡维隆济贫院(今日已成为博物馆)收藏了一套施舍油画,("施主肖像"),它们显示施舍活动从十七世纪一直延续到十九世纪中叶,只是在大革命时期略有中断。

61. M. Weber, *L' Ethique protestante et l' Esprit du capitalisme*(《基督教伦理与资本主义精神》), Paris, Plon, 1964, p.75。

62. A. Vauchez, « Richesse spirituelle et matérielle du Moyen Age » ("中世纪物质与精神财富"), Annales ESC, 1970, p.1566 - 1573。

63. 据 J. Lestocquoy, 见前,p.200。

64. Gaignières, Tombeaux(陵墓), BN Estampes(版画), B. 2518, Grégoire Vidame de Plaisance ; J. Adhémar, 见前, n. 122。

65. Tuetey, 61(1401), 323(1413); AN, MC, XVI, 30(1612), LXXV, 66(1648), 78(1652).

66. *Miroir de l'âme du pécheur et du juste. Méthode chrétienne pour finir secrètement sa vie*(《生前与死时,义人与罪人灵魂的镜子。基督徒秘密过世的方法》), Lyon, 1er livre 1741, 2e livre 1752。

67. 见后面第七章。

68. MC, LXXV, 69(1649).

69. M. Vovelle,《巴洛克虔诚》,见前, p. 56。

70. J. Régnier,《中世纪法国诗歌集》,见前, t. II, p. 201。

第五章

1. 丧葬艺术的这两个目的,悼念和来世, E. Panofsky 都有过很好的分析。

2. Ch. Lebeuf, *Histoire de la ville et de tout le diocèse de Paris*(《巴黎教区及城区史》), Paris, 1954, t. I, p. 241。

3. M. Labrousse « Les fouilles de la Tour Porche carolingienne de Souillac »("苏亚克修道院加洛林钟楼门廊下的发掘"), Bulletin monumental, CLIX, 1951。

4. Ed. de Monstrelet, *Chroniques*(《编年史》), livre I, 96 ; Sauval, 见前, t. I, p. 376。

5. F. Villon, *Le Testament*(《大遗言集》), publ. par A. Longnon, Paris, La Cité des livres, 1930, p. 138 sq。

6. Y. Christ, *Les Cryptes mérovingiennes de Jouarre*(《汝阿尔墓窟》), Paris, Plon, 1961 ; J. Hubert, 见前。

7. Y. Christ, 同上, p. 20－21。

8. J. Charles-Picard, "关于三至十世纪教皇葬地的研究", 见前, t. 81, 1969, p. 735－782。

9. 图卢兹,奥古斯丁教派博物馆,n°818。

10. 修道院院长 Roze 是《圣徒金传》的译者,该书 1900 年在巴黎出版。1967 年由 Garnier 出版社重印。关于圣格列高利的注释在 Garnier 版第二卷,p.231。

11. 图卢兹,奥古斯丁教派博物馆,n°197。

12. M. R. Lida de Malkiel,*L'Idée de la gloire dans la tradition occidentale*(《西方传统中的光荣观》), Paris, Klincksieck, 1969, p.98 ;《罗兰之歌》,见前,v. 2899。

13. J. Le Goff,"民间传统与教士文化",见前。

14. *Chant de croisades* (provençal) d'Aimeric de Perguihar(《爱梅里克·德·佩尔吉拉的十字军之歌(普罗旺斯)》), M. R. Lida de Malkiel 引语,见前,p.113。

15. *Récit de croisades* (provençal)[《十字军故事(普罗旺斯)》],常用的名称为 *Labran conquista d'Ultra Mar*(《拉伯兰海外征战记》)。M. R. Lida de Malkiel, 见前,p.114, n.21。

16. Bernard de Cluny,被 M. R. Lida de Malkiel 所引用,见前,p.142。

17. A. Tenenti,《文艺复兴时期的恋生悟死》,见前,p.21 - 47。

18.《巴黎近郊老教堂(四至十世纪)》,见前,p.151。

19. Gaignières,《陵墓》,《布朔图集》,见前,B.6950; J. Adhémar,见前,p.35 et 37 [第一位阿登(Ardenne)修道院院长之墓]。据修道院口述传统,我们确定了这些无名之墓的墓主。

20. Gaignières,《陵墓》,《布朔图集》,见前,B.6696, 6698。

21. 同上,B. 2273. J. Adhémar 见前,p.11, n°2。

22. 科尔玛,安特林登博物馆(Colmar, musée d'Unterlinden),玛巴赫(Marbach)修道院的功德主,B. 德·吉比斯韦尔骑士墓碑,catalogue 1964, p.24, n°7。

23. 图卢兹,奥古斯丁教派博物馆。

24. E. Raunié,《老巴黎的墓志铭写家》,见前。

25. H. Sauval,《巴黎文物研究与历史》,见前,t. I, p.415。

26. E. Raunié,《老巴黎的墓志铭写家》,见前,t. I。

27. Saint-Jean-en-Grève(河畔圣约翰教堂)；H. Sauval，见前。

28. E. Raunié,《老巴黎的墓志铭写家》,见前。

29. 同上。

30. 同上,t. II，p.364－365。

31. 同上。

32. J. Maemier，« Sur quelques vers de Lazare de Selve »(“试论拉扎尔·德·塞勒维的几行诗”)，*Revue du XVIIe siècle*，n° 92，1971，p.144－145。

33. E. Raunié,《老巴黎的墓志铭写家》,见前。

34. 同上。

35. 由 Paul Flamand 提供。

36. 图卢兹,议事司铎 Aymeric 之墓,奥古斯丁教派博物馆,修道院。本章下文对此墓有更详细地描述。

37. E. Panofsky,见前,p.53。

38. E. Erlande-Brandenburg，dans « Le roi，la scupture et la mort (gisants et tombeaux de Saint-Denis) »[“国王、雕塑与死亡(圣德尼的陵墓与卧像)”],Ad. Seine-Saint-Denis，Bulletin n°3，juin 1975，p.12。

39. E. Panofsky,见前,fig.227 et p.58。

40. J.-Cl. Schmitt，« Le suicide au Moyen Age »(“中世纪的自杀”)，Annales ESC，1973，p.13 ；C. Roth，*A History of the Marranos*(《马兰内史》),Philadelphie，Jewish Publication Sociéty of America，1914。

41. E. Panofsky,见前,fig.235－236。

42. 它来自罗亚蒙修道院(Royaumont),现摆在圣德尼教堂展示:特罗卡岱罗(Trocadéro)也存有一个模型。

43. J.-P. Babelon，在“国王、雕塑与死亡”一文中,见前,p.31－33。

44. 同上,p.36。

45. Gaignières,《陵墓》,《布朔图集》,见前,B.2513。

46. 同上,B.2258。

47. A. Erlande-Brandenburg,见前,p.26。

48. 同上。

49. E. Raunié 引文,《老巴黎的墓志铭写家》,见前,t. I, p.87, n°3。

50. MC, XIII, 299(1557).

51. Tuetey, 288(1411).

52. Tuetey, 132(1404).

53. BN, papiers de Joly de Fleury,沃韦尔公墓(cimetière de Vauvert)。

54. A. P. Scieluna, *The Church of S. John in Vallette*(《瓦莱特的圣约翰教堂》),Malte, 1955。

55. 此处未涉及十字架相当少见的英国公墓,在第二章中我们曾对此有过考察。

56. Tuetey, 55(1400).

57. Tuetey, 122(1404).

58. Tuetey, 244(1409).

59. MC,III, 516(1622).

60. Tuetey, 288(1411).

61. MC, III, 490(1611).

62. MC, LXXV, 137(1667).

63. MC, III, 533(1669).

64. Tuetey, 337(1416).

65. MC, III, 502(1616).

66. 比如说在巴黎圣母院的柱子上,曾有过很多墓碑和祭台,直到十八世纪议事司铎令下,它们才被拆除;O. Ranum, *Les Parisiens du XVIIe siècle*(《十二世纪的巴黎市民》), Paris, A . Colin, 1973, p.15. Dès le temps de Louis XIV dans le choeur(进入路易十四时代的祭坛),见 E. Raunié,《老巴黎的墓志铭写家》,见前,前言部分。

67. Gaignières,《陵墓》,《布朔图集》,见前,B.3427。

68. J. dela Barre, 1564 (E. Raunié,《老巴黎的墓志铭写家》,见前, p.359)。

69. Lenz Kriss Rettenbeck, *Ex-voto*(《还愿牌》), Zurich, 1972。1767年的还愿牌,p.130;1799 年的还愿牌,p.60;拿破仑一世的士兵,p.58－89;十八世纪的士兵,p.62。关于还愿牌,还可以参阅 M. Mollat 在《波南海员的

还愿牌》一书的前言，*Ex-voto des marins du Ponant*，Catalogue de l'exposition，Nantes-Caen，1975－1976。

70.见第四章与第十章。

71.Tuetey，55(1400)，230(1408).

72.AN，MC，XXVI，23(1603).

73.MC，XXVI，33(1617).

74.MC，III，516(1622)；XLII，407(1745).

75.MC，XXVI，25(1606)；LXXV，66(1650).

图书在版编目(CIP)数据

面对死亡的人. 上卷，卧像的时代/(法)菲利普·阿里耶斯著;吴泓缈，冯悦译. —北京:商务印书馆，2017
(汉译世界学术名著丛书: 120年纪念版:珍藏本)
ISBN 978-7-100-14271-7

Ⅰ. ①面… Ⅱ. ①菲… ②吴… ③冯… Ⅲ. ①死亡—文化史—研究 Ⅳ. ①B086

中国版本图书馆CIP数据核字(2017)第140231号

汉译世界学术名著丛书
(120年纪念版·珍藏本)
面对死亡的人
上卷　卧像的时代
〔法〕菲利普·阿里耶斯 著
吴泓缈　冯悦 译

商务印书馆出版
(北京王府井大街36号　邮政编码100710)
商务印书馆发行
北京中科印刷有限公司印刷
ISBN 978-7-100-14271-7

2017年12月第1版　　开本710×1000　1/16
2017年12月北京第1次印刷　　印张26½
定价:105.00元